Thomas Theis

Microsoft Access für Einsteiger

Liebe Leserin, lieber Leser,

es gibt viele Möglichkeiten, Daten zu sammeln, zu sortieren und bei Bedarf abzurufen. Im vergangenen Jahrhundert hätten Sie zu diesem Zweck wahrscheinlich einen Zettelkasten angelegt. Wenn man seine Daten dort richtig verschlagwortete und mit Querverweisen versah, war dies eine wertvolle Hilfe, um den Überblick zu behalten und jederzeit die gewünschten Daten abzurufen. Moderne Datenbanken arbeiten im Grunde genommen nach dem gleichen Prinzip. Nur sind sie platzsparender, portabler und feuerfester – und richtig programmiert vor allem genauer und schneller! Darüber hinaus bieten sie viel mehr Möglichkeiten, Daten miteinander zu verknüpfen, externe Daten einzubinden sowie ganz individuelle Abfragen, Formulare und Berichte zu erstellen.

In diesem Buch lernen Sie, wie Sie eine Datenbank mit Access aufbauen und damit arbeiten. Dazu müssen Sie kein Vorwissen mitbringen. Sie beginnen ganz einfach mit einer fertigen Datenbank, in der Sie Daten eintragen und ändern. Im Anschluss daran lernen Sie das Wichtigste, was Sie über Datenbanken wissen müssen, nämlich wie man sie modelliert. Das heißt Sie erfahren, wie Sie Ihre Anforderungen in ein Datenbankmodell überführen. Der Autor zeigt Ihnen an einem konkreten Beispiel, wie Sie Schritt für Schritt zum Ziel kommen. Mit diesem Wissen ausgestattet erstellen Sie eine erste einfache Datenbank, bevor Sie komplexere Anwendungen kennenlernen. Zum Schluss erfahren Sie, wie Sie mit etwas VBA-Code Ihre Datenbank weiter optimieren. Auch dafür werden keine Vorkenntnisse benötigt.

Ein nützliches Hilfsmittel sind die Datenbanken, die der Autor für Sie vorbereitet hat. Sie stammen aus den Bereichen Fahrzeugvermietung, Firma, Handel, handwerklicher Betrieb und Medien. Mit diesen Datenbanken arbeiten Sie in diesem Buch, und Sie können Sie uneingeschränkt als Vorlage für Ihre eigenen Datenbankprojekte verwenden. Laden Sie sie einfach von *www.rheinwerk-verlag.de/3790* herunter.

Wenn Sie Lob oder Kritik zu diesem Buch äußern wollen, Verbesserungsvorschläge oder Fragen haben, wenden Sie sich an mich.

Ihre Anne Scheibe
Lektorat Rheinwerk Computing

anne.scheibe@rheinwerk-verlag.de
www.rheinwerk-verlag.de
Rheinwerk Verlag · Rheinwerkallee 4 · 53227 Bonn

Auf einen Blick

1	Einführung	19
2	Eine fertige Anwendung benutzen	29
3	Eigene Datenbanken modellieren	53
4	Eine einfache Anwendung realisieren	77
5	Eine komplexe Anwendung realisieren	137
6	Abfragen	199
7	Ansichten	275
8	Externe Daten	281
9	Assistenten und Vorlagen	293
10	Werkzeuge	311
11	Module und VBA	319

Impressum

Wir hoffen, dass Sie Freude an diesem Buch haben und sich Ihre Erwartungen erfüllen. Bitte teilen Sie uns doch Ihre Meinung mit. Eine E-Mail mit Ihrem Lob oder Tadel senden Sie direkt an die Lektorin des Buches: *anne.scheibe@rheinwerk-verlag.de*. Im Falle einer Reklamation steht Ihnen gerne unser Leserservice zur Verfügung: *service@rheinwerk-verlag.de*. Informationen über Rezensions- und Schulungsexemplare erhalten Sie von: *hendrik.wevers@rheinwerk-verlag.de*.

Informationen zum Verlag und weitere Kontaktmöglichkeiten finden Sie auf unserer Verlagswebsite *www.rheinwerk-verlag.de*. Dort können Sie sich auch umfassend und aus erster Hand über unser aktuelles Verlagsprogramm informieren und alle unsere Bücher versandkostenfrei bestellen.

An diesem Buch haben viele mitgewirkt, insbesondere:

Lektorat Anne Scheibe
Fachgutachten Bernd Held
Herstellung Melanie Zinsler
Korrektorat Rudolf Mihok, Nürnberg
Typografie und Layout Vera Brauner
Einbandgestaltung Eva Schmücker
Coverfoto Shutterstock: 133769240 © Mila Supinskaya
Satz SatzPro, Krefeld
Druck und Bindung C.H. Beck, Nördlingen

Dieses Buch wurde gesetzt aus der TheAntiquaB (9,35/13,7 pt) in FrameMaker. Gedruckt wurde es auf chlorfrei gebleichtem Offsetpapier (90 g/m²).

Bibliografische Information der Deutschen Nationalbibliothek:
Die Deutsche Nationalbibliothek verzeichnet diese Publikation in der Deutschen Nationalbibliografie; detaillierte bibliografische Daten sind im Internet über *http://dnb.d-nb.de* abrufbar.

ISBN 978-3-8362-3635-5
© Rheinwerk Verlag GmbH, Bonn 2016
1. Auflage 2016, 1., korrigierter Nachdruck 2017

Das vorliegende Werk ist in all seinen Teilen urheberrechtlich geschützt. Alle Rechte vorbehalten, insbesondere das Recht der Übersetzung, des Vortrags, der Reproduktion, der Vervielfältigung auf fotomechanischem oder anderen Wegen und der Speicherung in elektronischen Medien.

Ungeachtet der Sorgfalt, die auf die Erstellung von Text, Abbildungen und Programmen verwendet wurde, können weder Verlag noch Autor, Herausgeber oder Übersetzer für mögliche Fehler und deren Folgen eine juristische Verantwortung oder irgendeine Haftung übernehmen.

Die in diesem Werk wiedergegebenen Gebrauchsnamen, Handelsnamen, Warenbezeichnungen usw. können auch ohne besondere Kennzeichnung Marken sein und als solche den gesetzlichen Bestimmungen unterliegen.

Inhalt

1 Einführung — 19

1.1	Was macht eine Datenbank?	19
1.2	Entwickler und Benutzer	20
1.3	Warum sollten Sie mit Datenbanken arbeiten?	20
1.4	Wer sollte dieses Buch lesen?	21
1.5	Wie sind relationale Datenbanken aufgebaut?	22
	1.5.1 Eine Liste von Daten	22
	1.5.2 Eine Tabelle mit Spalten	23
	1.5.3 Die Motivation für Beziehungen	24
	1.5.4 Die Modellierung einer Datenbank	27

2 Eine fertige Anwendung benutzen — 29

2.1	Die Benutzung ermöglichen	29
2.2	Eine Vorstellung der Möglichkeiten	30
	2.2.1 Start der Anwendung und Sicherheitshinweis	31
	2.2.2 Das Hauptmenü	32
	2.2.3 Pflegen Sie die Kundendaten	32
	2.2.4 Ändern Sie Ihren Lagerbestand	36
	2.2.5 Führen Sie Bestellungen durch	37
	2.2.6 Erhöhen Sie die Vielfalt	39
	2.2.7 Eine Übersicht über Ihre Kunden	40
	2.2.8 Behalten Sie Ihre Lagerbestände im Auge	41
	2.2.9 Geben Sie Bestellungen aus	42
2.3	Der Aufbau dieser Anwendung	43
	2.3.1 Die Beziehungsansicht	43
	2.3.2 Kategorien und Artikel	44
	2.3.3 Bestellungen, Bestellposten und Artikel	44
	2.3.4 Die m:n-Beziehung	45

	2.3.5	Die Objekte der Datenbank	47
	2.3.6	Die Vergabe von Namen	50

3   Eigene Datenbanken modellieren 53

3.1   Eine einfache Kundendatenbank 53
- 3.1.1   Überlegungen 54
- 3.1.2   Datentypen 55
- 3.1.3   Feldeigenschaften 57
- 3.1.4   Auswirkungen und Benutzerfreundlichkeit 58
- 3.1.5   Indizierung 58

3.2   Der Ausbau der Handelsanwendung 59
- 3.2.1   Kontakte zum Kunden 60
- 3.2.2   Mehr Informationen zum Kunden 61
- 3.2.3   Bearbeitung und Versand 62
- 3.2.4   Mehr Informationen zur Bestellung 63
- 3.2.5   Lieferanten 64
- 3.2.6   Lieferanten und Einkaufspreise 65
- 3.2.7   Mehr Informationen zum Artikel 67
- 3.2.8   Das gesamte Modell 67

3.3   Die Verwaltung von Medien 68
- 3.3.1   Bücher und Exemplare 69
- 3.3.2   Medien und Verlage 70
- 3.3.3   Lagerort und Zustand 71
- 3.3.4   Suchbegriffe, Autoren und Einzeltitel 72
- 3.3.5   Kunden und Verleih 73
- 3.3.6   Das gesamte Modell 74

3.4   Übungsaufgaben 75
- 3.4.1   Die Vermietung von Fahrzeugen 75
- 3.4.2   Die Abrechnungen eines Handwerksbetriebs 76

4   Eine einfache Anwendung realisieren 77

4.1   Ziel dieses Kapitels 77
4.2   Eine Datenbank erzeugen 79

4.3	Die Oberfläche von MS Access	80
4.4	**Eine einzelne Tabelle anlegen**	81
	4.4.1 Entwurf erzeugen	82
	4.4.2 Entwurf speichern und schließen	83
	4.4.3 Datenbank schließen und wieder öffnen	84
	4.4.4 Entwurf ändern	85
	4.4.5 Feldeigenschaften	86
	4.4.6 Zusammenfassung	89
	4.4.7 Beschreibung	90
	4.4.8 Sicherungen	90
	4.4.9 Übungsaufgabe	91
4.5	**Die ersten Daten eingeben**	91
	4.5.1 Bearbeitungsmodus	92
	4.5.2 Feldeigenschaften	93
	4.5.3 Layout und Datensätze ändern	94
	4.5.4 Übungsaufgabe	95
4.6	**Abfragen erstellen und speichern**	96
	4.6.1 Daten vereinfacht filtern und sortieren	96
	4.6.2 Motivation für Abfragen	97
	4.6.3 Erstellung einer Abfrage	97
	4.6.4 Ändern einer Abfrage	100
	4.6.5 SQL-Ansicht	101
	4.6.6 Sortierung nach einem Feld	102
	4.6.7 Absteigende Sortierung	102
	4.6.8 Sortierung nach zwei Feldern	103
	4.6.9 Änderung der Anzeige	104
	4.6.10 Filtern nach Zahlen	105
	4.6.11 Zahlen vergleichen	106
	4.6.12 Filtern nach Text	107
	4.6.13 Übungsaufgaben	108
4.7	**Formulare zur Bedienung nutzen**	109
	4.7.1 Formular erstellen	109
	4.7.2 Tabellenfelder einfügen	111
	4.7.3 Steuerelemente markieren	112
	4.7.4 Eigenschaften ändern	112
	4.7.5 Ansichten des Formulars	115
	4.7.6 Steuerelemente einfügen	116

	4.7.7	Schaltflächen mit Makros einfügen	117
	4.7.8	Listenfeld einfügen	120
	4.7.9	Listenfeld, Sortierung einstellen	122
	4.7.10	Makros ändern	123
	4.7.11	Formular fertigstellen	124
	4.7.12	Startformular erzeugen und verbinden	124
	4.7.13	Übungsaufgabe	126
4.8	**Berichte zur Präsentation erstellen**		**127**
	4.8.1	Der fertige Bericht	128
	4.8.2	Bericht erzeugen und einstellen	128
	4.8.3	Tabellenfelder einfügen	129
	4.8.4	Ansichten des Berichts	130
	4.8.5	Sortierung einstellen	132
	4.8.6	Gruppierung vornehmen	132
	4.8.7	Startformular ergänzen	134
4.9	**Objekte bearbeiten**		**134**
	4.9.1	Objekte öffnen und schließen	135
	4.9.2	Objekte kopieren	135
	4.9.3	Objekte umbenennen oder löschen	136
	4.9.4	Objekte sortieren	136

5 Eine komplexe Anwendung realisieren 137

5.1	**Ziel dieses Kapitels**		**137**
5.2	**Datenbank und Tabellen anlegen**		**139**
	5.2.1	Tabelle »kunde«	139
	5.2.2	Tabelle »kategorie«	140
	5.2.3	Tabelle »artikel«	140
	5.2.4	Tabelle »bestellung«	141
	5.2.5	Tabelle »bestellposten«	141
	5.2.6	Eindeutiger Index über zwei Felder	142
	5.2.7	Übungsaufgabe	143
	5.2.8	Daten für die Tabellen	143
5.3	**Beziehungen erstellen**		**144**
	5.3.1	Die Beziehungsansicht	144
	5.3.2	Eine Beziehung erstellen	145

	5.3.3	Beziehungen ändern, löschen und drucken	148
	5.3.4	Übungsaufgabe	149
5.4	**Abfragen über mehrere Tabellen**		149
	5.4.1	Alle Kunden	150
	5.4.2	Ein Kunde, mit Bestellungen	151
	5.4.3	Tabellen hinzufügen und löschen	153
	5.4.4	Ein Kunde, mit Bestellungen und Bestellposten	154
	5.4.5	Ein Kunde, mit Bestellungen und Artikeln	155
5.5	**Formulare über mehrere Tabellen**		157
	5.5.1	Reihenfolge der Erstellung	158
	5.5.2	Kategorien, Formular und Daten	159
	5.5.3	Artikel, Formular	159
	5.5.4	Artikel, Kombinationsfeld für Kategorien	160
	5.5.5	Artikel, Abfrage für das Kombinationsfeld	162
	5.5.6	Artikel, Daten	163
	5.5.7	Kategorien, Unterformular für Artikel, Reihenfolge	164
	5.5.8	Kategorien, Unterformular für Artikel erzeugen	164
	5.5.9	Kategorien, Unterformular für Artikel einbetten	166
	5.5.10	Kunden, Formular und Daten	168
	5.5.11	Bestellung, Formular	169
	5.5.12	Bestellung, Kombinationsfeld für Kunden	171
	5.5.13	Bestellung, Daten	172
	5.5.14	Bestellung, Unterformular für Bestellposten erzeugen	173
	5.5.15	Bestellposten, Kombinationsfeld für Artikel	174
	5.5.16	Bestellung, Unterformular für Bestellposten einbetten	175
	5.5.17	Bestellung, Daten für Bestellposten	176
	5.5.18	Bestellung, Gesamtsumme	177
	5.5.19	Kunden, Unterformular für Bestellungen erzeugen	179
	5.5.20	Kunden, Unterformular für Bestellungen einbetten	181
	5.5.21	Startformular erzeugen und verbinden	182
	5.5.22	Übungsaufgabe	183
5.6	**Berichte über mehrere Tabellen**		188
	5.6.1	Kunden ausgeben	188
	5.6.2	Artikel ausgeben	189
	5.6.3	Bestellungen ausgeben	194
	5.6.4	Startformular ergänzen	197

6 Abfragen — 199

6.1 Einfache Filter — 199
- 6.1.1 Text vergleichen — 199
- 6.1.2 Felder nicht anzeigen — 201
- 6.1.3 Text beginnt mit — 201
- 6.1.4 Text endet mit — 202
- 6.1.5 Text beinhaltet — 203
- 6.1.6 Einzelne Zeichen — 204
- 6.1.7 Eine Auswahl von Zeichen — 205
- 6.1.8 Filtern nach Datum — 205
- 6.1.9 Datum vergleichen — 206
- 6.1.10 Ja oder Nein — 207
- 6.1.11 Eine Aussage umdrehen — 208
- 6.1.12 Felder ohne Inhalt — 209
- 6.1.13 Felder mit Inhalt — 210
- 6.1.14 Übungsaufgaben — 211

6.2 Verknüpfte Kriterien — 211
- 6.2.1 Und-Verknüpfung — 212
- 6.2.2 Oder-Verknüpfung — 212
- 6.2.3 Und-Verknüpfung innerhalb eines Felds — 213
- 6.2.4 Werte zwischen anderen Werten — 214
- 6.2.5 Oder-Verknüpfung innerhalb eines Felds — 215
- 6.2.6 Mehrere Verknüpfungen — 216
- 6.2.7 Übungsaufgaben — 217

6.3 Besondere Abfragen — 218
- 6.3.1 Nur Unterschiedliche — 218
- 6.3.2 Nur eine begrenzte Menge — 219
- 6.3.3 Eingabe von Parametern — 220

6.4 Berechnungen — 221
- 6.4.1 Operatoren zur Berechnung — 221
- 6.4.2 Feldinhalte einbeziehen — 223
- 6.4.3 Berechnete Felder nutzen — 225
- 6.4.4 Berechnung als Filter — 226
- 6.4.5 Rechnen mit Zeitangaben — 227
- 6.4.6 Übungsaufgaben — 228

6.5 Integrierte Funktionen ... 229
6.5.1 Verkettung von Texten ... 230
6.5.2 Zerlegung von Text ... 232
6.5.3 Bestandteile von Zeitangaben ... 234
6.5.4 Funktion als Filter ... 235
6.5.5 Bedingungen mit Wenn-Dann ... 236
6.5.6 Inhalte prüfen ... 237
6.5.7 Zahlen runden ... 238
6.5.8 Übungsaufgaben ... 240

6.6 Gruppierungen ... 241
6.6.1 Funktionen zur Gruppierung ... 242
6.6.2 Übungsaufgaben ... 243

6.7 Inhalte von mehreren Tabellen ... 244
6.7.1 Alle Kategorien, mit Artikeln ... 244
6.7.2 Alle Kategorien, mit Funktionen zu Artikeln ... 245
6.7.3 Alle Kunden, mit Anzahl Bestellungen ... 247
6.7.4 Alle Kunden, auch ohne Bestellungen ... 248
6.7.5 Ein Kunde, mit Bestellungen und Postensummen ... 250
6.7.6 Ein Kunde, mit Bestellungen und Gesamtsummen ... 251
6.7.7 Alle Kunden, mit Gesamtbestellsummen ... 253
6.7.8 Alle Artikel, mit Restbestand ... 254
6.7.9 Übungsaufgaben ... 256

6.8 Berechnungen von Zeiten und Kosten ... 258
6.8.1 Alle Mitarbeiter, mit Arbeitszeiten und Arbeitskosten ... 258
6.8.2 Alle Mitarbeiter, mit Arbeitszeitsummen ... 259
6.8.3 Alle Aufträge, mit Arbeitskosten ... 261
6.8.4 Alle Materialien, mit Materialposten ... 262
6.8.5 Alle Aufträge, mit Materialkosten ... 262
6.8.6 Alle Vermietungen, mit Kosten ... 263
6.8.7 Alle Vermietungen, mit Kosten, kurz ... 265

6.9 Ausdrücke innerhalb von Formularen ... 265
6.9.1 Formulare mit einem Datensatz ... 266
6.9.2 Formulare mit mehreren Datensätzen ... 267

6.10 Aktionsabfragen ... 268
6.10.1 Mehrere Datensätze aktualisieren ... 269
6.10.2 Einen Datensatz anfügen ... 270

	6.10.3	Datensätze löschen	272
	6.10.4	Mehrere Datensätze anfügen	273

7　Ansichten　275

7.1　Tabellen　275
	7.1.1	Datenblattansicht	275
	7.1.2	Entwurfsansicht	276

7.2　Abfragen　276
	7.2.1	Entwurfsansicht	276
	7.2.2	Datenblattansicht	276
	7.2.3	SQL-Ansicht	277

7.3　Formulare　277
	7.3.1	Entwurfsansicht	277
	7.3.2	Formularansicht	277
	7.3.3	Layoutansicht	277
	7.3.4	Datenblattansicht	278

7.4　Berichte　278
	7.4.1	Entwurfsansicht	278
	7.4.2	Berichtsansicht	278
	7.4.3	Seitenansicht	278
	7.4.4	Layoutansicht	279

8　Externe Daten　281

8.1　Importieren und Verknüpfen　281
	8.1.1	Import einer MS Excel-Tabelle	281
	8.1.2	Import aus einer MS Access-Datenbank	283
	8.1.3	Verknüpfen mit einer MS Access-Datenbank	283
	8.1.4	Import aus einer Textdatei im CSV-Format	284
	8.1.5	Import aus einer XML-Datei	285

8.2　Exportieren　286
	8.2.1	Export in eine MS Excel-Datei	286
	8.2.2	Export in eine MS Access-Datenbank	287

	8.2.3	Export in eine Textdatei im CSV-Format	287
	8.2.4	Export in eine XML-Datei	288
	8.2.5	Versenden als Anhang einer E-Mail	289
	8.2.6	Erstellen eines MS Word-Seriendokuments	290
	8.2.7	Export in eine RTF-Datei für MS Word	290
8.3	**Gespeicherte Im- und Exporte**		291

9 Assistenten und Vorlagen 293

9.1	**Vor- und Nachteile von Vorlagen**		293
9.2	**Vorlagen für vollständige Datenbanken**		294
	9.2.1	Erstellung der Datenbank	294
	9.2.2	Nutzung der Datenbank	295
9.3	**Vorlagen für Tabellen**		296
9.4	**Assistenten für Abfragen**		297
	9.4.1	Auswahlabfrage-Assistent	297
	9.4.2	Kreuztabellenabfrage-Assistent	298
9.5	**Assistenten und Vorlagen für Formulare**		300
	9.5.1	Darstellungsformen	300
	9.5.2	Formular (Standard)	301
	9.5.3	Leeres Formular	302
	9.5.4	Mehrere Elemente	302
	9.5.5	Datenblatt	302
	9.5.6	Geteiltes Formular	302
	9.5.7	Formular-Assistent, für eine Tabelle	302
	9.5.8	Formular-Assistent, für zwei Tabellen	303
	9.5.9	Modales Dialogfeld	304
	9.5.10	Navigationsformular	304
9.6	**Assistenten und Vorlagen für Berichte**		306
	9.6.1	Bericht (Standard)	306
	9.6.2	Leerer Bericht	307
	9.6.3	Berichts-Assistent, für eine Tabelle	307
	9.6.4	Berichts-Assistent, für zwei Tabellen	308
	9.6.5	Etiketten-Assistent	309

10 Werkzeuge . . . 311

10.1 Werkzeuge zur Optimierung . . . 311
- 10.1.1 Datenbank komprimieren und reparieren . . . 311
- 10.1.2 Datenbank mit Kennwort schützen . . . 311
- 10.1.3 Duplikate suchen . . . 313
- 10.1.4 Inkonsistenzen suchen . . . 314

10.2 Werkzeuge zur Analyse . . . 315
- 10.2.1 Objektabhängigkeiten prüfen . . . 315
- 10.2.2 Datenbank dokumentieren . . . 316
- 10.2.3 Leistung analysieren . . . 317
- 10.2.4 Tabelle analysieren . . . 317

11 Module und VBA . . . 319

11.1 Vertrauenswürdige Dokumente und Speicherorte . . . 319
- 11.1.1 Inhalt aktivieren . . . 320
- 11.1.2 Liste der vertrauenswürdigen Dokumente . . . 320
- 11.1.3 Vertrauenswürdige Speicherorte . . . 321

11.2 Einführung . . . 321
- 11.2.1 Die Entwicklungsumgebung . . . 321
- 11.2.2 Erste Ausgabe . . . 323
- 11.2.3 Erste Eingabe . . . 325
- 11.2.4 Variablen und Datentypen . . . 327
- 11.2.5 Konstanten . . . 329
- 11.2.6 Rechenoperatoren . . . 331

11.3 Fehlerbehandlung . . . 332
- 11.3.1 Laufzeitfehler . . . 333
- 11.3.2 Einzelschritte . . . 334
- 11.3.3 Haltepunkte . . . 335
- 11.3.4 On Error . . . 335
- 11.3.5 Programmteile auskommentieren . . . 336

11.4 Verzweigungen und Schleifen . . . 337
- 11.4.1 Verzweigung mit einzeiligem If . . . 337
- 11.4.2 Verzweigung mit Block-If . . . 338
- 11.4.3 Mehrfache Verzweigung . . . 339

	11.4.4	Vergleichsoperatoren	339
	11.4.5	Verknüpfungsoperatoren	340
	11.4.6	Verzweigung mit Select Case	341
	11.4.7	Schleife mit For To	342
	11.4.8	Schleife mit Do Loop	343
11.5	**Prozeduren und Funktionen**		**345**
	11.5.1	Prozeduren	346
	11.5.2	Funktionen	347
	11.5.3	Funktion MsgBox()	349
	11.5.4	Funktion Format()	350
	11.5.5	Funktionen für Zeitangaben	351
	11.5.6	Mathematische Funktionen	354
	11.5.7	Datentypen prüfen und umwandeln	355
	11.5.8	Gültigkeitsbereiche	357
11.6	**Datenbankzugriff mit DAO und SQL**		**358**
	11.6.1	Objekte, Auflistungen und Verweise	359
	11.6.2	Daten aus Tabellen anzeigen	359
	11.6.3	Daten in Tabellen aktualisieren	361
	11.6.4	Daten zu Tabellen hinzufügen	363
	11.6.5	Daten aus Tabellen löschen	364
11.7	**Auswahlabfragen mit SQL**		**364**
	11.7.1	Daten mithilfe von Abfragen auswählen	365
	11.7.2	Prozedur zur Auswahl und Formatierung	367
	11.7.3	Sortierung und erste Filter	369
	11.7.4	Einfache Filter	371
	11.7.5	Verknüpfte Kriterien	372
	11.7.6	Besondere Abfragen	373
	11.7.7	Berechnungen	374
	11.7.8	Integrierte Funktionen	375
	11.7.9	Gruppierungen	377
11.8	**Auswahlabfragen mit SQL, über mehrere Tabellen**		**377**
	11.8.1	Abfrage über zwei Tabellen	378
	11.8.2	Abfrage über drei Tabellen	378
	11.8.3	Abfrage über vier Tabellen	379
	11.8.4	Abfrage mit Ausdrucksnamen	380
	11.8.5	Gruppierung und Gruppierungsfunktionen	381
	11.8.6	Verschiedene Joins	381

	11.8.7	Berechnungen und Gruppierungsfunktionen	382
	11.8.8	Zeiten und Kosten	383
11.9	**Aufbau einer Datenbank**		**387**
	11.9.1	Tabellen einer Datenbank	387
	11.9.2	Indizes einer Tabelle	389
	11.9.3	Felder und Datentypen einer Tabelle	390
	11.9.4	Eigenschaften der Felder einer Tabelle	392
	11.9.5	Beziehungen einer Datenbank	393
	11.9.6	Abfragen und SQL-Code einer Datenbank	394
11.10	**Aufbau der Formulare**		**395**
	11.10.1	Formulare und Berichte einer Datenbank	396
	11.10.2	Entwurf eines Formulars ermitteln	397
	11.10.3	Ein neues Formular erzeugen	403
	11.10.4	Entwurf eines Formulars ändern	404
	11.10.5	Eine vollständige Benutzeroberfläche erzeugen	405

A   Lösungen der Übungsaufgaben 407

A.1	**Fahrzeugvermietung, Modell**		**407**
	A.1.1	Die realen Anforderungen	407
	A.1.2	Fahrzeuge und Kunden ergeben Vermietungen	408
	A.1.3	Fahrzeuge und Standorte	409
	A.1.4	Fahrzeugtypen und Preisklassen	409
	A.1.5	Wartungsvorgänge	410
	A.1.6	Mehr Informationen zu Vermietungen	410
	A.1.7	Mehr Informationen zu Fahrzeugen und Kunden	411
	A.1.8	Mehr Informationen zu Standorten und Preisklassen	411
	A.1.9	Mehr Informationen zu Wartungsvorgängen	412
	A.1.10	Das gesamte Modell	413
A.2	**Handwerksbetrieb, Modell**		**413**
	A.2.1	Die realen Anforderungen	413
	A.2.2	Aufträge und Mitarbeiter	414
	A.2.3	Aufträge und Material	415
	A.2.4	Kunden und Aufträge	416

	A.2.5	Lohngruppen und Mitarbeiter	416
	A.2.6	Lieferanten und Material	417
	A.2.7	Das gesamte Modell	417
A.3	**Fahrzeugvermietung, erste Tabellen**		418
A.4	**Einzelne Tabelle, erste Abfragen**		420
	A.4.1	Sortierung	420
	A.4.2	Filter mit Zahl	421
A.5	**Fahrzeugvermietung, erste Formulare**		421
A.6	**Fahrzeugvermietung, weitere Tabellen**		422
A.7	**Fahrzeugvermietung, Beziehungen**		425
A.8	**Fahrzeugvermietung, weitere Formulare**		426
A.9	**Fahrzeugvermietung, weitere Abfragen**		428
	A.9.1	Einfache Filter	428
	A.9.2	Verknüpfte Kriterien	429
	A.9.3	Berechnungen	429
	A.9.4	Integrierte Funktionen	431
	A.9.5	Gruppierungen	432
	A.9.6	Inhalte von mehreren Tabellen	433

Index ... 437

Kapitel 1
Einführung

Microsoft Access 2016 ist ein Programm zur Erstellung und Pflege von Datenbanken. In dieser Einführung wird erläutert, wozu Datenbanken dienen und welche Vorteile sie Ihnen bieten können. Anhand eines anschaulichen Beispiels folgt eine kurze Einführung in den typischen Aufbau einer MS Access-Datenbank.

1.1 Was macht eine Datenbank?

Viele Unternehmen benutzen Softwareanwendungen zur zusammenhängenden und effektiven Verwaltung von Vorgängen und Geschäftsprozessen mithilfe von Rechnern. Der zentrale Bestandteil vieler Softwareanwendungen ist eine *Datenbank*. Darin werden die Daten für die gesamte Softwareanwendung gespeichert und organisiert. — *Softwareanwendung*

Eine datenbankbasierte Softwareanwendung wird auch Datenbankanwendung genannt. Sie beinhaltet die Datenbank selbst und eine Benutzeroberfläche, die zur Eingabe, Pflege und Ausgabe der Daten der Datenbank genutzt werden kann. Das Programm Microsoft Access 2016 bietet die Möglichkeit, eine vollständige Datenbankanwendung innerhalb einer einzigen Datei zu gestalten. — *Datenbankanwendung*

In diesem Buch wird ausschließlich mit datenbankbasierten Softwareanwendungen gearbeitet. Zur Vermeidung des etwas unhandlichen Begriffs *Datenbankanwendung* werde ich nachfolgend vereinfacht nur noch von *Anwendungen* sprechen. — *Anwendung*

Bei den Vorgängen, die in einer Anwendung verwaltet werden, kann es sich um den Betrieb eines Handelsunternehmens oder die Verwaltung von Immobilien handeln. Es kann aber auch um die Abläufe von größeren Projekten im privaten Bereich gehen. Das kann zum Beispiel die Organisation innerhalb eines Sportvereins oder die Verwaltung von Büchern, DVDs und anderen Medien sein.

1.2 Entwickler und Benutzer

Es gibt zwei Sichten, die Sie unterscheiden sollten:

Entwickler
- Sie sind der *Entwickler*, der die Datenbank aufbaut und die Anwendung rund um die Datenbank erzeugt.

Benutzer
- Es gibt ein Unternehmen oder eine Privatperson, für die die Anwendung erzeugt wird. Diese Person beziehungsweise der Leiter und die Mitarbeiter des Unternehmens sind die *Benutzer* Ihrer Anwendung.

Häufig gibt es folgendes Szenario: Sie sind sowohl der Entwickler als auch der Benutzer der Anwendung. Sie entwickeln also die Anwendung für sich selbst, im privaten Bereich oder innerhalb eines Unternehmens.

Eine MS Access-Datenbank stellt aus Sicht des Entwicklers das technische Mittel zur Entwicklung einer Anwendung dar. Gleichzeitig beinhaltet sie das fertige Produkt, das er an den Abnehmer ausliefert. Aus Sicht des Benutzers stellt die MS Access-Datenbank ein Hilfsmittel zur Bewältigung seiner Verwaltungs- und Organisationsaufgaben dar.

1.3 Warum sollten Sie mit Datenbanken arbeiten?

Es gibt viele Gründe, Datenbanken für Ihre Anwendungen zu verwenden. Nachfolgend möchte ich einige aufzählen:

Große Datenmengen
- Sie möchten große, zusammenhängende Mengen an Informationen speichern und verwalten, zum Beispiel für ein Unternehmen oder ein größeres privates Projekt.

Schnelles Auffinden
- Sie möchten bestimmte Informationen aus der großen Menge schnell wiederfinden.

Eindeutige Daten
- Jede Information möchten Sie nur einmal speichern, damit Sie keine Arbeit mehrfach erledigen müssen und keine unterschiedlichen Daten zu denselben Informationen vorliegen.

Kontrollierte Eingabe
- Sie möchten die Informationen komfortabel, schnell und möglichst fehlerfrei eingeben können. Während der Eingabe sollen die Informationen bereits geprüft werden:
    - ob sie gültig und sinnvoll sind und
    - ob sie zu den bereits vorhandenen Informationen passen.
- Meldungen sollen Ihnen helfen, Fehler bei der Eingabe zu vermeiden.

- Zu jedem Zeitpunkt möchten Sie bestimmte Informationen herausfiltern und übersichtlich sortiert darstellen und ausgeben. — *Filtern und Sortieren*
- Sie möchten bestimmte Informationen zusammenfassen, Berechnungen und Analysen auf Basis der Informationen durchführen und die Ergebnisse darstellen und ausgeben. — *Zusammenfassen*
- Die Ausgaben sollen in Form von Ausdrucken, PDF-Dateien, E-Mails oder mithilfe weiterer Möglichkeiten erfolgen. — *Vielfältige Ausgaben*

1.4 Wer sollte dieses Buch lesen?

Sie verwalten Medien, also Bücher, E-Books, Software- und Audio-CDs, DVDs, Blu-Rays und so weiter. Sie haben die ehrenvolle Aufgabe, die Abläufe in Ihrem Sportverein zu verwalten und die Beiträge zu kontrollieren. Sie sind Mitarbeiter oder Leiter eines kleinen Unternehmens und möchten die Eingänge, Ausgänge und sonstigen Abläufe im Auge behalten. Sie verwalten Wohnungen, Häuser und die Informationen über die Mieter und ihre Zahlungen. — *Verwaltung von Daten*

Falls Sie bei diesen oder vergleichbaren Tätigkeiten bisher:

- die Informationen auf Karteikarten notieren oder
- sie in Textdateien oder MS Word-Dokumenten speichern oder
- mit MS Excel oder einer anderen Tabellenkalkulation arbeiten

und feststellen, dass die Informationen: — *Nachteile vermeiden*

- immer mehr werden,
- über immer mehr Stellen verstreut sind,
- teilweise mehrfach vorhanden sind und
- an verschiedenen Stellen widersprüchlich sind,

dann sollten Sie über die Nutzung von MS Access nachdenken. Zwar benötigt es mehr Einarbeitungszeit als zum Beispiel MS Word oder MS Excel. Diese Zeit macht sich aber schnell bezahlt. Nach kurzer Zeit stellen Sie fest, dass Sie viele Vorgänge schneller bewältigen als vorher. — *Vorteile nutzen*

Sie sind Auszubildender, Schüler, Student oder bilden sich innerhalb einer Weiterbildung beziehungsweise privat weiter fort und möchten den Umgang mit relationalen Datenbanksystemen kennenlernen.

Leichter Umstieg MS Access ist übersichtlich und schnell auf dem eigenen Windows-PC verfügbar. Sie arbeiten damit auf ähnliche Art und Weise wie mit großen serverbasierten Datenbanksystemen. Sollten Sie später beruflich umsteigen, zum Beispiel auf MySQL, auf Microsoft SQL Server oder auf eine große Oracle-Datenbank, dann fällt Ihnen das leichter.

Übungsaufgaben Dieses Buch führt Sie mit anschaulichen Erklärungen und vielen Beispielen Schritt für Schritt durch die Entwicklung einer Anwendung mit MS Access. Eine ganze Reihe von Übungsaufgaben gibt Ihnen die Möglichkeit, Ihre Kenntnisse zu erproben.

Außer den Grundlagen in der Bedienung von Windows-Programmen werden keine besonderen Kenntnisse vorausgesetzt, um mit diesem Buch und mit MS Access zu arbeiten.

1.5 Wie sind relationale Datenbanken aufgebaut?

Beziehungen Es gibt verschiedene Typen von Datenbanken. Sehr verbreitet und erfolgreich sind sogenannte *relationale Datenbanken*. Sie bestehen aus *Tabellen* und *Beziehungen* zwischen den Tabellen. Beziehungen werden auch *Relationen* genannt. Innerhalb der Tabellen stehen die Daten.

Datenbankmodell Ein *Datenbankmodell* dient als theoretische Grundlage für den Aufbau jeder relationalen Datenbank. Formulare und Berichte dienen zur Ein- und Ausgabe der Daten. Nachfolgend werden einige Begriffe genauer erläutert.

1.5.1 Eine Liste von Daten

Liste Als Ausgangspunkt für den Aufbau einer relationalen Datenbank soll eine einfache Liste von Kundendaten dienen. Eine solche Liste kann zum Beispiel in einer einfachen Textdatei oder in einer MS Word-Datei gespeichert sein:

- Kundennummer 12, Maier, Köln, Tel. 0222-959595
- Kundennummer 13, Seifert, Dortmund, Tel. 0333-565656
- Kundennummer 14, Peters, Münster, Tel. 0444-292929
- Kundennummer 15, Naumann, Dortmund, Tel. 0333-575757
- Kundennummer 16, Stober, Dortmund

- Kundennummer 17, Seifert, Bochum, Tel. 0345-636363
- Kundennummer 18, Klein, Köln, Tel. 0222-383838
- Kundennummer 19, Heinemann, Soest, Tel. 0488-828282
- Kundennummer 20, Kremer, Bonn
- Kundennummer 21, Ahrens, Bochum, Tel. 0345-737373

Die Liste besteht aus einer Reihe von Datensätzen. Jeder Datensatz steht in einer eigenen Zeile und beinhaltet mehrere Informationen zu einem bestimmten Kunden:

- die eindeutige Kundennummer zur Identifizierung,
- die Bezeichnung des Kunden, hier nur der Nachname,
- die Adresse des Kunden, hier nur der Ortsname und
- die Telefonnummer des Kunden, falls bekannt.

Diese einfache Listenform hat allerdings Nachteile. Es ist schwierig, nach bestimmten Daten zu suchen, zum Beispiel nach dem Kunden mit dem Namen Seifert, da alle Einträge immer vollständig durchsucht werden müssen. Die Liste kann nicht beliebig sortiert werden, zum Beispiel nicht nach Nachname oder Telefonnummern.

Daher ist es sinnvoll, die einfache Liste in eine Tabelle mit einzelnen Spalten umzuwandeln.

1.5.2 Eine Tabelle mit Spalten

Eine Tabelle innerhalb einer relationalen Datenbank können Sie sich zunächst vereinfacht vorstellen wie eine Tabelle innerhalb einer Tabellenkalkulation wie MS Excel.

Tabelle

kundeID	bezeichnung	adresse	telefon
12	Maier	Köln	0222-959595
13	Seifert	Dortmund	0333-565656
14	Peters	Münster	0444-292929
15	Naumann	Dortmund	0333-575757
16	Stober	Dortmund	
17	Seifert	Bochum	0345-636363
18	Klein	Köln	0222-383838
19	Heinemann	Soest	0488-828282
20	Kremer	Bonn	
21	Ahrens	Bochum	0345-737373

Abbildung 1.1 Tabelle mit Kundendaten

In Abbildung 1.1 sehen Sie die Liste der Kundendaten aus Abschnitt 1.5.1 als Tabelle.

Datensätze — Eine Tabelle besteht wie eine Liste aus einer Reihe von *Datensätzen*. Jeder Datensatz steht wiederum in einer eigenen Zeile. Die Informationen sind jedoch auf einzelne Spalten aufgeteilt, mit den Spaltenüberschriften `kundeID`, `bezeichnung`, `adresse` und `telefon`.

Felder — Die Spaltenüberschriften werden im Zusammenhang mit relationalen Datenbanken die *Felder* der Tabelle genannt.

Datentypen — Innerhalb eines Programms für Tabellenkalkulationen stellen die Felder nur die Überschrift dar. Innerhalb der Tabelle einer relationalen Datenbank bieten sie weitaus mehr Möglichkeiten. Die einzelnen Felder besitzen unterschiedliche *Datentypen*, unter anderem `Zahl`, `Text`, `Datum` oder `AutoWert`. Jeder Datentyp weist eigene *Eigenschaften* auf. Jedem Feld sind darüber hinaus weitere Eigenschaften zugeordnet, die individuell eingestellt werden können.

Eingabekontrolle — Sie können die Eingabe von Daten für die verschiedenen Felder auf unterschiedliche Art und Weise erforderlich machen, die Inhalte auf Gültigkeit prüfen und den Benutzer mithilfe von Meldungen auf Fehleingaben hinweisen.

1.5.3 Die Motivation für Beziehungen

Beziehungen dienen zur Verbindung von mehreren Tabellen innerhalb einer Datenbank. Sie helfen Ihnen bei der Vermeidung von:

Redundanzen
- *Redundanzen*, also der mehrfachen Speicherung derselben Daten

Inkonsistenzen
- *Inkonsistenzen*, also der Speicherung von unterschiedlichen Inhalten für dieselben Felder desselben Datensatzes

Normalisierung — Der Vorgang der eindeutigen Aufteilung der Daten in mehrere Tabellen mit getrennten Spalten, zur Vermeidung von Redundanzen und Inkonsistenzen, nennt sich Normalisierung. Dieser abstrakte Vorgang wird in diesem Buch anhand von vielen konkreten Beispielen erläutert.

In Abbildung 1.2 sehen Sie eine Tabelle mit Daten zu Bestellungen.

1.5 Wie sind relationale Datenbanken aufgebaut?

kundeID	bezeichnung	adresse	telefon	bestellungID	datum
13	Seifert	Dortmund	0333-565656	20	18.11.15
13	Seifert	Dortmund	0333-565656	21	29.11.15
17	Seifert	Bochum	0345-636363	17	15.12.15
17	Seifert	Bochum	0345-636363	18	10.11.15
17	Seifert	Bochum	0345-636363	22	10.11.15
17	Seifert	Bochum	0345-636363	23	29.11.15
20	Kremer	Bonn		19	06.12.15
20	Kremer	Bonn		24	11.12.15
21	Ahrens	Bochum	0345-737373	25	03.12.15

Abbildung 1.2 Tabelle mit Bestelldaten

Ein Datensatz innerhalb der Bestelltabelle beinhaltet Informationen zu einer bestimmten Bestellung. Es gibt die Felder:

- bestellungID: als eindeutige Bestellnummer zur Identifizierung und
- datum: als Datum der Bestellung

Außerdem beinhaltet jeder Datensatz alle Daten des Kunden, der die Bestellung vorgenommen hat. Das hat folgende Nachteile:

- Da ein Kunde mehrere Bestellungen vornehmen kann, stehen seine Daten mehrmals in der Tabelle. Es gibt also *redundante Daten*, wie zum Beispiel in den Feldern bezeichnung, adresse und telefon für den Kunden mit kundeID 17.

    Redundante Daten

- Falls zum Beispiel die Adresse oder die Telefonnummer eines bestimmten Kunden bei einer Bestellung unterschiedlich erfasst werden, dann könnten sich *inkonsistente Daten* ergeben. Dies wäre zum Beispiel dann der Fall, wenn bei der Aufnahme der Bestellungen mit den IDs 20 und 21 für den Kunden mit kundeID 13 unterschiedliche Inhalte für die Felder adresse und telefon gespeichert worden wären.

    Inkonsistente Daten

Bei der Benutzung einer relationalen Datenbank wird das vermieden, indem die Daten auf zwei miteinander verbundene Tabellen verteilt werden. Die Tabelle der Kundendaten beinhaltet nur die Felder mit den Daten der Kunden, wie Sie sie weiterhin in Abbildung 1.1 sehen.

Zwei Tabellen

Die verbesserte Tabelle der Bestelldaten beinhaltet die Felder mit den Daten der Bestellungen. Zusätzlich beinhaltet sie das Feld kundeID als eindeutige Information darüber, welcher Kunde die Bestellung vorgenommen hat. Sie sehen die verbesserte Tabelle in Abbildung 1.3.

Verbindendes Feld

kundeID	bestellungID	datum
13	20	18.11.15
13	21	29.11.15
17	17	15.12.15
17	18	10.11.15
17	22	10.11.15
17	23	29.11.15
20	19	06.12.15
20	24	11.12.15
21	25	03.12.15

Abbildung 1.3 Verbesserte Tabelle mit Bestelldaten

Beziehung zwischen Tabellen   Innerhalb der Datenbank wird mithilfe der beiden Felder mit dem Namen kundeID eine Beziehung erstellt. In Abbildung 1.4 wird sie als dünne Linie zwischen den beiden Tabellen dargestellt. Die beiden Zeichen an der Linie, die Ziffer 1 und die liegende Ziffer 8 für den Begriff *unendlich*, kennzeichnen diese Beziehung.

1:n-Beziehung   Zu einem Kunden können beliebig viele Bestellungen gespeichert werden. Eine solche Beziehung vom Typ *1 zu unendlich* wird auch *1:n-Beziehung* genannt. Das *n* steht für beliebig viele Datensätze.

Auf diese Weise müssen die Kundendaten nur an einer Stelle erfasst und gepflegt werden und beinhalten immer dieselben Informationen.

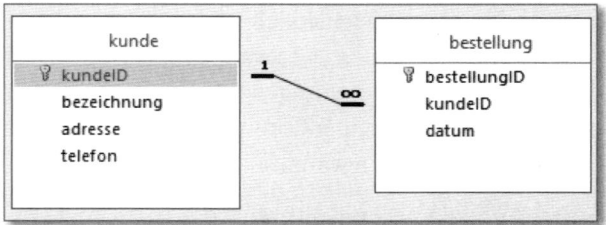

Abbildung 1.4 Beziehung zwischen zwei Tabellen

Verbindende Felder   Die beiden Felder, über die die Beziehung erstellt wird, müssen nicht denselben Namen haben. In meinen Datenbanken ist das aber häufig der Fall, da sich auf diese Weise die Beziehungen und die beteiligten Felder besser erkennen lassen.

Master-Seite, Primärschlüssel
▶ Auf dem Feld auf der 1-Seite der Beziehung, der sogenannten *Master-Seite*, liegt ein *Primärschlüssel*. Sie können das an dem kleinen Schlüsselsymbol neben dem Feldnamen erkennen. Solche *Primärschlüsselfelder*

sind eindeutig, das heißt innerhalb der Tabelle kunde kommen die Einträge im Feld kundeID jeweils nur einmal vor.
- Auf dem zugehörigen Feld auf der n-Seite der Beziehung, der sogenannten *Detail-Seite*, liegt ein *Fremdschlüssel*. Ein solches Feld wird auch *Fremdschlüsselfeld* genannt.

Detail-Seite, Fremdschlüssel

1.5.4 Die Modellierung einer Datenbank

Jede relationale Datenbank muss zunächst modelliert werden. Die Modellierung einer Datenbank stellt den zentralen Bestandteil der Entwicklung einer Anwendung dar. Es gibt eine ganze Reihe von Schritten, die bei der Entwicklung einer Anwendung für ein Unternehmen durchgeführt werden sollten:

- Gespräche mit dem Leiter und den Mitarbeitern in den verschiedenen Abteilungen des Unternehmens

Gespräche

- die Erfassung und Analyse der Geschäftsprozesse, die vom Leiter und den Mitarbeitern regelmäßig durchgeführt werden

Geschäftsprozesse

- die Erfassung der verschiedenen Arten von Informationen, die bei diesen Vorgängen gesammelt, gespeichert und gegebenenfalls ausgegeben werden sollen
- die Erstellung eines *Datenbankmodells*. Das beinhaltet die Aufteilung der Informationen auf mehrere Felder und Tabellen und die Erstellung der Beziehungen zwischen diesen Tabellen

Datenbankmodell

- die Realisierung des Datenbankmodells in MS Access

Realisierung

- die Erstellung von Formularen zur Eingabe und Pflege von Daten
- die Erzeugung von Berichten zur Ausgabe und Dokumentation von Daten
- die Durchführung von zahlreichen und umfangreichen Tests, sowohl während der Entwicklung als auch nach Fertigstellung der Anwendung. Diese Tests sollten sowohl durch den Entwickler als auch durch die Mitarbeiter des Unternehmens vorgenommen werden

Test

- die Auslieferung der Anwendung an das Unternehmen

Auslieferung

- die Übernahme von eventuell vorhandenen Daten aus alten Anwendungen durch den Entwickler. Die Eingabe von Daten durch die Mitarbeiter des Unternehmens. Füllen Sie die Datenbank nicht mit Daten, bevor die Entwicklung abgeschlossen ist. Eine nachträgliche Änderung der Struktur kann den teilweisen oder vollständigen Verlust von bereits vorhandenen Daten zur Folge haben

Wartung
- die Wartung zur Korrektur von Fehlern. Keine Anwendung ist jemals fehlerfrei

Pflege
- die Pflege zur Verbesserung der vorhandenen Eigenschaften und zum Hinzufügen von neuen Eigenschaften der Anwendung

Geschäftsprozesse verbessern

Die sorgfältige Erstellung eines Datenbankmodells ist wichtig für die gesamte Anwendung. In der Realität werden Sie häufig feststellen, dass die genannten Vorgänge bei der Entwicklung der Anwendung sogar dabei helfen, die Geschäftsprozesse innerhalb des Unternehmens klarer zu erkennen und sie zu verbessern, auch außerhalb der Benutzung der Anwendung.

In Kapitel 3 beschäftigen wir uns ausführlich und anhand mehrerer Beispiele mit der Modellierung von relationalen Datenbanken.

Kapitel 2
Eine fertige Anwendung benutzen

In diesem Kapitel stelle ich Ihnen die Oberfläche einer fertigen Anwendung aus Sicht des Benutzers vor. Sie erlernen die Bedienung der Benutzeroberfläche mit ihren typischen Elementen. Diese Erfahrungen sind eine gute Voraussetzung zur selbstständigen Erstellung von Anwendungen.

Bedienung

Ich empfehle Ihnen, die Anwendung parallel zum Lesen dieses Kapitels aktiv zu nutzen. Geben Sie Daten ein, verändern und löschen Sie Daten. Beachten Sie die Fehlermeldungen, die bei Regelverletzungen auftreten. Auf diese Weise werden Sie mit den Elementen rasch vertraut. Keine Angst: Sie können die Datenbank mit den Originaldaten jederzeit erneut von *www.rheinwerk-verlag.de/3790* herunterladen.

Fehlermeldungen

In Kapitel 3 werden Sie lernen, das Modell für die Datenbank zu entwerfen, die die Basis für diese Anwendung bildet. In Kapitel 5 werden Sie sehen, wie Sie die reale Anwendung gemäß dem Modell Schritt für Schritt selbst erstellen können. Das wird Ihnen leichter fallen, wenn Ihnen die Abläufe bei der Bedienung bereits vertraut sind.

Die Anwendung dient zur Bearbeitung der Geschäftsprozesse, die bei einem Handelsunternehmen auftreten. Sie beinhaltet unter anderem die Verwaltung der Kunden, Artikel und Bestellungen. Die Beispieldaten beziehen sich auf einen Handel mit Bekleidung, aber die Anwendung könnte genauso auch für andere Waren genutzt werden.

Handelsunternehmen

2.1 Die Benutzung ermöglichen

MS Access-Datenbanken haben seit der Version 2007 die Endung *accdb*. Die Anwendung befindet sich in der Datenbank *handel.accdb*. Diese Version ist für den Entwickler der Anwendung vorgesehen. Sie dagegen arbeiten zunächst als Benutzer mit einer Laufzeitversion (*Runtime-Version*) in der Datenbank *handel.accdr*. Laden Sie die Datenbank von *www.rheinwerk-*

Laufzeitversion

verlag.de/3790 herunter (zu finden unter »Materialien zum Buch«). Sie bietet alle Möglichkeiten zur Eingabe und Ausgabe von Daten.

Struktur verborgen Der Vorteil der Laufzeitversion: Sie verbirgt die Struktur der Datenbank und den Aufbau der Ein- und Ausgabemöglichkeiten zunächst vor dem Benutzer. Sie werden im Verlauf des Buchs lernen, eigene Anwendungen zu entwickeln. Anschließend können Sie die Laufzeitversion für den Benutzer erstellen, indem Sie die Datei kopieren und die Endung umbenennen.

Laufzeitumgebung Falls MS Access auf Ihrem Windows-PC bereits installiert ist, benötigen Sie keine weiteren Dateien. Sollten Sie die Laufzeitversion allerdings auf einem Windows-PC ohne MS Access ausführen, zum Beispiel bei einem Benutzer Ihrer Anwendungen, dann muss zunächst eine Umgebung für die Laufzeitversionen der MS Access-Anwendungen installiert werden. Sie ist bei Microsoft (*https://www.microsoft.com/de-de/download/details.aspx?id=39358*) in zwei Versionen frei verfügbar:

- die Datei *AccessRuntime_x86_de-de.exe* für eine 32-Bit-Version von Windows
- die Datei *AccessRuntime_x64_de-de.exe* für eine 64-Bit-Version von Windows

Systemtyp Laden Sie die passende Version herunter und installieren Sie sie auf dem Windows-PC des Benutzers. Sollte Ihnen der Systemtyp, also die Version Ihres Betriebssystems nicht bekannt sein: Schauen Sie in der SYSTEMSTEUERUNG unter SYSTEM UND SICHERHEIT • SYSTEM nach. Dort finden Sie den SYSTEMTYP.

2.2 Eine Vorstellung der Möglichkeiten

Typische Elemente Die Oberfläche der Anwendung in der Datei *handel.accdr* beinhaltet die typischen Elemente, die zur Benutzung benötigt werden. Sie können vorhandene Daten betrachten, verändern und löschen. Sie geben neue Daten ein und erzeugen Ausgaben der Daten als Ausdrucke oder PDF-Dateien.

Zusammenspiel der Daten Ich habe es bewusst vermieden, die Datenbank mit Hunderten von Daten zu füllen oder die verschiedenen Daten jeweils durch viele verschiedene Eigenschaften bis ins kleinste Detail zu beschreiben. Erfahrungsgemäß lenkt das den Blick vom Wesentlichen ab. Mir kommt es darauf an, dass Sie das Zusammenspiel der Daten und die Folgen der Veränderung einzelner Daten nachvollziehen können.

Alle Elemente, die auch für große Anwendungen benötigt werden, sind vorhanden. Zum einen arbeitet der Benutzer mit diesen Elementen auf der Oberfläche, zum anderen arbeiten diese Elemente für den strukturierten Ablauf der Anwendung im Hintergrund.

2.2.1 Start der Anwendung und Sicherheitshinweis

Sie können eine Verknüpfung auf die Datenbank *handel.accdr* auf den Desktop legen. Starten Sie die Anwendung durch einen Doppelklick auf diese Verknüpfung oder auf den Dateinamen im Windows-Explorer.

Anwendung in Datei »handel.accdr«

Zunächst erscheint ein Sicherheitshinweis, siehe Abbildung 2.1. Was hat es damit auf sich? Innerhalb von allen MS Office-Programmen kann mithilfe von VBA-Code entwickelt werden. Dieser Code ist potenziell schädlich für Ihren Rechner. Daher müssen Sie im vorliegenden Fall durch Betätigen der Schaltfläche ÖFFNEN zunächst bestätigen, dass Sie dieser Datei aus einer fremden Quelle vertrauen. Mehr zum Thema *Vertrauenswürdige Dokumente* finden Sie in Abschnitt 11.1.

Sicherheit und Vertrauen

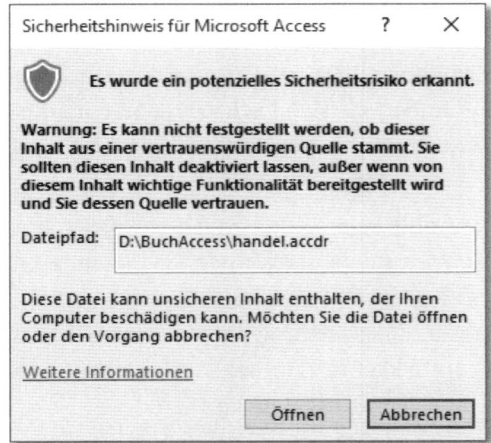

Abbildung 2.1 Sicherheitshinweis

Bei der Benutzung von fremden Dateien für MS Office-Programme wird Ihnen immer wieder einmal ein Sicherheitshinweis in dieser oder ähnlicher Form begegnen.

2.2.2 Das Hauptmenü

Startformular — Nach Betätigung der Schaltfläche ÖFFNEN in dem Dialogfeld mit dem Sicherheitshinweis erscheint das Hauptmenü der Anwendung im Startformular startF, siehe Abbildung 2.2.

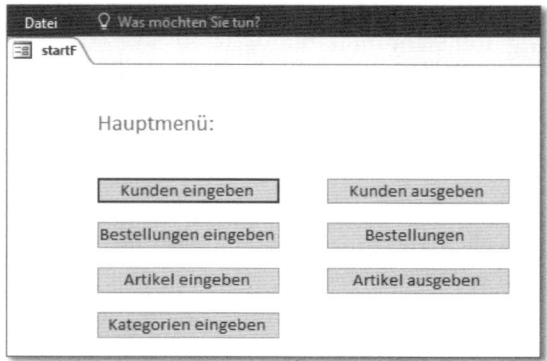

Abbildung 2.2 Startformular für »handel.accdb«/»handel.accdr«

Einheitliche Gestaltung — Formulare dienen dem Benutzer der Anwendung zur komfortablen Eingabe und Pflege der Daten. Sie bilden daher einen wesentlichen Bestandteil der Benutzeroberfläche. Die Beispielformulare in diesem Buch sind einheitlich gestaltet. Auf diese Weise finden Sie sich leicht zurecht. Ich empfehle Ihnen, es bei Ihren eigenen Anwendungen genauso zu machen, zum Vorteil Ihrer Benutzer.

Formulare und Berichte aufrufen — Die Benutzeroberfläche meiner Anwendungen besitzt als oberstes Element ein Startformular. Von diesem Startformular aus können Sie die anderen Elemente der Oberfläche mithilfe von Schaltflächen aufrufen. Dann öffnen sich weitere Formulare zur Eingabe und Bearbeitung der Daten, von denen aus Sie wieder zum Startformular zurückkehren können. Außerdem öffnen sich Berichte, von denen aus Sie Ihre Daten ausgeben können.

Formularnamen — Oben links auf dem Reiter des Formulars steht sein Name. Er endet in meinen Anwendungen mit einem großen F. Das Startformular heißt bei mir startF, das Formular für die Kunden kundeF, das Formular für die Artikel artikelF und so weiter.

2.2.3 Pflegen Sie die Kundendaten

Datensätze der Kunden — Ein Klick auf die Schaltfläche KUNDEN EINGEBEN des Startformulars öffnet das Formular kundeF. Es dient zur komfortablen Eingabe und Pflege der

Kundendaten, siehe Abbildung 2.3. Die Kundendaten beinhalten eine Reihe von Datensätzen. Jeder Datensatz umfasst die Daten eines Kunden:

- die Bezeichnung des Kunden, also seinen Namen
- die Adresse des Kunden, hier nur den Ortsnamen
- die Telefonnummer des Kunden

Natürlich können Sie die Daten eines Kunden mithilfe von weiteren Feldern noch viel detaillierter erfassen. Ich möchte Ihnen allerdings nicht zu viele weitere Textfelder zeigen, in denen Sie Eingaben vornehmen können, sondern das Zusammenspiel der Daten und die Folgen der Veränderung von Daten demonstrieren.

Zusammenspiel der Daten

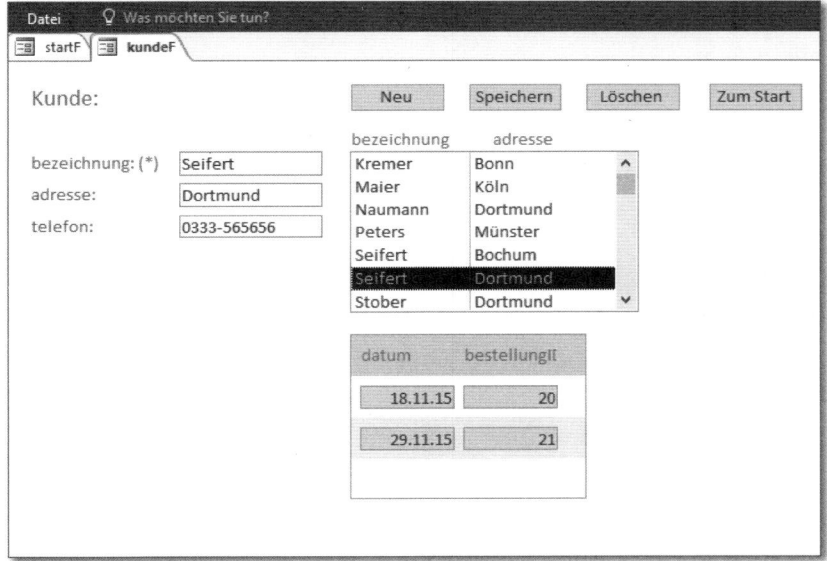

Abbildung 2.3 Auswahl eines Kunden, Daten eines Kunden

Zur Bedienung stehen Ihnen *Steuerelemente* (engl.: *controls*) zur Verfügung. Es gibt verschiedene Typen von Steuerelementen, die sich in Aussehen und Funktion unterscheiden. In diesem Formular gibt es Steuerelemente der folgenden Typen:

Steuerelemente

- *Textfeld* (engl.: *textbox*): zur Darstellung und Bearbeitung von Daten
- *Listenfeld* (engl.: *listbox*): zur Auswahl von bestimmten Daten
- *Schaltfläche* (engl.: *button*): zum Auslösen einer Aktion

Typen

- *Bezeichnungsfeld* (engl.: *label*): zur Beschriftung von Elementen
- *Unterformular* (engl.: *subform*): zur Darstellung oder Bearbeitung von untergeordneten Daten

Listenfeld Im Listenfeld stehen alle Kunden. Jede einzelne Zeile des Listenfelds steht für den Datensatz eines Kunden. Es ist nach der Bezeichnung des Kunden sortiert. Es werden einige wichtige Felder dargestellt, mit deren Hilfe Sie einen bestimmten Kunden erkennen und auswählen können. Falls der Fokus auf dem Listenfeld liegt, es also das aktuelle Steuerelement ist, können Sie einen Datensatz schnell suchen: Die Eingabe eines Buchstabens führt zum ersten Kunden, dessen Bezeichnung mit diesem Buchstaben beginnt.

Datensatz ändern Nach der Auswahl eines Datensatzes im Listenfeld erscheinen dessen Daten in den Textfeldern auf der linken Seite. Sie können darin die Daten verändern. Sobald Sie dies machen, also Daten hinzufügen oder löschen, sind Sie im Bearbeitungsmodus. Falls Sie nun:

- die Schaltfläche SPEICHERN betätigen, verlassen Sie den Bearbeitungsmodus, die Änderung wird gespeichert und die geänderten Daten erscheinen in der sortierten Liste. Nach wie vor ist der soeben geänderte Datensatz auch der aktuelle Datensatz
- einfach zu einem anderen Datensatz wechseln, verlassen Sie ebenfalls den Bearbeitungsmodus, die Änderung wird gespeichert und die geänderten Daten erscheinen in der sortierten Liste
- die `Esc`-Taste betätigen, verlassen Sie ebenso den Bearbeitungsmodus, allerdings wird die Änderung verworfen

Neuer Datensatz Nach Betätigung der Schaltfläche NEU erscheint ein neuer leerer Datensatz und Sie sind im Bearbeitungsmodus. Falls Sie im neuen leeren Datensatz:

- Daten eintragen und die Schaltfläche SPEICHERN betätigen, verlassen Sie den Bearbeitungsmodus; der neue Datensatz wird gespeichert und erscheint in der Liste
- Daten eintragen und zu einem anderen Datensatz wechseln, verlassen Sie ebenfalls den Bearbeitungsmodus; die Änderung wird auch gespeichert, erscheint aber noch nicht in der Liste. Dies tritt erst ein, wenn Sie die Schaltfläche SPEICHERN betätigen
- keine Daten eintragen und zu einem anderen Datensatz wechseln, verlassen Sie ebenso den Bearbeitungsmodus, allerdings mit einem Abbruch, ohne Erzeugung eines neuen Datensatzes

Die Bezeichnungsfelder einzelner Textfelder sind besonders gekennzeichnet (*). Bei diesen Pflichtfeldern ist die Eingabe erforderlich. Falls Sie bei einer Änderung oder bei einer Neueingabe ein Pflichtfeld leer lassen, erscheint beim Speichern eine passende Fehlermeldung. Sie haben nun zwei Möglichkeiten: **Pflichtfelder**

▶ Sie können auch das Pflichtfeld mit Daten füllen und den Datensatz speichern.

▶ Sie können den aktuellen Vorgang abbrechen.

Nach Auswahl eines Datensatzes und Betätigung der Schaltfläche LÖSCHEN erscheint die Frage, ob Sie den Datensatz wirklich löschen möchten. Falls Sie: **Datensatz löschen**

▶ die Schaltfläche JA betätigen, wird der Datensatz gelöscht und gleichzeitig aus der Liste entfernt

▶ die Schaltfläche NEIN betätigen, wird der Löschvorgang abgebrochen

Am unteren Rand des Formulars erscheint ein Unterformular, in dem die Bestellungen des ausgewählten Kunden aufgelistet sind. Jede Zeile im Unterformular steht für eine Bestellung. Zu jeder Bestellung werden das Datum der Bestellung und eine eindeutige Bestellnummer angegeben. Die Felder sind grau hinterlegt. Damit wird optisch gekennzeichnet, dass die Daten nur als Übersicht dienen und nicht bearbeitet werden können. Mehr zum Thema *Bestellungen* in Abschnitt 2.2.5. **Unterformular**

In einem Unterformular werden *untergeordnete* Daten dargestellt. Das bedeutet nicht, dass es sich um *unwichtige* Daten handelt. Es bedeutet nur, dass es für einen Datensatz im Hauptformular mehrere Datensätze im Unterformular geben kann. Im vorliegenden Fall: Ein Kunde kann mehrere Bestellungen vornehmen. **Ein Kunde, mehrere Bestellungen**

Nach Betätigung der Schaltfläche ZUM START erscheint das Startformular wieder im Vordergrund. Das Formular für die Kundendaten rückt in den Hintergrund, ist aber nach wie vor geöffnet. Nach einem Klick auf den Reiter oder nach Betätigung der passenden Schaltfläche steht ein Formular geöffnet und im Vordergrund. Formulare werden nicht doppelt geöffnet. **Zurück zum Start**

Nach einem Klick auf das Kreuz rechts oben auf der Höhe des Reiters mit dem Formularnamen wird das betreffende Formular geschlossen. **Formular schließen**

2.2.4 Ändern Sie Ihren Lagerbestand

Ein Klick auf die Schaltfläche ARTIKEL EINGEBEN des Startformulars öffnet das Formular `artikelF`. Es dient zur Eingabe und Änderung der Artikeldaten, siehe Abbildung 2.4.

Datensätze der Artikel

Die Daten eines Artikels umfassen:

- die Information, zu welcher Warenkategorie dieser Artikel gehört
- die Bezeichnung des Artikels, also seinen Namen
- den Verkaufspreis des Artikels
- den Lagerbestand für diesen Artikel

Abbildung 2.4 Auswahl eines Artikels, Daten eines Artikels

Listenfeld

Sie bedienen das Formular auf ähnliche Art und Weise wie das vorherige Formular. Sie wählen einen Artikel in dem sortierten Listenfeld aus. Die Daten des ausgewählten Artikels erscheinen in den Textfeldern.

Kombinationsfeld

Die Artikelkategorie erscheint in einem Kombinationsfeld (engl.: *combobox*). Dabei handelt es sich um einen weiteren Typ von Steuerelement. Die Artikelkategorie muss der Liste entstammen, die Sie mithilfe des Pfeils am Kombinationsfeld aufklappen können.

Regeln beachten

Bei der Änderung, bei der Neueingabe oder beim Löschen von Daten müssen Sie einige Regeln beachten:

- Alle Textfelder dieses Formulars sind Pflichtfelder.

Eingabe Zahl
- Im Textfeld für den Bestand können nur Zahlen eingegeben werden.

Eingabe Währung
- Im Textfeld für den Preis können nur Zahlen eingegeben werden, mit oder ohne Währungsangabe.

- Es gibt bestimmte *Gültigkeitsregeln* für die Daten, die Sie nicht verletzen können.

- Sie können einen Artikel erst löschen, wenn er nicht mehr als Bestellposten einer Bestellung dient, siehe Abschnitt 2.2.5.

Falls Sie eine der Regeln verletzen, dann erscheint beim Speichern eine passende Fehlermeldung. Sie haben nun zwei Möglichkeiten: **Fehlermeldung**

- Sie können Ihre Eingaben mithilfe des Hinweises aus der Fehlermeldung korrigieren und erneut speichern.
- Sie können den aktuellen Vorgang abbrechen.

Ein Beispiel: Sie geben für einen Artikel einen Bestand von –15 ein. Beim Speichern erscheint die Fehlermeldung, die Sie in Abbildung 2.5 sehen. **Beispiel**

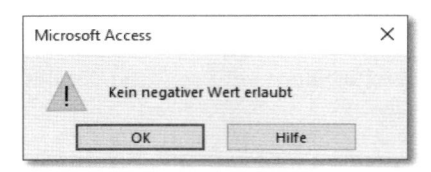

Abbildung 2.5 Fehlermeldung

2.2.5 Führen Sie Bestellungen durch

Ein Klick auf die Schaltfläche BESTELLUNGEN EINGEBEN des Startformulars öffnet das Formular bestellungF. Es dient zur Eingabe und Änderung von Bestellungen, siehe Abbildung 2.6. Die Daten einer Bestellung umfassen: **Datensätze der Bestellungen**

- die Information, welcher Kunde die Bestellung vornimmt
- das Datum der Bestellung
- eine eindeutige Bestellnummer

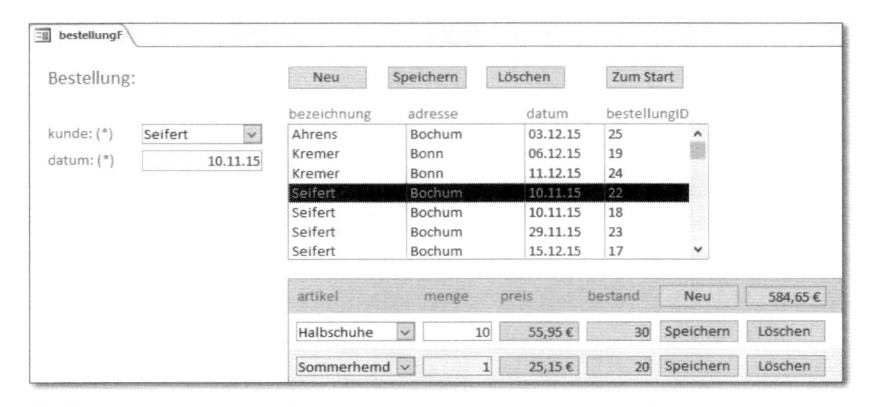

Abbildung 2.6 Auswahl einer Bestellung, Daten einer Bestellung

Listenfeld	Sie bedienen das Formular auf ähnliche Art und Weise wie die vorherigen Formulare. Sie wählen eine Bestellung in dem sortierten Listenfeld aus. Die Daten der Bestellung erscheinen in den Textfeldern und im Unterformular.
Bestellung finden	Damit Sie eine bestimmte Bestellung leichter finden können, beinhaltet das Listenfeld auch wichtige Daten des bestellenden Kunden. Sie suchen in der Liste also zunächst den Kunden und dann seine Bestellung.
Unterformular mit Bestellposten	Am unteren Rand des Formulars erscheint ein Unterformular, in dem die Bestellposten der ausgewählten Bestellung aufgelistet sind. Jede Zeile im Unterformular steht für einen einzelnen Bestellposten. Zu jedem Bestellposten werden der Name des Artikels und die bestellte Menge angegeben. Der Artikel wird mithilfe eines Kombinationsfelds ausgewählt. Zur Übersicht werden zusätzlich in grau hinterlegten Feldern der Preis und der Bestand des betreffenden Artikels dargestellt.
Gesamtsumme	Zur weiteren Information wird die Gesamtsumme der Bestellung ermittelt. Sie wird in dem grau hinterlegten Feld rechts oben dargestellt.
Berechneter Wert	Hinweis: Beachten Sie, dass ein solcher berechneter Wert immer aktuell und automatisch mithilfe einer Berechnungsformel aus den zugrunde liegenden Daten ermittelt wird. Er wird niemals von Ihnen als Benutzer oder Entwickler dieser Anwendung von Hand eingetragen. Das würde zu Redundanzen führen, also zu doppelt eingetragenen Daten. Falls sich etwas bei den Grunddaten einer Berechnung ändern würde, müsste auch jedes Mal der berechnete Wert geändert werden. Ansonsten würden die Daten inkonsistent werden.
Datensätze der Bestellposten	Jeder Bestellposten wird einzeln geändert, gelöscht oder neu hinzugefügt. Dabei arbeiten Sie mit den Schaltflächen NEU, SPEICHERN und LÖSCHEN genauso wie mit den entsprechenden Schaltflächen des Hauptformulars.
Neue Bestellung	Sie geben eine neue Bestellung wie folgt ein:

- Sie legen einen neuen, leeren Datensatz im Hauptformular an.
- Sie wählen den bestellenden Kunden mithilfe des Kombinationsfelds aus und tragen das Datum ein.
- Sie speichern den Datensatz im Hauptformular.
- Sie tragen den ersten Bestellposten in dem neuen, leeren Datensatz im Unterformular ein. Dazu wählen Sie den zu bestellenden Artikel mithilfe des Kombinationsfelds aus und tragen die Menge ein.
- Sie speichern den Datensatz im Unterformular.

- Sie tragen weitere Bestellposten jeweils in dem neuen, leeren Datensatz am Ende des Unterformulars ein und speichern sie. Sollte die Liste länger werden, dann betätigen Sie die Schaltfläche Neu und gelangen auf diese Weise direkt zum neuen, leeren Datensatz.

Bei der Änderung, bei der Neueingabe oder beim Löschen von Daten müssen Sie einige Regeln beachten, deren Nichtbeachtung zu einer Fehlermeldung führt:

Regeln beachten

- Beide Felder des Hauptformulars sind Pflichtfelder ebenso wie die beiden Felder des Unterformulars, die Sie verändern können.
- Im Textfeld für das Datum können nur Datumsangaben stehen. Nach einem Klick in das Textfeld erscheint rechts daneben ein Kalendersymbol. Nach einem Klick auf das Symbol können Sie das Datum auswählen.
- Im Textfeld für die Menge können nur Zahlen eingegeben werden.
- Es gibt bestimmte Gültigkeitsregeln für die Daten, die Sie nicht verletzen können.
- Sie können eine Bestellung erst löschen, wenn Sie vorher alle Bestellposten gelöscht haben.

2.2.6 Erhöhen Sie die Vielfalt

Ein Klick auf die Schaltfläche Kategorien eingeben des Startformulars öffnet das Formular kategorieF. Es dient zur Eingabe und Änderung von Artikelkategorien, siehe Abbildung 2.7. Die Daten einer Kategorie umfassen nur die eindeutige Bezeichnung der Kategorie.

Datensätze der Kategorien

Abbildung 2.7 Auswahl einer Kategorie, Daten einer Kategorie

2 Eine fertige Anwendung benutzen

Listenfeld   Sie bedienen das Formular auf ähnliche Art und Weise wie die vorherigen Formulare. Sie wählen eine Kategorie in dem sortierten Listenfeld aus. Die Bezeichnung der Kategorie erscheint im Textfeld.

Unterformular   Am unteren Rand des Formulars erscheint ein Unterformular, in dem die Artikel der ausgewählten Kategorie aufgelistet sind. Jede Zeile im Unterformular steht für einen Artikel. Zu jedem Artikel werden Bezeichnung, Preis und Bestand in grau hinterlegten Feldern angegeben.

Regeln beachten   Bei der Änderung, bei der Neueingabe oder beim Löschen von Daten müssen Sie einige Regeln beachten, deren Nichtbeachtung zu einer Fehlermeldung führt:

- Die Bezeichnung einer Kategorie ist eindeutig. Sie können also nicht zwei verschiedenen Kategorien dieselbe Bezeichnung geben.
- Sie können eine Kategorie erst löschen, wenn Sie vorher alle Artikel gelöscht haben. Dazu müssen Sie zunächst das Formular für die Artikel wechseln.

2.2.7 Eine Übersicht über Ihre Kunden

Liste der Kunden   Ein Klick auf die Schaltfläche KUNDEN AUSGEBEN des Startformulars öffnet den Bericht kundeB. Er dient zur Ausgabe einer Liste der Kunden, siehe Abbildung 2.8. Die Datensätze sind nach dem Feld kundeID sortiert.

Abbildung 2.8 Liste der Kunden

2.2 Eine Vorstellung der Möglichkeiten

Betätigen Sie die Schaltfläche DATEI ganz links, oberhalb der Formulare und Berichte. Es erscheint ein eingeschränktes Menü DATEI mit einigen Möglichkeiten, die über Schaltflächen aufgerufen werden können:

Menü »Datei«

- SCHNELLDRUCK: zum direkten Ausdruck des Berichts, ohne Einstellmöglichkeiten
- DRUCKEN: zum Aufruf des Windows-Dialogfelds DRUCKEN, das Sie auch aus anderen Windows-Anwendungen kennen. Hier können Sie einige Optionen einstellen und anschließend den Bericht drucken

Drucken

- SEITENANSICHT: zum Einblenden des MENÜBANDS mit dem Menü SEITENANSICHT. Hier können Sie mithilfe von MS Access weitere Optionen einstellen und anschließend den Bericht drucken. Außerdem können Sie ihn als PDF-Datei ausgeben. Über die Schaltfläche SEITENANSICHT SCHLIESSEN können Sie wieder zum Bericht zurückkehren

Seitenansicht

2.2.8 Behalten Sie Ihre Lagerbestände im Auge

Ein Klick auf die Schaltfläche ARTIKEL AUSGEBEN des Startformulars öffnet den Bericht `artikelB`. Er dient zum Ausdruck der Artikel einer Kategorie.

Liste der Artikel

Die Artikel sind nach Kategorien gruppiert. Es werden also immer diejenigen Artikel zusammen aufgelistet, die zur selben Kategorie gehören, siehe Abbildung 2.9. Die Kategorien sind nach Kategorie-Bezeichnung sortiert.

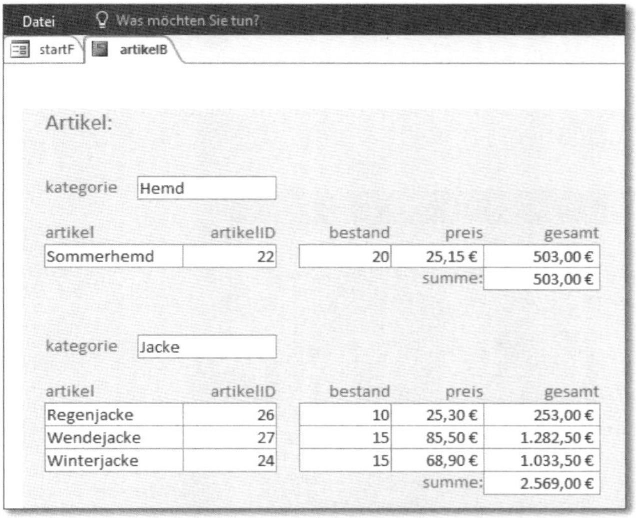

Gruppierung

Abbildung 2.9 Artikel einer Kategorie

Sortierung	Die Artikel innerhalb einer Kategorie sind nach Artikelbezeichnung sortiert. Zu jedem Artikel sehen Sie die Bezeichnung, die eindeutige Artikelnummer, den Lagerbestand und den Verkaufspreis.
Berechnete Werte	Die restlichen Werte werden berechnet:

- In der letzten Spalte mit der Überschrift GESAMT erscheint der aktuelle Gesamtbestandswert für den betreffenden Artikel.
- In der Zeile unterhalb der Artikel erscheint nach SUMME: die aktuelle Summe der Gesamtbestandswerte aller Artikel einer Kategorie.

2.2.9 Geben Sie Bestellungen aus

Liste der Bestellungen	Ein Klick auf die Schaltfläche BESTELLUNGEN AUSGEBEN des Startformulars öffnet den Bericht bestellungB. Er dient zum Ausdruck der Einzelheiten einer Bestellung.
Gruppierung und Sortierung	Die Gruppierung erfolgt nach Bestellungen. Es erscheinen alle Bestellposten einer Bestellung, siehe Abbildung 2.10. Die Bestellungen sind nacheinander nach den folgenden vier Kriterien sortiert: Bezeichnung des Kunden, Adresse des Kunden, Datum der Bestellung und eindeutige Nummer der Bestellung. Innerhalb einer Bestellung sind die Bestellposten nach der Artikelbezeichnung sortiert.
Berechnete Werte	Die restlichen Werte werden berechnet:

- Zu jedem Bestellposten erscheint in der letzten Spalte mit der Überschrift GESAMT die Postensumme für den betreffenden Artikel.
- In der Zeile unterhalb der Bestellposten erscheint nach SUMME: die Gesamtbestellsumme.

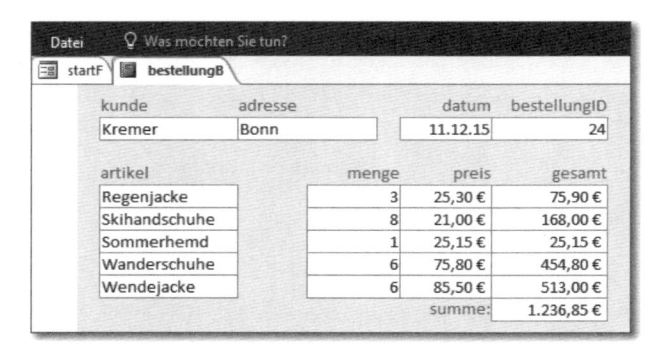

kunde	adresse		datum	bestellungID
Kremer	Bonn		11.12.15	24
artikel		menge	preis	gesamt
Regenjacke		3	25,30 €	75,90 €
Skihandschuhe		8	21,00 €	168,00 €
Sommerhemd		1	25,15 €	25,15 €
Wanderschuhe		6	75,80 €	454,80 €
Wendejacke		6	85,50 €	513,00 €
			summe:	1.236,85 €

Abbildung 2.10 Daten einer Bestellung

2.3　Der Aufbau dieser Anwendung

In diesem Abschnitt betrachten Sie zunächst einmal die Elemente, die für den strukturierten Ablauf der Anwendung im Hintergrund arbeiten. Es wird noch nicht erläutert, wie Sie die gezeigten Ansichten selbst aufrufen können. Das folgt erst in Kapitel 4.

Zur Erstellung der Laufzeitversion in der Datei *handel.accdr* dient die Datenbank *handel.accdb*. Sie beinhaltet die Entwicklungsversion der Anwendung mit insgesamt fünf Tabellen, die über Beziehungen miteinander verbunden sind: kunde, artikel, bestellung, bestellposten und kategorie. In den Tabellen stehen die Daten, die Sie mithilfe der Formulare pflegen und mithilfe der Berichte ausgeben.

Fünf Tabellen

2.3.1　Die Beziehungsansicht

In Abbildung 2.11 sehen Sie die Beziehungsansicht. Darin werden alle Tabellen und ihre Beziehungen untereinander dargestellt. Diese Ansicht gibt Ihnen auf einen Blick viele wichtige Informationen über die Struktur der Tabellen und der Datenbank. Sie ist von zentraler Bedeutung für die Analyse und die Entwicklung Ihrer Anwendungen.

Zur Analyse und Entwicklung

Einen Ausschnitt aus der Beziehungsansicht haben Sie bereits in Abbildung 1.4 gesehen. Sie beinhaltet die Tabellen kunde und bestellung sowie die Beziehung zwischen diesen beiden Tabellen.

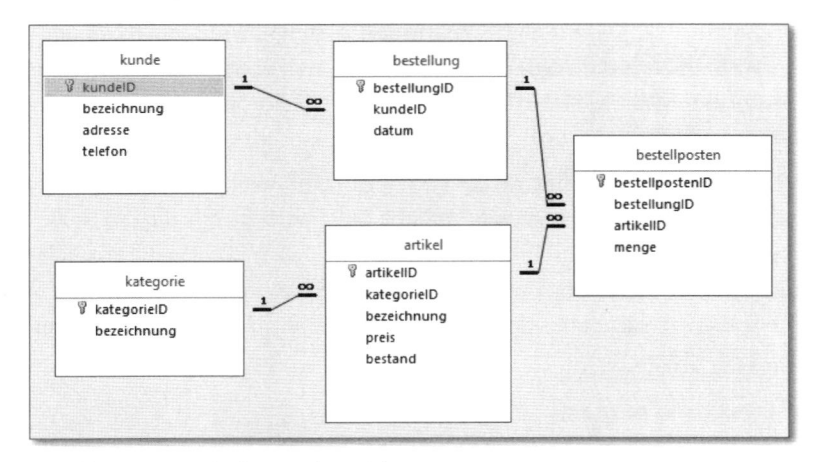

Abbildung 2.11 Tabellen und Beziehungen

Zur Modellierung nutzen	Der Aufbau der Datenbank, der in der Beziehungsansicht gezeigt wird, ist das Ergebnis vieler Überlegungen während der Entwicklung der Anwendung für einen Kunden. Ich empfehle Ihnen, die Ansicht bereits in einem frühen Stadium der Modellierung zu nutzen, zu verändern und immer wieder Ihren Überlegungen anzupassen.
Elemente verschieben	Die Ansicht ist sehr anschaulich und die Elemente können leicht mithilfe der Maus verschoben und neu angeordnet werden. Bei den Gesprächen mit Ihrem Kunden kann Ihnen die Ansicht auch als Gedächtnisstütze dienen.
Zielführende Überlegungen	An dieser Stelle beschreibe ich einmal den umgekehrten Weg: Ich führe Ihnen mithilfe der Beziehungsansicht zunächst das fertige Ziel vor Augen und erläutere anschließend erst die Überlegungen, die zu diesem Ziel geführt haben. Sie müssen keine Bedenken haben, falls Sie noch nicht alle Einzelheiten verstehen. In Kapitel 3 werden Sie dann an einer Reihe von Beispielen erlernen, wie Sie vom Gedanken: *Ich entwickle eine Anwendung* bis zu einem fertigen Datenbankmodell gelangen.

Den Aufbau der beiden Tabellen kunde und bestellung sowie die Beziehung zwischen diesen beiden Tabellen habe ich in Abschnitt 1.5.3 erläutert.

2.3.2 Kategorien und Artikel

Kategorien	In der Tabelle kategorie stehen die eindeutige Kategorienummer (Feld kategorieID) und der Name der Kategorie (Feld bezeichnung).
Artikel	In der Tabelle artikel werden Informationen zu den einzelnen Artikeln gespeichert, die gehandelt werden können. Jeder Artikel hat eine eindeutige Artikelnummer (Feld artikelID), einen Namen (Feld bezeichnung), einen Verkaufspreis (Feld preis) und einen aktuellen Lagerbestand (Feld bestand).
1:n-Beziehung	Jeder Artikel gehört zu einer Artikelkategorie. Umgekehrt gehören zu einer Artikelkategorie beliebig viele Artikel. Dies wird durch die *1:n-Beziehung* zwischen den beiden Tabellen kategorie und artikel gekennzeichnet. Die beiden Felder mit dem Namen kategorieID stellen das *Primärschlüsselfeld* in der Tabelle kategorie und das *Fremdschlüsselfeld* in der Tabelle artikel dar.

2.3.3 Bestellungen, Bestellposten und Artikel

Bestellposten	In der Tabelle bestellposten stehen die Informationen zu den einzelnen Posten einer Bestellung. Falls bei einer Bestellung drei verschiedene Artikel

in bestimmten Mengen bestellt werden, dann gibt es in dieser Tabelle drei Datensätze. Das Feld `bestellungID` verweist auf die Bestellung, zu der der Bestellposten gehört. Das Feld `artikelID` verweist auf den Artikel, der in diesem Bestellposten erfasst wird. Im Feld menge steht die Menge für diesen Artikel bei dieser Bestellung.

Jeder Bestellposten gehört zu einer Bestellung. Umgekehrt gehören zu einer Bestellung beliebig viele Bestellposten. Dies wird durch die *1:n-Beziehung* zwischen den beiden Tabellen `bestellung` und `bestellposten` gekennzeichnet. Die Felder mit dem Namen `bestellungID` stellen das *Primärschlüsselfeld* in der Tabelle `bestellung` und das *Fremdschlüsselfeld* in der Tabelle `bestellposten` dar.

Erste 1:n-Beziehung

In jedem Bestellposten steht ein Artikel. Umgekehrt kann ein Artikel in beliebig vielen Bestellposten erscheinen. Dies wird durch die *1:n-Beziehung* zwischen den beiden Tabellen `artikel` und `bestellposten` gekennzeichnet. Die Felder mit dem Namen `artikelID` stellen das *Primärschlüsselfeld* in der Tabelle `artikel` und das *Fremdschlüsselfeld* in der Tabelle `bestellposten` dar.

Zweite 1:n-Beziehung

Jeder Bestellposten hat zudem eine eindeutige Bestellpostennummer (Feld `bestellpostenID`).

2.3.4 Die m:n-Beziehung

Es gibt noch einen weiteren Typ von Beziehung, der nur indirekt zu erkennen ist. Er ist aber ebenfalls von zentraler Wichtigkeit für das Verständnis von Datenbankmodellen.

Ein Artikel kann in beliebig vielen Bestellungen vorkommen. Eine Bestellung kann wiederum beliebig viele Artikel umfassen. Anders ausgedrückt: Zu *m* Artikeln gibt es *n* Bestellungen, daher besteht zwischen den beiden Tabellen `artikel` und `bestellung` eine *m:n-Beziehung*. Sie können es auch umgekehrt ausdrücken: Zu *m* Bestellungen gibt es *n* Artikel.

Artikel zu Bestellungen

Eine *m:n-Beziehung* wird mithilfe von zwei *1:n-Beziehungen* erstellt. Die Tabelle `bestellposten` dient als *Zwischentabelle* und bildet für beide *1:n-Beziehungen* die *n-Seite*.

Zwischentabelle

Zur Verdeutlichung der Motivation für die Aufteilung der Daten in drei verschiedene Tabellen sehen Sie in Abbildung 2.12 noch einmal ein Negativbeispiel mit allen Daten zusammen in einer Tabelle.

Negativ-Beispiel

2 Eine fertige Anwendung benutzen

bestellungID	datum	artikelID	menge	bezeichnung	preis	bestand
20	18.11.15	22	1	Sommerhemd	25,15 €	20
20	18.11.15	25	4	Wanderschuhe	75,80 €	25
20	18.11.15	30	9	Winterstiefel	78,85 €	10
21	29.11.15	23	2	Latzhose	38,20 €	10
21	29.11.15	24	3	Winterjacke	68,90 €	15
21	29.11.15	30	3	Winterstiefel	78,85 €	10
17	15.12.15	25	1	Wanderschuhe	75,80 €	25
17	15.12.15	26	5	Regenjacke	25,30 €	10

Abbildung 2.12 Bestellungen mit Bestellposten und Artikeln

Daten mehrfach In den beiden Spalten `bestellungID` und `datum` stehen die Daten der Bestellung. Die Datumsangaben sind mehrfach vorhanden. Das sollte nicht sein. In den Spalten `artikelID`, `bezeichnung`, `preis` und `bestand` stehen die Daten der Artikel. Bezeichnung, Preis und Bestand sind mehrfach vorhanden, das sollte ebenfalls nicht sein.

Nach einer Aufteilung der Daten auf drei Tabellen beinhaltet die Tabelle der Bestellposten für dieselben Bestellungen nur noch die Spalten, die Sie in Abbildung 2.13 sehen.

bestellungID	artikelID	menge
20	22	1
20	25	4
20	30	9
21	23	2
21	24	3
21	30	3
17	25	1
17	26	5

Abbildung 2.13 Bestellungen mit Bestellposten und Artikeln, reduziert

Berechnete Felder Hinweis: Felder mit Werten, die berechnet werden können, werden Sie aus den Gründen, die in Abschnitt 2.2.5 erwähnt wurden, nicht im Datenbankmodell finden. Es wird also kein Bestandswert eines Artikels, keine Gesamtbestandssumme Ihres Lagers, keine Postensumme für einen Artikel und auch keine Gesamtbestellsumme in Ihren Tabellen gespeichert. Sie lernen, wie Sie Berechnungen mit Feldwerten erstellen und diese in Ihre Anwendungen integrieren, besonders im Kapitel 6, das sich mit Abfragen beschäftigt.

2.3.5 Die Objekte der Datenbank

Eine MS Access-Datenbank beinhaltet eine Reihe von Objekten unterschiedlichen Typs. Es gibt folgende Typen von Objekten: Tabellen, Abfragen, Formulare, Berichte, Makros und Module. Diese Objekte sind miteinander auf unterschiedliche Art und Weise verbunden. In ihrer Gesamtheit bilden sie die Anwendung.

Typen von Objekten

Der Entwickler kann sämtliche Objekte erzeugen, benutzen, verändern und entfernen. Der Benutzer kann nur diejenigen Objekte direkt aufrufen, die Sie ihm als Entwickler in der Laufzeitversion der Anwendung zur Verfügung stellen. Häufig sind das nur die Formulare und die Berichte.

Objekte erstellen

Tabellen

Die fünf Tabellen in *handel.accdb*, die die Daten beinhalten, wurden bereits angesprochen. In Abbildung 2.14 sehen Sie diese Tabellen in MS Access.

Daten

```
Tabellen
   artikel
   bestellposten
   bestellung
   kategorie
   kunde
```

Abbildung 2.14 Alle Tabellenobjekte

Formulare

Die Formulare haben Sie bereits in Abschnitt 2.2 benutzt. In Abbildung 2.15 sehen Sie diese Formulare in MS Access.

Zur Eingabe

```
Formulare
   artikelF
   bestellungBestellpostenF
   bestellungF
   kategorieArtikelF
   kategorieF
   kundeBestellungF
   kundeF
   startF
```

Abbildung 2.15 Alle Formularobjekte

Unterformulare Neben den fünf Formularen, die Sie in Abschnitt 2.2 direkt aufgerufen haben, gibt es noch drei weitere:

- Das Formular `bestellungBestellpostenF` wird zur Bearbeitung der Bestellposten als Unterformular im Formular `bestellungF` eingebettet.
- Das Formular `kategorieArtikelF` wird zur Darstellung der Artikel als Unterformular im Formular `kategorieF` eingebettet.
- Das Formular `kundeBestellungF` wird zur Darstellung der Bestellungen als Unterformular im Formular `kundeF` eingebettet.

Es handelt sich um vollständige Formulare, die als Unterformulare die zugehörigen Daten zu einem bestimmten Datensatz innerhalb eines Hauptformulars anzeigen.

Berichte

Zur Ausgabe Die Berichte haben Sie bereits in Abschnitt 2.2 benutzt. In Abbildung 2.16 sehen Sie diese Berichte in MS Access.

Abbildung 2.16 Alle Berichtsobjekte

Abfragen

Abfragen haben innerhalb von Datenbanken eine sehr wichtige Funktion. Sie können als Entwickler Abfragen erstellen, mit deren Hilfe Sie:

Filtern und Sortieren
- die großen Datenmengen nach bestimmten Kriterien übersichtlich filtern und sortieren

Berechnen
- bestimmte Informationen zusammenfassen sowie Berechnungen und Analysen auf Basis der Einzeldaten durchführen

Aktuelles Ergebnis Im Ergebnis einer Abfrage stehen diejenigen Daten, die zum Zeitpunkt des Aufrufs den Kriterien der Abfrage genügen. Falls Daten in der Zwischenzeit verändert werden, dann sind die Ergebnisse jedes Mal anders. Sie können den Benutzern diese Abfragen zur Verfügung stellen.

Interne Abfragen Die Inhalte der Listenfelder, Kombinationsfelder und Unterformulare, die Sie in Abschnitt 2.2 genutzt haben, sind die Ergebnisse von Abfragen. Diese internen Abfragen helfen Ihnen bei der Gestaltung Ihrer Anwendung und erweitern Ihr Verständnis für die Möglichkeiten, die eine Datenbank bieten kann.

In Abschnitt 4.6, Abschnitt 5.4 und Kapitel 6 werden eine ganze Reihe von Abfragen erstellt und ausführlich erläutert. In Abbildung 2.17 sehen Sie einen Teil der Beispielabfragen aus der Datei *handel.accdb* in MS Access.

Viele Beispiele

Abbildung 2.17 Abfrageobjekte, Ausschnitt

Makros

Makros beinhalten eine automatisierte Abfolge von Anweisungen. Es gibt eine ganze Reihe von vorgefertigten Makros für bestimmte häufig vorkommende Aktionen. Sie können Makros verändern oder vollständig eigene Makros entwerfen.

Automatisierte Anweisungen

Nach der Betätigung der Schaltflächen in den Formularen der Beispielanwendung werden einige vorgefertigte Makros genutzt. Zum Teil werden sie leicht verändert.

Vorgefertigte Makros werden mithilfe von Assistenten erstellt. Weder für ihre Erstellung noch für die erwähnten kleinen Veränderungen müssen Sie programmieren können.

Ohne Programmierung

Module

Module beinhalten Programme in der Programmiersprache VBA (*Visual Basic for Applications*). Sie können mithilfe dieser Programme auf alle Objekte Ihrer Datenbank zugreifen und sie verändern. Zur Erstellung der Beispielanwendungen dieses Buchs werden sie nicht benötigt.

VBA

Falls Sie weitergehendes Interesse haben, erhalten Sie in Kapitel 11 einen Einstieg in die Programmierung mit VBA. Sie haben dann die Möglichkeit, Ihre Anwendungen an ausgewählten Punkten zu optimieren.

Die Sprache VBA wird einheitlich innerhalb der MS Office-Programme eingesetzt. Sie bietet die Möglichkeit, auf die Objekte des jeweiligen Pro-

MS Office

gramms zuzugreifen und sie zu verändern. Das können Word-Dokumente und -Absätze sein, Excel-Arbeitsmappen und -Zellen, Access-Tabellen und -Steuerelemente und vieles mehr. Auf diese Weise können bestimmte Abläufe, die in der alltäglichen Praxis häufig durchgeführt werden, automatisiert werden.

2.3.6 Die Vergabe von Namen

Empfehlungen Sie werden festgestellt haben, dass die Namen der Tabellen, Felder und sonstigen Objekte meiner Datenbanken einem bestimmten System folgen. Sie können die Namen der Objekte (fast) frei wählen. Eine einheitliche Schreibweise erleichtert allerdings die Erstellung und Bearbeitung Ihrer Anwendung erheblich. Es folgen einige Empfehlungen:

- Die Namen sind möglichst selbsterklärend und bestehen größtenteils aus Kleinbuchstaben.

ID
- Der Name eines Primärschlüsselfelds setzt sich aus dem Namen der Tabelle und einer angehängten ID zusammen. Bei einer Beziehung hat das zugehörige Fremdschlüsselfeld denselben Namen. Ein Beispiel: Tabelle artikel, Primärschlüsselfeld artikelID.

camelCase
- Felder mit vergleichbarer Funktion haben ähnliche Namen, die sich jedoch aus mehreren Wörtern zusammensetzen. Dabei beginnt jedes neue Wort mit einem Großbuchstaben. Diese Schreibweise wird auch *camelCase* genannt. Einige Beispiele: datumBestellung, datumRechnung und datumMahnung.

F oder B
- Der Name eines Formulars oder eines Berichts, in dessen Mittelpunkt die Daten einer bestimmten Tabelle stehen, setzt sich aus dem Namen der Tabelle und einem angehängten F oder B zusammen. Ein Beispiel: Tabelle artikel, Bericht artikelB.

Unterformular
- Der Name eines Unterformulars, in dessen Mittelpunkt die Daten einer bestimmten Tabelle stehen, setzt sich aus dem Namen des Hauptformulars, dem Namen der Tabelle und einem angehängten F oder B zusammen. Ein Beispiel: Tabelle kategorie, untergeordnete Tabelle artikel, Unterformular kategorieArtikelF.

Regeln beachten Ein Name kann neben Buchstaben auch Ziffern oder bestimmte Sonderzeichen enthalten. Beachten Sie dabei die folgenden Regeln:

- Verwenden Sie keine Leerzeichen oder Minuszeichen sowie keine Ziffer als erstes Zeichen des Namens. Sie erhöhen damit die Gefahr, dass der Name innerhalb einer Berechnung falsch interpretiert wird. Ein gutes Beispiel ist: telefon2, schlechte Beispiele wären: telefon-2, telefon 2 oder 2telefon.
- Verwenden Sie nicht die Namen von Funktionen zur Gruppierung (siehe Abschnitt 6.6). Das kann ebenfalls zu Fehlinterpretationen führen. Die Begriffe summe, mittelwert, min, max, anzahl, varianz, ersterWert und letzterWert sollten daher nicht als Namen verwendet werden. Besser sind dagegen: summePosten, minBreite, maxBreite und so weiter.

Aus ähnlichen Gründen ist auch der Begriff name als Name nicht gut geeignet. Besser sind zum Beispiel bezeichnung, vorname, nachname oder firmaName.

Kapitel 3
Eigene Datenbanken modellieren

Jede relationale Datenbank muss zunächst modelliert werden. In diesem Kapitel zeige ich Ihnen an einigen Beispielen, wie die Betrachtung der Abläufe beim späteren Benutzer zu einem Datenbankmodell führt. Sie werden in die Lage versetzt, die Modelle für Ihre eigenen Datenbanken zu erzeugen.

Es wird zunächst eine einfache Datenbank mit einer einzelnen Tabelle geplant. Diese Kenntnisse bilden im weiteren Verlauf des Kapitels die Grundlage zur Modellierung einiger größerer Datenbanken mit mehreren Tabellen, die durch Beziehungen miteinander verbunden sind.

Einfache Datenbank

Nach Abschluss der Modellierung in diesem Kapitel kann die jeweilige Datenbank in MS Access realisiert werden. Sie finden die Datenbanken zu den Modellen in diesem Kapitel auf *www.rheinwerk-verlag.de/3790* unter »Materialien zum Buch«. Viele Bestandteile der Modellierung sind allgemein gültig. Daher können die Modelle auch in anderen relationalen Datenbanksystemen mit geringen Abweichungen realisiert werden.

Allgemein gültig

Jedes dieser Modelle kann von Ihnen erweitert und verändert und damit den Abläufen, die bei Ihnen vorliegen, besser angepasst werden. Die Modelle sollen nur beispielhaft zeigen, wie Sie von der Anforderung zum Ergebnis kommen.

Individuelle Anpassung

3.1 Eine einfache Kundendatenbank

In diesem ersten einfachen Beispiel geht es um die Modellierung einer Datenbank mit einer einzelnen Tabelle zur Verwaltung von Kunden. Datenbanken für Firmen mit Kunden beinhalten naturgemäß eine solche Tabelle.

Das Modell, das Sie in diesem Abschnitt erstellen, wird in Kapitel 4 innerhalb der MS Access-Datenbank *firma.accdb* umgesetzt. Sie ist im Downloadpaket enthalten.

Datei »firma.accdb«

Es geht um folgendes Szenario: Sie führen ein kleines Unternehmen und möchten die Informationen, die Sie für die tägliche Arbeit mit Ihren Kunden benötigen, in einer Tabelle verwalten.

Felder und Datentypen — Zu diesem Zweck teilen Sie diese Informationen sinnvoll auf und planen eine Tabelle mit einzelnen Feldern, die geeignete Namen, Datentypen und weitere Eigenschaften besitzen. Beziehungen werden noch nicht benötigt.

3.1.1 Überlegungen

Im Vordergrund stehen zunächst die Überlegungen für Ihre spezielle Kundentabelle:

Name
- Ihre Kunden sind andere Unternehmen, keine Einzelpersonen. Es soll der Name des Unternehmens festgehalten werden, inklusive der Geschäftsform, keine Namen oder Vornamen von Einzelpersonen.

Adresse
- Die Adresse wird nicht für Anschreiben, sondern eher zur Unterscheidung der Kunden benötigt. Ihnen reicht der Name der Stadt und des Landes.

Kommunikation
- Sie wollen sowohl per Telefon als auch per E-Mail Kontakt zu den Kunden halten.

Größe, Werbung
- Sie möchten die Größe der Firma des Kunden anhand der Anzahl der Mitarbeiter festhalten, um ihnen zum Beispiel Marketing-Informationen für kleine, mittlere oder große Unternehmen mailen zu können. Nicht alle Ihre Kunden möchten diese Marketing-Informationen erhalten.

Rabatte und Kredite
- Sie schätzen die Qualität und die Zahlungsfähigkeit der Kunden individuell ein und gewähren ihnen daher unterschiedlich hohe Rabatte bei Lieferungen sowie unterschiedlich hohe Kreditbeträge bei Lieferungen auf Rechnung.

Kunde seit ...
- Ein Faktor für die Einschätzung der Kunden ist die Länge Ihrer Geschäftsbeziehung zu ihm.

Bemerkungen
- Sie möchten weitere Kommentare, Bemerkungen und Informationen über den Kunden festhalten können. Dabei kann es sich auch um größere Datenmengen handeln.

Felder — Aus den Überlegungen und meinen Regeln für die Vergabe von Namen ergeben sich die nachfolgenden Felder in obiger Reihenfolge:

- bezeichnung, ort und land
- telefon und email
- mitarbeiter und news
- rabatt und kredit
- seit
- bemerkung

Zur eindeutigen Identifizierung der Kunden innerhalb der Datenbanken wird zudem das Feld kundeID benötigt. Es dient als Primärschlüsselfeld der Tabelle. Falls diese Tabelle einmal mit anderen Tabellen verbunden wird, deren Daten sich jeweils auf einen bestimmten Kunden beziehen, dann wird die Beziehung über dieses Feld erstellt.

Primärschlüsselfeld

3.1.2 Datentypen

Die Felder erhalten jeweils einen spezifischen Datentyp. Dies verringert die Wahrscheinlichkeit, dass der Benutzer Ihrer Anwendung falsche Daten eingibt. Ein einfaches Beispiel: In einem Feld vom Datentyp Zahl oder Datum/Uhrzeit kann kein Buchstabe eingetragen werden. Der Benutzer erhält bei einer Fehleingabe eine Meldung, die ihm als Hilfestellung zur Eingabe der richtigen Daten dient.

Kontrolle der Eingabe

Streng genommen gehören die Auswahl der Datentypen und die Festlegung bestimmter Feldeigenschaften im Abschnitt 3.1.3 nicht zur Modellierung. Allerdings spielen beide Themen eine wichtige Rolle für die Beziehungen der Tabellen untereinander und für die Benutzung der späteren Anwendung.

Wichtige Rolle

Es folgt eine Übersicht der wichtigsten Datentypen und ihrer Bedeutung:

- Kurzer Text: zur Speicherung von Informationen in Textform, bis zu einer Länge von 255 Zeichen. Dieser Datentyp dient zudem für Zahlenfolgen, die über vorangestellte Nullen verfügen können, wie zum Beispiel Telefonnummern oder Postleitzahlen. Er ist auch für andere Zahlen geeignet, mit denen nicht gerechnet werden muss

Texte

- Langer Text: zur Speicherung von umfangreichen Texten, Erläuterungen, Bemerkungen und Kommentaren
- Zahl: zur Speicherung von ganzen Zahlen, Zahlen mit Stellen nach dem Komma und Prozentzahlen

Zahlen

Zeitangaben	▶ Datum/Uhrzeit: zur Speicherung von Datumsangaben, wie zum Beispiel Bestelldaten. Es kann sich auch um Uhrzeiten oder eine Kombination von Datums- und Uhrzeitangaben handeln. Die Differenzen von Zeitangaben aus Feldern dieses Datentyps werden in ganzen Tagen gerechnet. Falls Sie Uhrzeiten speichern, sollten Sie diese immer zusammen mit dem zugehörigen Datum eingeben und anzeigen. Ansonsten kommt es schnell zu Fehlberechnungen, zum Beispiel bei Arbeitszeiten
Geldbeträge	▶ Währung: zur Speicherung von Geldbeträgen. Ein Feld des Datentyps Währung stellt ein besonders formatiertes Feld des Datentyps Zahl dar
ID-Felder	▶ AutoWert: zur Speicherung von eindeutigen, aufeinanderfolgenden ganzen Zahlen, die automatisch vergeben werden. Sie sind besonders für die eindeutige Identifizierung von Datensätzen in ID-Feldern, also Feldern mit Primärschlüsseln, geeignet
	▶ Ja/Nein: zur Speicherung von Inhalten, die nur zwei mögliche Zustände haben können: zum Beispiel *Wahr* oder *Falsch*, *Ja* oder *Nein* beziehungsweise *An* oder *Aus*
URL und E-Mail	▶ Link: zur Speicherung von Internet-Adressen (URLs) und E-Mail-Adressen. Ein Klick auf einen Eintrag ruft den Browser des Benutzers mit der genannten URL oder das Standard-E-Mail-Programm des Benutzers mit einer neuen Mail und dem genannten Empfänger auf
Berechnungen	Mit den Inhalten von Feldern der Datentypen Zahl, Datum/Uhrzeit und Währung wird häufig gerechnet. Eingaben in diesen Feldern sollten zur Vermeidung von fehlerhaften Berechnungen besonders gut kontrolliert werden.
Datentypen zuordnen	Mit diesem Wissen können Sie den Feldern Ihrer Kundentabelle die passenden Datentypen zuordnen:

- kundeID: **Datentyp** AutoWert
- bezeichnung, ort und land: **Datentyp** Kurzer Text
- telefon und email: **Datentypen** Kurzer Text beziehungsweise Link
- mitarbeiter und news: **Datentypen** Zahl beziehungsweise Ja/Nein
- rabatt und kredit: **beide vom Datentyp** Zahl
- seit: **Datentyp** Datum
- bemerkung: **Datentyp** Langer Text

3.1.3 Feldeigenschaften

Bei einigen Feldern der Tabelle soll die Auswahl der Datentypen durch die Einstellung von besonderen Feldeigenschaften ergänzt werden. Als Erstes wird dem wichtigen Feld kundeID die Eigenschaft *Primärschlüsselfeld* zugeordnet. Damit wird dafür gesorgt, dass die Daten in diesem Feld eindeutig sind. *Primärschlüsselfeld*

Der Benutzer soll die verschiedenen Kunden zumindest durch den Firmennamen und den Ortsnamen unterscheiden können. Daher soll die Eingabe für die beiden Felder bezeichnung und ort erforderlich sein. Es handelt sich also um Pflichtfelder, die für den Benutzer im Eingabeformular durch die Zeichenfolge (*) besonders gekennzeichnet werden. *Pflichtfelder*

Natürlich kann es jetzt immer noch zwei Firmen mit dem Namen Müller GmbH in München geben. Sie können aber vom Benutzer anhand weiterer Daten unterschieden werden. Datenbankintern werden sie bereits durch ihre eindeutigen Einträge beim Feld kundeID unterschieden.

Felder des Datentyps Zahl oder Währung wie die Felder mitarbeiter, rabatt und kredit haben den *Standardwert* 0. Sie sollten bei diesen drei Feldern mithilfe einer *Gültigkeitsregel* dafür sorgen, dass nur Werte größer oder gleich 0 eingetragen werden können. Falls der Benutzer dennoch versucht, einen negativen Wert einzutragen, soll eine passende Fehlermeldung erscheinen. Auch bei diesen Feldern sollte die Eingabe erforderlich sein. Die Kombination dieser Feldeigenschaften bewirkt, dass mit den Inhalten dieser Felder gerechnet werden kann, da immer gültige Zahlen vorhanden sind. Diese Einstellungen sind für viele Felder des Datentyps Zahl oder Währung in vielen Datenbanken sinnvoll. *Gültige Zahlenwerte*

Auch bei Feldern des Datentyps Datum/Uhrzeit, wie dem Feld seit, werden häufig Voreinstellungen getroffen. Zum Beispiel kann das aktuelle Systemdatum als Standardwert eingetragen werden, oder es kann dafür gesorgt werden, dass nur sinnvolle Daten eingetragen werden, die zum Beispiel nicht in der Zukunft liegen. *Sinnvolle Zeitangaben*

Ein Feld vom Datentyp Langer Text mit dem Namen bemerkung existiert in den meisten Tabellen meiner Datenbanken. Sie haben auf diese Weise die Möglichkeit, ergänzende Informationen und Notizen zu jedem Datensatz der Tabelle zu sammeln, die in keines der vorhandenen Felder passen. Dabei kann es sich um Einträge beliebigen Typs handeln. *Bemerkungen*

Fremdschlüsselfelder

An dieser Stelle möchte ich etwas vorgreifen und den Datentyp von Fremdschlüsselfeldern genauer erläutern, auch wenn es in dieser Datenbank noch keine Beziehungen gibt.

Fremdschlüsselfelder müssen von demselben Datentyp sein wie die zugehörigen Primärschlüsselfelder. Alle Primärschlüsselfelder meiner Datenbanken sind vom Datentyp AutoWert. Dabei werden ganze Zahlen aus einem bestimmten Wertebereich erzeugt, der sich aus der Feldeigenschaft *Feldgröße* ergibt, und zwar Long Integer (mehr dazu in Abschnitt 4.4.5). Daher müssen alle Fremdschlüsselfelder meiner Datenbanken ebenfalls vom Datentyp Zahl, Feldgröße Long Integer sein.

3.1.4 Auswirkungen und Benutzerfreundlichkeit

Sorgfältige Einstellung

Die Einstellungen der Eigenschaften für die Felder einer Tabelle wirken sich auch bei der Eingabe in den Formularen aus. Egal ob es sich um Pflichtfelder oder Gültigkeitsregeln handelt: Je sorgfältiger Sie die Modellierung und die Einstellung der Felder vornehmen, desto besser ist das für die Benutzung aller Objekte Ihrer Datenbank.

Nicht nur Pflichtfelder

In der Realität kennt der Benutzer nicht für jeden neuen Kunden bereits die Inhalte aller Felder. Es gilt abzuschätzen, welche Informationen zwingend benötigt werden und welche nicht. Sie sollten immer das richtige Maß zwischen Benutzerfreundlichkeit und Datenkontrolle finden. Daher gibt es immer auch eine ganze Reihe von Feldern, die *keine* Pflichtfelder sind.

3.1.5 Indizierung

Suchen und Sortieren

Es zeigt sich, dass eine Tabelle nach den Inhalten bestimmter Felder häufiger durchsucht oder sortiert wird. Daher sollte für ein solches Feld ein Index aufgebaut werden. Man sagt auch: Das Feld sollte indiziert werden. Ein Index ist eine für uns unsichtbare Hilfstabelle, die die Suche oder Sortierung beschleunigt.

Es gibt zwei Arten der Indizierung:

Mit Duplikaten
- Eine Indizierung, die Duplikate ermöglicht, lässt dieselben Inhalte für das betreffende Feld bei mehreren Datensätzen zu.

Ohne Duplikate, eindeutiger Index
- Eine Indizierung ohne Duplikate lässt nur eindeutige Inhalte für das betreffende Feld bei mehreren Datensätzen zu, ähnlich wie bei einem Primärschlüsselfeld. Ein solcher Index wird auch als *Eindeutiger Index* bezeichnet.

Es folgen einige Beispiele:

- In der Kundentabelle wird das Feld bezeichnung indiziert, jeweils mit der Möglichkeit von Duplikaten. Ebenso wird für das Feld ort verfahren.
- Eine Indizierung ohne Duplikate wird vorgenommen, falls alle Einträge für das betreffende Feld nur einmal vorkommen sollen. Dies ist zum Beispiel für das Feld bezeichnung in der Tabelle kategorie in der Datenbank *handel.accdb* sinnvoll, die Sie in Kapitel 2 kennengelernt haben.

Ein Index, ob mit oder ohne Duplikate, kann sich auch über mehr als ein Feld erstrecken. Er wirkt dann auf die Kombination der beiden Felder. Ein Beispiel: Sie möchten Daten über die Mitarbeiter eines Unternehmens erfassen in den beiden Feldern nachname und vorname. **Mehrere Felder**

Zur eindeutigen Unterscheidung der Mitarbeiter legen Sie auf die Kombination dieser beiden Felder einen eindeutigen Index. Es kann dann die Einträge Bernd Maier, Hans Maier und Bernd Schmidt geben, also zweimal Bernd oder zweimal Maier. Allerdings kann keine der Kombinationen aus Nachname und Vorname doppelt vorkommen. Die beteiligten Felder sollten dann auch Pflichtfelder sein.

Ein Hinweis: In manchen Tabellen gibt es mehr als einen Index, also mehrere *Indizes*.

3.2 Der Ausbau der Handelsanwendung

In diesem Abschnitt geht es um folgendes Szenario: Sie führen ein kleines Unternehmen und nutzen bereits die Datenbank *handel.accdb*. Sie stellen fest, dass sie nicht mehr Ihren Anforderungen genügt. **Weitere Anforderungen**

Sie führen Gespräche, stellen Überlegungen an, analysieren die Ergebnisse und fügen daraufhin Ihrem Modell weitere Felder und Tabellen hinzu. Mithilfe von Beziehungen werden die zusätzlichen Tabellen in das Modell eingebettet. Auf diese Weise erweitern Sie die Datenbank und damit die Möglichkeiten Ihrer Anwendung. **Modell erweitern**

Das Modell, das Sie in diesem Abschnitt erstellen, werden Sie innerhalb der MS Access-Datenbank *handelAusbau.accdb* finden. Sie ist im Downloadpaket enthalten. Als Startpunkt für diesen Abschnitt sehen Sie in Abbildung 3.1 das bereits bekannte Modell aus der Datei *handel.accdb*. **Startpunkt**

3 Eigene Datenbanken modellieren

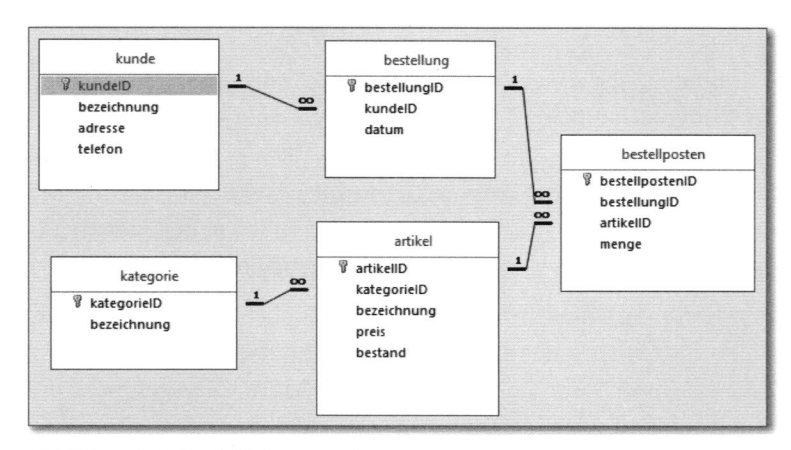

Abbildung 3.1 Modell, Startpunkt

3.2.1 Kontakte zum Kunden

Ergebnisse festhalten

Sie und Ihre Mitarbeiter halten den Kontakt zu Ihren Kunden auf vielfältige Art und Weise. Meist geschieht das per Telefon, es werden aber auch Faxe gesendet. Einige Absprachen werden per E-Mail vorgenommen und gelegentlich besuchen Sie oder Ihre Mitarbeiter die Kunden und führen persönliche Gespräche. Die Ergebnisse dieser Kontakte möchten Sie festhalten, damit Sie den Ablauf später nachverfolgen können. Das ist besonders im Falle von auftretenden Problemen wichtig. Es ist für Sie allerdings nicht wichtig, welcher Mitarbeiter den Kontakt zum Kunden hatte.

Zuordnung zum Kunden

Bei diesen Kontakten werden häufig Themen besprochen, die nicht nur eine bestimmte Bestellung des Kunden betreffen, sondern mehrere Bestellungen gleichzeitig oder den Kunden allgemein. Daraus ergibt sich, dass die Kontakte den Kunden und nicht den Bestellungen zugeordnet werden.

Zeit und Inhalt

Sie möchten Datum und Uhrzeit des Kontakts festhalten, damit Sie sie in einer sinnvollen zeitlichen Abfolge betrachten und auswerten können. Manchmal möchten Sie nur Stichworte speichern, manchmal auch längere Beschreibungen.

Art des Kontakts

Die Bezeichnung für die Art des Kontakts ist Ihnen wichtig. Die Benutzer sollen sie aus einer vorgegebenen Liste auswählen, damit es nicht zu unterschiedlichen Einträgen für dieselbe Art von Kontakt kommt. Ein Beispiel: Es sollen Einträge der Form: habe telefoniert, Smartphone-Gespräch oder hat angerufen vermieden werden, zugunsten eines einheitlichen Eintrags Telefon.

Aus diesen Überlegungen ergibt sich der Ausschnitt des erweiterten Modells, den Sie in Abbildung 3.2 sehen.

Abbildung 3.2 Kontakte und Kontakttypen

In der Tabelle kontakttyp stehen im eindeutigen Pflichtfeld bezeichnung vom Datentyp Kurzer Text die verschiedenen Arten der Kontakte, wie zum Beispiel Telefon, Fax, Gespräch oder E-Mail. Im Feld bemerkung können die Einträge noch erläutert werden, falls notwendig.

Tabelle »kontakttyp«

In der Tabelle kontakt gibt es nur Pflichtfelder:

Tabelle »kontakt«

- Über die Felder kundeID und kontakttypID wird die Beziehung zu den beiden anderen Tabellen erzeugt. Jeder Kontakt ist eindeutig einem Kunden und einem Kontakttyp zugeordnet. Die beiden Felder haben, wie alle Fremdschlüsselfelder meiner Datenbanken, den Datentyp Zahl und die Feldgröße Long Integer.
- Es wird das Feld zeit vom Datentyp Datum/Uhrzeit eingeführt.
- Das Feld bemerkung enthält diesmal ausnahmsweise keine Kommentare, sondern die eigentlichen Ergebnisse des Kontakts.

Beide Tabellen verfügen jeweils über ein Primärschlüsselfeld zur eindeutigen Zuordnung, kontakttypID beziehungsweise kontaktID.

3.2.2 Mehr Informationen zum Kunden

Die Adressen der Kunden sollen in der Tabelle kunde genauer beschrieben werden, zum Beispiel für die einzelnen Zeilen eines Anschreibens. Die Informationen aus dem einzelnen Feld adresse werden dazu auf mehrere Felder verteilt, die jeweils vom Datentyp Kurzer Text sind:

Tabelle »kunde«

- strasse: für Straße und Hausnummer,
- plz: für die Postleitzahl, gegebenenfalls mit Landeskürzel davor
- ort: für den Namen der Stadt, gegebenenfalls mit Stadtteil

Neben dem Feld `telefon` gibt es zwei weitere Felder für Kommunikationsdaten:

- `fax`: mit Vorwahl, mit vorangestellten Nullen, gegebenenfalls mit Landesvorwahl, vom Datentyp Kurzer Text
- `email`: vollständige E-Mail-Adresse, vom Datentyp Link

Weitere Kommentare werden im Feld `bemerkung` festgehalten. Als einziges Pflichtfeld verbleibt weiterhin `bezeichnung`, für den Namen der Firma des Kunden. Den Aufbau der Tabelle sehen Sie in Abbildung 3.3.

```
kunde
⚷ kundeID
  bezeichnung
  strasse
  plz
  ort
  telefon
  fax
  email
  bemerkung
```

Abbildung 3.3 Tabelle »kunde«

3.2.3 Bearbeitung und Versand

Mitarbeiter Sie beschäftigen Vollzeit- und Teilzeitmitarbeiter sowie Aushilfskräfte. Jede Bestellung wird von einem bestimmten Mitarbeiter bearbeitet. Im Falle eines auftretenden Problems möchten Sie, dass sich derselbe Mitarbeiter um die Behebung kümmert, da er die Einzelheiten am besten kennt. Name und Vorname des Mitarbeiters sind für Sie ausreichend, da Sie mit der Anwendung keine Lohnbuchhaltung betreiben möchten.

Versand Ist das Paket mit den bestellten Waren fertig, dann wird es zum Kunden versandt. Zu den unterschiedlichen Größen und Gewichten der Pakete bieten verschiedene Versandfirmen unterschiedliche Versandkosten. Daher wird die Versandfirma für jede Bestellung individuell ausgewählt, angerufen oder per E-Mail kontaktiert.

Zuordnung zur Bestellung Sowohl die Informationen über die Mitarbeiter als auch über die Versender können eindeutig den Bestellungen zugeordnet werden.

Aus diesen Überlegungen ergibt sich der Ausschnitt des erweiterten Modells, den Sie in Abbildung 3.4 sehen.

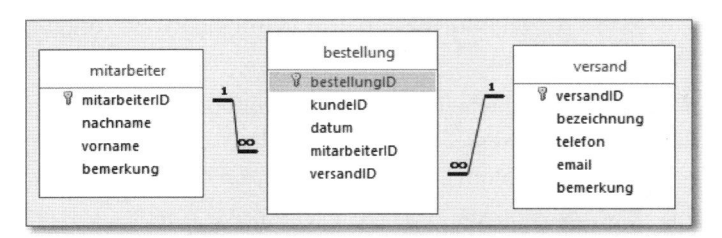

Abbildung 3.4 Mitarbeiter und Versand

In der Tabelle mitarbeiter dienen die beiden Felder nachname und vorname vom Datentyp Kurzer Text als Pflichtfelder. Auf der Kombination dieser beiden Felder liegt ein eindeutiger Index, damit die Einträge unterschieden werden können.

Tabelle »mitarbeiter«

In der Tabelle versand hat das eindeutige Pflichtfeld bezeichnung den Datentyp Kurzer Text. Bei den Feldern telefon vom Datentyp Kurzer Text und email vom Datentyp Link ist das Setzen dieser Eigenschaft ebenfalls eine Überlegung wert, wird aber hier unterlassen.

Tabelle »versand«

Beide Tabellen verfügen jeweils über ein Primärschlüsselfeld zur eindeutigen Zuordnung: mitarbeiterID beziehungsweise versandID. Die beiden zugehörigen Fremdschlüsselfelder mitarbeiterID und versandID der Tabelle bestellung haben jeweils den Datentyp Zahl und die Feldgröße Long Integer.

Tabelle »bestellung«

Falls Sie später feststellen, dass Sie weitere Informationen zu den Mitarbeitern benötigen oder zum Beispiel festhalten möchten, welcher Mitarbeiter bei welchem Kontakt zum Kunden beteiligt war, dann lassen sich noch andere Felder und Beziehungen hinzufügen.

3.2.4 Mehr Informationen zur Bestellung

Sie möchten den zeitlichen Verlauf bei einer Bestellung genauer beschreiben können. Sie möchten wissen, wann die Bestellung erfolgte, ob und wann die Auslieferung der Waren inklusive Rechnungsstellung stattfand, ob und wann die Rechnung angemahnt wurde und ob und wann die Zahlung erfolgte. Aus dem einzelnen Feld datum sind daher in der Tabelle bestellung die Felder datumBestellung, datumRechnung, datumMahnung und datumZahlung geworden, alle vom Datentyp Datum/Uhrzeit.

Weitere Zeitangaben

Falls es bei einem Datensatz für eines der genannten Felder noch keinen Inhalt gibt, dann hat der betreffende Vorgang noch nicht stattgefunden. Auf diese Weise bietet das Feld zwei Informationen auf einmal: ob der Vorgang erfolgt ist und wann er stattfand.

Lieferadresse Es kann erwünscht sein, dass die Lieferung an eine andere Adresse erfolgt als an die Standard-Kundenadresse. Daher werden der Tabelle bestellung die Felder strasse, plz und ort vom Datentyp Kurzer Text hinzugefügt.

Gleichnamige Felder Sie können nicht mit den gleichnamigen Feldern der Tabelle kunde verwechselt werden. Sollten einmal beide Felder gemeinsam auftreten, dann werden sie von MS Access automatisch mit ihren vollständigen Namen bezeichnet. Dieser beinhaltet zusätzlich den vorangestellten Namen der Tabelle und einen Punkt, also: kunde.strasse beziehungsweise bestellung.strasse. Den Aufbau der Tabelle sehen Sie in Abbildung 3.5.

```
bestellung
  bestellungID
  kundeID
  datumBestellung
  strasse
  plz
  ort
  mitarbeiterID
  versandID
  datumRechnung
  datumMahnung
  datumZahlung
  bemerkung
```

Abbildung 3.5 Tabelle »bestellung«

3.2.5 Lieferanten

Ein Lieferant pro Artikel Nehmen wir einmal an, Sie beziehen Ihre Artikel jeweils von einem bestimmten Lieferanten. Zu Ihren Lieferanten möchten Sie jeweils einige Informationen speichern, damit Sie mit ihnen in Kontakt treten können.

Jedem Artikel ist eindeutig ein bestimmter Lieferant zugeordnet, siehe Abbildung 3.6. In der Tabelle lieferant gibt es die *üblichen* Daten:

- die Felder bezeichnung, strasse, plz und ort, jeweils vom Datentyp Kurzer Text, für Name und Adresse der Lieferantenfirma
- die Felder telefon und email vom Datentyp Kurzer Text beziehungsweise Link
- das Primärschlüsselfeld lieferantID zur eindeutigen Zuordnung

Es ergibt sich aber mit der Zeit, dass Sie Ihre Artikel von verschiedenen Lieferanten zu unterschiedlichen Einkaufspreisen erhalten können. Dann reicht die Erweiterung in diesem Abschnitt nicht aus. Im nächsten Abschnitt folgt eine weitere Verbesserung.

Mehrere Lieferanten pro Artikel

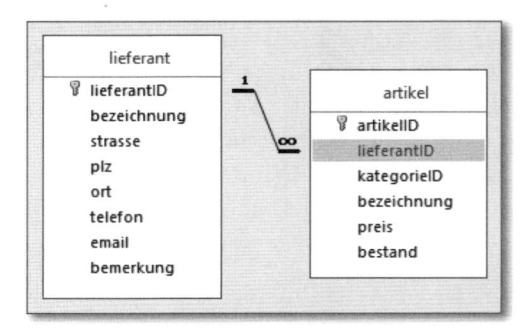

Abbildung 3.6 Lieferanten und Artikel, erste Version

3.2.6 Lieferanten und Einkaufspreise

Sie haben bisher die Verkaufspreise Ihrer Waren gespeichert und können daraus zum Beispiel bereits die Gesamtrechnungssumme ermitteln. Sie möchten darüber hinaus wissen, bei welchem Lieferant Sie welche Artikel zu welchem Einkaufspreis beziehen können.

Sie können bestimmte Artikel von unterschiedlichen Lieferanten erhalten. Diese Lieferanten können Ihnen außerdem jeweils unterschiedliche Artikel liefern. Aus diesen Überlegungen ergibt sich, dass Sie eine *m:n-Beziehung* zwischen der Tabelle der Artikel und einer Tabelle der Lieferanten benötigen. Dieser Typ von Beziehung setzt eine Zwischentabelle voraus, in der im vorliegenden Beispiel die Kombinationen aus Artikeln und Lieferanten stehen.

m:n-Beziehung

Wie sieht es mit dem Einkaufspreis und dem Verkaufspreis aus? Ein Artikel hat immer denselben Verkaufspreis. Daher verbleibt das betreffende Feld in der Tabelle `artikel`. Es wird zur Verdeutlichung umbenannt, von `preis` in `verkaufspreis`.

Verkaufspreis

Anders sieht es bei dem Einkaufspreis aus. Sie erhalten einen bestimmten Artikel bei den verschiedenen Lieferanten zu unterschiedlichen Preisen. Diese Information muss also der Kombination aus Artikeln und Lieferanten zugeordnet werden, die in der Zwischentabelle steht.

Einkaufspreis

Aus diesen Überlegungen ergibt sich der Ausschnitt des erweiterten Modells, den Sie in Abbildung 3.7 sehen.

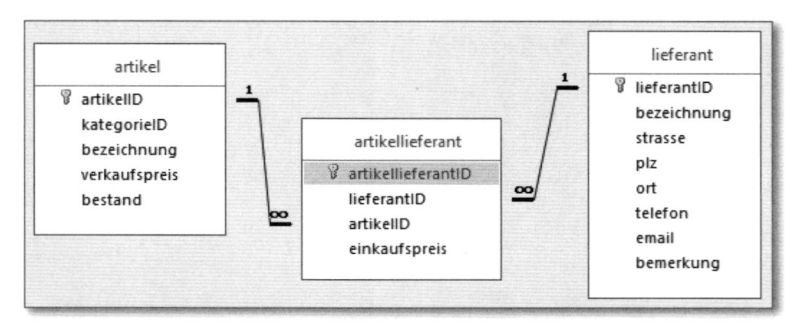

Abbildung 3.7 Lieferanten und Artikel, zweite Version

In der Tabelle artikel hat sich nur der Feldname für den Verkaufspreis geändert. Der Aufbau der Tabelle lieferant hat sich gegenüber dem vorherigen Abschnitt nicht geändert.

Tabelle »artikellieferant« Der Name der Tabelle artikellieferant beinhaltet bereits eine Aussage über die Lage dieser Tabelle zwischen den beiden anderen Tabellen. Die Kombination der beiden Felder artikelID und lieferantID muss mit einem eindeutigen Index belegt werden, also ohne Duplikate.

Einkaufspreis Sie dürfen den Einkaufspreis eines bestimmten Artikels, den Sie von einem bestimmten Lieferanten beziehen, nur an einer einzigen Stelle eintragen. Ansonsten wäre die Information nicht eindeutig.

Eindeutiger Index Die beiden Felder artikelID und lieferantID der Tabelle artikellieferant sind Fremdschlüsselfelder. Sie haben den Datentyp Zahl und die Feldgröße Long Integer. Das Feld einkaufspreis hat den Datentyp Währung. Das Primärschlüsselfeld artikellieferantID in der Tabelle artikellieferant ist von untergeordneter Bedeutung, da die Kombination aus artikelID und lieferantID bereits eindeutig ist.

Zum Vergleich: Ein ähnliches Problem lösen Sie bereits mithilfe der Tabelle bestellposten. Sie liegt zwischen den Tabellen bestellung und artikel, die in einer *m:n-Beziehung* zueinander stehen. Die Kombination der beiden Felder bestellungID und artikelID muss mit einem eindeutigen Index belegt werden, ohne Duplikate.

3.2.7 Mehr Informationen zum Artikel

In der Tabelle der Artikel soll es die Möglichkeit geben, einen Mindestbestand zu speichern. Auf diese Weise können Sie feststellen, wann Sie den betreffenden Artikel nachbestellen müssen.

Mindestbestand

Auf den Bestell- und Rechnungsunterlagen soll neben der bestellten Menge auch die Einheit stehen, wie zum Beispiel Stück, Meter, Liter, Kg und so weiter.

Einheiten

Ähnlich wie bei den Tabellen kontakt und kontakttyp ist Ihnen die Bezeichnung für die Einheit wichtig. Die Benutzer sollen sie aus einer vorgegebenen Liste auswählen, damit es nicht zu unterschiedlichen Einträgen für dieselbe Einheit kommt. Ein Beispiel: Es sollen Einträge der Form: M., m., mtr. oder meter vermieden werden, zugunsten eines einheitlichen Eintrags Meter.

Aus diesen Überlegungen ergibt sich der Ausschnitt des erweiterten Modells, den Sie in Abbildung 3.8 sehen.

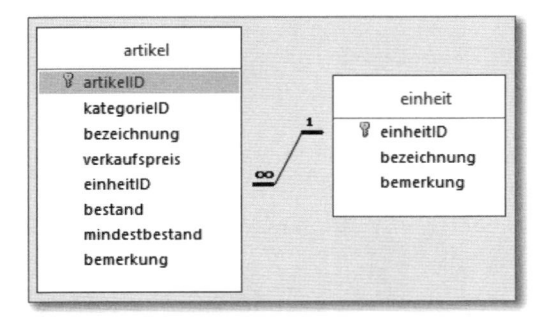

Abbildung 3.8 Artikel und Einheiten

In der Tabelle einheit hat das eindeutige Pflichtfeld bezeichnung den Datentyp Kurzer Text. Das Feld einheitID ist das Primärschlüsselfeld.

Tabelle »einheit«

In der Tabelle artikel hat das zugehörige Fremdschlüsselfeld einheitID den Datentyp Zahl und die Feldgröße Long Integer. Das Feld mindestbestand ist ebenfalls vom Datentyp Zahl / Long Integer.

Tabelle »artikel«

3.2.8 Das gesamte Modell

In Abbildung 3.9 sehen Sie das gesamte Modell für die Datenbank *handelAusbau.accdb*. Die Abbildung dient nur als Übersicht, die Einzelheiten sind

Übersicht

in den Ausschnitten der vorherigen Abschnitte und in der Beziehungsansicht innerhalb von MS Access besser zu erkennen.

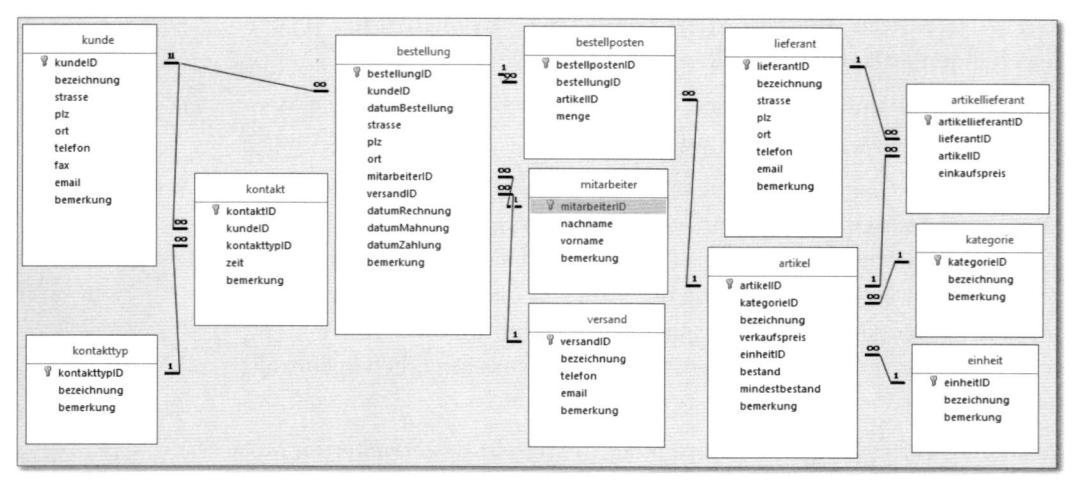

Abbildung 3.9 Gesamtes Modell

3.3 Die Verwaltung von Medien

In diesem Abschnitt geht es um folgendes Szenario: Sie verwalten Medien, entweder Ihre eigenen Medien oder die Medien der Bibliothek einer Schule, einer Gemeinde oder einer anderen Institution wie zum Beispiel innerhalb eines Forschungsunternehmens.

Medien ausleihen Die Medien umfassen Bücher, E-Books, Software- und Audio-CDs, DVDs, Blu-Rays und so weiter. Es gibt Kunden, die sich Exemplare der Medien ausleihen können, zum Beispiel Ihre Freunde und Bekannten, die Schüler einer Schule, die Mitglieder einer Gemeinde oder die Kollegen innerhalb des Unternehmens.

Überlegungen Ihre bisher gesammelten Erfahrungen mit Medien und deren Ausleihe sowie Ihre Gespräche mit den Kunden ergeben die nachfolgenden ersten Überlegungen. Sie möchten unter anderem:

- Medien mithilfe von Suchbegriffen schnell finden
- einzelne Titel innerhalb Ihrer Medien unterscheiden
- mehrere Exemplare des gleichen Mediums verwalten
- auf die Exemplare an ihrem Lagerort zugreifen

- sich über den Gebrauchszustand der Exemplare informieren
- Übersicht über die ausgeliehenen Exemplare haben
- Ihre Ausleihkunden erreichen können
- Informationen über die Autoren und Verlage Ihrer Medien haben

Sie erstellen in diesem Abschnitt dazu ein Datenbankmodell. Es werden nur die Tabellen, Felder und Beziehungen erläutert. Meine Systematik der Zuordnung von Datentypen und Feldeigenschaften geht aus den Beispielen und Erläuterungen der vorherigen Abschnitte hervor.

Datenbankmodell

Das Modell, das Sie schrittweise in diesem Abschnitt erstellen, finden Sie innerhalb der MS Access-Datenbank *medien.accdb*. Sie ist im Downloadpaket enthalten.

3.3.1 Bücher und Exemplare

Es sollen zunächst nicht Medien allgemein, sondern vereinfacht nur Bücher betrachtet werden. Sie haben jeweils mehrere Exemplare Ihrer Bücher in der Bibliothek. Diese können an verschiedenen Orten gelagert sein und sich in unterschiedlich gutem Zustand befinden. Bücher verfügen über eindeutige ISBN-Nummern und einen Titel.

Exemplare eines Buchs

Aus diesen Überlegungen ergibt sich der Entwurf in Abbildung 3.10.

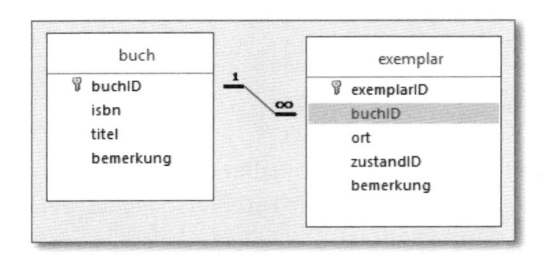

```
buch                    exemplar
 buchID           1    ∞   exemplarID
 isbn                      buchID
 titel                     ort
 bemerkung                 zustandID
                           bemerkung
```

Abbildung 3.10 Bücher und Exemplare

Zu jedem Buch können ISBN-Nummer und Titel gespeichert werden. Jedes Exemplar ist über eine *1:n-Beziehung* eindeutig einem bestimmten Buch zugeordnet. Der Lagerort und der Zustand jedes einzelnen Exemplars können festgehalten werden.

Falls Sie immer davon ausgehen, dass alle Exemplare eines Buchs an derselben Stelle gelagert werden, dann müssen Sie das Feld ort in der Tabelle buch statt in der Tabelle exemplar anordnen.

Zuordnung des Lagerorts

3.3.2 Medien und Verlage

Medien und Medientypen
Statt Büchern werden Medien nunmehr allgemein betrachtet. Alle Medien haben einen Titel, viele auch eine eindeutige ISBN-Nummer. Es gibt eine begrenzte Anzahl von Medientypen. Diese Typen sind an ihrer eindeutigen Bezeichnung erkennbar: Buch, E-Book, Software-CD, Audio-CD, DVD, Blu-Ray und so weiter. Jedes Medium kann einem dieser Medientypen zugeordnet werden.

Zuordnung zum Verlag
Die Medien werden von Verlagen veröffentlicht. Zu einem Verlag sollen Name und Adresse festgehalten werden. Jedes Medium wird eindeutig einem Verlag zugeordnet.

Es ergibt sich der geänderte Entwurf in Abbildung 3.11.

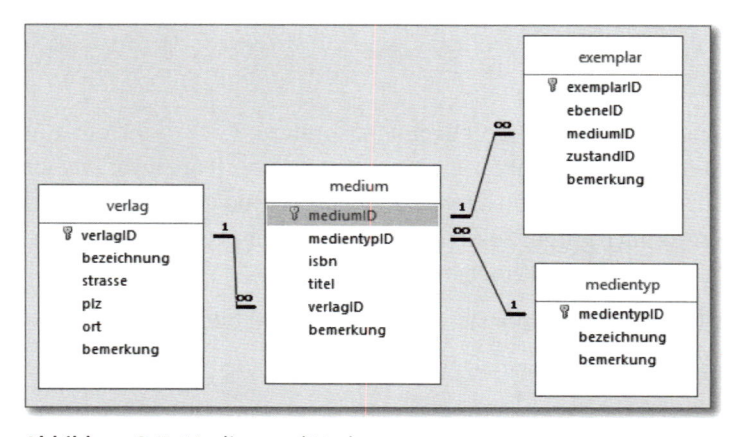

Abbildung 3.11 Medien und Verlage

Tabelle »medium«
Die spezielle Tabelle buch wird in die allgemeine Tabelle medium umgewandelt. Die 1:n-Beziehung zur Tabelle exemplar und die beteiligten Felder werden entsprechend geändert.

Schrittweiser Entwurf
Eine solche Änderung kann bei einer Modellierung häufiger auftreten. Sie sollten nicht versuchen, das gesamte Modell mit allen endgültigen Bezeichnungen auf einmal zu entwerfen. Es ist einfacher, einen ersten kleinen Teilentwurf vorzunehmen und diesen Schritt für Schritt zu erweitern und gegebenenfalls zu verändern.

Tabelle »verlag«
Es wird die Tabelle verlag eingeführt, in der der Name und die Adresse gespeichert werden können. Jedes Medium ist über eine 1:n-Beziehung eindeutig einem bestimmten Verlag zugeordnet.

Es kommt die Tabelle medientyp hinzu, zur Speicherung der eindeutigen Bezeichnungen einer Anzahl von Typen. Jedes Medium ist über eine *1:n-Beziehung* eindeutig einem bestimmten Medientyp zugeordnet.

3.3.3 Lagerort und Zustand

Ein Exemplar eines Mediums ist auf der Ebene eines Regals zu finden. Das Regal befindet sich zusammen mit anderen Regalen in einem Raum. Eine größere Bibliothek umfasst mehrere Räume, eventuell sogar verteilt auf mehrere Häuser. Falls Sie diese Möglichkeiten vorsehen möchten, dann wäre der erste Entwurf einer Erweiterung denkbar, wie in Abbildung 3.12.

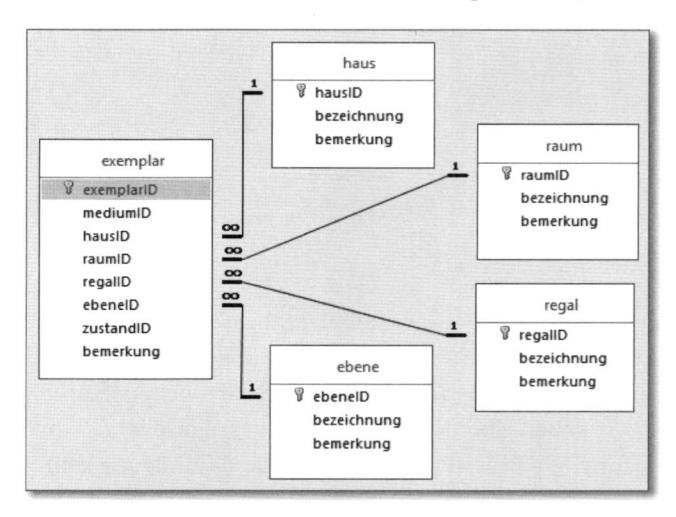

Abbildung 3.12 Ebene, Regal, Raum und Haus

Allerdings beinhaltet diese Aufteilung einen Denkfehler. Es könnten beliebige Kombinationen gespeichert werden, die es in der Realität gar nicht gibt, weil die vier Ortsangaben bei dieser Aufteilung voneinander unabhängig sind. Vielleicht hat das Haus 3 keinen Raum 214. Oder der Raum 375 hat kein Regal 3F.

Es wird eine Lösung entworfen, bei der darauf geachtet wird, dass jedes Exemplar auf einer bestimmten Ebene eines bestimmten Regals steht. Jedes Regal steht in einem bestimmten Raum, der sich wiederum in einem bestimmten Haus befindet.

Der Zustand eines Exemplars eines Ihrer Medien soll nicht mithilfe von beliebigen Beschreibungen festgehalten werden, die sich jedes Mal unterscheiden. Stattdessen soll es eine begrenzte Anzahl von Begriffen geben, die eine Klassifizierung des Zustands ermöglichen, wie zum Beispiel: »Neu«, »Fast neu, leichte Gebrauchsspuren«, »Deutliche Gebrauchsspuren«, »Schäden« und so weiter.

Aus diesen Überlegungen ergibt sich der Ausschnitt des geänderten Entwurfs in Abbildung 3.13.

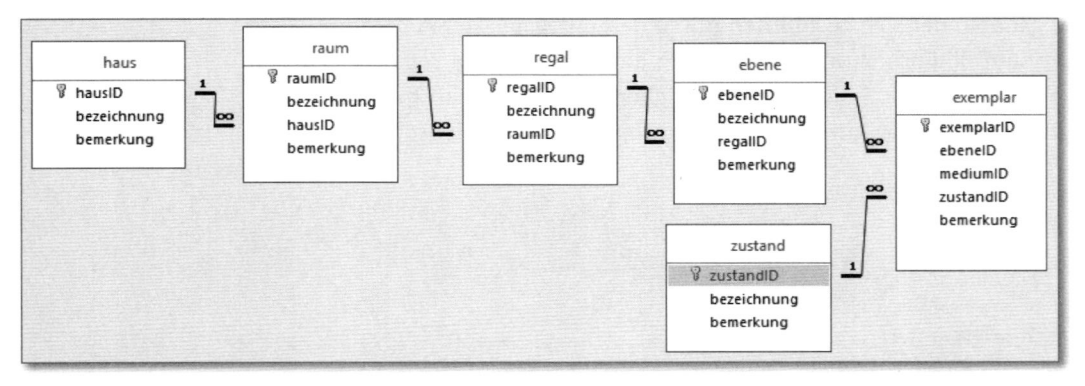

Abbildung 3.13 Lagerort und Zustand

Eindeutige Zuordnung

Die Bezeichnungen in den Tabellen raum, regal und ebene können mehrmals vorkommen, da der Lagerort jeweils durch eine übergeordnete Information eindeutig erkennbar ist. Es kann also in unterschiedlichen Räumen mehrmals das Regal 3F geben. Nur die Bezeichnung des Hauses muss eindeutig sein. Ebenso muss die Bezeichnung eines Zustands eindeutig sein.

3.3.4 Suchbegriffe, Autoren und Einzeltitel

Medien und Suchbegriffe

Sie möchten Medien aufgrund von bestimmten Suchbegriffen schnell finden. Zu jedem Medium möchten Sie mehrere Suchbegriffe eintragen, damit es aufgrund von unterschiedlichen Suchvorgängen gefunden werden kann. Zu jedem Suchbegriff werden mehrere Medien gefunden. Diese Überlegungen ergeben eine *m:n-Beziehung* zwischen Medien und Suchbegriffen mit einer Zwischentabelle.

Medien und Autoren

Autoren veröffentlichen häufig mehrere Medien. An einem Medium können einen Hauptautor und mehrere Nebenautoren oder auch mehrere gleichberechtigte Autoren tätig gewesen sein. Diese Überlegungen ergeben eine weitere *m:n-Beziehung*, zwischen Medien und Autoren, mit einer Zwischentabelle.

Ein Medium kann eine Reihe von Einzeltiteln umfassen, zum Beispiel eine Audio-CD. Diese möchten Sie ebenfalls erfassen.

Einzeltitel

Aus diesen Überlegungen ergibt sich der Ausschnitt des geänderten Entwurfs in Abbildung 3.14.

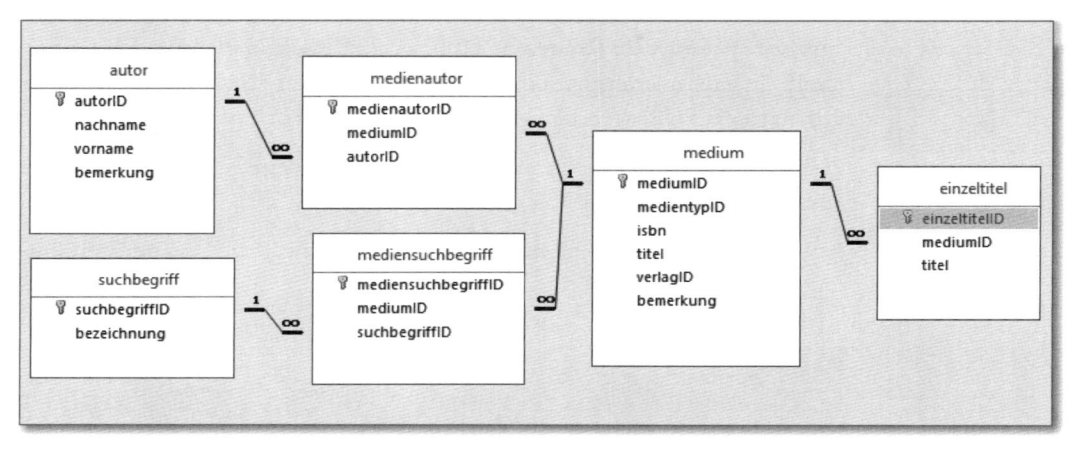

Abbildung 3.14 Suchbegriffe, Autoren und Einzeltitel

Ein Suchbegriff wird in der Tabelle suchbegriff im Feld bezeichnung gespeichert. In der Tabelle mediensuchbegriff liegt ein eindeutiger Index auf der Kombination der Felder medienID und suchbegriffID.

Tabelle »mediensuchbegriff«

Zu einem Autor werden der Nachname und der Vorname gespeichert. In der Tabelle medienautor liegt ein eindeutiger Index auf der Kombination der Felder medienID und autorID.

Tabelle »medienautor«

Jeder Einzeltitel wird in der Tabelle einzeltitel eindeutig einem Medium zugeordnet, über eine *1:n-Beziehung*.

Tabelle »einzeltitel«

3.3.5 Kunden und Verleih

Ein Kunde kann mehrere Exemplare verschiedener Medien ausleihen. Ein Exemplar kann nacheinander von unterschiedlichen Kunden ausgeliehen werden. Ein Kunde kann auch dasselbe Exemplar mehrmals ausleihen.

Kunden und Exemplare

Diese Überlegungen ergeben eine *m:n-Beziehung* zwischen Exemplaren und Kunden mit einer Zwischentabelle. Diese dient allerdings nicht nur dazu, die Beziehung zu ermöglichen. Sie beinhaltet auch weitere Informationen zu dem Vorgang *Kunde leiht Exemplar*. In dieser Tabelle werden noch

Verleihvorgänge

3 Eigene Datenbanken modellieren

einige Zeitangaben und gegebenenfalls Bemerkungen zum Verleihvorgang gespeichert.

Zeitangaben — Das Exemplar wird zu einem bestimmten Zeitpunkt ausgeliehen. Es wird ein Zeitpunkt festgelegt, zu dem es wieder zurückgegeben werden soll. Manche Exemplare werden bereits früher zurückgegeben, manche kommen zu spät zurück. Der reale Zeitpunkt der Rückgabe wird auch gespeichert. Zu jedem Exemplar lässt sich mithilfe dieser Daten ermitteln, ob es sich aktuell bei Ihnen oder beim Kunden befindet.

Zu einem Kunden werden Name, Adresse und weitere Kontaktdaten benötigt.

Aus diesen Überlegungen ergibt sich der Ausschnitt des geänderten Entwurfs in Abbildung 3.15.

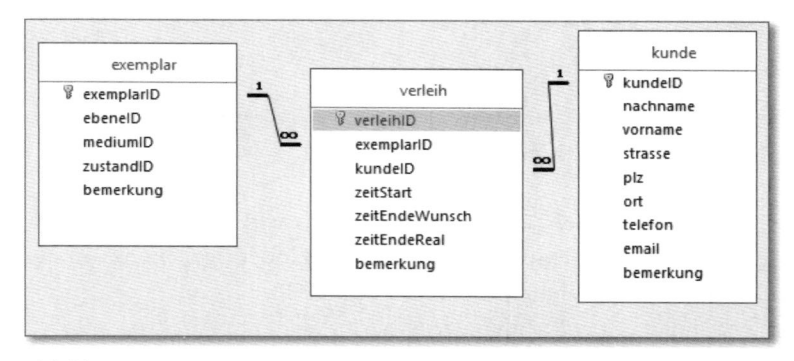

Abbildung 3.15 Kunden und Verleih

Tabelle »verleih« — In der Tabelle verleih gibt es *keinen* eindeutigen Index auf der Kombination der Felder exemplarID und kundeID, da ein Kunde ein bestimmtes Exemplar mehrmals ausleihen kann. Aus den Einträgen zeitStart und zeitEndeReal aller Verleihvorgänge eines Exemplars lässt sich sein aktueller Verleihstatus ermitteln

3.3.6 Das gesamte Modell

Übersicht — In Abbildung 3.16 sehen Sie das gesamte Modell für die Datenbank *medien.accdb*. Die Abbildung dient nur als Übersicht, die Einzelheiten sind in den bereits gezeigten Ausschnitten und in der Beziehungsansicht innerhalb von MS Access besser zu erkennen.

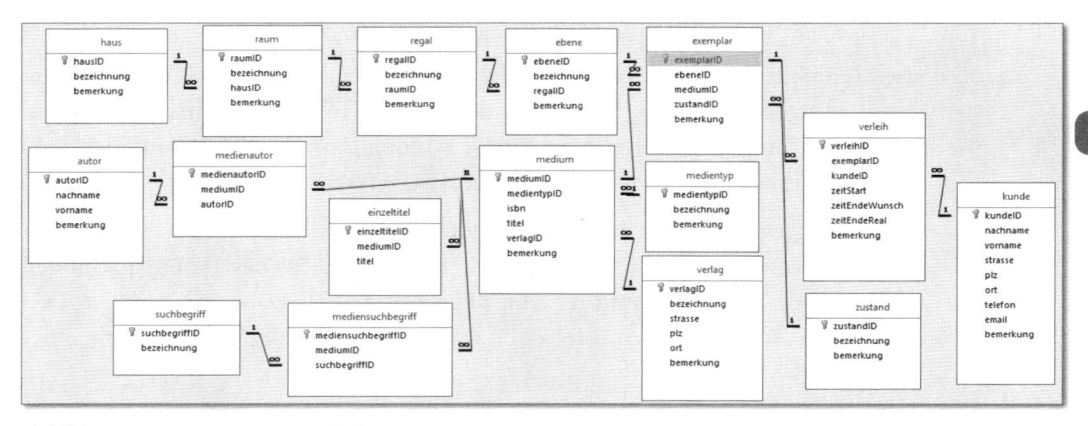

Abbildung 3.16 Gesamtes Modell

3.4 Übungsaufgaben

Erstellen Sie Modelle für Datenbanken für bestimmte Szenarien.

Zunächst werden Ihnen einige wichtige Stichwörter genannt, die Sie beachten sollten und die Ihnen gleichzeitig bei den ersten Überlegungen helfen sollen. Notieren Sie die Anforderungen, die Ihrer Meinung nach im genannten Zusammenhang gestellt werden können. Vergleichen Sie sie anschließend mit den realen Anforderungen, die im ersten Teil der jeweiligen Lösung formuliert werden.   *Anforderungen*

Erstellen Sie im nächsten Schritt ein Datenbankmodell auf der Basis der realen Anforderungen. Es wird im zweiten Teil der Lösung ausführlich erläutert.   *Datenbankmodell*

3.4.1 Die Vermietung von Fahrzeugen

Erstellen Sie ein Modell für eine Datenbank, mit deren Hilfe die Vermietung von Fahrzeugen organisiert werden kann. Zunächst einige Stichwörter: Kunden, Fahrzeuge, Fahrzeugtypen, Standorte der Fahrzeuge, Preisklassen für Vermietungen und Wartungsvorgänge für Fahrzeuge.   *Erste Übung*

Vergleichen Sie Ihre Anforderungen mit den realen Anforderungen, die in Abschnitt A.1.1 formuliert werden. Die Lösung für das Datenbankmodell finden Sie in Abschnitt A.1.2 bis Abschnitt A.1.10.

3.4.2 Die Abrechnungen eines Handwerksbetriebs

Zweite Übung Erstellen Sie ein Modell für eine Datenbank, mit deren Hilfe die Abrechnungen der Aufträge eines Handwerksbetriebs durchgeführt werden können. Zunächst einige Stichwörter: Kunden, Aufträge, Materialkosten und Materiallieferanten, Mitarbeiter und Arbeitskosten.

Vergleichen Sie Ihre Anforderungen mit den realen Anforderungen, die in Abschnitt A.2.1 formuliert werden. Die Lösung für das Datenbankmodell finden Sie in Abschnitt A.2.2 bis Abschnitt A.2.7.

Kapitel 4
Eine einfache Anwendung realisieren

Sie kennen bereits die Eigenschaften und Vorteile von Anwendungen und haben mit ihnen gearbeitet. Sie können Datenbanken modellieren. In diesem Kapitel wenden Sie das erlernte Wissen praktisch an und erzeugen Ihre erste eigene Anwendung mithilfe von MS Access.

Arbeiten mit MS Access

4.1 Ziel dieses Kapitels

Sie erstellen eine einfache Datenbank mit einer einzelnen Tabelle zur Verwaltung von Kunden. Die Erstellung der Datenbank sowie der Entwurf der Tabelle und der weiteren Objekte dienen dazu, die Benutzeroberfläche von MS Access kennenzulernen.

Benutzeroberfläche

Nach dem Anlegen der Tabelle werden einige Daten direkt in der Tabelle eingegeben, siehe Abbildung 4.1. Sie erstellen erste Abfragen und führen sie aus.

Beispieldaten

kundeID	bezeichnung	ort	land	telefon
1	Maier KG	Dortmund	Deutschland	0231-123456
2	Garner GmbH	Hagen	Deutschland	02331-34567
3	Wolf GmbH & Co KG	Dortmund	Deutschland	0231-987654
4	Veronne SARL	Metz	Frankreich	0033-3-858585
5	Lejeune SA	Namur	Belgien	0032-81-525252
6	Dujardin GG	Lille	Frankreich	0033-3-292929

Abbildung 4.1 Tabelle mit Daten

Anschließend sehen Sie, wie Sie ein eigenes Formular erstellen und zur wesentlich komfortableren Eingabe und Pflege der Daten nutzen können, siehe Abbildung 4.2.

Beispielformular

Zudem erzeugen Sie einen Bericht, der zur übersichtlichen Präsentation der Daten dient, siehe Abbildung 4.3.

Beispielbericht

4 Eine einfache Anwendung realisieren

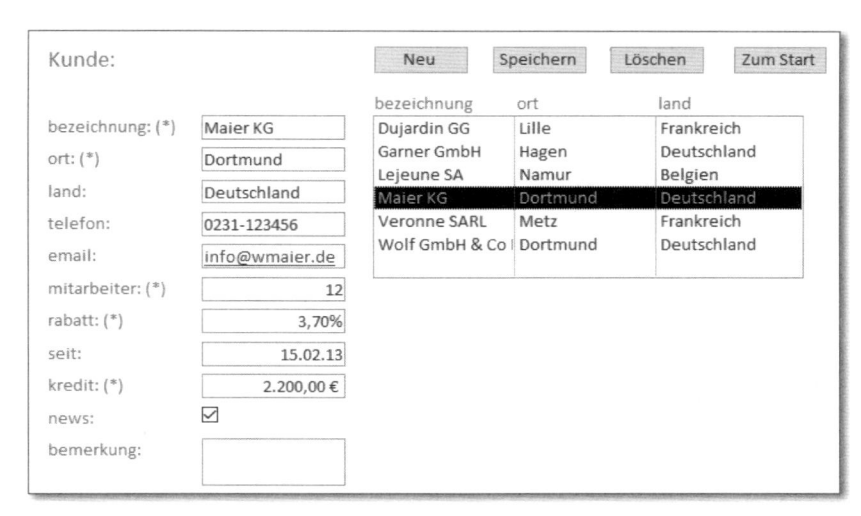

Abbildung 4.2 Formular zur Eingabe und Pflege der Daten

Abbildung 4.3 Bericht zur Ausgabe (Ausschnitt)

| Schrittweiser Aufbau | Anhand der schrittweisen Erstellung werden Sie in zusammenhängenden, aufeinander aufbauenden Abschnitten viel über die genannten Objekte und ihren inneren Aufbau lernen. |

| Grundlegende Techniken | Das Thema *Beziehungen zwischen Tabellen*, das Sie bereits seit der Modellierung kennen, wird erst im nachfolgenden Kapitel behandelt. Viele Techniken, die Sie später in komplexen Anwendungen benötigen, können schon am Beispiel der einfachen Anwendung in diesem Kapitel, die nur eine einzelne Tabelle beinhaltet, erlernt werden. |

| Übungen | In einigen Übungsaufgaben erstellen Sie selbstständig eine weitere, einfache Anwendung mit einer Tabelle, einigen Daten, mehreren Abfragen, einem Formular sowie einem Bericht. Eine schrittweise erläuterte Lösung zu den Übungsaufgaben finden Sie im Anhang. |

4.2 Eine Datenbank erzeugen

Sie starten das Programm MS Access aus dem Startmenü oder vom Desktop aus. Zunächst erscheint die Startoberfläche, siehe Abbildung 4.4. Hier können Sie unter anderem eine neue Datenbank erzeugen. Da wir uns mit Desktopdatenbanken beschäftigen, wird die Vorlage LEERE DESKTOP-DATENBANK genutzt, die Sie auf der rechten Seite finden.

Leere Desktop-datenbank

Abbildung 4.4 Erster Start

Es erscheint ein Dialogfeld, siehe Abbildung 4.5. Im Eingabefeld DATEINAME können Sie den Namen für die Datei mit der Datenbank eingeben, hier lautet er *firma*. Außerdem wählen Sie über die Schaltfläche auf der rechten Seite das Verzeichnis aus, in dem die Datei gespeichert werden soll. Hier ist es das Verzeichnis *Eigene Dokumente* (= *Documents*) in meinem Benutzerbereich.

Datei und Verzeichnis

Abbildung 4.5 Erstellen der Datenbank

| Pfad | Die Endung *accdb* für die Datenbank-Datei wird nach Betätigung der Schaltfläche ERSTELLEN automatisch ergänzt. Der vollständige Name mit Pfad zu dieser Datei lautet also: *C:\Users\Theis\Documents\firma.accdb*.

4.3 Die Oberfläche von MS Access

Nach der Erstellung der Datenbank erscheint die Benutzeroberfläche wie in Abbildung 4.6. Sie lässt sich in drei Bereiche gliedern:

| Menüband | ▶ Im oberen Bereich sehen Sie das MENÜBAND mit den einzelnen Menüs (DATEI, START, ERSTELLEN ...). Sie wählen eines der Menüs aus, indem Sie auf den Namen klicken. Die Menüs sind in einzelne Gruppen unterteilt. Innerhalb der Gruppen können Sie dann die einzelnen Schaltflächen betätigen. In Abbildung 4.6 sehen Sie zum Beispiel die Schaltflächen KURZER TEXT, ZAHL und WÄHRUNG innerhalb der Gruppe HINZUFÜGEN UND LÖSCHEN im Menü FELDER.

| Navigationsbereich | ▶ Der linke untere Bereich ist der NAVIGATIONSBEREICH. Er beinhaltet die Objekte Ihrer Datenbank, also Tabellen, Formulare, Berichte und so weiter. Momentan ist er noch leer. Ausgehend vom NAVIGATIONSBEREICH können Sie die Objekte öffnen.

| Arbeitsbereich | ▶ Der rechte untere Bereich ist der ARBEITSBEREICH. Hier bearbeiten Sie die aktuell geöffneten Objekte Ihrer Datenbank.

| Kontextabhängig | Aussehen und Inhalte des MENÜBANDS sind kontextabhängig. Es kommt also darauf an, welche Objekte Ihrer Datenbank Sie gerade bearbeiten und in welcher Ansicht Sie das machen. Sie können jedes Objekt in unterschiedlichen Ansichten bearbeiten.

| Vergrößern und Verkleinern | Falls Sie mehr Platz im unteren Bereich benötigen, dann können Sie das MENÜBAND durch einen Doppelklick auf einen der Menünamen verkleinern. Ein erneuter Doppelklick lässt das MENÜBAND wieder in voller Größe erscheinen.

Die Größe des NAVIGATIONSBEREICHS beziehungsweise des ARBEITSBEREICHS lässt sich durch Verschieben der Trennlinie einstellen. Sie können den NAVIGATIONSBEREICH auch durch einen Klick auf den Doppelpfeil nach links (<<) stark verkleinern. Ein anschließender Klick auf den Doppelpfeil nach rechts (>>) lässt den NAVIGATIONSBEREICH wieder in der vorherigen Größe erscheinen.

Achten Sie darauf, dass im NAVIGATIONSBEREICH zunächst die richtige und vollständige Auswahl an Objekten angezeigt wird. Klappen Sie einmal die Liste in der Kopfzeile des NAVIGATIONSBEREICHS mithilfe des Pfeils nach unten auf. Dort sollten die Elemente OBJEKTTYP und ALLE ACCESS-OBJEKTE markiert sein.

Auswahl der Objekte

Abbildung 4.6 Benutzeroberfläche

Sie können Objekte, die aktuell im ARBEITSBEREICH geöffnet sind (hier zum Beispiel das Objekt TABELLE1), über das Kreuz ganz rechts auf Höhe des Objektnamens schließen. Gegebenenfalls werden Sie aufgefordert, vorgenommene Änderungen am Objekt zu speichern.

Objekte schließen

Nach Erstellung einer neuen Datenbank wird automatisch eine Tabelle mit dem Namen TABELLE1 in der sogenannten *Datenblattansicht* geöffnet. Ich bevorzuge eine andere Vorgehensweise bei der Erstellung von Tabellen. Schließen Sie daher das Objekt TABELLE1, ohne zu speichern. NAVIGATIONSBEREICH und ARBEITSBEREICH sind anschließend leer.

4.4 Eine einzelne Tabelle anlegen

Diese Datenbank soll nur eine einzelne Tabelle zur Verwaltung von Kunden beinhalten, mit dem Namen kunde. Einen Ausschnitt der Daten in der fertigen Tabelle sehen Sie in Abbildung 4.7.

Tabelle »kunde«

kundeID	bezeichnung	ort	land	telefon
1	Maier KG	Dortmund	Deutschland	0231-123456
2	Garner GmbH	Hagen	Deutschland	02331-34567
3	Wolf GmbH & Co KG	Dortmund	Deutschland	0231-987654
4	Veronne SARL	Metz	Frankreich	0033-3-858585
5	Lejeune SA	Namur	Belgien	0032-81-525252
6	Dujardin GG	Lille	Frankreich	0033-3-292929

Abbildung 4.7 Tabelle »kunde«, Ausschnitt

4.4.1 Entwurf erzeugen

Kurzschreibweise Zur Erstellung einer neuen Tabelle betätigen Sie im Menü ERSTELLEN innerhalb der Gruppe TABELLEN die Schaltfläche TABELLE ERSTELLEN, oder in Kurzschreibweise: Betätigen Sie die Schaltfläche ERSTELLEN • TABELLEN • TABELLENENTWURF. Ein Hinweis: Nachfolgend verwende ich grundsätzlich diese Kurzschreibweise.

Entwurfsansicht Nach der Betätigung der genannten Schaltfläche erscheint eine neue Tabelle in der *Entwurfsansicht* mit dem temporären Namen TABELLE1, siehe Abbildung 4.8. Diesen temporären Namen werden Sie später bei der Speicherung ändern.

Struktur festlegen In der Entwurfsansicht legen Sie die Struktur Ihrer Tabelle fest. Dazu wählen Sie die Namen und die Datentypen der Felder Ihrer Tabelle aus, beziehungsweise geben Sie sie ein. Erst später, nach Fertigstellung des Entwurfs, geben Sie die Daten der Tabelle ein, und zwar in der *Datenblattansicht*, siehe Abschnitt 4.5. Es gilt immer der wichtige Grundsatz: *erst die Struktur, dann die Daten*.

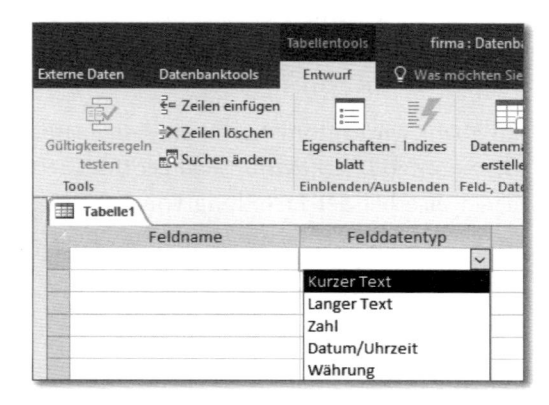

Abbildung 4.8 Neue leere Tabelle, Entwurfsansicht

Die Modellierung der Tabelle der Kunden wurde bereits ausführlich in Abschnitt 3.1 erläutert, inklusive der Feldnamen, Datentypen und einiger Feldeigenschaften.

Namen und Datentypen Tragen Sie die Feldnamen in den einzelnen Zeilen der Spalte FELDNAME ein. Wählen Sie die jeweiligen Datentypen aus der Aufklappliste in der Spalte FELDDATENTYP aus, siehe Abbildung 4.9.

Primärschlüssel setzen Markieren Sie anschließend das Feld kundeID vom Datentyp AutoWert, indem Sie auf den FELDMARKIERER klicken. Das ist der graue Bereich am lin-

4.4 Eine einzelne Tabelle anlegen

ken Zeilenrand. Betätigen Sie die Schaltfläche ENTWURF • TOOLS • PRIMÄRSCHLÜSSEL. Das Feld kundeID dient nun als Primärschlüsselfeld, siehe Abbildung 4.9.

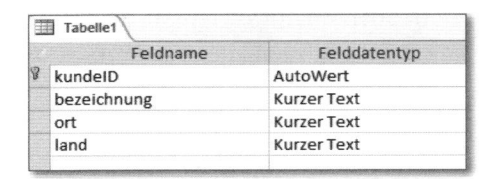

Feldname	Felddatentyp
kundeID	AutoWert
bezeichnung	Kurzer Text
ort	Kurzer Text
land	Kurzer Text

Abbildung 4.9 Erste Felder und Primärschlüssel

Sollten Sie den Primärschlüssel versehentlich dem falschen Feld zuordnen, dann ist das kein Problem: Markieren Sie das Feld und betätigen Sie wiederum die Schaltfläche ENTWURF • TOOLS • PRIMÄRSCHLÜSSEL, dann wird er wieder gelöscht.

Primärschlüssel löschen

Sollten Sie keinem Feld beim Erstellen einer Tabelle einen Primärschlüssel zugeordnet haben, dann werden Sie beim Schließen des Tabellenentwurfs darauf aufmerksam gemacht. Sie sollten dann nicht einfach die Schaltfläche JA betätigen und MS Access die Arbeit selbstständig vornehmen lassen. Besser ist es, wenn Sie die Schaltfläche ABBRECHEN betätigen und den Primärschlüssel selbst auf das von Ihnen ausgewählte Feld setzen.

Primärschlüssel selbst wählen

4.4.2 Entwurf speichern und schließen

Schließen Sie die Tabelle in der aktuellen Version des Entwurfs mithilfe des Kreuzes ganz rechts auf Höhe des Tabellennamens. Sie werden gefragt, ob Sie die Änderungen speichern möchten. Nach einem Klick auf JA werden Sie nach dem Tabellennamen gefragt. Hier geben Sie kunde ein und bestätigen mit OK. Die Tabelle wird geschlossen und erscheint als neues Objekt im NAVIGATIONSBEREICH, siehe Abbildung 4.10.

Tabelle speichern

Abbildung 4.10 Objekt »kunde«, in erster Version gespeichert

4.4.3 Datenbank schließen und wieder öffnen

Datenbank sichern

Nach dem Speichern des Tabellenentwurfs können Sie die Datenbank und damit MS Access schließen, um zum Beispiel eine Sicherheitskopie der Datei *firma.accdb* zu erstellen. Nach einem erneuten Aufruf von MS Access erscheint die soeben erstellte Datenbank in der Liste der zuletzt verwendeten Dateien, siehe Abbildung 4.11.

Abbildung 4.11 Liste der zuletzt verwendeten Dateien

Nach einem Klick auf den betreffenden Listeneintrag wird die Datenbank geöffnet und Sie haben die Oberfläche von MS Access wieder vor sich.

Inhalt aktivieren

Häufig erscheint zusätzlich ein Sicherheitshinweis: EINIGE AKTIVE INHALTE WURDEN DEAKTIVIERT. KLICKEN SIE HIER, UM WEITERE DETAILS ANZUZEIGEN. Daneben sehen Sie die Schaltfläche INHALT AKTIVIEREN. Betätigen Sie diese Schaltfläche. Dadurch wird Ihre Datenbank in die *Liste der vertrauenswürdigen Dokumente* aufgenommen. Als Folge davon wird der Sicherheitshinweis ab dem nächsten Öffnen dieser Datenbank nicht mehr erscheinen.

Sicherheit und Vertrauen

Eine ähnliche Warnung haben Sie bereits in Abschnitt 2.2.1 gesehen. Innerhalb von allen MS Office-Programmen können Makros und Module erzeugt werden, die VBA-Code enthalten, der potenziell schädlich sein kann. Alle Makros und Module können erst ausgeführt werden, wenn Sie die Schaltfläche INHALT AKTIVIEREN betätigt haben. Sie sollten besonders bei Dateien aus fremden Quellen darauf achten, dass Sie nicht einfach unbekannten VBA-Code aktivieren. Mehr zum Thema *Vertrauenswürdige Dokumente* finden Sie in Abschnitt 11.1.

4.4.4 Entwurf ändern

Theoretisch könnten Sie jetzt Ihre ersten Daten eingeben. Allerdings wird ja bereits im Zusammenhang mit der Modellierung darauf Wert gelegt, die Struktur der Tabellen und der Datenbank zuerst vollständig zu erzeugen, bevor die Tabellen mit Daten gefüllt werden. Eine nachträgliche Änderung der Struktur kann den teilweisen oder vollständigen Verlust von bereits vorhandenen Daten zur Folge haben.

Erst die Struktur, dann die Daten

Vervollständigen Sie also zunächst den Entwurf der Tabelle kunde. Markieren Sie dazu die Tabelle im NAVIGATIONSBEREICH und öffnen Sie mithilfe der rechten Maustaste das Kontextmenü. Nach Auswahl des Eintrags ENTWURFSANSICHT können Sie die restlichen Felder unterhalb des Felds land eintragen und die passenden Datentypen auswählen, siehe Abbildung 4.12.

Weitere Felder

Feldname	Felddatentyp
kundeID	AutoWert
bezeichnung	Kurzer Text
ort	Kurzer Text
land	Kurzer Text
telefon	Kurzer Text
email	Link
mitarbeiter	Zahl
rabatt	Zahl
seit	Datum/Uhrzeit
kredit	Währung
news	Ja/Nein
bemerkung	Langer Text

Abbildung 4.12 Weitere Felder unterhalb des Felds »land«

Sie können falsch eingetragene Felder nach dem Markieren löschen oder verschieben. Sie markieren ein einzelnes Feld, indem Sie auf den FELDMARKIERER am linken Rand der Zeile klicken. Zur Markierung mehrerer Datensätze halten Sie dabei die Maustaste gedrückt und ziehen die Maus über die weiteren Felder:

Feld markieren

- Zum Löschen von Feldern betätigen Sie nach dem Markieren die `Entf`-Taste.

Feld löschen

- Verschieben können Sie die Felder per *Drag-and-drop*: Betätigen Sie nach dem Markieren erneut die Maustaste über dem FELDMARKIERER und halten Sie die Maustaste gedrückt. Bewegen Sie die Felder mit gedrückter Maustaste an die gewünschte Stelle. Lassen Sie dann erst die Maustaste wieder los.

Feld verschieben

4.4.5 Feldeigenschaften

Feld auswählen Zur Einstellung von Feldeigenschaften müssen Sie zunächst das betreffende Feld auswählen, und zwar indem Sie den Cursor in die Zeile mit dem jeweiligen Feldnamen setzen. Weiter unten erscheinen dann die zugehörigen Feldeigenschaften, auf der Registerkarte ALLGEMEIN.

Eingabe erforderlich Setzen Sie den Wert für die Feldeigenschaft EINGABE ERFORDERLICH der beiden Felder bezeichnung und ort auf Ja. Bei allen Feldern vom Datentyp Kurzer Text, deren Eingabe erforderlich ist, sollte verhindert werden, dass ein leerer Text eingetragen wird. Setzen Sie daher für beide Felder den Wert für die Feldeigenschaft LEERE ZEICHENFOLGE auf Nein, siehe Abbildung 4.13.

Allgemein	Nachschlagen
Feldgröße	255
Format	
Eingabeformat	
Beschriftung	
Standardwert	
Gültigkeitsregel	
Gültigkeitsmeldung	
Eingabe erforderlich	Ja
Leere Zeichenfolge	Nein

Abbildung 4.13 Feld »ort«, Feldeigenschaften

Ganze Zahlen Felder des Datentyps Zahl erhalten standardmäßig den Wert Long Integer für die Feldeigenschaft FELDGRÖSSE. Das bedeutet, dass in einem solchen Feld nur ganze Zahlen eingetragen werden dürfen, die zwischen ca. −2,1 Milliarden und ca. +2,1 Milliarden liegen können.

Für die Anzahl der Mitarbeiter eines Unternehmens reicht eine geringere Feldgröße mit einem kleineren Speicherbedarf aus. Wählen Sie daher für die Feldeigenschaft FELDGRÖSSE des Felds mitarbeiter den Wert Integer, siehe Abbildung 4.14. Damit steht hier ein Zahlenbereich zur Verfügung, der sich von −32.768 bis +32.767 erstreckt.

Allgemein	Nachschlagen
Feldgröße	Integer
Format	

Abbildung 4.14 Feld »mitarbeiter«, Feldgröße

Format für ganze Zahlen Sie könnten bei einem Feld für ganze Zahlen für die Feldeigenschaft FORMAT auch einen Wert eintragen, zum Beispiel #.##0, ähnlich wie bei MS

Excel. Werte mit mehr als drei Stellen werden dann mit einem Tausenderpunkt ausgegeben.

Falls eine Zahl Nachkommastellen hat, dann muss für die Feldeigenschaft FELDGRÖSSE einer der folgenden Werte gewählt werden: Single, Double oder Decimal. Der Datentyp Single hat den geringsten Speicherbedarf, bietet bereits eine Genauigkeit von sieben Stellen nach dem Komma und einen Zahlenbereich von ca. $-3{,}4 \times 10^{38}$ bis ca. $+3{,}4 \times 10^{38}$. Wählen Sie daher für die Feldeigenschaft FELDGRÖSSE den Wert Single für das Feld rabatt.

Zahlen mit Nachkommastellen

Ein Rabattwert wird üblicherweise als Prozentzahl eingetragen. Ein Wert von 5,2 % entspricht dann der Zahl 0,052, wie Sie es vermutlich schon von MS Excel kennen. Das ist auch in MS Access möglich. Wählen Sie dazu beim Feld rabatt für die Feldeigenschaft FORMAT den Wert Prozentzahl, siehe Abbildung 4.15.

Prozentzahl

Sie könnten bei einem Feld für Zahlen mit Nachkommastellen für die Feldeigenschaft FORMAT auch einen anderen Wert eintragen, zum Beispiel #.##0,000, ähnlich wie bei MS Excel. Die Werte werden dann gegebenenfalls mit einem Tausenderpunkt und immer mit drei Nachkommastellen ausgegeben. Ein anderes Prozentformat erreichen Sie zum Beispiel mit dem Wert 0,000%. Dann erscheinen drei statt zwei Nachkommastellen.

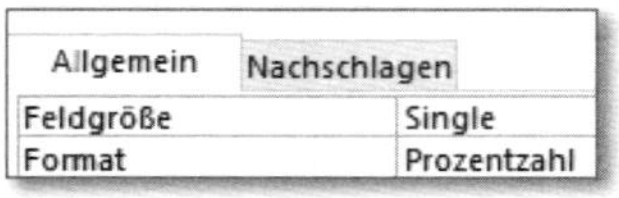

Format für Nachkommastellen

Abbildung 4.15 Feld »rabatt«, Feldeigenschaften

Den STANDARDWERT von 0 sollten Sie für die Felder mitarbeiter, rabatt und kredit beibehalten. Tragen Sie zusätzlich jeweils bei der Feldeigenschaft GÜLTIGKEITSREGEL den Wert >=0 ein. Falls der Benutzer dennoch versucht, einen negativen Wert einzutragen, dann erscheint die Fehlermeldung, die Sie bei der Feldeigenschaft GÜLTIGKEITSMELDUNG eintragen: Kein negativer Wert erlaubt. Setzen Sie zu guter Letzt den Wert für die Feldeigenschaft EINGABE ERFORDERLICH der drei genannten Felder auf Ja, wie Sie es für das Feld kredit in Abbildung 4.16 sehen.

Gültigkeit von Einträgen

Die Inhalte eines Währungsfelds (hier: kredit) werden automatisch in € (Euro) ausgegeben, wie Sie bei der Feldeigenschaft FORMAT sehen. Dabei wird die Landeseinstellung des Betriebssystems übernommen.

Landeswährung

4 Eine einfache Anwendung realisieren

Allgemein	Nachschlagen
Format	Euro
Dezimalstellenanzeige	Automatisch
Eingabeformat	
Beschriftung	
Standardwert	0
Gültigkeitsregel	>=0
Gültigkeitsmeldung	Kein negativer Wert erlaubt
Eingabe erforderlich	Ja

Abbildung 4.16 Feld »kredit«, Feldeigenschaften

Zeitangaben Nehmen Sie für das Feld seit des Datentyps Datum/Uhrzeit die folgende Voreinstellung: Die Feldeigenschaft STANDARDWERT erhält den Wert =Datum(), die Feldeigenschaft GÜLTIGKEITSREGEL den Wert <Datum()+1 und die Feldeigenschaft GÜLTIGKEITSMELDUNG erhält den Wert Kein Datum in der Zukunft erlaubt. Die vorgefertigte Funktion Datum() liefert das aktuelle Systemdatum. Die Kombination der Werte der Feldeigenschaften sorgt dafür, dass immer gültige Datumsangaben vorhanden sind, die nicht in der Zukunft liegen.

Formate für Zeitangaben Standardmäßig wird ein Feld des Datentyps Datum/Uhrzeit im Format tt.mm.jjjj ausgegeben, also zwei Ziffern für den Tag, zwei Ziffern für den Monat und vier Ziffern für das Jahr. Bei Tag und Monat werden dann Werte kleiner als 10 mit einer vorangestellten Null ausgegeben. Für die Feldeigenschaft FORMAT können Sie weitere Formate auswählen oder eingeben. Tragen Sie für eine zweistellige Jahresangabe das Format tt.mm.jj ein, siehe Abbildung 4.17. Falls Sie auch die Angaben zur Uhrzeit benötigen, dann können Sie das Format tt.mm.jj hh:nn:ss oder Teile davon nutzen. Auch bei Stunde (h), Minute (n) und Sekunde (s) werden Werte kleiner als 10 mit einer vorangestellten Null ausgegeben.

Allgemein	Nachschlagen
Format	tt.mm.jj
Eingabeformat	
Beschriftung	
Standardwert	=Datum()
Gültigkeitsregel	<Datum()+1
Gültigkeitsmeldung	Kein Datum in der Zukunft erlaubt

Abbildung 4.17 Feld seit, Feldeigenschaften

Ja/Nein Der STANDARDWERT für das Feld news vom Datentyp Ja/Nein wird bei Nein belassen.

Index mit Duplikaten Wählen Sie bei den Feldern bezeichnung und ort für die Feldeigenschaft INDIZIERT den Wert Ja (Duplikate möglich), siehe Abbildung 4.18.

4.4 Eine einzelne Tabelle anlegen

Gültigkeitsregel	
Gültigkeitsmeldung	
Eingabe erforderlich	Ja
Leere Zeichenfolge	Nein
Indiziert	Ja (Duplikate möglich)

Abbildung 4.18 Feld »ort«, Indizierung

4.4.6 Zusammenfassung

In Tabelle 4.1 sehen Sie die Felder der Tabelle kunde mit den Werten für ihre wichtigen Eigenschaften:

Feldeigenschaften

Name	Datentyp	Feldeigenschaften
kundeID	AutoWert	Primärschlüsselfeld
bezeichnung	Kurzer Text	Eingabe erforderlich: Ja Leere Zeichenkette: Nein Indiziert: Ja (Duplikate möglich)
ort	Kurzer Text	Eingabe erforderlich: Ja Leere Zeichenkette: Nein Indiziert: Ja (Duplikate möglich)
land	Kurzer Text	
telefon	Kurzer Text	
email	Link	
mitarbeiter	Zahl	Feldgröße: Integer, **Standardwert:** 0 Gültigkeitsregel: >=0, -meldung: Kein negativer Wert erlaubt Eingabe erforderlich: Ja
rabatt	Zahl	Feldgröße: Single Format: Prozentzahl, **Standardwert:** 0 Gültigkeitsregel: >=0, -meldung: Kein negativer Wert erlaubt Eingabe erforderlich: Ja

Tabelle 4.1 Felder mit Eigenschaften

Name	Datentyp	Feldeigenschaften
seit	Datum/Uhrzeit	Format: tt.mm.jjjj Standardwert: =Date() Gültigkeitsregel: <Date()+1 Gültigkeitsmeldung: Kein Datum in der Zukunft erlaubt
kredit	Währung	Format: Euro, Standardwert: 0 Gültigkeitsregel: >=0, -meldung: Kein negativer Wert erlaubt Eingabe erforderlich: Ja
news	Ja/Nein	Standardwert: Nein
bemerkung	Langer Text	

Tabelle 4.1 Felder mit Eigenschaften (Forts.)

4.4.7 Beschreibung

Kommentare Sie können innerhalb der Struktur Kommentare zu den einzelnen Feldern speichern. Sie dienen Ihnen oder anderen Entwicklern der Anwendung als zusätzliche Information und werden in der dritten Spalte neben dem Feldnamen und dem Felddatentyp eingetragen, siehe Abbildung 4.19.

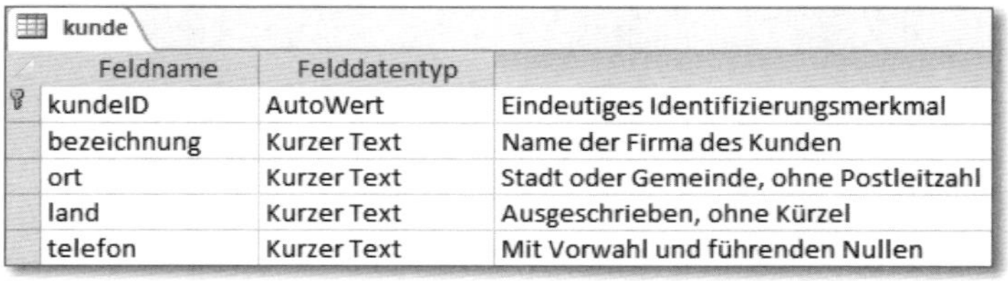

Feldname	Felddatentyp	
kundeID	AutoWert	Eindeutiges Identifizierungsmerkmal
bezeichnung	Kurzer Text	Name der Firma des Kunden
ort	Kurzer Text	Stadt oder Gemeinde, ohne Postleitzahl
land	Kurzer Text	Ausgeschrieben, ohne Kürzel
telefon	Kurzer Text	Mit Vorwahl und führenden Nullen

Abbildung 4.19 Kommentare zu den Feldern (Ausschnitt)

4.4.8 Sicherungen

Struktur sichern Falls Sie längere Zeit an der Struktur einer Tabelle arbeiten, dann sollten Sie Ihre Änderungen immer wieder einmal sichern. Einfach auf das Diskettensymbol oben links in der Titelleiste klicken. Der versehentliche Verlust von Einträgen, die Sie sorgfältig und durchdacht vorgenommen haben, wäre ärgerlich.

Außerdem sollten Sie MS Access während der Entwicklung einer Anwendung regelmäßig schließen, um die Datenbank *firma.accdb* zur Sicherung auf einen geeigneten Datenträger zu kopieren, und zwar in verschiedenen Versionen. Benennen Sie die Kopien unterschiedlich, zum Beispiel *firma01.accdb*, *firma02.accdb* und so weiter. Sollten Sie einmal feststellen, dass die vorherige Version Ihrer Anwendung besser war als die aktuelle Version, dann können Sie auf diese Weise schnell wieder zu ihr zurückkehren.

Versionen der Datenbank

4.4.9 Übungsaufgabe

Legen Sie die neue Datenbank *fahrzeugvermietung.accdb* gemäß dem Datenbankmodell aus der Übung in Abschnitt 3.4.1 an. Erstellen Sie darin die ersten vier Tabellen standort, preisklasse, kunde und wartung. Es geht noch nicht um Beziehungen zwischen den Tabellen, nur um die Felder der Tabellen und ihre Eigenschaften.

Datenbank anlegen

Sie finden die Lösung dieser Übungsaufgabe im Downloadpaket unter »Materialien zum Buch« auf *www.rheinwerk-verlag.de/3790*. Die Lösung mit Erläuterungen zu den einzelnen Feldern der Datenbanktabellen finden Sie in Abschnitt A.3.

Lösung

4.5 Die ersten Daten eingeben

Sie können die Tabelle kunde durch einen Doppelklick auf das zugehörige Element im NAVIGATIONSBEREICH öffnen. Die Tabelle erscheint dann im ARBEITSBEREICH in der *Datenblattansicht*. In dieser Ansicht können Sie Daten eingeben, betrachten, verändern und löschen. Sie sehen sie in Abbildung 4.20 und Abbildung 4.21 mit sechs Beispieldatensätzen. Zur deutlicheren Darstellung der Daten werden die Spalten für die Felder mitarbeiter und bemerkung etwas schmaler gemacht.

Beispieldaten bearbeiten

kundeID	bezeichnung	ort	land	telefon
1	Maier KG	Dortmund	Deutschland	0231-123456
2	Garner GmbH	Hagen	Deutschland	02331-34567
3	Wolf GmbH & Co KG	Dortmund	Deutschland	0231-987654
4	Veronne SARL	Metz	Frankreich	0033-3-858585
5	Lejeune SA	Namur	Belgien	0032-81-525252
6	Dujardin GG	Lille	Frankreich	0033-3-292929

Abbildung 4.20 Beispieldaten der Tabelle »kunde«, linker Teil

Abbildung 4.21 Beispieldaten der Tabelle »kunde«, rechter Teil

Ansichten einer Tabelle

Über die Schaltfläche START • ANSICHTEN • ANSICHT können Sie die Ansicht wechseln. Diese Schaltfläche ist zweigeteilt, wie viele andere Schaltflächen auch. Ein Klick auf den oberen Teil der Schaltfläche führt zu einem direkten Wechsel zwischen Datenblattansicht und Entwurfsansicht. Ein Klick auf den Pfeil im unteren Teil der Schaltfläche führt dazu, dass Sie die gewünschte Ansicht aus einer Liste auswählen können, siehe Abbildung 4.22.

Abbildung 4.22 Tabelle, Ansicht wechseln

4.5.1 Bearbeitungsmodus

Datensatzmarkierer

Geben Sie einige oder alle Beispieldatensätze ein. Sobald Sie die Maus in einen Datensatz setzen, wird dieser zum aktuellen Datensatz und kann verändert werden. Erst wenn Sie Zeichen eintragen oder verändern, gelangen Sie in den *Bearbeitungsmodus*. Das erkennen Sie an dem Stiftsymbol auf dem DATENSATZMARKIERER am linken Rand der Zeile. Alle Änderungen, die Sie nun vornehmen, werden sofort in der Datenbank gespeichert, wenn Sie den Bearbeitungsmodus wieder verlassen. Unter Umständen können diese Änderungen auch nicht mehr rückgängig gemacht werden.

Bearbeitungsmodus verlassen

Sie können den Bearbeitungsmodus verlassen, indem Sie entweder auf das Stiftsymbol klicken oder einfach zu einem anderen Datensatz wechseln. Sollten Sie eine der Regeln verletzen, die für die Felder der Tabelle gelten, dann erscheint eine entsprechende Meldung, siehe Abbildung 4.23. Sie befinden sich dann weiterhin im Bearbeitungsmodus. Mithilfe der `Esc`-

4.5 Die ersten Daten eingeben

Taste brechen Sie die Bearbeitung ab. Sie verlassen den Bearbeitungsmodus dann ohne die Speicherung der Änderungen.

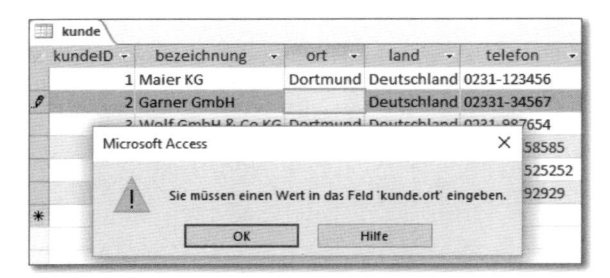

Abbildung 4.23 Fehlermeldung, Ort nicht eingetragen

4.5.2 Feldeigenschaften

Während der Eingabe sind aufgrund der Eigenschaften der Felder einige Besonderheiten zu beachten:

- Das Feld `kundeID` vom Datentyp `AutoWert` wird automatisch mit eindeutigen Werten befüllt. Sie können selbst keine Werte eingeben. Der Wert für einen neuen Datensatz entspricht normalerweise dem bisher höchsten Wert, plus 1. Falls Sie später einzelne Datensätze löschen, treten in der Nummerierung Lücken auf, die auch nicht mehr gefüllt werden. Falls Sie also zunächst Datensätze mit IDs von 1 bis 6 haben und anschließend die Datensätze mit den IDs 2, 5 und 6 löschen, dann hat ein neuer Datensatz dennoch die ID 7. — **AutoWert**

- Falls Sie keine Werte für die Felder `bezeichnung` und `ort` eingeben, dann erfolgt eine Fehlermeldung und der Datensatz kann nicht gespeichert werden. — **Pflichtfelder**

- Es müssen keine Werte für die Felder `land`, `telefon`, `email` und `bemerkung` eingetragen werden. Ein Eintrag im Feld `email` erscheint automatisch als Hyperlink. Ein Klick öffnet das Standardprogramm für E-Mails, zum Beispiel MS Outlook.

- In der untersten Zeile haben Sie die Möglichkeit, einen neuen Datensatz einzugeben. Bei den Feldern `mitarbeiter`, `rabatt`, `seit` und `kredit` sind bereits die Standardwerte eingetragen. Das ist entweder der Wert 0 in unterschiedlichen Formatierungen oder das aktuelle Systemdatum. — **Neuer Datensatz**

- Geben Sie in den Feldern `rabatt` und `kredit` nur die reinen Zahlen ein, ohne Formatierung. Ein Wert von 5,2 % für das Feld `rabatt` wird als 5,2 eingegeben. Intern wird dann die Zahl 0,052 gespeichert. — **Nur Zahlen**

Datum auswählen	▶ Sie können Werte für das Feld `seit` direkt als Datum eingeben. Falls Sie auf das kleine Kalendersymbol rechts neben dem Feld klicken, haben Sie die Möglichkeit, ein Datum komfortabel auszuwählen.
Fehlermeldung	▶ Falls Sie den Wert für die Felder `mitarbeiter`, `rabatt` oder `kredit` löschen oder einen negativen Wert eintragen, dann erfolgt eine Fehlermeldung, und der Datensatz kann nicht gespeichert werden.
Kontrollkästchen	▶ Das Feld `news` vom Datentyp `Ja/Nein` erscheint als Kontrollkästchen. Der Standardwert `Nein` bedeutet, dass das Häkchen nicht gesetzt ist.

4.5.3 Layout und Datensätze ändern

Spaltenbreite ändern	Sie können die Breite der einzelnen Spalten der Tabelle ändern, und zwar nach dem Setzen der Maus über eine der Trennlinien im Kopf der Spalten. Die Maus erscheint dann als Doppelpfeil nach links und rechts. Stellen Sie die gewünschte Größe mit gedrückter Maustaste ein.
Datensatz markieren	Sie können Datensätze vollständig nach dem Markieren löschen oder kopieren. Sie markieren einen einzelnen Datensatz, indem Sie auf den DATENSATZMARKIERER klicken. Das ist der graue Bereich am linken Rand der Zeile. Zur Markierung mehrerer Datensätze halten Sie dabei die Maustaste gedrückt und ziehen die Maus über die weiteren Datensätze.
Datensatz löschen	Zum Löschen drücken Sie nach der Markierung die [Entf]-Taste. Nach einer Bestätigung werden die markierten Datensätze gelöscht.
Datensatz kopieren	Falls Sie Datensätze haben, die vorhandenen Datensätzen ähnlich sind, dann müssen Sie sie nicht vollständig neu eingeben. Sie können sie stattdessen kopieren. Markieren Sie sie zunächst. Zum Kopieren auf die Zwischenablage verwenden Sie die üblichen Möglichkeiten von Windows-Programmen, also die Tastenkombination [Strg] + [C] oder den Eintrag KOPIEREN aus dem Kontextmenü.
Datensatz einfügen	Anschließend markieren Sie den neuen Datensatz am unteren Ende der Tabelle und fügen die Datensätze mit der Tastenkombination [Strg] + [V] oder dem Eintrag EINFÜGEN aus dem Kontextmenü ein. Nach einer Bestätigung werden die Datensätze eingefügt.
Datensatz überschreiben	Falls Sie mit den Datensätzen aus der Zwischenablage vorhandene Datensätze überschreiben möchten, sollte vor dem Einfügen dieselbe Anzahl an Datensätzen markiert werden. Ansonsten ist die Vorgehensweise gleich.
Objekt schließen	Die Eingabe der Daten können Sie beenden, indem Sie das Objekt auf die gewohnte Art und Weise schließen. Nur nach einer Änderung des Layouts,

zum Beispiel der Spaltenbreite, werden Sie gefragt, ob Sie die Änderungen speichern möchten. Die Änderungen an den Datensätzen selbst sind bereits gespeichert.

4.5.4 Übungsaufgabe

Füllen Sie in der Datenbank *fahrzeugvermietung.accdb* die Tabellen standort, preisklasse, kunde und wartung, die Sie in Abschnitt 4.4.9 erstellt haben, mit den Beispieldaten aus Abbildung 4.24 bis Abbildung 4.27. Die Daten für das eindeutige ID-Feld der jeweiligen Tabelle werden automatisch vergeben. Sie müssen nicht mit den Daten in den Abbildungen übereinstimmen. Sie finden die Tabellen mit den Beispieldaten in der genannten Datei.

Beispieldaten eingeben

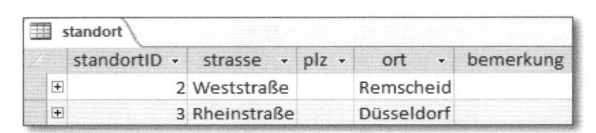

standortID	strasse	plz	ort	bemerkung
2	Weststraße		Remscheid	
3	Rheinstraße		Düsseldorf	

Abbildung 4.24 Beispieldaten für die Tabelle »standort«

preisklasseID	bezeichnung	preisProTag	maxKmProTag	preisProMehrKm	bemerkung
1	Kleinwagen	20,00 €	200	0,20 €	
2	Mittelklasse	30,00 €	300	0,30 €	
3	Kombi	35,00 €	350	0,35 €	

Abbildung 4.25 Beispieldaten für die Tabelle »preisklasse«

kundeID	nachname	vorname	strasse	plz	ort	telefon	email	bemerkung
1	Olbers	Manfred			Hannover			
2	Zimmermann	Sonja			Emden			

Abbildung 4.26 Beispieldaten für die Tabelle »kunde«

wartungID	bezeichnung	bemerkung
1	Inspektion, groß	
2	Inspektion, klein	
3	Ölwechsel	
4	Reparatur	
5	Wäsche	

Abbildung 4.27 Beispieldaten für die Tabelle »wartung«

4.6 Abfragen erstellen und speichern

Daten auswählen

Die Tabelle aus dem Abschnitt 4.5 hat nur sechs Beispieldatensätze. Sie lässt sich schnell überblicken. Datenbanken beinhalten aber häufig große unsortierte Datenmengen, die aus vielen tausend Datensätzen bestehen. Den Benutzer interessieren häufig nur bestimmte Daten aus der großen Menge der Datensätze, und zwar in sortierter Form. Diese Daten gewinnt er durch Auswahlabfragen, in denen gefiltert, sortiert und zusammengefasst wird.

4.6.1 Daten vereinfacht filtern und sortieren

Filtern

Innerhalb der Datenblattansicht einer Tabelle können Sie die Datensätze auf einfache Weise filtern. Sie sehen dann zum Beispiel:

- nur die Namen und die Telefonnummern aller Kunden oder
- nur die Daten der Kunden aus Dortmund oder
- nur die Daten der Kunden mit einem Rabatt von mehr als 3 %.

Sortieren

Sie können die Daten innerhalb der Datenblattansicht einer Tabelle auch auf einfache Weise sortieren. Sie sehen sie dann zum Beispiel:

- nach dem Firmennamen alphabetisch sortiert oder
- nach dem Rabattsatz sortiert, mit dem höchsten Wert oben.

Nachteile

Diese Vorgehensweise innerhalb der Datenblattansicht einer Tabelle hat allerdings Nachteile:

- Das Ergebnis ist nur temporär zu sehen. Dieselbe Filterung oder Sortierung muss beim nächsten Mal wieder Schritt für Schritt vorgenommen werden.
- Es können nur einfache Filterungen und Sortierungen vorgenommen werden. Häufig werden komplexere Kombinationen benötigt.
- Es können keine Filterungen vorgenommen werden, die sich auf mehrere miteinander verbundene Tabellen beziehen.

Daher gehe ich hier nicht weiter auf die einfache Filterung und Sortierung innerhalb der Datenblattansicht ein. Sie haben wesentlich bessere Möglichkeiten mithilfe von Abfragen.

4.6.2 Motivation für Abfragen

Abfragen dienen dazu, Ihre Daten dauerhaft und auf komplexe Art und Weise zu filtern und zu sortieren. Mithilfe von Abfragen haben Sie unter anderem die folgenden Möglichkeiten:

- Im Ergebnis der Abfrage werden nicht mehr alle Felder, sondern nur noch ausgewählte Felder angezeigt, die von besonderem Interesse sind. *Felder auswählen*
- In Abfragen können Sie beliebige Filterungen und Sortierungen einstellen und dauerhaft speichern. Ein einfacher Doppelklick ruft die Abfrage auf. *Abfrage speichern*
- Abfragen können sich über mehrere Tabellen erstrecken. Auf diese Weise kann eine Kombination von Daten zusammengestellt werden, die in der Praxis häufig benötigt wird. *Mehrere Tabellen*
- Abfragen werden intuitiv erstellt, mit visuellen Elementen.
- Das Ergebnis einer Abfrage kann bei jedem Aufruf anders sein. Häufig kommt es vor, dass in der Zwischenzeit die zugrunde liegenden Datensätze verändert werden. *Ergebnis ändert sich*
- Formulare bilden die komfortable Oberfläche für die Benutzer Ihrer Anwendung. Einige besonders nützliche Elemente dieser Formulare werden auf Basis von Abfragen erstellt. *Basis für Formularelemente*

In diesem Abschnitt lernen Sie einige Abfragen kennen, die sich auf eine einzelne Tabelle beziehen. Sie finden die fertigen Abfragen in der Datei *firma.accdb*.

Die Kenntnisse über die Abfragen, die sich auf eine einzelne Tabelle beziehen, bilden die Voraussetzung für die Erstellung von komplexen Abfragen, die sich auf mehrere Tabellen beziehen.

4.6.3 Erstellung einer Abfrage

Es soll eine erste Abfrage mit dem Namen Felder auswählen erstellt werden. Mit ihrer Hilfe sollen alle Datensätze der Tabelle kunde angezeigt werden. Es sollen allerdings nicht mehr die Inhalte aller Felder, sondern nur noch die Inhalte bestimmter Felder erscheinen. Als Ausgangspunkt dienen die Beispieldatensätze aus dem Abschnitt 4.5. Das gewünschte Ergebnis sehen Sie in Abbildung 4.28. *Erste Abfrage*

Abbildung 4.28 Auswahl einzelner Felder

Entwurfsansicht — Zur Erstellung einer neuen Abfrage betätigen Sie die Schaltfläche ERSTELLEN • ABFRAGEN • ABFRAGEENTWURF. Die neue Abfrage mit dem temporären Namen ABFRAGE1 erscheint in der *Entwurfsansicht*. Sie werden später bei der Speicherung den temporären Namen ändern. Vor dem eigentlichen Abfrageentwurf wird das Dialogfeld TABELLE ANZEIGEN eingeblendet, siehe Abbildung 4.29.

Tabelle auswählen — Wählen Sie auf der Registerkarte TABELLEN die Tabelle aus, auf die sich die Abfrage bezieht. Das ist die bisher einzige vorhandene Tabelle kunde. Betätigen Sie die Schaltfläche HINZUFÜGEN. Im oberen Teil des Abfrageentwurfs erscheint die Struktur der Tabelle kunde, ebenfalls in Abbildung 4.29 zu sehen.

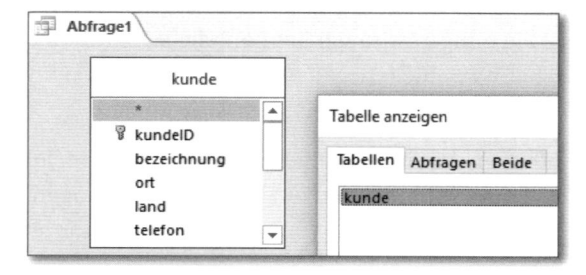

Abbildung 4.29 Hinzufügen einer Tabelle zum Abfrageentwurf

Felder auswählen — Betätigen Sie die Schaltfläche SCHLIESSEN, mit der das Dialogfeld TABELLE ANZEIGEN geschlossen wird. Als Erstes soll das Feld kundeID zur Anzeige ausgewählt werden. Ziehen Sie es dazu per *Drag-and-drop* in die erste Spalte. Drücken Sie also die linke Maustaste auf dem Feld kundeID innerhalb der Struktur der Tabelle kunde herunter, halten Sie die Maustaste fest und ziehen Sie das Feld in das oberste Feld der linken Spalte des unteren Teils des Abfrageentwurfs. Dort erscheinen anschließend der Name des Felds und der Name der Tabelle, siehe Abbildung 4.30.

Sollte die Zeile TABELLE mit dem Namen der Tabelle nicht erscheinen, dann betätigen Sie die Schaltfläche ENTWURF • EINBLENDEN/AUSBLENDEN • TABELLENNAMEN.

Zeile »Tabelle«

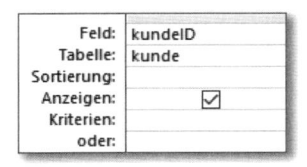

Abbildung 4.30 Auswahl des ersten Felds

Ziehen Sie auf die gleiche Art und Weise die Felder `bezeichnung`, `email` und `seit` in die nächsten drei Spalten, siehe Abbildung 4.31.

Es gibt noch eine weitere Möglichkeit, sich ein Feld anzeigen zu lassen: Führen Sie einen Doppelklick auf dem betreffenden Feldnamen innerhalb der Struktur der Tabelle aus. Dieses Feld wird dann in die nächste freie Spalte im unteren Bereich des Abfrageentwurfs eingefügt.

Doppelklick

In der Struktur der Tabelle sehen Sie oberhalb der einzelnen Felder den Eintrag *. Falls Sie diesen Eintrag per *Drag-and-drop* oder per Doppelklick in eine der Spalten ziehen, dann erscheinen später alle Felder der Tabelle. Das wird hier nicht benötigt.

Alle Felder

Abbildung 4.31 Auswahl weiterer Felder

Sie können die Abfrage bereits ausprobieren, indem Sie oben links die Schaltfläche mit dem Ausrufezeichen betätigen, also die Schatfläche ENTWURF • ERGEBNISSE • AUSFÜHREN. Das Ergebnis sieht fast genauso aus wie in Abbildung 4.28, nur der Name des Objekts (ABFRAGE1) stimmt noch nicht, da die Abfrage noch nicht gespeichert ist.

Abfrage direkt ausführen

Kehren Sie nach Ausführen der Abfrage mithilfe der Schaltfläche START • ANSICHTEN • ANSICHT wieder zurück zur Entwurfsansicht der Abfrage. Während der Entwicklung einer Abfrage können Sie mithilfe der genannten Schaltfläche übrigens jederzeit zwischen dem Ergebnis in der Datenblattansicht und der Entwurfsansicht hin- und herwechseln. Auf diese

Schrittweiser Entwurf

	Weise können Sie prüfen, ob die Abfrage mittlerweile das gewünschte Ergebnis zeigt.
Abfrage speichern	Schließen Sie die Entwurfsansicht der Abfrage mithilfe des Kreuzes ganz rechts auf Höhe des Abfragenamens. Sie werden gefragt, ob Sie die Änderungen speichern möchten. Nach einem Klick auf JA werden Sie nach dem Abfragenamen gefragt. Hier geben Sie `Felder auswählen` ein und bestätigen mit OK. Die Abfrage wird geschlossen und erscheint als neues Objekt im NAVIGATIONSBEREICH, siehe Abbildung 4.32.

Abbildung 4.32 Objekt »Felder auswählen« nach der Speicherung

Fertige Abfrage ausführen	Sie können Ihre Abfrage mithilfe eines Doppelklicks auf das Objekt im NAVIGATIONSBEREICH ausführen. Im Ergebnis der Abfrage lässt sich die Breite der einzelnen Spalten einstellen. Diese Änderung des Layouts können Sie wie bei einer Tabelle speichern.
Entwurf bleibt erhalten	Das Ergebnis der Abfrage kann sich ändern, wenn Sie der Tabelle kunde weitere Datensätze hinzufügen oder Inhalte der Felder verändern, die in der Abfrage angezeigt werden. Der Entwurf der Abfrage bleibt gleich.
	Sie können die Inhalte der Datensätze im Ergebnis einer Abfrage verändern. Ich empfehle Ihnen aber, das *nicht* zu tun. Änderungen sollten nur in der zugrunde liegenden Tabelle selbst beziehungsweise später über die Formulare ausgeführt werden.

4.6.4 Ändern einer Abfrage

Abfrage auswählen	Falls Sie den Entwurf einer Abfrage ändern möchten, dann markieren Sie sie zunächst im NAVIGATIONSBEREICH. Rufen Sie mithilfe der rechten Maustaste das Kontextmenü auf. Nach Auswahl des Eintrags ENTWURFSANSICHT öffnet sich der Abfrageentwurf.
Spalte markieren	Sie können einzelne Spalten nach dem Markieren verschieben oder löschen. Bewegen Sie die Maus zum oberen Rand der Spalte oberhalb der Zei-

le FELD. Der Mauszeiger nimmt die Form eines breiten Pfeils nach unten an. Falls Sie jetzt klicken, ist die ganze Spalte markiert, siehe Abbildung 4.33.

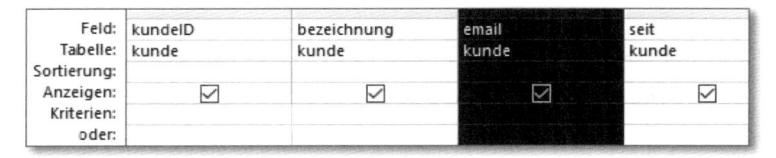

Abbildung 4.33 Markieren einer Spalte, zum Verschieben oder Löschen

▸ Zum Verschieben einer Spalte drücken Sie nach dem Markieren die Maustaste erneut, während der Mauszeiger am oberen Rand der Spalte steht. Halten Sie sie gedrückt. Es erscheint ein senkrechter Balken. Dieser steht für die Position, an der die Spalte eingefügt werden kann. Verschieben Sie den Balken mit weiterhin gedrückter Maustaste nach links oder rechts, bis er an der gewünschten Stelle steht. Lassen Sie die Maustaste los, dann steht die Spalte an der neuen Position. — *Spalte verschieben*

▸ Zum Löschen einer Spalte betätigen Sie nach dem Markieren die `Entf`-Taste. Alle Felder rechts davon werden um eine Spalte verschoben. — *Spalte löschen*

Sie können neue Spalten nicht nur ganz rechts einfügen, sondern auch mitten zwischen bereits vorhandene Spalten. Ziehen Sie die neue Spalte aus dem oberen Bereich mithilfe der Maus auf die Spalte, *vor* der Sie sie neu einfügen möchten. Nach dem Loslassen der Maustaste erscheint sie an der gewünschten Stelle. Alle Felder rechts davon werden um eine Spalte verschoben. — *Spalte einfügen*

4.6.5 SQL-Ansicht

Keine Angst, Sie müssen selbst zur Erstellung von komplexen Anwendungen nicht programmieren können. Ich möchte Sie nur kurz mit dem Begriff *SQL* vertraut machen. Öffnen Sie einmal die erstellte Abfrage und schalten Sie über die Schaltfläche START • ANSICHTEN • ANSICHT • SQL-ANSICHT auf die SQL-Ansicht um. Sie sehen anschließend die Abfrage im SQL-Code. — *SQL-Code*

SQL steht für *Structured Query Language*, also *Strukturierte Abfragesprache*. SQL ist die meist verwendete Datenbanksprache der Welt. Sie können mithilfe von SQL unter anderem Abfragen erstellen und verändern. In Kapitel 11 werden Sie mehr über SQL erfahren. Damit haben Sie die Möglichkeit, Ihre Anwendungen in Kombination mit der Programmiersprache VBA an ausgewählten Punkten zu optimieren. — *VBA und SQL*

4.6.6 Sortierung nach einem Feld

Sie können sich die Datensätze einer Tabelle sortiert anzeigen lassen.

Erste Sortierung — Es wird eine Abfrage mit dem Namen Sortierung, nach einem Feld erstellt. Wie Sie in Abbildung 4.34 sehen können, werden die Inhalte der Felder kundeID, bezeichnung, ort und land angezeigt. Die Datensätze sind nach dem Inhalt des Felds land sortiert.

kundeID	bezeichnung	ort	land
5	Lejeune SA	Namur	Belgien
3	Wolf GmbH & Co KG	Dortmund	Deutschland
2	Garner GmbH	Hagen	Deutschland
1	Maier KG	Dortmund	Deutschland
6	Dujardin GG	Lille	Frankreich
4	Veronne SARL	Metz	Frankreich

Abbildung 4.34 Sortierung, nach Feld »land«

Zeile »Sortierung« — Erstellen Sie eine neue Abfrage in der Entwurfsansicht. Fügen Sie die vier genannten Felder in die Spalten im unteren Bereich ein, mit Ziehen oder Doppelklicken. Klicken Sie anschließend in der Spalte mit dem Feld land in die Zeile SORTIERUNG. Wählen Sie in der Liste den Eintrag AUFSTEIGEND aus. Dies sorgt für die gewünschte Sortierung. Den Entwurf sehen Sie in Abbildung 4.35. Speichern Sie die Abfrage unter dem gewünschten Namen.

Feld:	kundeID	bezeichnung	ort	land
Tabelle:	kunde	kunde	kunde	kunde
Sortierung:				Aufsteigend
Anzeigen:	☑	☑	☑	☑
Kriterien:				

Abbildung 4.35 Entwurf, mit Sortierung

4.6.7 Absteigende Sortierung

Sie können Datensätze sowohl aufsteigend als auch absteigend sortieren.

Größter Wert oben — Es wird eine Abfrage mit dem Namen Sortierung, absteigend erstellt. In Abbildung 4.36 sehen Sie, dass die Datensätze nach der Anzahl der Mitarbeiter sortiert sind. Die Firma mit den meisten Mitarbeitern steht oben.

Zeile »Sortierung« — Erstellen Sie eine neue Abfrage mit den gezeigten Feldern aus der Tabelle kunde. Wählen Sie anschließend in der Spalte mit dem Feld mitarbeiter in der Zeile SORTIERUNG den Eintrag ABSTEIGEND aus, siehe Abbildung 4.37.

4.6 Abfragen erstellen und speichern

kundeID	bezeichnung	ort	mitarbeiter
3	Wolf GmbH & Co KG	Dortmund	30
6	Dujardin GG	Lille	24
1	Maier KG	Dortmund	12
5	Lejeune SA	Namur	8
4	Veronne SARL	Metz	3
2	Garner GmbH	Hagen	0

Sortierung, absteigend

Abbildung 4.36 Absteigende Sortierung, nach Anzahl der Mitarbeiter

Feld:	kundeID	bezeichnung	ort	mitarbeiter
Tabelle:	kunde	kunde	kunde	kunde
Sortierung:				Absteigend
Anzeigen:	☑	☑	☑	☑
Kriterien:				

Abbildung 4.37 Entwurf, mit absteigender Sortierung

4.6.8 Sortierung nach zwei Feldern

Sie können eine Tabelle nach mehr als einem Feld sortieren.

In der Abfrage Sortierung, nach zwei Feldern werden die Datensätze zunächst nach den Inhalten des Felds land sortiert. Falls die Einträge mehrerer Datensätze für dieses Feld übereinstimmen, dann werden sie nach den Inhalten des Felds ort sortiert, siehe Abbildung 4.38.

Erste und zweite Sortierung

kundeID	bezeichnung	land	ort
5	Lejeune SA	Belgien	Namur
3	Wolf GmbH & Co KG	Deutschland	Dortmund
1	Maier KG	Deutschland	Dortmund
2	Garner GmbH	Deutschland	Hagen
6	Dujardin GG	Frankreich	Lille
4	Veronne SARL	Frankreich	Metz

Sortierung, nach zwei Feldern

Abbildung 4.38 Sortierung nach »land«, dann nach »ort«

Sie sehen, dass die Reihenfolge der Felder geändert ist. Das Feld land steht jetzt vor dem Feld ort. Diese geänderte Reihenfolge wird im Entwurf der Abfrage festgelegt, siehe Abbildung 4.39. Bei mehreren Sortierfeldern wird von links nach rechts sortiert.

Von links nach rechts

Feld:	kundeID	bezeichnung	land	ort
Tabelle:	kunde	kunde	kunde	kunde
Sortierung:			Aufsteigend	Aufsteigend
Anzeigen:	☑	☑	☑	☑
Kriterien:				

Abbildung 4.39 Sortierung von links nach rechts

4.6.9 Änderung der Anzeige

Die Reihenfolge der Felder bei der Sortierung muss nicht die Reihenfolge der Felder bei der Anzeige bestimmen.

Andere Reihenfolge

In Abbildung 4.40 sehen Sie das Ergebnis der Abfrage Sortierung, Anzeige ändern. Die Felder sind wie in Abschnitt 4.6.8 zuerst nach dem Feld land, dann nach dem Feld ort sortiert. Allerdings steht die Spalte mit dem Feld ort vor der Spalte mit dem Feld land.

kundeID	bezeichnung	ort	land
5	Lejeune SA	Namur	Belgien
3	Wolf GmbH & Co KG	Dortmund	Deutschland
1	Maier KG	Dortmund	Deutschland
2	Garner GmbH	Hagen	Deutschland
6	Dujardin GG	Lille	Frankreich
4	Veronne SARL	Metz	Frankreich

Abbildung 4.40 Reihenfolge der Felder ist geändert

Abfrage kopieren

Der Entwurf der Abfrage sieht genauso aus wie vorher. Daher bietet es sich an, das Objekt Sortierung, nach zwei Feldern in der NAVIGATIONSANSICHT einfach zu kopieren. Markieren Sie das Objekt und kopieren Sie es, zum Beispiel mit [Strg] + [C] und [Strg] + [V] oder über das Kontextmenü. Es erscheint das kleine Dialogfeld EINFÜGEN ALS. Geben Sie den Namen der neuen Abfrage ein: Sortierung, Anzeige ändern.

Objekt kopieren

Auf dieselbe Art und Weise können Sie bei Bedarf auch ein Objekt eines anderen Typs kopieren, zum Beispiel eine Tabelle, ein Formular oder einen Bericht.

Spalte markieren

Das Layout des Ergebnisses der Abfrage wird geändert, indem die beiden Spalten für die Felder land und ort vertauscht werden. Zeigen Sie dazu zunächst das Abfrageergebnis an. Bewegen Sie dann die Maus in die oberste Zelle, in der der Feldname land steht. Der Mauszeiger nimmt die Form eines breiten Pfeils nach unten an. Falls Sie jetzt klicken, ist die ganze Spalte markiert, siehe Abbildung 4.41.

kundeID	bezeichnung	land	ort
5	Lejeune SA	Belgien	Namur
3	Wolf GmbH & Co KG	Deutschland	Dortmund
1	Maier KG	Deutschland	Dortmund
2	Garner GmbH	Deutschland	Hagen
6	Dujardin GG	Frankreich	Lille
4	Veronne SARL	Frankreich	Metz

Abbildung 4.41 Markieren einer Spalte, vor der Verschiebung

Drücken Sie die Maustaste, die weiterhin in der Zelle mit dem Feldnamen land steht. Halten Sie sie gedrückt. Es erscheint ein senkrechter Balken. Dieser steht für die Position, an der die Spalte eingefügt werden kann. Verschieben Sie den Balken mit weiterhin gedrückter Maustaste nach rechts, bis er rechts von der Spalte mit dem Feld ort steht. Lassen Sie die Maustaste los, dann steht die Spalte mit dem Feld land an ihrer neuen Position, wie in Abbildung 4.40.

Spalte verschieben

4.6.10 Filtern nach Zahlen

Sie können die Datensätze einer Tabelle filtern. Es werden dann nur noch bestimmte Datensätze angezeigt, die dem Filterkriterium genügen. In diesem Abschnitt beginnen Sie mit Zahlenfiltern. Sie können mithilfe von Zahlen einen Filter innerhalb eines Felds des Datentyps Zahl oder Währung setzen.

Erste Filterung

Es wird eine Abfrage mit dem Namen Filter mit Zahl, gleich erstellt. In Abbildung 4.42 sehen Sie nur noch die Datensätze, bei denen im Feld rabatt der Wert 2,8% steht. Das Ergebnis umfasst beim aktuellen Inhalt der Tabelle nur einen einzigen Datensatz.

Gleicher Wert

kundeID	bezeichnung	rabatt
6	Dujardin GG	2,80%

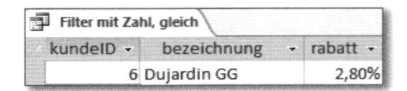

Abbildung 4.42 Datensätze, mit »rabatt« 2,8 %

Erstellen Sie eine neue Abfrage mit den gezeigten Feldern. Klicken Sie anschließend in der Spalte mit dem Feld rabatt in die Zeile KRITERIEN. Tragen Sie dort den Wert 0,028 ein, siehe Abbildung 4.43. Zur Erinnerung: Der Wert 2,8% entspricht intern der Zahl 0,028. Sie wird nur in einer anderen Formatierung dargestellt.

Zeile »Kriterien«

Feld:	kundeID	bezeichnung	rabatt
Tabelle:	kunde	kunde	kunde
Sortierung:			
Anzeigen:	☑	☑	☑
Kriterien:			0,028

Abbildung 4.43 Entwurf, mit Filterkriterium

Bei allen Kriterien, die sich auf Zahlen beziehen, tragen Sie nur die Zahl ein, unabhängig von der Formatierung. Ein Beispiel: Falls Sie alle Datensätze se-

Zahl und Format

hen möchten, bei denen im Feld `kredit` der Wert 2.500,00 € steht, dann tragen Sie in der Zeile KRITERIEN die Zahl 2500 ein.

Eintrag prüfen Hinweis: Nach dem Eintragen eines Kriteriums sollten Sie zuerst in eine beliebige benachbarte Zelle klicken. Prüfen Sie dann den Inhalt der Zelle mit dem Kriterium. In manchen Fällen erfolgen Fehlermeldungen, weil Sie zum Beispiel ein falsches Format verwenden. In anderen Fällen nimmt MS Access automatische Korrekturen vor. An ihnen können Sie erkennen, ob der Eintrag richtig ist. Erst nach erfolgter Prüfung sollten Sie die Abfrage aufrufen.

Beispiel für Fehler Ein Beispiel: Tragen Sie einmal 0.028 statt 0,028 ein mit einem Dezimalpunkt statt einem Dezimalkomma. Nach dem Klick in eine andere Zelle erfolgt eine Fehlermeldung.

4.6.11 Zahlen vergleichen

Vergleichsoperatoren Sie können in der Zeile KRITERIEN mit Vergleichsoperatoren arbeiten, bevorzugt innerhalb von Zahlen- oder Datumsfeldern.

Es wird eine Abfrage mit dem Namen `Filter mit Zahl, größer gleich` erstellt. In Abbildung 4.44 sehen Sie die Datensätze, bei denen im Feld `rabatt` ein Wert steht, der größer als 2,5 % oder genau gleich 2,5 % ist.

Abbildung 4.44 Datensätze, mit »rabatt« >= 2,5 %

Ausdruck Erstellen Sie eine neue Abfrage mit den gezeigten Feldern. Tragen Sie in der Zeile KRITERIEN für das Feld `rabatt` den Ausdruck >=0,025 ein. Dieser Ausdruck beinhaltet den Vergleichsoperator >=, siehe Abbildung 4.45.

Abbildung 4.45 Entwurf, mit Vergleichsoperator

Alle Vergleichsoperatoren In Tabelle 4.2 sehen Sie die Vergleichsoperatoren, die Sie innerhalb von Vergleichsausdrücken verwenden können, und ihre Bedeutung:

Vergleichsoperator	Bedeutung
>=	größer als oder gleich
<=	kleiner als oder gleich
>	größer als
<	kleiner als
=	gleich
<>	ungleich

Tabelle 4.2 Vergleichsoperatoren

Falls Sie keinen Vergleichsoperator vor dem Wert in der Zeile KRITERIEN eintragen, dann wird intern der Operator = verwendet. Dies ist bei der ersten Filterung in Abschnitt 4.6.10 der Fall.

Operator =

4.6.12 Filtern nach Text

Sie können mithilfe eines Texts, also einer Zeichenkette, einen Filter innerhalb eines Textfelds setzen.

Es wird eine Abfrage mit dem Namen Filter mit Text, gleich erstellt. In Abbildung 4.46 sehen Sie nur noch die Datensätze, bei denen im Feld land der Wert Deutschland steht. Dieser Wert wird auch Suchzeichenkette genannt.

Suchzeichenkette

Abbildung 4.46 Datensätze, mit »land« Deutschland

Erstellen Sie eine neue Abfrage mit den gezeigten Feldern. Tragen Sie in der Zeile KRITERIEN für das Feld land den Wert Deutschland ein. Nach Verlassen der Zelle wird der Wert als Zeichenkette erkannt und automatisch in Anführungszeichen gesetzt, siehe Abbildung 4.47. Das ist zum Vergleich mit den Inhalten der einzelnen Datensätze des Felds land notwendig. Diese sind auch Zeichenketten, also Werte des Datentyps Kurzer Text oder Langer Text.

Anführungszeichen

4 Eine einfache Anwendung realisieren

Feld:	kundeID	bezeichnung	ort	land
Tabelle:	kunde	kunde	kunde	kunde
Sortierung:				
Anzeigen:	☑	☑	☑	☑
Kriterien:				"Deutschland"

Abbildung 4.47 Entwurf, mit Filterkriterium

Groß- und Kleinschreibung

Sie hätten übrigens auch deutschland eintragen können, mit kleinem d. Dies ist bei einer Abfrage unerheblich. Es gibt allerdings auch Funktionen, die bei Bedarf zwischen Groß- und Kleinschreibung innerhalb von Zeichenketten unterscheiden können.

4.6.13 Übungsaufgaben

Die nachfolgenden Abfragen beziehen sich auf die Tabelle kunde der Datenbank *firma.accdb*. Die Lösungen finden Sie in Abschnitt A.4.

Übung zur Sortierung

Als Erstes soll die Abfrage Sortierung, Übung erstellt werden. Als Ergebnis dieser Abfrage werden alle Datensätze angezeigt, mit den Feldern kundeID, bezeichnung, rabatt und kredit. Sie werden nach dem Feld rabatt absteigend sortiert. Bei gleichem Rabattwert werden sie nach dem Feld kredit absteigend sortiert, siehe Abbildung 4.48.

kundeID	bezeichnung	rabatt	kredit
5	Lejeune SA	4,30%	1.700,00 €
1	Maier KG	3,70%	2.200,00 €
6	Dujardin GG	2,80%	800,00 €
3	Wolf GmbH & Co KG	2,50%	2.500,00 €
2	Garner GmbH	0,00%	600,00 €
4	Veronne SARL	0,00%	0,00 €

Abbildung 4.48 Ergebnis der Abfrage »Sortierung, Übung«

Übung zur Filterung

Als Nächstes soll die Abfrage Filter mit Zahl, Übung erstellt werden. Als Ergebnis dieser Abfrage werden nur noch die Datensätze der Kunden mit mehr als 10 Mitarbeitern angezeigt. Sie werden nach dem Feld mitarbeiter absteigend sortiert, siehe Abbildung 4.49.

kundeID	bezeichnung	mitarbeiter
3	Wolf GmbH & Co KG	30
6	Dujardin GG	24
1	Maier KG	12

Abbildung 4.49 Ergebnis der Abfrage »Filter mit Zahl, Übung«

4.7 Formulare zur Bedienung nutzen

Formulare dienen dem Benutzer Ihrer Anwendung zur komfortablen Eingabe und Pflege der Daten. Es gibt die Möglichkeit, standardisierte Formulare mithilfe von Vorlagen und Assistenten zu erstellen.

Eingabe und Pflege

Im aktuellen Kapitel erläutere ich Ihnen den inneren Aufbau von Formularen. Außerdem lernen Sie, wie Sie zusätzliche Funktionalitäten hinzufügen können, die die standardisierten Formulare zunächst nicht haben. Sie erstellen die Formulare von Grund auf selbst. Die dabei vorgeschlagene Technik verursacht mehr Arbeit. Sie vermittelt Ihnen aber das Wissen zur selbstständigen Gestaltung und Veränderung von Formularen und zum Aufbau einer Anwendung.

Selbstständiger Aufbau

Die Benutzung der einheitlich gestalteten Formulare haben Sie bereits in Kapitel 2 kennengelernt. Sie wird daher an dieser Stelle nicht mehr erläutert.

4.7.1 Formular erstellen

Es soll ein Formular zur Eingabe und Pflege der Daten der Tabelle kunde der Datenbank *firma.accdb* erzeugt werden. Es wird nach der Fertigstellung so aussehen wie in Abbildung 4.50.

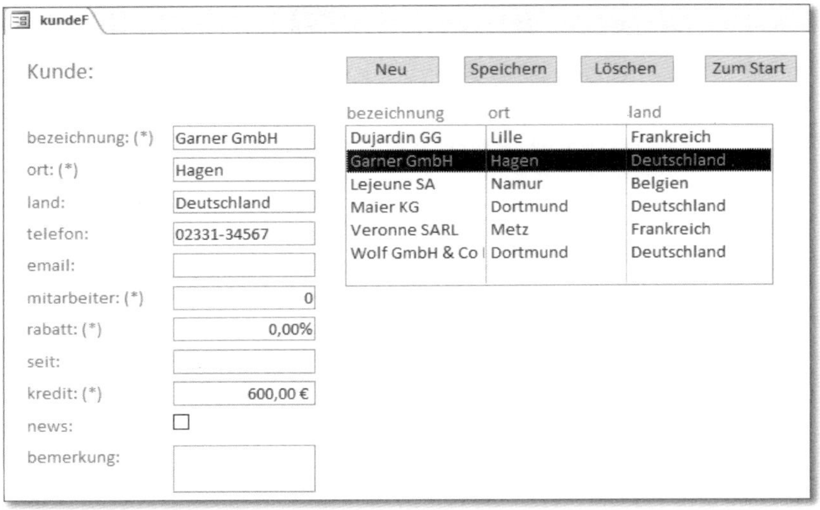

Tabelle »kunde«

Abbildung 4.50 Formular für die Tabelle »kunde«

4 Eine einfache Anwendung realisieren

Neues Formular Sie erstellen ein neues Formular über die Schaltfläche ERSTELLEN • FORMULARE • FORMULARENTWURF. Das Formular mit dem temporären Namen Formular1 wird in der *Entwurfsansicht* geöffnet. Ein Formular kann aus verschiedenen Bereichen bestehen.

Detailbereich Zunächst geht es hier nur um den DETAILBEREICH und nicht um den Kopf oder den Fuß des Formulars. Zur leichteren Platzierung der Elemente innerhalb des Formulars ist ein Raster mit Linien im Abstand von 1,0 cm eingeblendet, siehe Abbildung 4.51.

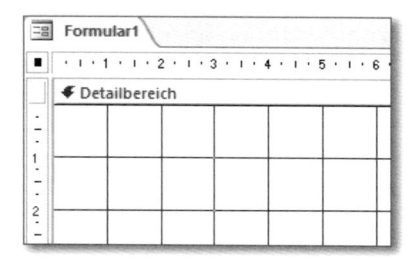

Abbildung 4.51 Neues leeres Formular

Formulareigenschaften Dieses Formular hat noch keinen Bezug zur Tabelle kunde. Daher müssen Sie sich zunächst die Eigenschaften des Formulars anzeigen lassen, um sie zu verändern. Klicken Sie dazu auf eine beliebige Stelle innerhalb des Formulars. Wählen Sie anschließend den Eintrag FORMULAREIGENSCHAFTEN des Kontextmenüs.

Eigenschaftenblatt Es wird das EIGENSCHAFTENBLATT mit den Eigenschaften des Formulars eingeblendet, siehe Abbildung 4.52. Geben Sie auf der Registerkarte DATEN im Feld DATENSATZQUELLE den Wert kunde ein. Damit ist der Bezug zur Tabelle kunde hergestellt.

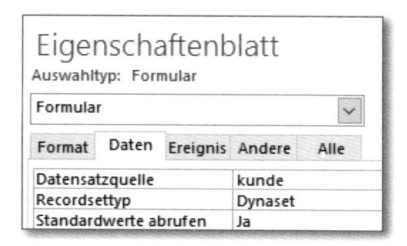

Abbildung 4.52 Eigenschaften des Formulars

4.7.2 Tabellenfelder einfügen

Die Steuerelemente auf der linken Seite, für die Daten der Kunden, werden als Erstes eingefügt. Betätigen Sie zunächst die Schaltfläche ENTWURF • TOOLS • VORHANDENE FELDER HINZUFÜGEN. Statt des EIGENSCHAFTENBLATTS erscheint die FELDLISTE: eine Liste mit allen Feldern, die aktuell angezeigt werden können. Hier sind das die Felder der Tabelle kunde, siehe Abbildung 4.53. Die Felder können einzeln mithilfe der Maus ausgewählt werden.

Feldliste

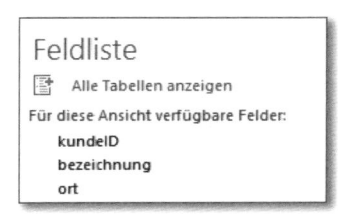

Abbildung 4.53 Feldliste des Formulars

Ziehen Sie die ersten drei Felder (bezeichnung, ort und land) aus der FELDLISTE in den linken Teil des DETAILBEREICHS, entweder per Doppelklick oder per *Drag-and-drop*. Die genaue Lage ist noch nicht so wichtig. Für jedes Feld der Tabelle erscheinen zwei Steuerelemente: ein Textfeld und ein Bezeichnungsfeld, siehe Abbildung 4.54.

Steuerelement über Feld einfügen

Sie können in der FELDLISTE auch mehrere Felder auf einmal markieren, entweder indem Sie zusätzlich die ⇧-Taste betätigen, für mehrere benachbarte Felder oder indem Sie zusätzlich die Strg-Taste für einzelne, getrennt stehende Felder. Anschließend können Sie diese Felder zusammen in den DETAILBEREICH ziehen.

Mehrere einfügen

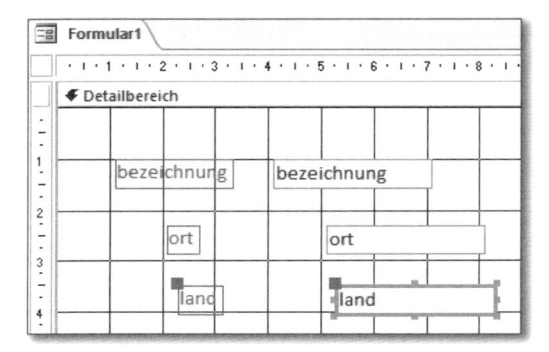

Abbildung 4.54 Erste Steuerelemente

4.7.3 Steuerelemente markieren

Steuerelement ändern

Sie können die Größe, die Position und andere Eigenschaften eines Steuerelements nach dem Markieren verändern. Dazu klicken Sie einfach auf eines der Steuerelemente.

Mehrere Steuerelemente markieren

Häufig ist es notwendig, mehrere Steuerelemente auf einmal zu markieren. Hier haben Sie zwei Möglichkeiten:

- Drücken Sie vor dem Mausklick auf das zweite und alle folgenden Steuerelemente die ⇧-Taste oder die Strg-Taste.
- Ziehen Sie mithilfe der Maus einen rechteckigen Rahmen um die Steuerelemente: Drücken Sie die Maustaste an einer Ecke des gewünschten Rechtecks herunter, halten Sie sie gedrückt und lassen Sie sie erst an der gegenüberliegenden Ecke wieder los. Zur Markierung reicht es aus, wenn ein Teil eines Steuerelements innerhalb des Rechtecks liegt.

Zusammengehörige Steuerelemente

In der Praxis werden Sie feststellen, dass sich mit der zweiten Methode schneller arbeiten lässt. Unabhängig davon, ob Sie ein oder mehrere Steuerelemente markieren: Die meisten Änderungen wirken sich auf beide zusammengehörigen Steuerelemente aus, also auf das Textfeld und das Bezeichnungsfeld gleichzeitig. Das sehen Sie sofort, wenn Sie eines der Steuerelemente per *Drag-and-drop* verschieben.

Einzeln auswählen

Falls Sie von zwei zusammengehörenden Steuerelementen nur eines verschieben möchten, dann müssen Sie mithilfe der Maus das große dunkle Quadrat an der linken oberen Ecke eines markierten Steuerelements anfassen.

Steuerelement löschen

Falls Sie versehentlich ein überflüssiges Steuerelement einfügen, dann können Sie es nach dem Markieren mithilfe der Entf-Taste löschen. Ist dabei das Textfeld markiert, wird auch das Bezeichnungsfeld gelöscht.

Eigenschaftenblatt

Die Menüs ANORDNEN und FORMAT aus dem Bereich der FORMULARENTWURFSTOOLS bieten zahlreiche visuelle Möglichkeiten zur Änderung von Position und Größe. Zur Gestaltung einer einheitlichen Darstellung bevorzuge ich allerdings im Folgenden die Einstellung über das EIGENSCHAFTENBLATT.

4.7.4 Eigenschaften ändern

Feldliste oder Eigenschaftenblatt

Es ist entweder die FELDLISTE oder das EIGENSCHAFTENBLATT eingeblendet. Sollte das EIGENSCHAFTENBLATT aktuell nicht sichtbar sein, dann betätigen Sie die Schaltfläche ENTWURF • TOOLS • EIGENSCHAFTENBLATT. Es zeigt immer die Werte für die Eigenschaften des aktuell markierten Steuerelements.

Falls mehrere Steuerelemente markiert sind, dann werden nur die Werte angezeigt, die bei allen markierten Steuerelementen übereinstimmen. Falls Sie Werte neu eintragen, dann gelten diese anschließend für alle markierten Steuerelemente.

Steuerelemente gemeinsam ändern

Auf der Registerkarte FORMAT des EIGENSCHAFTSBLATTS wird mithilfe der Eigenschaften BREITE und HÖHE die Größe eines Steuerelements eingestellt. Die Eigenschaften OBEN und LINKS stehen für die Position. Sie geben den Abstand der linken oberen Ecke des Steuerelements von der linken oberen Ecke des Bereichs an, hier also des DETAILBEREICHS.

Größe und Position ändern

Führen Sie nacheinander folgende Schritte durch:

▶ Markieren Sie die drei Bezeichnungsfelder. Geben Sie für die Eigenschaft LINKS den gemeinsamen Wert 0,5cm ein. Es reicht aus, wenn Sie 0,5 eingeben, die Einheit cm wird ergänzt.

Bezeichnungsfelder

▶ Markieren Sie die drei Textfelder. Geben Sie für die Eigenschaft LINKS den gemeinsamen Wert 4cm ein.

Textfelder

▶ Markieren Sie alle sechs Steuerelemente. Geben Sie für die Eigenschaft BREITE den gemeinsamen Wert 3cm und für die Eigenschaft HÖHE den gemeinsamen Wert 0,5cm ein. Ein eingegebener Wert wird gespeichert, sobald Sie nach der Eingabe die ⏎-Taste betätigen. Gleichzeitig gelangen Sie damit zur nächsten Eigenschaft.

Größe

▶ Markieren Sie das Bezeichnungsfeld und das Textfeld für das Feld bezeichnung. Geben Sie für die Eigenschaft OBEN den gemeinsamen Wert 2cm ein. Die beiden Steuerelemente für das Feld ORT bekommen hier den Wert 2,7cm, diejenigen für das Feld LAND den Wert 3,4cm. Der Wert für OBEN wird also immer um 0,7cm erhöht.

Position

Bei manchen Eintragungen wird der Wert automatisch leicht verändert, zum Beispiel auf 0,501cm. Das ist aber unerheblich.

Es mag Ihnen ungewöhnlich erscheinen, dass ich Werte mit millimetergenauen Angaben vorschlage. Falls Sie dies aber konsequent weiter durchführen, dann ergibt sich ein gleichmäßiges und einheitliches Bild für die Formulare und damit für die gesamte Benutzeroberfläche. Dies erhöht den Bedienungskomfort maßgeblich.

Gleichmäßiges Bild

Das fertige Ergebnis sehen Sie in Abbildung 4.55.

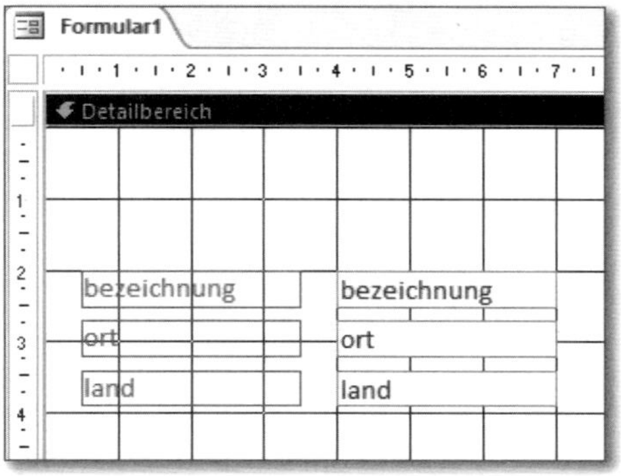

Abbildung 4.55 Erste Steuerelemente, formatiert

Abstände Auf diese Weise erreichen Sie eine regelmäßige Anordnung mit einem waagrechten Abstand von 0,5cm und einem senkrechten Abstand von 0,2cm zwischen den Steuerelementen.

Weitere Felder Fügen Sie die Steuerelemente für die restlichen Felder der Tabelle ein, von telefon bis bemerkung. Für das Feld news vom Datentyp Ja/Nein werden ein Bezeichnungsfeld und ein Kontrollkästchen eingefügt. Sollte die FELDLISTE einmal nicht sichtbar sein, dann betätigen Sie die Schaltfläche ENTWURF • TOOLS • VORHANDENE FELDER HINZUFÜGEN.

Formatieren Mit ein bisschen Übung und der richtigen Vorgehensweise bei der Markierung können Sie die Bezeichnungsfelder, das Kontrollkästchen und die Textfelder für die neu eingefügten Felder schnell formatieren: BREITE 3cm, HÖHE 0,5cm, Bezeichnungsfelder LINKS 0,5cm und Textfelder LINKS 4cm. Die Werte für HÖHE: 4,1cm / 4,8cm / 5,5cm und so weiter. Es gibt zwei Ausnahmen:

- BREITE und HÖHE des Kontrollkästchens für das Feld news: 0,35cm
- HÖHE des Textfelds für das Feld bemerkung: 1cm

Beschriftung mit : und * Der Text der Bezeichnungsfelder soll geändert werden. Außerdem sollen die Pflichtfelder gut erkennbar sein. Markieren Sie daher der Reihe nach die Bezeichnungsfelder für die einzelnen Felder. Ändern Sie auf der Registerkarte FORMAT des EIGENSCHAFTSBLATTS jeweils den Wert für die Eigenschaft BESCHRIFTUNG, indem Sie einen Doppelpunkt anhängen. Bei den Pflichtfeldern bezeichnung, ort, mitarbeiter, rabatt und kredit wird zusätzlich die Zeichenfolge (*) angehängt.

Schließen Sie nun das Formular in der aktuellen Version des Entwurfs. Bestätigen Sie die Speicherung und geben Sie als Formularnamen ein: kundeF.

Formular speichern

4.7.5 Ansichten des Formulars

Öffnen Sie das Formular per Doppelklick: Es erscheint die *Formularansicht*. Hier sehen Sie als Benutzer zunächst die Daten des ersten Datensatzes.

Formularansicht

Mithilfe der NAVIGATIONSSCHALTFLÄCHEN in der NAVIGATIONSLEISTE am unteren Rand (siehe Abbildung 4.56) können Sie zwischen den Datensätzen navigieren, und zwar wie folgt, von links nach rechts aufgelistet:

- zum ersten Datensatz
- zum vorherigen Datensatz
- zum Datensatz mit der eingegebenen Nummer
- zum nächsten Datensatz
- zum letzten Datensatz
- zu einem neuen leeren Datensatz

Navigationsschaltflächen

Am linken Rand des Formulars sehen Sie den DATENSATZMARKIERER in Form eines senkrechten Balkens, ebenfalls in Abbildung 4.56.

Datensatzmarkierer

Diese beiden Elemente begegnen Ihnen in vielen Objekten von MS Access. Allerdings werden die Beispielformulare in diesem Buch anders bedient und daher werden diese beiden Elemente später ausgeblendet.

Abbildung 4.56 Navigationsschaltflächen und Datensatzmarkierer

Wie bei Tabellen oder Abfragen können Sie mithilfe der Schaltfläche START • ANSICHTEN • ANSICHT zwischen den Ansichten wechseln. Neben den beiden bereits bekannten Ansichten gibt es noch die beiden Folgenden:

- Die *Datenblattansicht* ähnelt der Datenblattansicht einer Tabelle. Es ist eine Liste aller Datensätze sichtbar.

Datenblattansicht

- Die *Layoutansicht* stellt eine Mischung zwischen Entwurfs- und Formularansicht dar. Sie sehen einzelne Beispieldatensätze und können gleichzeitig das Formular gestalten.

Layoutansicht

4.7.6 Steuerelemente einfügen

Ungebundene Steuerelemente

Bisher werden Textfelder, Kontrollkästchen und Bezeichnungsfelder mithilfe der FELDLISTE eingefügt. Dabei handelte es sich um gebundene Steuerelemente. Das heißt, ihr Inhalt ist direkt mit Feldern einer Tabelle verbunden. In diesem Abschnitt beginnen Sie mit den ersten ungebundenen Steuerelementen. Darin können beliebige Inhalte dargestellt werden, wie zum Beispiel Überschriften oder Berechnungen, die sich aus Feldinhalten ergeben.

Liste der Steuerelemente

Öffnen Sie das Formular kundeF in der Entwurfsansicht. Im Menü ENTWURF sehen Sie in der Gruppe STEUERELEMENTE eine Liste von über 20 verschiedenen Steuerelementen, verteilt über mehrere Zeilen. Rechts daneben sehen Sie insgesamt drei Pfeile, siehe Abbildung 4.57.

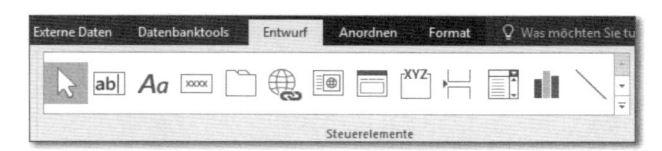

Abbildung 4.57 Eine Zeile mit Steuerelementen

Pfeile zur Bedienung

Mithilfe der einfachen Aufwärts- und Abwärtspfeile können Sie zwischen den Zeilen wechseln. Mithilfe des untersten Abwärtspfeils können Sie die gesamte Liste aufklappen, siehe Abbildung 4.58.

Abbildung 4.58 Alle Steuerelemente

Mauspfeil

Standardmäßig ist in der Liste der Steuerelemente der Mauspfeil oben links ausgewählt. Damit haben Sie die bereits bekannte Möglichkeit, Steuerelemente innerhalb des Formulars zu markieren, entweder durch Anklicken oder durch Ziehen eines Rahmens.

Steuerelementtypen

Sie können eines der Steuerelemente auswählen, indem Sie es durch einen einfachen Klick markieren. Anschließend können Sie es innerhalb des Formulars einfügen. Die wichtigsten Steuerelementtypen sind (mit Angabe ihrer Position innerhalb der Liste):

4.7 Formulare zur Bedienung nutzen

- Textfeld (2)
- Bezeichnungsfeld (3)
- Schaltfläche (4)
- Kombinationsfeld (11)
- Listenfeld (15)
- Unterformular/-bericht (21)

Ein Hinweis: Zur besseren Übersicht unterscheide ich im Buch den normalen Begriff *Bezeichnung* vom Steuerelementtyp *Bezeichnungsfeld*.

Unterhalb der Steuerelemente sehen Sie eine Umschaltfläche, also einen Ein/Aus-Schalter mit der Beschriftung: STEUERELEMENT-ASSISTENTEN VERWENDEN. Diesen Assistenten benötigen Sie im weiteren Verlauf häufiger. Achten Sie darauf, dass er immer eingeschaltet ist. Die Schaltfläche links mit dem Zauberstab sollte also hervorgehoben sein.

Steuerelement-Assistent

Beschriften Sie nun das Formular oben links mit dem Text Kunde:. Ziehen Sie dazu nach der Markierung des Steuerelements BEZEICHNUNGSFELD mithilfe der Maus ein Rechteck auf, ungefähr an der gewünschten Stelle im Formular. Nach dem Aufziehen des Rechtecks geben Sie unmittelbar den Text Kunde: ein.

Formular beschriften

Klicken Sie einmal außerhalb des Bezeichnungsfelds und markieren Sie es anschließend. Wählen Sie auf der Registerkarte FORMAT des EIGENSCHAFTENBLATTS die folgenden Werte: BREITE 6,5cm, HÖHE 0,6cm, OBEN 0,5cm, LINKS 0,5cm, SCHRIFTGRAD 14. Damit beschriften Sie Ihr Formular, siehe Abbildung 4.59.

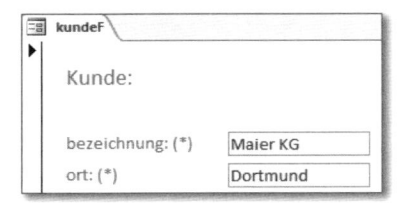

Abbildung 4.59 Beschriftung des Formulars oben links

4.7.7 Schaltflächen mit Makros einfügen

Es werden die drei Schaltflächen NEU, ÖFFNEN und SPEICHERN eingefügt, siehe Abbildung 4.60. Die Schaltfläche ZUM START kann erst später eingefügt werden nach der Erzeugung des Startformulars. Nach der Betätigung

4 Eine einfache Anwendung realisieren

einer der Schaltflächen startet jeweils ein *Makro*. Dabei handelt es sich um eine automatisierte Abfolge von Anweisungen.

Makros Es gibt eine ganze Reihe von vorgefertigten Makros für bestimmte Aktionen, die häufig vorkommen. Sie können Makros auch verändern beziehungsweise vollständig eigene Makros entwerfen. In diesem Abschnitt nutzen Sie vorgefertigte Makros für die drei genannten Vorgänge. Diese Makros werden später noch geringfügig verbessert.

Abbildung 4.60 Schaltflächen zur Bedienung des Formulars

Achten Sie darauf, dass der STEUERELEMENT-ASSISTENT innerhalb der Gruppe STEUERELEMENTE eingeschaltet ist, siehe Abbildung 4.58.

Schaltfläche »Neu« Erstellen Sie nun als Erstes die Schaltfläche NEU zur Erzeugung eines neuen leeren Datensatzes. Ziehen Sie dazu nach der Markierung des Steuerelements SCHALTFLÄCHE mithilfe der Maus ein Rechteck auf, ungefähr an der gewünschten Stelle rechts oberhalb der Textfelder.

Befehlsschaltflächen-Assistent Nach dem Aufziehen des Rechtecks öffnet sich der BEFEHLSSCHALTFLÄCHEN-ASSISTENT. Die verschiedenen Aktionen, die mithilfe von Makros ablaufen können, sind in Kategorien unterteilt. Wählen Sie im Listenfeld KATEGORIEN den Eintrag DATENSATZOPERATIONEN. Wählen Sie anschließend im Listenfeld AKTIONEN den Eintrag NEUEN DATENSATZ HINZUFÜGEN, siehe Abbildung 4.61.

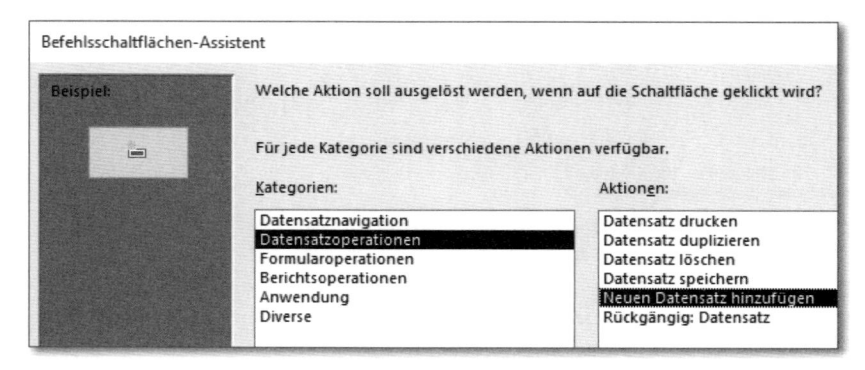

Abbildung 4.61 Kategorie und Aktion auswählen

Nach Betätigung der Schaltfläche WEITER können Sie entscheiden, ob Ihre Schaltfläche einen Text oder ein Bild enthalten soll. Wählen Sie die Option TEXT und geben Sie den Text Neu ein, siehe Abbildung 4.62.

Schaltfläche beschriften

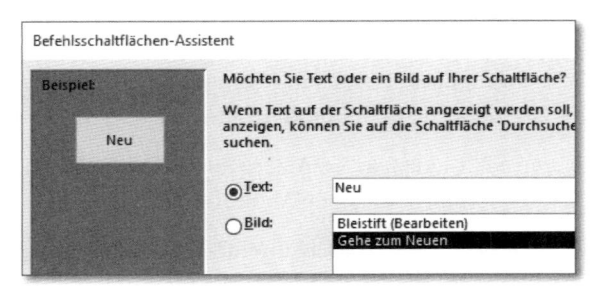

Abbildung 4.62 Option Text wählen, Text eingeben

Nach Betätigung der Schaltfläche WEITER können Sie der Schaltfläche einen aussagekräftigen Namen geben. Dies ist hier nicht nötig. Daher bleibt der vorgeschlagene Name bestehen. Nach Betätigung der Schaltfläche FERTIG STELLEN erscheint die Schaltfläche im Formular.

Wählen Sie für die markierte Schaltfläche auf der Registerkarte FORMAT des EIGENSCHAFTENBLATTS die folgenden Werte: BREITE 2cm, HÖHE 0,6cm, OBEN 0,5cm, LINKS 8cm, DESIGN VERWENDEN Nein. Dank der letzten Einstellung wird die Schaltfläche standardmäßig grau dargestellt. Nur beim Überstreichen beziehungsweise Klicken mit der Maus wird sie kurzfristig blau eingefärbt.

Schaltfläche formatieren

Erzeugen Sie auf dieselbe Art und Weise die beiden Schaltflächen SPEICHERN und LÖSCHEN. Es gelten die folgenden Werte für den BEFEHLSSCHALTFLÄCHEN-ASSISTENT beziehungsweise für die Formatierung:

Weitere Schaltflächen

- Schaltfläche SPEICHERN: Kategorie: DATENSATZOPERATIONEN, Aktion: DATENSATZ SPEICHERN, Text: Speichern, BREITE 2cm, HÖHE 0,6cm, OBEN 0,5cm, LINKS 10,5cm, DESIGN VERWENDEN Nein.

Schaltfläche »Speichern«

- Schaltfläche LÖSCHEN: Kategorie: DATENSATZOPERATIONEN, Aktion: DATENSATZ LÖSCHEN, Text: Löschen, BREITE 2cm, HÖHE 0,6cm, OBEN 0,5cm, LINKS 13cm, DESIGN VERWENDEN Nein.

Schaltfläche »Löschen«

Falls eines der Steuerelemente zum Teil oder ganz außerhalb der bisherigen rechten Begrenzung des Formulars landet, dann wird das Formular automatisch nach rechts vergrößert. Sie können es aber auch von Hand per *Drag-and-drop* vergrößern, und zwar nach der Platzierung der Maus genau auf dem rechten Rand.

Formular vergrößern

Sie können nun in die Formularansicht umschalten und die Funktionen der drei Schaltflächen bereits nutzen.

4.7.8 Listenfeld einfügen

Zur Auswahl eines Datensatzes — Es wird ein Listenfeld zur Auswahl eines Datensatzes eingefügt, dessen Inhalte anschließend in den Textfeldern auf der linken Seite erscheinen.

Achten Sie darauf, dass der STEUERELEMENT-ASSISTENT innerhalb der Gruppe STEUERELEMENTE eingeschaltet ist, siehe Abbildung 4.58.

Sie finden das Steuerelement LISTENFELD als Element 15 in der Gruppe STEUERELEMENTE. Ziehen Sie nach der Markierung des Steuerelements mithilfe der Maus ein Rechteck auf, ungefähr an der gewünschten Stelle rechts von den Textfeldern.

Listenfeld-Assistent — Nach dem Aufziehen des Rechtecks öffnet sich der LISTENFELD-ASSISTENT. Es gibt verschiedene Möglichkeiten für die Auswahl beziehungsweise Nutzung des gewählten Eintrags. Sie wählen die dritte Option: EINEN DATENSATZ IM FORMULAR ANHAND DES WERTS SUCHEN, DEN ICH IM LISTENFELD AUSGEWÄHLT HABE. Dieser Datensatz wird mithilfe eines eingebetteten Makros aufgesucht, das der LISTENFELD-ASSISTENT automatisch erzeugt.

Felder auswählen — Nach Betätigung der Schaltfläche WEITER können Sie die Felder auswählen, die im Listenfeld angezeigt werden sollen. Generell können die Einträge in einem Listenfeld aus unterschiedlichen Quellen stammen. Beim vorherigen Schritt haben Sie die dritte Option ausgewählt. Daher wird automatisch erkannt, dass es sich bei den Einträgen nur um Felder aus der Tabelle kunde handeln kann, auf die sich das umgebende Formular bezieht.

Markieren Sie den Eintrag für das Feld kundeID in der Liste VERFÜGBARE FELDER. Verschieben Sie es mithilfe der Schaltfläche > in die Liste AUSGEWÄHLTE FELDER. Führen Sie dasselbe nacheinander für die Einträge der Felder BEZEICHNUNG, ORT und LAND durch, siehe Abbildung 4.63.

Abbildung 4.63 Auswahl der Felder, die angezeigt werden sollen

Nach Betätigung der Schaltfläche WEITER können Sie die Breite der Felder auswählen. Hier stellen Sie nichts ein, da Sie das Listenfeld später wie gewohnt über das EIGENSCHAFTENBLATT formatieren. Das Kontrollkästchen SCHLÜSSELSPALTE AUSBLENDEN (EMPFOHLEN) bleibt markiert. Das sorgt dafür, dass der Inhalt des (Primär-)Schlüsselfelds kundeID zwar zur Identifizierung des ausgewählten Datensatzes dient, aber für den Benutzer nicht sichtbar ist.

Ohne sichtbares Primärschlüsselfeld

Nach Betätigung der Schaltfläche WEITER können Sie dem Listenfeld einen aussagekräftigen Namen geben. Dies ist hier noch nicht nötig. Daher bleibt der vorgeschlagene Name bestehen. Nach Betätigung der Schaltfläche FERTIG STELLEN erscheint das Listenfeld im Formular.

Für das Listenfeld sollen die folgenden Eigenschaftswerte gelten: SPALTENANZAHL 4, SPALTENBREITEN 0cm;3cm;3cm;3cm, BREITE 9,1cm, HÖHE 3,5cm, OBEN 2cm, LINKS 8cm.

Listenfeld formatieren

Es sind insgesamt vier Felder ausgewählt (siehe Abbildung 4.63), daher steht bei SPALTENANZAHL 4. Bei SPALTENBREITE sind nacheinander die Breiten der vier Felder angegeben, getrennt durch Strichpunkte. Die Breite des ersten ausgewählten Felds (kundeID) ist 0cm, daher wird es – wie vorher geplant – nicht angezeigt, sein Inhalt steht aber im Hintergrund zur Verfügung. Der Wert für BREITE liegt geringfügig über der Summe der Spaltenbreiten, da im Listenfeld ansonsten automatisch eine horizontale Bildlaufleiste erscheint.

Breite der Spalten

Auf der Registerkarte DATEN sehen Sie, dass die Eigenschaft GEBUNDENE SPALTE den Wert 1 hat. Das bedeutet, dass der aktuelle Wert des ersten ausgewählten Felds (kundeID) den Wert für das gesamte Listenfeld bestimmt, das wiederum die Auswahl des angezeigten Datensatzes festlegt. Es wird also der Datensatz mit dem ausgewählten Wert des Felds kundeID angezeigt.

Gebundene Spalte

Löschen Sie das Bezeichnungsfeld des Listenfelds. Erzeugen Sie insgesamt drei neue Bezeichnungsfelder mit den Texten bezeichnung, ort und land und platzieren Sie sie als Spaltenüberschriften oberhalb der drei sichtbaren Spalten des Listenfelds. Weisen Sie ihnen die folgenden Eigenschaftswerte zu: BREITE 3cm, HÖHE 0,5cm, OBEN 1,5cm. Die Werte für LINKS unterscheiden sich natürlich: 8cm, 11cm beziehungsweise 14cm.

Spaltenüberschriften

Bei Benutzung des Formulars werden Sie feststellen, dass es noch nicht sortiert ist und dass es nach Änderungen noch nicht aktualisiert wird. Daher folgen in den nächsten Abschnitten noch kleine Verbesserungen.

Verbesserungen später

Das Erzeugen von Listenfeldern wirkt zunächst etwas aufwendig und kompliziert. Mit ein wenig Übung werden Sie aber rasche Fortschritte machen. Sollte ein Listenfeld einmal nicht das gewünschte Ergebnis anzeigen, dann haben Sie möglicherweise bei einem der Schritte etwas vergessen oder anders eingestellt. In solchen Fällen ist es manchmal einfacher, das Listenfeld komplett zu löschen und neu zu erzeugen. Dasselbe gilt für die Erzeugung von Kombinationsfeldern (siehe Abschnitt 5.5.4) und Unterformularen (siehe Abschnitt 5.5.7).

4.7.9 Listenfeld, Sortierung einstellen

Datensatzherkunft Im Listenfeld werden die Datensätze der Tabelle kunde unsortiert angezeigt. Die Einstellung einer Sortierung wird über die Registerkarte DATEN des EIGENSCHAFTSBLATTS des markierten Listenfelds vorgenommen. Darin finden Sie die Eigenschaft DATENSATZHERKUNFT. Sie beinhaltet den SQL-Code einer Abfrage. Sie müssen allerdings nicht mit diesem SQL-Code arbeiten.

Abfrage-Generator Zum Bearbeiten einer Abfrage klicken Sie stattdessen in das Eingabefeld der Eigenschaft DATENSATZHERKUNFT. Betätigen Sie anschließend ganz rechts die Schaltfläche ... mit den drei Punkten. Es öffnet sich der ABFRAGE-GENERATOR mit dem Entwurf der Abfrage. Mithilfe des LISTENFELD-ASSISTENT erstellen Sie automatisch eine Abfrage, deren Ergebnis im Listenfeld angezeigt wird. Ändern Sie diese, indem Sie für das Feld bezeichnung eine aufsteigende Sortierung einstellen, siehe Abbildung 4.64.

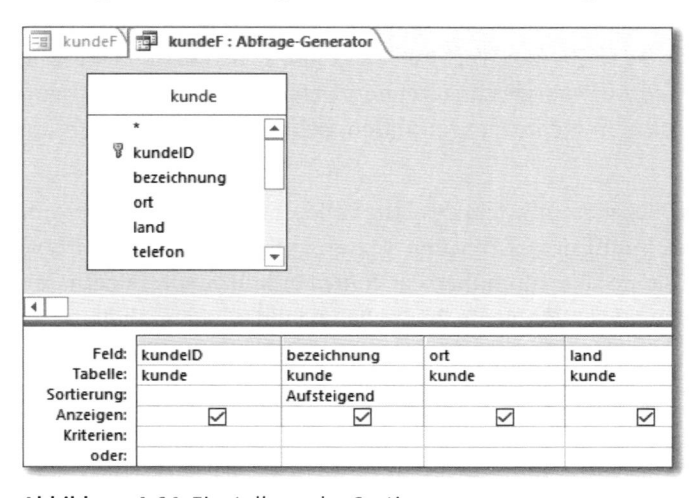

Abbildung 4.64 Einstellung der Sortierung

Schließen Sie den ABFRAGE-GENERATOR über die Schaltfläche ENTWURF • SCHLIESSEN • SCHLIESSEN oben rechts. Speichern Sie dabei die Änderungen am Entwurf der Abfrage, also an der SQL-Anweisung.

Abfrage speichern

Nach Aufruf des Formulars sehen Sie, dass die Datensätze nach dem Feld bezeichnung sortiert sind. Falls das Listenfeld im Fokus liegt, also das aktuelle Steuerelement ist, führt die Eingabe eines Buchstabens zum ersten Datensatz, dessen bezeichnung mit diesem Buchstaben beginnt.

Listenfeld bedienen

4.7.10 Makros ändern

Das Listenfeld wird nach dem Ändern oder Löschen eines Datensatzes noch nicht automatisch aktualisiert. Daher müssen die vorgefertigten Makros der Schaltflächen SPEICHERN und LÖSCHEN noch ergänzt werden.

Aktualisierung fehlt

Die Änderung des Makros wird über die Registerkarte EREIGNIS des EIGENSCHAFTSBLATTS der markierten Schaltfläche SPEICHERN vorgenommen. Die Eigenschaft BEIM KLICKEN verweist auf das automatisch erzeugte eingebettete Makro.

Beim Klicken

Zum Ändern eines Makros klicken Sie in das Eingabefeld der Eigenschaft BEIM KLICKEN. Betätigen Sie anschließend ganz rechts die Schaltfläche ... mit den drei Punkten. Es öffnet sich der MAKROENTWURF, in dem Sie das Makro ergänzen und ändern können. Hier werden die einzelnen Aktionen aufgelistet, die nach Aufruf des Makros ablaufen.

Makroentwurf

Am unteren Ende der Anweisungen haben Sie die Möglichkeit, weitere Aktionen hinzuzufügen. Öffnen Sie das Listenfeld, neben dem das grüne Plus-Zeichen steht. Wählen Sie den Eintrag AKTUALISIERENDATENSATZ aus. Damit wird der Inhalt des aktuellen Datensatzes inklusive der Anzeige im Listenfeld des Formulars nach dem Speichern aktualisiert. Anschließend sieht das untere Ende des Makros aus wie in Abbildung 4.65.

Aktion hinzufügen

Abbildung 4.65 Makro zum Speichern ergänzt

Schließen Sie den MAKROENTWURF über die Schaltfläche ENTWURF • SCHLIESSEN • SCHLIESSEN. Speichern Sie dabei die Änderungen am Makro.

Makro speichern

Weitere Aktion hinzufügen — Nehmen Sie dieselbe Änderung für die Schaltfläche LÖSCHEN vor. Fügen Sie noch die Aktion GEHEZUDATENSATZ hinzu. Wählen Sie dabei im Listenfeld DATENSATZ den Eintrag ERSTER, siehe Abbildung 4.66. Damit wird dafür gesorgt, dass es zu einem Wechsel des Datensatzes und zu keiner Fehlanzeige im Listenfeld des Formulars kommt.

Abbildung 4.66 Makro zum Löschen ergänzt

Aktion löschen — Sollten Sie versehentlich eine falsche Aktion im MAKROENTWURF hinzugefügt haben, dann markieren Sie diese zunächst durch einfaches Klicken. Diese aktuelle Aktion wird dann grau unterlegt. Ganz rechts erscheint ein Kreuz zum Löschen der Aktion.

4.7.11 Formular fertigstellen

Formulareigenschaften — Zur Fertigstellung des Formulars sollen noch der DATENSATZMARKIERER und die NAVIGATIONSSCHALTFLÄCHEN entfernt werden. Der Benutzer soll das Formular nur über die Schaltflächen und das Listenfeld bedienen.

Blenden Sie die FORMULAREIGENSCHAFTEN ein. Klicken Sie dazu auf eine beliebige Stelle im Formular. Wählen Sie anschließend den Eintrag FORMULAREIGENSCHAFTEN des Kontextmenüs. Wählen Sie auf der Registerkarte FORMAT jeweils den Wert Nein für die Eigenschaften DATENSATZMARKIERER und NAVIGATIONSSCHALTFLÄCHEN.

4.7.12 Startformular erzeugen und verbinden

Es wird ein Startformular erzeugt, das automatisch nach dem Öffnen der Datenbank angezeigt wird. Es bildet das erste Element der Benutzeroberfläche meiner Anwendungen, siehe Abbildung 4.67.

4.7 Formulare zur Bedienung nutzen

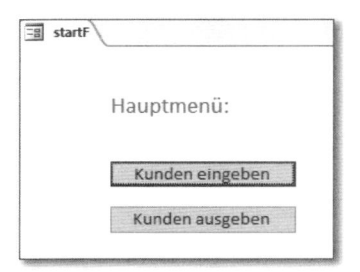

Abbildung 4.67 Datenbank »firma.accdb«, Startformular

Erstellen Sie ein neues leeres Formular mithilfe der Schaltfläche ERSTELLEN • FORMULARE • FORMULARENTWURF. Erzeugen Sie oben links ein Bezeichnungsfeld mit dem Text Hauptmenü:. Wählen Sie folgende Eigenschaftswerte: BREITE 4cm, HÖHE 0,6cm, OBEN 0,5cm, LINKS 0,5cm, SCHRIFTGRAD 14. — *Formular erzeugen*

Erstellen Sie unter dem Bezeichnungsfeld eine Schaltfläche, die zum Öffnen des Formulars kundeF führt. Wählen Sie im BEFEHLSSCHALTFLÄCHEN-ASSISTENT die Kategorie FORMULAROPERATIONEN und die Aktion FORMULAR ÖFFNEN. Es soll das Formular kundeF geöffnet werden. Bestätigen Sie die eingestellte Option DAS FORMULAR ÖFFNEN UND ALLE DATENSÄTZE ANZEIGEN. — *Schaltfläche erstellen*

Der Text auf der Schaltfläche soll lauten: Kunden eingeben. Wählen Sie anschließend folgende Eigenschaftswerte: BREITE 4cm, HÖHE 0,6cm, OBEN 2,5cm, LINKS 2cm, DESIGN VERWENDEN Nein. Die zweite Schaltfläche wird später erstellt. — *Schaltfläche formatieren*

Wählen Sie in den FORMULAREIGENSCHAFTEN auf der Registerkarte FORMAT jeweils den Wert Nein für die Eigenschaften DATENSATZMARKIERER und NAVIGATIONSSCHALTFLÄCHEN.

Schließen Sie den Entwurf und speichern Sie das Startformular unter dem Namen startF. — *Formular speichern*

Rufen Sie das Menü DATEI • OPTIONEN auf. Wählen Sie auf der linken Seite den Eintrag AKTUELLE DATENBANK. In der Gruppe ANWENDUNGSOPTIONEN sehen Sie die Liste FORMULAR ANZEIGEN. Wählen Sie hier das Formular startF aus, siehe Abbildung 4.68. — *Als Startformular einstellen*

Nach dem Schließen der Datenbank und dem erneuten Öffnen erscheint das Startformular automatisch. Ein Klick auf die Schaltfläche KUNDEN EINGEBEN führt zum entsprechenden Formular.

4 Eine einfache Anwendung realisieren

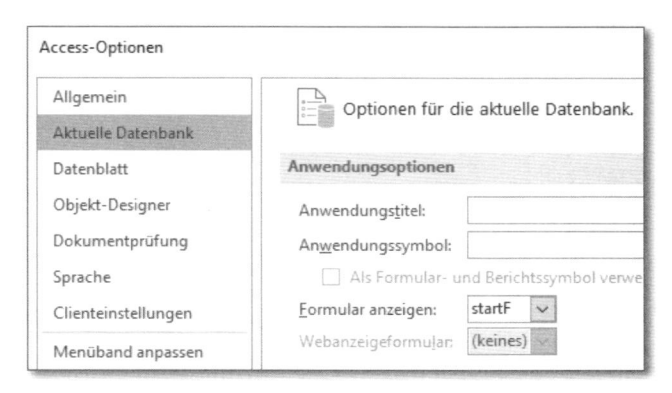

Abbildung 4.68 Einstellung des Startformulars

Schaltfläche »Zum Start«
Es fehlt noch eine Schaltfläche, die vom Formular kundeF zurück zum Startformular führt. Erstellen Sie rechts von den drei bereits vorhandenen Schaltflächen eine weitere. Wählen Sie im BEFEHLSSCHALTFLÄCHEN-ASSISTENT die Kategorie FORMULAROPERATIONEN und die Aktion FORMULAR ÖFFNEN. Es soll das Formular startF geöffnet werden. Der Text auf der Schaltfläche soll lauten: Zum Start. Wählen Sie anschließend folgende Eigenschaftswerte: BREITE 2cm, HÖHE 0,6cm, OBEN 0,5cm, LINKS 16cm, DESIGN VERWENDEN Nein.

4.7.13 Übungsaufgabe

Vier Formulare
Erstellen Sie die vier ersten Formulare (preisklasseF, standortF, kundeF und wartungF) zur Eingabe und Pflege der Daten der Tabellen aus Abschnitt 4.4.9 (preisklasse, standort, kunde und wartung) der Datenbank *fahrzeugvermietung.accdb*.

Ich empfehle Ihnen jeweils dieselbe Vorgehensweise wie bei dem Beispielformular für die Tabelle kunde: schrittweise, in der gleichen Reihenfolge und mit dem Ziel einer ähnlichen Anordnung.

Startformular
Erstellen Sie anschließend ein Startformular startF, das beim Aufruf der genannten Datenbank automatisch geöffnet wird. Es soll vier Schaltflächen zum Öffnen der vier neuen Formulare enthalten.

Sie finden die Lösung dieser Übungsaufgabe im Downloadpaket. Erläuterungen zur Lösung finden Sie in Abschnitt A.5. Als Beispiel sehen Sie in Abbildung 4.69 das fertige Formular preisklasseF.

Abbildung 4.69 Formular für Tabelle »preisklasse«

Den Aufbau des Listenfelds im Formular `preisklasseF` können Sie Abbildung 4.69 entnehmen. Es ist nach dem Feld `preisProTag` sortiert.

Aufbau der Listenfelder

In den Listenfeldern der anderen drei Formulare sollen die Inhalte der folgenden Felder in der genannten Reihenfolge erscheinen:

- Formular `standortF`: Felder `ort` und `strasse`, nach beiden Feldern sortiert
- Formular `kundeF`: Felder `nachname`, `vorname`, `ort`, nach den beiden ersten Feldern sortiert
- Formular `wartungF`: Feld `bezeichnung`, nach diesem Feld sortiert

4.8 Berichte zur Präsentation erstellen

Berichte dienen dem Benutzer Ihrer Anwendung zur übersichtlichen Ausgabe der Daten, zum Beispiel in Papierform über einen Drucker, als PDF-Datei oder per E-Mail. Sie gehören wie die Formulare zur Benutzeroberfläche. Die Beispielberichte in diesem Buch sind einheitlich gestaltet. Das empfehle ich Ihnen ebenfalls zum Vorteil Ihrer Benutzer.

Ausgabe

Standardisierte Berichte können mithilfe von Vorlagen oder Assistenten mit wenigen Klicks erstellt werden.

Zwischen Berichten und Formularen gibt es viele Parallelen, sowohl bei der Erstellung als auch im inneren Aufbau. Sie lernen in diesem Abschnitt, wie Sie selbst Berichte von Grund auf erstellen können. Die dabei vorgeschlagenen Techniken verursachen mehr Arbeit. Sie vermitteln Ihnen aber das Wissen zur selbstständigen Gestaltung und Veränderung von Berichten und zum Aufbau einer Anwendung.

Ähnlicher Aufbau

4 Eine einfache Anwendung realisieren

Es werden vor allem die Elemente hervorgehoben, die Berichte von Formularen unterscheiden. Das Wissen über die bereits erläuterten Elemente aus den Formularen wird vorausgesetzt.

4.8.1 Der fertige Bericht

Betrachten Sie zunächst den fertigen Bericht kundeB in Abbildung 4.70, der innerhalb der nächsten Abschnitte erstellt wird.

land	bezeichnung	ort	telefon
Belgien			
	Lejeune SA	Namur	0032-81-525252
Deutschland			
	Garner GmbH	Hagen	02331-34567
	Maier KG	Dortmund	0231-123456
	Wolf GmbH & Co K	Dortmund	0231-987654
Frankreich			
	Dujardin GG	Lille	0033-3-292929
	Veronne SARL	Metz	0033-3-858585

Abbildung 4.70 Bericht kundeB (Ausschnitt)

Berichtsname — Der Name eines Berichts endet in meinen Beispieldatenbanken immer mit einem großen B. Falls es sich um einen Bericht bezüglich einer einzelnen Tabelle handelt, dann setzt sich der Name aus dem Namen der Tabelle und dem Endbuchstaben B zusammen, wie hier bei kundeB.

4.8.2 Bericht erzeugen und einstellen

Entwurfsansicht — Sie erzeugen einen neuen Bericht über die Schaltfläche ERSTELLEN • BERICHTE • BERICHTSENTWURF. Der Bericht mit dem temporären Namen Bericht1 wird in der Entwurfsansicht geöffnet.

Seite einrichten — Stellen Sie als Erstes die Seitengröße, die Ausrichtung und den Seitenrand der auszudruckenden Seite ein. Betätigen Sie dazu die Schaltfläche SEITE EINRICHTEN • SEITENLAYOUT • SEITE EINRICHTEN. Es öffnet sich das gleichnamige Dialogfeld:

Seitenränder — ▶ Setzen Sie auf der Registerkarte DRUCKOPTIONEN alle vier Seitenränder jeweils auf 10mm. Das ist ein Maß, das von vielen Druckern als ausreichender Seitenrand akzeptiert wird.

Ausrichtung — ▶ Auf der Registerkarte SEITE ist die Größe des Papiers standardmäßig mit DIN A4 vorbesetzt. Dies behalten Sie bei. Wählen Sie bei AUSRICHTUNG die Option QUERFORMAT. So können Sie eine ganze Reihe von Tabellenfeldern übersichtlich nebeneinander ausgeben.

Ein Bericht wird innerhalb einer Seite gedruckt. Falls die Breite des Berichts die Breite des druckbaren Bereichs der Seite erreicht oder überschreitet, erfolgen häufig Fehlermeldungen. Das Format DIN A4 hat im Querformat eine Breite von 29,7cm, die Seitenränder betragen jeweils 10mm. Klicken Sie auf eine beliebige Stelle innerhalb des Berichts. Wählen Sie anschließend im Kontextmenü den Eintrag BERICHTEIGENSCHAFTEN und setzen Sie auf der Registerkarte FORMAT den Wert der Eigenschaft BREITE auf 27,6cm. Damit haben Sie 1mm »Reserve« und sind auf der sicheren Seite. *Seitenbreite*

Der Bericht soll sich auf die Datensätze der Tabelle kunde beziehen. Setzen Sie daher in den BERICHTEIGENSCHAFTEN auf der Registerkarte DATEN den Wert der Eigenschaft DATENSATZQUELLE auf kunde. *Datensatzquelle*

4.8.3 Tabellenfelder einfügen

Ein Bericht kann aus verschiedenen Bereichen bestehen. Zunächst sehen Sie die Bereiche SEITENKOPF und DETAILBEREICH sowie weiter unten den Bereich SEITENFUSS.

Ein Bericht kann sich über mehrere Seiten erstrecken. SEITENKOPF und SEITENFUSS erscheinen nur einmal pro Seite. Häufig werden die Bezeichnungsfelder der Tabellenfelder im SEITENKOPF untergebracht und die Textfelder im DETAILBEREICH. Im SEITENFUSS folgen dann zum Beispiel das aktuelle Datum und die Seitennummerierung. *Seitenkopf und -fuß*

Ziehen Sie die ersten drei Tabellenfelder bezeichnung, ort und land in den DETAILBEREICH. Markieren Sie anschließend die drei Bezeichnungsfelder dieser Tabellenfelder. Verschieben Sie sie in den SEITENKOPF. Dies geht nur durch Ausschneiden und Einfügen, nicht durch einfaches Verschieben mithilfe der Maus. *Detailbereich*

Zum Ausschneiden öffnen Sie über einem der markierten Elemente das Kontextmenü und wählen den Eintrag AUSSCHNEIDEN. Alternativ können Sie die Tastenkombination [Strg] + [X] verwenden. Zum Einfügen klicken Sie zunächst in den SEITENKOPF. Wählen Sie dann den Eintrag EINFÜGEN aus dem Kontextmenü oder die Tastenkombination [Strg] + [V]. *Steuerelemente in anderen Bereich*

Wählen Sie für die drei Bezeichnungsfelder und die drei Textfelder die folgenden Eigenschaftswerte auf dem EIGENSCHAFTENBLATT: BREITE 3cm, *Steuerelemente formatieren*

4 Eine einfache Anwendung realisieren

Höhe 0,5cm, Oben 0cm. Die Werte für Links müssen sich natürlich unterscheiden: 0cm, 3cm beziehungsweise 6cm. Die Angaben für Oben und Links beziehen sich immer auf den jeweiligen Bereich, also entweder auf den Seitenkopf oder auf den Detailbereich.

Bereiche formatieren
Setzen Sie anschließend die Höhe der drei Bereiche Seitenkopf, Detailbereich und Seitenfuss ebenfalls auf 0,5cm. Klicken Sie dazu auf den Kopf des jeweiligen Bereichs und rufen Sie im Kontextmenü den Eintrag Eigenschaften auf. Der Entwurf sieht nun aus wie in Abbildung 4.71.

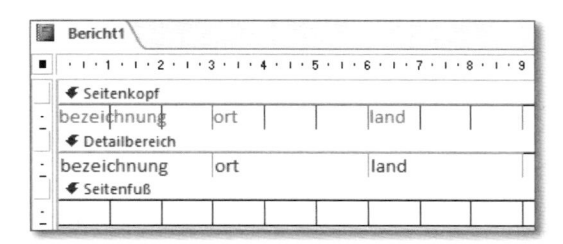

Abbildung 4.71 Entwurfsansicht, erste Felder

Weitere Felder einfügen
Sie können weitere Tabellenfelder auf die beschriebene Art und Weise in den Detailbereich einfügen und formatieren. Dazu sollten Sie die Höhe von Seitenkopf und Detailbereich kurzfristig wieder vergrößern, um die Elemente besser platzieren und markieren zu können.

Bei der aktuellen Einstellung für die Berichtsbreite können Sie insgesamt neun Tabellenfelder anzeigen. Im vorliegenden Bericht kundeB wurden die Felder telefon, email und mitarbeiter aus der Tabelle kunde hinzugefügt und auf dieselbe Weise formatiert wie die drei bereits vorhandenen Felder.

Bericht speichern
Schließen Sie nun den Bericht. Bestätigen Sie die Speicherung und geben Sie als Berichtsnamen ein: kundeB.

4.8.4 Ansichten des Berichts

Berichtsansicht
Öffnen Sie den Bericht per Doppelklick: Es erscheint die *Berichtsansicht*. Darin erscheinen die Bezeichnungsfelder nur einmal, da sie im Seitenkopf stehen. Der Detailbereich erscheint mehrmals, jeweils mit einem Datensatz. Es ergibt sich eine übersichtliche Tabelle, wie in Abbildung 4.72 zu sehen ist.

bezeichnung	ort	land
Dujardin GG	Lille	Frankreich
Garner GmbH	Hagen	Deutschland
Lejeune SA	Namur	Belgien
Maier KG	Dortmund	Deutschland
Veronne SARL	Metz	Frankreich
Wolf GmbH & Co	Dortmund	Deutschland

Abbildung 4.72 Berichtsansicht (Ausschnitt)

Jede zweite Zeile wird mit einem leicht abgedunkelten Hintergrund ausgegeben. Dies erleichtert die Erkennung der einzelnen Zeilen, die recht lang sein können, besonders beim Querformat.

Hintergrundfarbe

Sie können das anders einstellen, und zwar in der Entwurfsansicht, in den Eigenschaften des DETAILBEREICHS. Hier sind die beiden Felder HINTERGRUNDFARBE und ALTERNATIVE HINTERGRUNDFARBE standardmäßig besetzt mit den Werten `Hintergrund 1` und `Hintergrund 1, Dunkler 5%`, siehe Abbildung 4.73.

Sie können beide Werte auf `Hintergrund 1` setzen, dann erscheinen alle Zeilen gleich. Sie können auch den zweiten Wert auf `Hintergrund 1, Dunkler 10%` setzen, dann wird der Unterschied deutlicher.

Eigenschaftenblatt
Auswahltyp: Bereich
Detailbereich

Format	Daten	Ereignis	Andere	Alle
Sichtbar		Ja		
Höhe		0,501cm		
Hintergrundfarbe		Hintergrund 1		
Alternative Hintergrundfarbe		Hintergrund 1, Dunkler 5%		

Abbildung 4.73 Wechselnde Hintergrundfarbe für den Detailbereich

Mithilfe der Schaltfläche START • ANSICHTEN • ANSICHT können Sie zwischen den Ansichten wechseln. Neben den beiden bereits bekannten gibt es noch die beiden folgenden Ansichten:

▶ Die *Seitenansicht* gibt die Seite so wieder, wie sie im Ausdruck erscheint. Sie können sie mit der eingeblendeten Lupe größer oder kleiner zoomen. Zum Beenden der Seitenansicht müssen Sie die Schaltfläche SEITENANSICHT • VORSCHAU SCHLIESSEN • SEITENANSICHT SCHLIESSEN betätigen.

Seitenansicht

Layoutansicht
- Die *Layoutansicht* stellt eine Mischung aus Entwurfs- und Berichtsansicht dar. Sie sehen die einzelnen Beispieldatensätze und können gleichzeitig den Bericht gestalten.

4.8.5 Sortierung einstellen

Gruppieren und Sortieren
Der Bericht soll nach den Inhalten des Tabellenfelds bezeichnung sortiert werden. Öffnen Sie ihn dazu in der Entwurfsansicht. Betätigen Sie die Schaltfläche ENTWURF • GRUPPIERUNG UND SUMMEN • GRUPPIEREN UND SORTIEREN. Es erscheint der Bereich GRUPPIEREN, SORTIEREN UND SUMME.

Sortierung hinzufügen
Betätigen Sie darin die Schaltfläche SORTIERUNG HINZUFÜGEN. Es erscheint eine Liste der Felder, nach denen sortiert werden kann. Wählen Sie den Eintrag für das Feld bezeichnung aus, siehe Abbildung 4.74. Standardmäßig wird von A nach Z, also aufsteigend sortiert. Die Datensätze erscheinen nun in der gewünschten Sortierung.

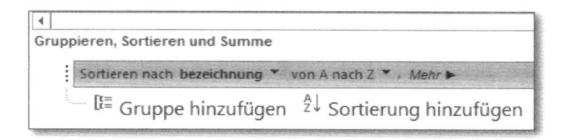

Abbildung 4.74 Sortierung nach Feld »bezeichnung«

Sortierung löschen
Zum Löschen einer Sortierung können Sie die betreffende Zeile im Bereich GRUPPIEREN, SORTIEREN UND SUMME markieren. Ganz rechts erscheint dann ein Kreuz zum Löschen. Sie können den Bereich bei Bedarf ausblenden, die gewählten Sortierungen (und später auch Gruppierungen) bleiben erhalten.

4.8.6 Gruppierung vornehmen

Der Bericht soll nach den Inhalten des Tabellenfelds land gruppiert werden. Das bedeutet, dass alle Datensätze, bei denen der Inhalt für das Feld land übereinstimmt, zusammen innerhalb einer Gruppe dargestellt werden.

Gruppe hinzufügen
Öffnen Sie dazu die Entwurfsansicht. Löschen Sie zunächst die Sortierung nach dem Feld bezeichnung. Betätigen Sie anschließend im Bereich GRUPPIEREN, SORTIEREN UND SUMME die Schaltfläche GRUPPE HINZUFÜGEN. Es erscheint eine Liste der Felder, nach denen gruppiert werden kann. Wählen Sie den Eintrag für das Feld land aus.

4.8 Berichte zur Präsentation erstellen

Es wird der zusätzliche Bereich LAND – KOPFBEREICH zwischen SEITENKOPF und DETAILBEREICH eingeblendet, siehe Abbildung 4.75. In diesem sogenannten Gruppenkopf soll jeweils der Inhalt des Felds land erscheinen.

Zusätzlicher Gruppenkopf

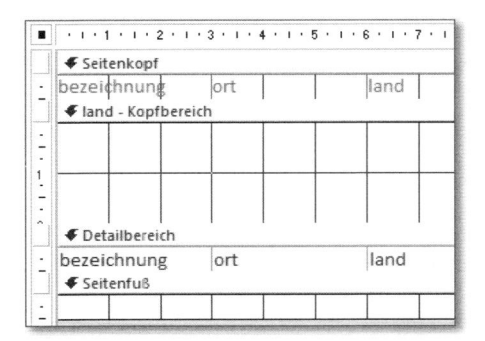

Abbildung 4.75 Gruppierung nach Feld »land«

Löschen Sie das Bezeichnungsfeld und das Textfeld für das Feld land.

Verschieben Sie die beiden Bezeichnungsfelder und die beiden Textfelder für die Felder bezeichnung und ort um eine Spalte (= 3 cm) nach rechts. Ziehen Sie das Feld land neu in den Gruppenkopf, also in LAND – KOPFBEREICH.

Seiten- und Gruppenkopf

Verschieben Sie das Bezeichnungsfeld des Felds land in den SEITENKOPF ganz nach links. Verschieben Sie das Textfeld des Felds land innerhalb des Gruppenkopfs ganz nach links und oben. Setzen Sie die HÖHE des Gruppenkopfs wie bei den anderen Bereichen auf 0,5cm. Das Ergebnis sehen Sie in Abbildung 4.76.

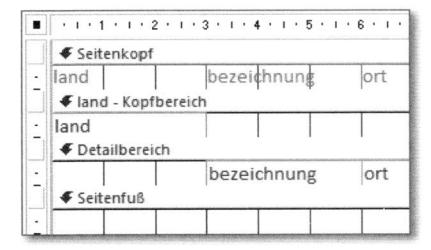

Abbildung 4.76 Gruppenkopf mit Textfeld

Fügen Sie im Bereich GRUPPIEREN, SORTIEREN UND SUMME unterhalb der Gruppierung nach dem Feld land wieder die Sortierung nach dem Feld bezeichnung hinzu, siehe Abbildung 4.77.

Sortierung hinzufügen

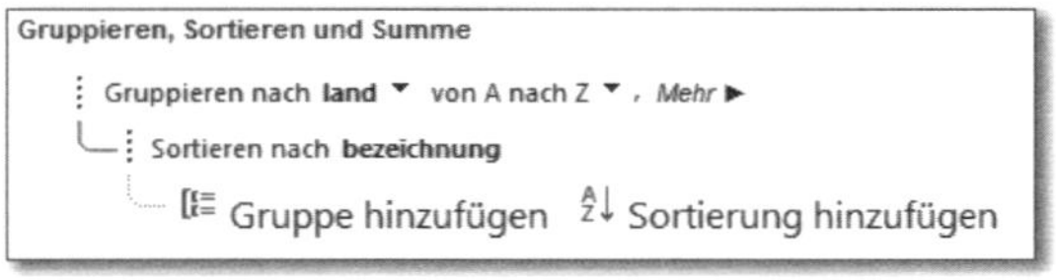

Abbildung 4.77 Sortierung unterhalb der Gruppierung

Wechseln Sie zur Berichtsansicht. Die Tabelle erscheint in der gewünschten Gruppierung und Sortierung, siehe Abbildung 4.78.

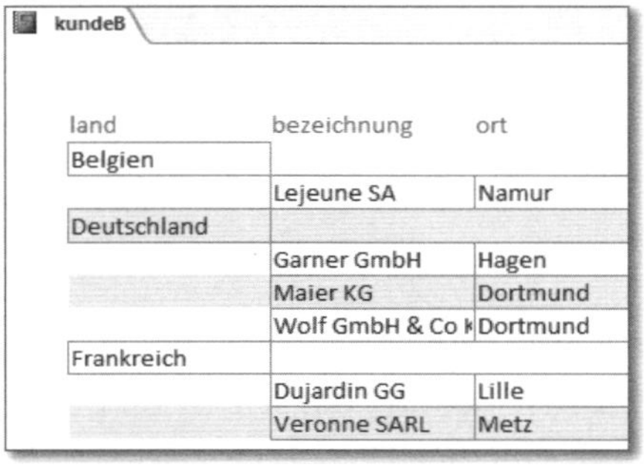

land	bezeichnung	ort
Belgien		
	Lejeune SA	Namur
Deutschland		
	Garner GmbH	Hagen
	Maier KG	Dortmund
	Wolf GmbH & Co K	Dortmund
Frankreich		
	Dujardin GG	Lille
	Veronne SARL	Metz

Abbildung 4.78 Bericht mit Gruppierung und Sortierung (Ausschnitt)

4.8.7 Startformular ergänzen

Vervollständigen Sie das Startformular um eine Schaltfläche, die zum Aufruf des Berichts führt. Wählen Sie die nachfolgend angegebenen Werte für den BEFEHLSSCHALTFLÄCHEN-ASSISTENT beziehungsweise für die Formatierung:

- KATEGORIE: BERICHTSOPERATIONEN, AKTION: BERICHT ÖFFNEN, BERICHT: `kundeB`, TEXT: `Kunden ausgeben`
- BREITE `4cm`, HÖHE `0,6cm`, OBEN `3,5cm`, LINKS `2cm`, DESIGN VERWENDEN `Nein`

Sie finden die Datenbank *firma.accdb* im Downloadpaket.

4.9 Objekte bearbeiten

Sie können alle Objekte, die Sie in diesem Kapitel erstellen, im NAVIGATIONSBEREICH auf ähnliche Art und Weise bearbeiten. Das bezieht sich auf Tabellen, Abfragen, Formulare und Berichte.

4.9.1 Objekte öffnen und schließen

Falls Sie im NAVIGATIONSBEREICH einen Doppelklick auf eines der Objekte ausführen, dann öffnet sich bekanntlich das betreffende Objekt im ARBEITSBEREICH. Sie können mehrere Objekte Ihrer Datenbank gleichzeitig öffnen. Ist ein Objekt bereits geöffnet, wird es nicht noch einmal geöffnet, sondern rückt nur in den Fokus; es rückt also gut erkennbar in den Vordergrund des ARBEITSBEREICHS, siehe Abbildung 4.79.

Objekt im Fokus

kunde	Felder auswählen	Filter mit Text, gleich	Sortierung, nach einem Feld
kundeID	bezeichnung	ort	land
1	Maier KG	Dortmund	Deutschland
2	Garner GmbH	Hagen	Deutschland
3	Wolf GmbH & Co KG	Dortmund	Deutschland

Abbildung 4.79 Mehrere Objekte im Arbeitsbereich

Sie können alle geöffneten Objekte auch direkt über ihre jeweiligen Reiter am oberen Rand des ARBEITSBEREICHS erreichen. Ein Objekt kann zu einem bestimmten Zeitpunkt nur in einer Ansicht geöffnet sein, also zum Beispiel entweder in der Entwurfsansicht oder in der Datenblattansicht.

Reiter

Je nach Situation werden Sie darauf aufmerksam gemacht, dass ein bestimmtes Objekt erst geschlossen werden muss, bevor ein anderes Objekt geöffnet werden kann. Ansonsten könnten eventuell widersprüchliche Informationen gespeichert werden. Sie können nur das Objekt über das Kreuz ganz rechts schließen, dass aktuell im Fokus liegt.

Objekt schließen

4.9.2 Objekte kopieren

Es kommt vor, dass ein neu zu erstellendes Objekt einem bereits vorhandenen Objekt ähnelt. Es kann zum Beispiel sein, dass eine komplexe Abfrage auf einer etwas einfacheren Abfrage aufbaut, die bereits vorhanden ist. In einem solchen Fall können Sie das betreffende Objekt im NAVIGATIONSBEREICH einfach kopieren.

Ähnliche Objekte

Markieren Sie das Objekt, kopieren Sie es und fügen Sie es wieder ein, zum Beispiel mit den Tastenkombinationen [Strg] + [C] und [Strg] + [V] oder über das Kontextmenü. Es erscheint das Dialogfeld EINFÜGEN ALS. Geben Sie dem Objekt nun einen eindeutigen neuen Namen und passen Sie es anschließend inhaltlich an. Das spart eine Menge Arbeit und verbessert die einheitliche Gestaltung Ihrer Objekte. Damit wiederum erleichtern Sie den Benutzern Ihrer Anwendung das Arbeiten.

Objekt kopieren und einfügen

Zu anderer Datenbank — Sollten Sie ein vorhandenes Objekt in gleicher oder ähnlicher Form innerhalb einer anderen Datenbank benötigen, dann können Sie es auf diese Weise auch von Datei zu Datei kopieren. Vorher sollten Sie MS Access parallel ein zweites Mal öffnen, um sich die zweite Datenbank anzeigen zu lassen.

4.9.3 Objekte umbenennen oder löschen

Automatische Änderung — Nach der Markierung eines Objekts im NAVIGATIONSBEREICH können Sie ihm über den Eintrag UMBENENNEN im Kontextmenü einen anderen Namen geben. Objekte, die von dem umbenannten Objekt abhängen, werden dann meist (!) automatisch angepasst. Falls Sie zum Beispiel eine Tabelle umbenennen, wird der Name der Tabelle innerhalb der zugehörigen Abfragen geändert.

Objektnamen wählen — Verlassen Sie sich aber nicht darauf, dass dies für jede beliebige Kombination von Objekten gilt. Machen Sie sich also besser bereits frühzeitig Gedanken über die Namen Ihrer Objekte. Ansonsten könnte ein Objekt, das sich auf ein anderes Objekt bezieht, nach der Umbenennung seinen Bezug verlieren.

Objekt löschen — Nach der Markierung im NAVIGATIONSBEREICH können Sie ein Objekt auch löschen. Dies führen Sie entweder durch Betätigung der `Entf`-Taste oder durch den Eintrag LÖSCHEN im Kontextmenü durch. Nach einer Rückfrage wird das Objekt gelöscht. Natürlich sollten Sie damit vorsichtig sein. Es ist möglich, dass sich andere Objekte auf dieses Objekt beziehen.

4.9.4 Objekte sortieren

Navigationsbereich einstellen — Mit der Zeit wird sich die Anzahl der Objekte im NAVIGATIONSBEREICH vergrößern. Zur besseren Übersicht haben Sie die Möglichkeit, die Objekte anders sortieren zu lassen. Klappen Sie dazu die Liste am oberen Rand des NAVIGATIONSBEREICHS auf und wählen Sie zum Beispiel den Eintrag ERSTELLT AM oder den Eintrag ÄNDERUNGSDATUM. Dann werden die Objekte, die Sie als Letztes bearbeitet haben, weiter oben angezeigt. Sie können mit der Bearbeitung dort fortsetzen, wo Sie vorher aufgehört haben.

Nach Auswahl des Eintrags OBJEKTTYP sehen Sie die Objekte wieder in der gewohnten Ansicht, nach Tabellen, Abfragen und so weiter gruppiert.

Kapitel 5
Eine komplexe Anwendung realisieren

Das Thema *Beziehungen zwischen Tabellen*, das Sie bereits aus der Modellierung kennen, steht für dieses Kapitel im Vordergrund. Aus der einfachen Anwendung in der Datei *firma.accdb*, die nur zur Verwaltung von Kundendaten dient, wird die komplexe Anwendung in der Datei *handel.accdb*.

Sie kennen sie bereits aus der Sicht des Benutzers, aus dem Kapitel 2. Sie dient zur Bearbeitung der Geschäftsprozesse, die bei einer Handelsfirma auftreten. Sie beinhaltet unter anderem die Verwaltung der Kunden, Artikel und Bestellungen. Die Beispieldaten beziehen sich auf einen Handel mit Bekleidung, aber die Anwendung könnte genauso auch für andere Waren genutzt werden.

Handelsfirma

Für alle Beispielanwendungen dieses Buchs gilt natürlich: Sie können weiter ausgebaut werden, um sie Ihren Anforderungen anzupassen.

5.1 Ziel dieses Kapitels

Sie erzeugen eine Anwendung, die eine Datenbank mit fünf Tabellen in der Datei *handel.accdb* beinhaltet, die über Beziehungen miteinander verbunden sind. Dabei handelt es sich um die Tabellen kunde, artikel, bestellung, bestellposten und kategorie. In Abbildung 5.1 sehen Sie die BEZIEHUNGS-ANSICHT mit den Tabellen und ihren Beziehungen untereinander.

Beziehungsansicht

Weiterhin führen Sie in diesem Kapitel Inhalte aus mehreren miteinander verbundenen Tabellen mithilfe von komplexen Abfragen zusammen.

Komplexe Abfragen

Sie erzeugen Schritt für Schritt umfangreiche Formulare, die neben Textfeldern, Listenfeldern und Schaltflächen auch Kombinationsfelder und Unterformulare enthalten. Die letztgenannten Steuerelemente unterstützen besonders die komfortable Eingabe und Pflege von Daten innerhalb von mehreren, miteinander verbundenen Tabellen. Als Beispiel sehen Sie in Abbildung 5.2 das Formular zur Eingabe und Pflege der Bestellungen.

Kombinationsfelder, Unterformulare

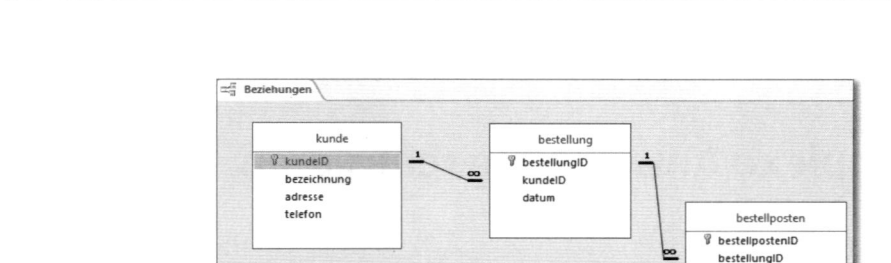

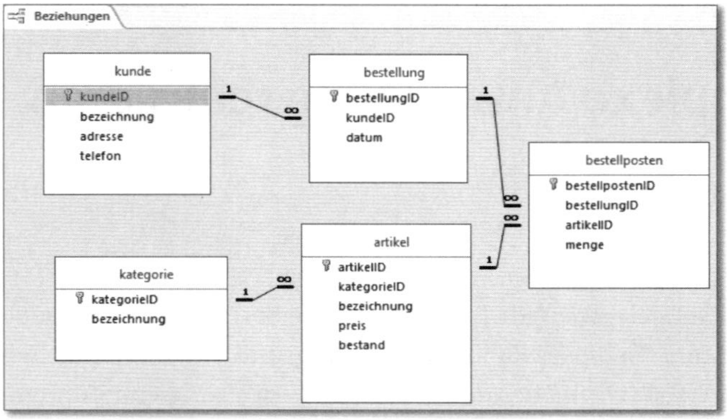

5   Eine komplexe Anwendung realisieren

Abbildung 5.1 Tabellen und Beziehungen

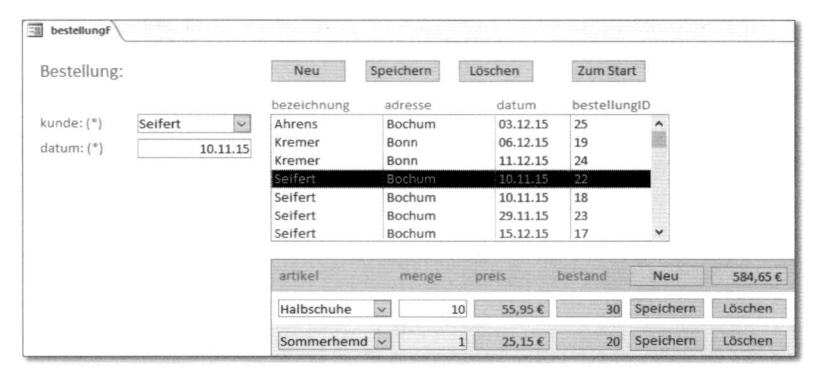

Abbildung 5.2 Formular für Bestellungen

Beispieldaten

Im Laufe der Erzeugung der Formulare geben Sie nach und nach die Beispieldaten ein. Diese dienen zur Verdeutlichung der Zusammenhänge.

Summierte Daten

Zudem erstellen Sie Berichte zur übersichtlichen Darstellung von einzelnen Daten oder auch summierten Daten aus mehreren miteinander verbundenen Tabellen.

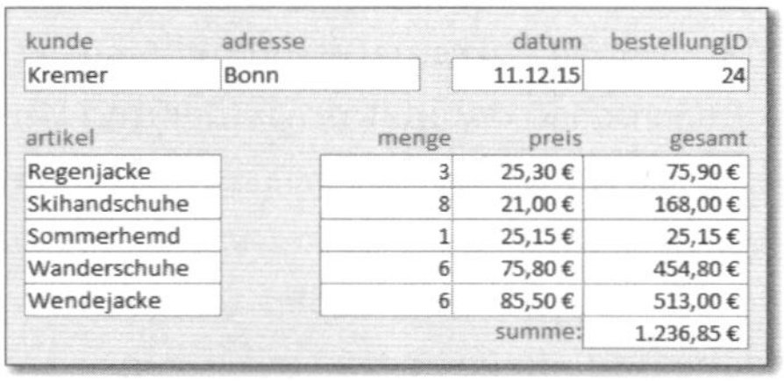

Abbildung 5.3 Bestellung mit Bestellposten und Berechnungen

Als Beispiel sehen Sie in Abbildung 5.3 den Bericht mit den Daten einer Bestellung.

Alle genannten Objekte werden Schritt für Schritt in aufeinander aufbauenden Abschnitten erstellt.

In einigen Übungsaufgaben sollen Sie die Anwendung in der Datenbank *fahrzeugvermietung.accdb*, die bereits auf einem einfachen Niveau begonnen wurde, ergänzen. Es kommen weitere Tabellen hinzu, außerdem Beziehungen zwischen den Tabellen, komplexe Abfragen, Formulare mit Kombinationsfeldern und Unterformularen sowie zusammengefasste Berichte. Eine schrittweise erläuterte Lösung zu den Übungsaufgaben finden Sie im Anhang.

Übungen

5.2 Datenbank und Tabellen anlegen

In diesem Abschnitt legen Sie wie gewohnt eine neue Desktopdatenbank mit dem Namen *handel.accdb* an. Zur Erzeugung der einzelnen Tabellen dienen nachfolgend die Auflistung ihrer Struktur und die zugehörigen Erläuterungen als Hilfestellung.

5.2.1 Tabelle »kunde«

Es folgen die Felder der Tabelle kunde:

- **Name:** kundeID, **Datentyp:** AutoWert, Primärschlüsselfeld
- **Name:** bezeichnung, **Datentyp:** Kurzer Text, **Eingabe erforderlich:** Ja, **Leere Zeichenkette:** Nein, **Indiziert:** Ja (Duplikate möglich)
- **Name:** adresse, **Datentyp:** Kurzer Text
- **Name:** telefon, **Datentyp:** Kurzer Text

Felder und Eigenschaften

Die Tabelle kunde wird gegenüber der gleichnamigen Tabelle aus der Datenbank in der Datei *firma.accdb* vereinfacht. Es gibt nur noch vier Felder. Im Gegenzug rücken dafür die Beziehungen und die dazu notwendigen Felder mehr in den Vordergrund. Alle Tabellen dieser Datenbank lassen sich später leicht um weitere Felder vergrößern, ohne die grundsätzliche Struktur der Datenbank ändern zu müssen.

Tabelle wird vereinfacht

Die Eingabe eines Werts für das Feld bezeichnung ist erforderlich. Nach den Inhalten dieses Felds wird häufig sortiert oder gesucht, daher ist es indiziert.

Pflichtfelder und Indizes

5.2.2 Tabelle »kategorie«

Es folgen die Felder der Tabelle kategorie:

- Name: kategorieID, Datentyp: AutoWert, Primärschlüsselfeld
- Name: bezeichnung, Datentyp: Kurzer Text, Eingabe erforderlich: Ja, Leere Zeichenkette: Nein, Indiziert: Ja (Ohne Duplikate)

Die Eingabe eines Werts für das Feld bezeichnung ist erforderlich. Nach den Inhalten dieses Felds wird häufig sortiert oder gesucht, daher ist es indiziert. Die Kategorien sollten zur Unterscheidung eindeutige Bezeichnungen haben, daher sind keine Duplikate möglich.

5.2.3 Tabelle »artikel«

Es folgen die Felder der Tabelle artikel:

- Name: artikelID, Datentyp: AutoWert, Primärschlüsselfeld
- Name: kategorieID, Datentyp: Zahl, Feldgröße: Long Integer, Eingabe erforderlich: Ja
- Name bezeichnung, Datentyp: Kurzer Text, Eingabe erforderlich: Ja, Leere Zeichenkette: Nein, Indiziert: Ja (Duplikate möglich)
- Name preis, Datentyp: Währung, Gültigkeitsregel: >=0, Gültigkeitsmeldung: Kein negativer Wert erlaubt, Eingabe erforderlich: Ja
- Name bestand, Datentyp: Zahl, Feldgröße: Long Integer, Gültigkeitsregel: >=0, Gültigkeitsmeldung: Kein negativer Wert erlaubt, Eingabe erforderlich: Ja

Beziehung — Später wird von der Tabelle kategorie eine Beziehung zur Tabelle artikel erstellt. Die Beziehung startet beim Primärschlüsselfeld kategorieID in der Tabelle kategorie. Sie endet beim Fremdschlüsselfeld kategorieID in der Tabelle artikel.

Gleicher Datentyp — Zur Erstellung einer Beziehung ist die Übereinstimmung der Datentypen der beiden Schlüsselfelder erforderlich. In allen Beziehungen meiner Beispieldatenbanken ist das Primärschlüsselfeld ein Feld vom Datentyp AutoWert. Ein gültiger Wert für ein solches Feld ist eine Zahl mit der Feldgröße Long Integer. Daher muss das Fremdschlüsselfeld vom Datentyp Zahl, Feldgröße Long Integer sein.

Fremdschlüssel eingeben — Bei allen Fremdschlüsselfeldern in allen Beziehungen sollte die Eingabe immer erforderlich sein. Ansonsten wäre im vorliegenden Fall nicht gewährleistet, dass in jedem Datensatz der Tabelle artikel ein Wert im Feld kategorieID steht, über den eine Beziehung zur Tabelle kategorie hergestellt werden kann.

Leider wird der Wert der Eigenschaft EINGABE ERFORDERLICH bei der Erstellung einer Beziehung nicht automatisch auf Ja gesetzt. Sie dürfen nicht vergessen, diese Einstellung anschließend selbst vorzunehmen!

Für das Feld bezeichnung dieser Tabelle gilt dasselbe wie für das gleichnamige Feld der Tabelle kunde.

Die Eingabe ist auch für das Feld preis erforderlich. Ansonsten kann keine sinnvolle Berechnung stattfinden, um zum Beispiel einen Gesamtbestellwert zu ermitteln. Auch beim Feld bestand ist eine Eingabe erforderlich, da ansonsten zum Beispiel keine sinnvolle Prüfung des Lagerbestands vorgenommen werden kann.

Zahlen eingeben

5.2.4 Tabelle »bestellung«

Es folgen die Felder der Tabelle bestellung:

- Name: bestellungID, Datentyp: AutoWert, Primärschlüsselfeld
- Name: kundeID, Datentyp: Zahl, Feldgröße: Long Integer, Eingabe erforderlich: Ja
- Name: datum, Datentyp: Datum/Uhrzeit, Format: tt.mm.jjjj

Das Feld kundeID ist das Fremdschlüsselfeld der Beziehung zur Tabelle kunde. Damit sind die Werte für die Eigenschaften DATENTYP, FELDGRÖSSE und EINGABE ERFORDERLICH vorgegeben, siehe Abschnitt 5.2.1.

Fremdschlüsselfeld

Die Eingabe ist auch für das Feld datum erforderlich. Ohne Bestelldatum kann eine Bestellung nicht sinnvoll bearbeitet werden.

Datum eingeben

5.2.5 Tabelle »bestellposten«

Es folgen die Felder der Tabelle bestellposten:

- Name: bestellpostenID, Datentyp: AutoWert, Primärschlüsselfeld
- Name: bestellungID, Datentyp: Zahl, Feldgröße: Long Integer, Eingabe erforderlich: Ja
- Name: artikelID, Datentyp: Zahl, Feldgröße: Long Integer, Eingabe erforderlich: Ja

▶ Name menge, Datentyp: Zahl, Feldgröße: Long Integer, Gültigkeitsregel: >=0, Gültigkeitsmeldung: Kein negativer Wert erlaubt, Eingabe erforderlich: Ja

Fremdschlüsselfelder

Die Felder bestellungID und artikelID sind jeweils die Fremdschlüsselfelder der Beziehung zu den Tabellen bestellung und artikel.

Zahlen eingeben

Für das Feld menge ist die Eingabe erforderlich. Ohne die Menge der bestellten Artikel kann eine Bestellung nicht sinnvoll bearbeitet werden.

5.2.6 Eindeutiger Index über zwei Felder

In der Tabelle bestellposten soll es einen eindeutigen Index geben, der sich über die Kombination der beiden Felder bestellungID und artikelID erstreckt.

Gleiche Kombination verhindern

Es soll also keine zwei Datensätze in der Tabelle der Bestellposten geben können, die dieselbe Kombination aus bestellungID und artikelID haben. Auf diese Weise wird verhindert, dass ein Artikel innerhalb einer Bestellung zweimal in unterschiedlichen Bestellposten erscheint. Sollte der Benutzer innerhalb eines Bestellpostens für einen Artikel eine zu geringe Menge eingetragen haben, so soll er für weitere Artikel keinen zusätzlichen Bestellposten eintragen, sondern die Menge beim vorhandenen Bestellposten erhöhen.

Indizes anzeigen

Der kombinierte Index wird innerhalb der Entwurfsansicht der Tabelle bestellposten eingegeben. Betätigen Sie die Schaltfläche ENTWURF • EINBLENDEN/AUSBLENDEN • INDIZES. Es öffnet sich ein Dialogfeld, in dem die Indizes der Tabelle zu sehen sind. Bisher steht dort nur der Primärschlüssel (PRIMARYKEY) bezüglich des Felds bestellpostenID.

Ein Indexname, mehrere Feldnamen

Tragen Sie in der Spalte INDEXNAME einen frei wählbaren Namen ein, zum Beispiel bestellartikel. Wählen Sie in der Spalte FELDNAME in derselben Zeile und in der Zeile darunter die Namen der beiden beteiligten Felder, also bestellungID beziehungsweise artikelID. In der zweiten Zeile bleibt das Feld in der Spalte INDEXNAME leer. Damit erreichen Sie, dass sich der Index bestellartikel über beide Felder in beiden Zeilen erstreckt.

Eindeutiger Index

In der Spalte SORTIERREIHENFOLGE bleibt es bei der Einstellung AUFSTEIGEND, siehe Abbildung 5.4. Klicken Sie noch einmal in das Feld mit dem Indexnamen. Setzen Sie im unteren Bereich bei der Eigenschaft EINDEUTIG den Wert auf Ja.

5.2 Datenbank und Tabellen anlegen

Indizes: bestellposten		
Indexname	Feldname	Sortierreihenfolge
bestellartikel	bestellungID	Aufsteigend
	artikelID	Aufsteigend
PrimaryKey	bestellpostenID	Aufsteigend

Abbildung 5.4 Eindeutiger Index über zwei Felder

5.2.7 Übungsaufgabe

Legen Sie die vier restlichen Tabellen der Datenbank *fahrzeugvermietung.accdb* an: fahrzeugtyp, fahrzeug, vermietung und wartungsposten. Es geht noch nicht um Beziehungen zwischen den Tabellen, sondern nur um die Felder der Tabellen und ihre Eigenschaften.

Sie finden die Lösung dieser Übungsaufgabe im Downloadpaket. Die Lösung mit Erläuterungen zu den einzelnen Feldern der Datenbanktabellen finden Sie in Abschnitt A.6.

5.2.8 Daten für die Tabellen

Eine Eingabe und Pflege von Daten für die miteinander verbundenen Tabellen ist erst dann sinnvoll und komfortabel möglich, nachdem die Beziehungen zwischen den Tabellen und die Formulare zur Eingabe der Daten erstellt wurden.

Reihenfolge

Ein Beispiel: In Abbildung 5.5 sehen Sie die Beispieldaten in der Tabelle bestellposten. Die Eingabe und Pflege dieser Daten direkt in der Tabelle ist möglich, aber recht schwierig. Die wichtigsten Daten stehen in den ID-Feldern. Diese ID-Felder wiederum bestehen nur aus Zahlen, unter denen man sich zunächst nichts vorstellen kann. Daher erfolgt die Eingabe der Beispieldaten erst in Abschnitt 5.5.

Daten in ID-Feldern

bestellposten			
bestellpostenID	bestellungID	artikelID	menge
45	22	22	1
46	20	22	1
47	20	25	4
48	20	30	9
49	21	23	2

Abbildung 5.5 Daten der Tabelle »bestellposten«

5.3 Beziehungen erstellen

In diesem Abschnitt wird erläutert, wie Sie die Beziehungen zwischen den Tabellen der Datenbank in der Datei *handel.accdb* erzeugen können.

5.3.1 Die Beziehungsansicht

Die Beziehungen werden in der BEZIEHUNGSANSICHT erzeugt. In dieser Ansicht werden die Tabellen und die Beziehungen zwischen den Tabellen übersichtlich dargestellt.

Werkzeug zur Modellierung

Hinweis: Die BEZIEHUNGSANSICHT von MS Access nutze ich häufig zur Modellierung von relationalen Datenbanken. Sie ist so gut zu bedienen, dass ich sie auch zur Modellierung von Datenbanken anderer relationaler Datenbanksysteme verwende, wie zum Beispiel MySQL.

Öffnen Sie die Ansicht mithilfe der Schaltfläche DATENBANKTOOLS • BEZIEHUNGEN • BEZIEHUNGEN. Zunächst ist die BEZIEHUNGSANSICHT leer. Blenden Sie eine Liste von Objekten Ihrer Datenbank mithilfe der Schaltfläche ENTWURF • BEZIEHUNGEN • TABELLE ANZEIGEN ein.

Tabellen hinzufügen

Es erscheint das Dialogfeld TABELLE ANZEIGEN. Auf der Registerkarte TABELLEN sehen Sie eine Liste der Tabellen. Markieren Sie alle Tabellen und betätigen Sie die Schaltfläche HINZUFÜGEN. Die Tabellen erscheinen in der BEZIEHUNGSANSICHT. Nach Betätigung der Schaltfläche SCHLIESSEN können Sie in der Ansicht arbeiten.

Tabellen verschieben

Im Kopf jeder abgebildeten Tabelle steht der Name der Tabelle, darunter stehen die Namen der Felder. Das Primärschlüsselfeld ist deutlich gekennzeichnet. Sie können die Tabellen im Tabellenkopf mithilfe der Maus anfassen und per *Drag-and-drop* verschieben.

Größe ändern

Die Höhe und die Breite der Tabellenrechtecke lässt sich durch Anfassen an einem der Ränder oder an einer der Ecken mithilfe der Maus verändern. Verschieben Sie die Tabellen und ändern Sie ihre Größe, so dass sich ungefähr eine Anordnung wie in Abbildung 5.6 ergibt.

Tabellenanzeige löschen

Falls Sie eine Tabelle markieren und anschließend die [Entf]-Taste betätigen, verschwindet die Tabelle aus der Beziehungsansicht. Sie löschen damit natürlich nicht die Tabelle. Sie können sie nach erneutem Einblenden des Dialogfelds TABELLE ANZEIGEN wieder sichtbar machen. Sie können sich eine Tabelle auch mehrfach in der Ansicht anzeigen lassen. Das wird hier aber nicht benötigt.

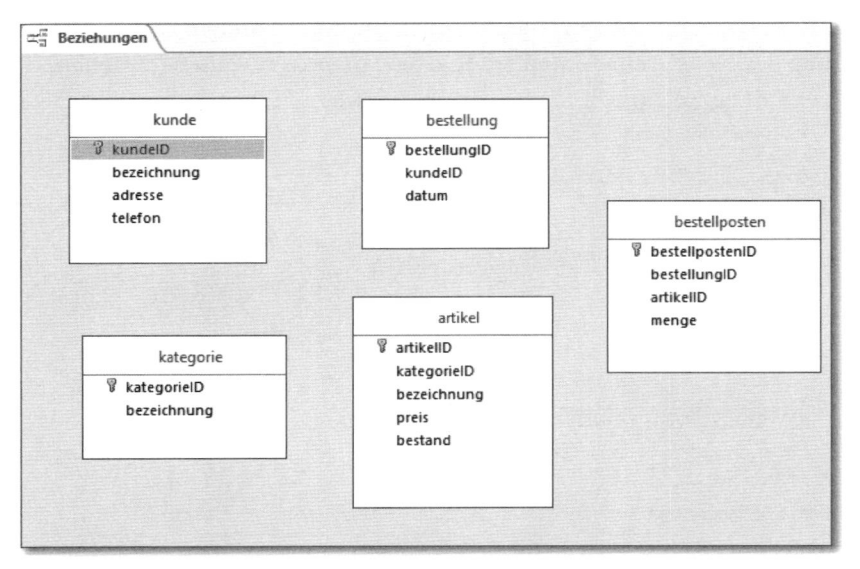

Abbildung 5.6 Tabellen in der Beziehungsansicht

Sie können die Beziehungsansicht mithilfe der Schaltfläche ENTWURF • BEZIEHUNGEN • SCHLIESSEN schließen. Falls Sie zuvor eine Änderung des Layouts vorgenommen haben, muss gespeichert werden. Beim nächsten Aufruf erscheint die Beziehungsansicht in der zuvor gespeicherten Darstellung.

Schließen und Speichern

5.3.2 Eine Beziehung erstellen

Als Erstes soll die *1:n-Beziehung* zwischen den beiden Tabellen kunde und bestellung über die beiden Felder mit dem Namen kundeID erzeugt werden.

Erste Beziehung

Ziehen Sie dazu das Feld kundeID der Tabelle kunde per *Drag-and-drop* auf das Feld kundeID der Tabelle bestellung. Drücken Sie also die Maustaste, wenn die Spitze des Mauspfeils über dem Feld kundeID der Tabelle kunde liegt, halten Sie die Maustaste gedrückt, ziehen Sie die Maus zur Tabelle bestellung, bis die Spitze des Mauspfeils auf das Feld kundeID zeigt. Lassen Sie dann die Maustaste los.

Feld ziehen und loslassen

Es erscheint das Dialogfeld BEZIEHUNGEN BEARBEITEN, siehe Abbildung 5.7. Stellen Sie sicher, dass in den beiden Feldern TABELLE/ABFRAGE und VERWANDTE TABELLE/ABFRAGE die Tabellen kunde und bestellung jeweils mit dem Feld kundeID erscheinen. Markieren Sie nur das Kontrollkästchen

Beziehung bearbeiten

MIT REFERENTIELLER INTEGRITÄT, nicht die beiden anderen. Eine Erläuterung dazu folgt weiter unten. Im Feld BEZIEHUNGSTYP muss *1:n* stehen.

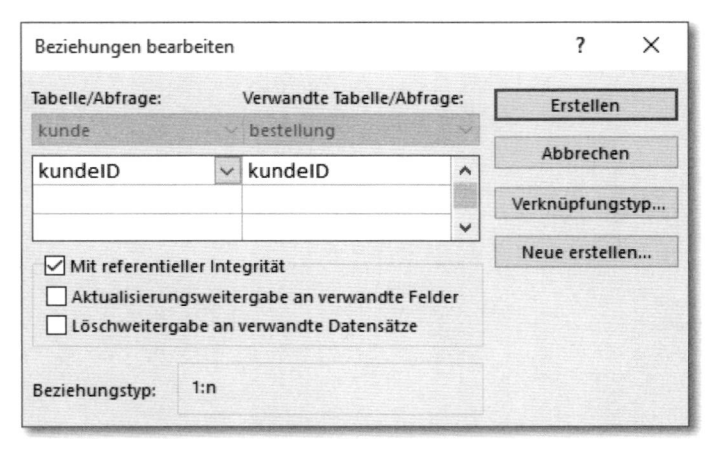

Abbildung 5.7 Einstellungen für die Beziehung

Nach Betätigung der Schaltfläche ERSTELLEN schließt sich das Dialogfeld und die *1:n-Beziehung* ist erstellt, siehe Abbildung 5.8.

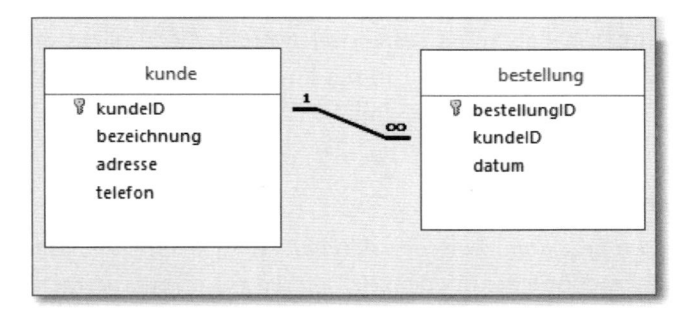

Abbildung 5.8 Beziehung ist erstellt

Mögliche Fehler — Sollte einer der Schritte zur Erstellung nicht wie hier beschrieben verlaufen sein, sollte eine Fehlermeldung erscheinen oder sollte keine *1:n-Beziehung* erzeugt worden sein, dann kann dies unterschiedliche Ursachen haben. Prüfen und beheben Sie folgende möglichen Fehler:

- ▶ Sie versuchen, die falschen Felder miteinander zu verbinden.
- ▶ Sie versuchen, Felder miteinander zu verbinden, die nicht denselben Datentyp haben.

Sie markieren das Kontrollkästchen MIT REFERENTIELLER INTEGRITÄT. Dank dieser Einstellung erscheint eine Fehlermeldung, falls der Inhalt von einem oder mehreren Datensätzen in den beiden miteinander verbundenen Feldern die Beziehung verletzen würde. Zwei Beispiele:

Referentielle Integrität

- Sie haben in der Tabelle kunde nur drei Kunden, mit den Werten 3, 4 und 8 für das Feld kundeID. In der Tabelle bestellung kann aufgrund der referentiellen Integrität im Feld kundeID nur einer dieser drei Werte eingetragen werden. Nur existierende Kunden können also eine Bestellung vornehmen.
- Falls es Bestellungen zu einem bestimmten Kunden gibt, dann können Sie für diesen Kunden in der Tabelle kunde aufgrund der referentiellen Integrität den Wert im Feld kundeID nicht ändern oder löschen. Ansonsten würden die betreffenden Bestellungen ihren Bezug zur Tabelle der Kunden verlieren.

Sie markieren die Kontrollkästchen AKTUALISIERUNGSWEITERGABE AN VERWANDTE FELDER und LÖSCHWEITERGABE AN VERWANDTE DATENSÄTZE bewusst *nicht*. Falls Sie sie markieren würden, hätte dies einige unerwünschte Folgen. Die Änderungen oder Löschungen der Inhalte der miteinander verbundenen Felder würden sich gegebenenfalls auf mehrere Datensätze auswirken.

Weitergabe

Ein Beispiel: Sie löschen den Datensatz eines Kunden, der bereits mehrere Bestellungen vorgenommen hat. Dann würden auch alle Datensätze mit Bestellungen dieses Kunden gelöscht werden. Zu diesen Bestellungen würden auch alle Bestellposten gelöscht werden.

Erstellen Sie nun die drei anderen Beziehungen innerhalb der Datenbank mit den gleichen Einstellungen:

Weitere Beziehungen

- von der Tabelle bestellung zur Tabelle bestellposten über die beiden Felder mit dem Namen bestellungID
- von der Tabelle kategorie zur Tabelle artikel über die beiden Felder mit dem Namen kategorieID
- von der Tabelle artikel zur Tabelle bestellposten über die beiden Felder mit dem Namen artikelID

Nach Erstellung aller Beziehungen ergibt sich ein Bild, wie Sie es in Abbildung 5.9 sehen.

5 Eine komplexe Anwendung realisieren

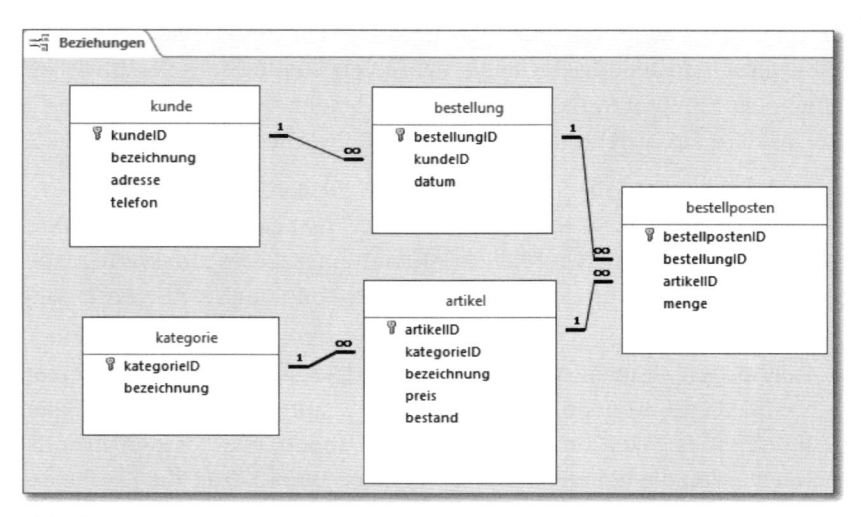

Abbildung 5.9 Beziehungen in der Datenbank

5.3.3 Beziehungen ändern, löschen und drucken

Beziehung markieren

Sie können eine Beziehung nach der Markierung in der Beziehungsansicht ändern oder löschen. Klicken Sie zum Markieren mit der Spitze des Mauspfeils genau auf die Verbindungslinie der Beziehung. Sie wird dann etwas dicker dargestellt:

Beziehung bearbeiten

▶ Zum Ändern können Sie im Kontextmenü den Eintrag BEZIEHUNG BEARBEITEN wählen oder die Schalfläche ENTWURF • TOOLS • BEZIEHUNGEN BEARBEITEN betätigen. Beide Wege führen zum Dialogfeld BEZIEHUNGEN BEARBEITEN, in dem Sie die Änderungen vornehmen können.

Beziehung löschen

▶ Zum Löschen können Sie die [Entf]-Taste betätigen oder im Kontextmenü den Eintrag LÖSCHEN wählen. Nach einer Rückfrage wird anschließend die Beziehung gelöscht.

Zur Verdeutlichung des Aufbaus der Datenbank – ob nun für Sie selbst oder zur Weitergabe an andere Personen – ist es nützlich, einen Ausdruck der Beziehungsansicht zu erstellen. Hier haben Sie zwei Möglichkeiten:

Beziehungsbericht

▶ Sie können mithilfe der Schaltfläche ENTWURF • TOOLS • BEZIEHUNGSBERICHT einen Bericht erstellen, der der Beziehungsansicht ähnelt. Diesen Bericht können Sie anschließend über die Schaltfläche SEITENANSICHT • DRUCKEN • DRUCKEN drucken. Nach dem Schließen der Seitenansicht über die Schaltfläche SEITENANSICHT • VORSCHAU SCHLIEssen • Seitenansicht schliessen können Sie den Bericht schließen – mit oder ohne Speicherung.

▶ Sie können einen Screenshot erstellen, zum Beispiel mithilfe des entsprechenden Windows-Programms oder der Freeware XnView. Diesen können Sie anschließend ausdrucken. Im Ausdruck sind zusätzlich die Primärschlüsselfelder erkennbar.

Screenshot

Falls Sie innerhalb einer Tabelle ein Feld hinzufügen, ändern oder löschen möchten, dann können Sie den Entwurf der betreffenden Tabelle direkt von der Beziehungsansicht aus ändern. Klicken Sie dazu mit der rechten Maustaste auf die Tabelle und rufen Sie im Kontextmenü den Eintrag Tabellenentwurf auf. Ändern Sie den Entwurf der Tabelle, speichern und schließen Sie sie. Anschließend haben Sie die geänderte Tabelle in der Beziehungsansicht wieder vor sich.

Tabellenentwurf ändern

5.3.4 Übungsaufgabe

Erstellen Sie die Beziehungen zwischen den Tabellen der Datenbank *fahrzeugvermietung.accdb* gemäß dem Datenbankmodell aus Abschnitt A.1. Sie finden die Lösung dieser Übungsaufgabe im Downloadpaket. Erläuterungen zur Lösung finden Sie in Abschnitt A.7.

Übung

5.4 Abfragen über mehrere Tabellen

Im Abschnitt 5.5 werden Sie Formulare zur Eingabe und Pflege von Daten in den Tabellen der Datenbank in der Datei *handel.accdb* erstellen. Jedes Formular kann Kombinationsfelder und Unterformulare enthalten, in denen Sie Daten aus weiteren Tabellen auswählen oder eingeben können, die mit der jeweiligen Haupttabelle verbunden sind.

Ein Beispiel: Im Formular zur Eingabe und Pflege von Bestellungen geben Sie nicht nur das Bestelldatum ein, sondern wählen auch den Kunden aus, der die betreffende Bestellung vornimmt. Außerdem wählen Sie die einzelnen Artikel aus, die bestellt werden sollen, und geben ihre Menge ein. Dieses Formular greift also auf Daten aus vier Tabellen zu.

Formulare über mehrere Tabellen

Zur Erzeugung dieses Typs von Formularen benötigen Sie Abfragen, die Daten aus mehreren Tabellen zusammenführen. In diesem Abschnitt lernen Sie solche Abfragen kennen. Die Abfragen basieren normalerweise auf den

Feste und temporäre Beziehungen

vorhandenen festen Beziehungen zwischen den Tabellen. Innerhalb einer Abfrage können Sie aber auch neue Beziehungen temporär erstellen oder vorhandene feste Beziehungen temporär löschen, siehe Abschnitt 6.7.9.

Hinweis: Die Beispielabfragen dieses Abschnitts zeigen Daten, die teilweise erst später eingegeben werden, in Abschnitt 5.5. Dieser Widerspruch lässt sich leider nicht auflösen, denn das Verständnis für diese Abfragen ist wiederum für die Erstellung der Formulare notwendig. Zur Erstellung der Abfragen können Sie aber einfach die fertige Datenbank *handel.accdb* aus dem Downloadpaket nehmen.

5.4.1 Alle Kunden

Zum Einstieg sollen zunächst alle Kunden angezeigt werden.

Inhalte aus einer Tabelle

Es wird eine Abfrage mit dem Namen Alle Kunden erstellt, in der für jeden Kunden die Inhalte der Felder kundeID, bezeichnung und adresse angezeigt werden, sortiert nach den beiden letztgenannten Feldern, siehe Abbildung 5.10.

kundeID	bezeichnung	adresse
21	Ahrens	Bochum
19	Heinemann	Soest
18	Klein	Köln
20	Kremer	Bonn
12	Maier	Köln
15	Naumann	Dortmund
14	Peters	Münster
17	Seifert	Bochum
13	Seifert	Dortmund
16	Stober	Dortmund

Abbildung 5.10 Alle Kunden

Eindeutige ID

Die Inhalte des Felds kundeID können bei Ihnen natürlich anders aussehen. Das hängt davon ab, ob einzelne Kunden bereits hinzugefügt, verändert oder gelöscht wurden. Wichtig ist nur, dass der Eintrag in diesem Feld eindeutig ist.

Erstellen Sie eine neue Abfrage mit den drei gezeigten Feldern. Wählen Sie für die beiden Spalten bezeichnung und adresse die Sortierung AUFSTEIGEND, siehe Abbildung 5.11.

5.4 Abfragen über mehrere Tabellen

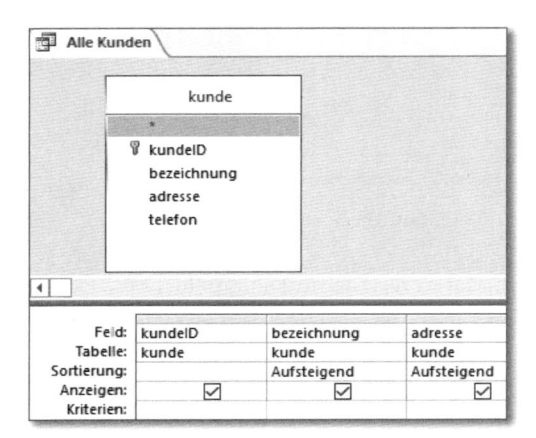

Abbildung 5.11 Entwurf für »Alle Kunden«

Die Abfrage bezieht sich nur auf die Kunden. Es wird noch keine Information darüber geliefert, ob diese Kunden bereits Bestellungen vorgenommen haben. Auch die Anzahl der Bestellungen eines Kunden lässt sich noch nicht erkennen. Das folgt erst im nächsten Abschnitt.

Nur Tabelle »kunde«

Die Abfrage ist der Ausgangspunkt zur Entwicklung einer komplexen Abfrage mit Inhalten aus vier Tabellen, Gruppierungen und berechneten Ausdrücken. Sie wird im Folgenden über mehrere Abschnitte hinweg schrittweise entwickelt.

Schrittweise Entwicklung

Ich empfehle Ihnen diese Vorgehensweise auch bei Ihren eigenen Abfragen: Fügen Sie die Felder einzeln hinzu, beginnend mit den Feldern der Tabelle der »höchsten« Master-Seite, hier also der Tabelle kunde. Kontrollieren Sie zwischenzeitlich das Ergebnis Ihrer Abfrage mithilfe der Schaltfläche ENTWURF • ERGEBNISSE • AUSFÜHREN, bevor Sie sie endgültig abspeichern.

5.4.2 Ein Kunde, mit Bestellungen

Es sollen alle Bestellungen eines bestimmten Kunden angezeigt werden.

Es wird eine Abfrage mit dem Namen Ein Kunde, mit Bestellungen erstellt. Es handelt sich um eine Erweiterung der Abfrage aus Abschnitt 5.4.1. In den ersten drei Spalten in Abbildung 5.12 sehen Sie Informationen aus der Tabelle kunde: die Felder kundeID, bezeichnung und adresse. In den beiden anderen Spalten stehen Inhalte aus der Tabelle bestellung: die Felder datum und bestellungID.

Inhalte aus zwei Tabellen

5 Eine komplexe Anwendung realisieren

kundeID	bezeichnung	adresse	datum	bestellungID
17	Seifert	Bochum	10.11.15	18
17	Seifert	Bochum	10.11.15	22
17	Seifert	Bochum	29.11.15	23
17	Seifert	Bochum	15.12.15	17

Abbildung 5.12 Ein Kunde und seine Bestellungen

Tabellen hinzufügen — Erstellen Sie eine neue Abfrage. Markieren Sie im Dialogfeld TABELLE ANZEIGEN nacheinander die beiden Tabellen kunde und bestellung und fügen Sie sie mithilfe der Schaltfläche HINZUFÜGEN zum Entwurf der Abfrage hinzu. Im Dialogfeld können Sie sie auch beide gleichzeitig mithilfe der ⌈Strg⌉-Taste markieren und hinzufügen.

Nur zusammenhängende Daten — Im Abfrageentwurf erscheinen beide Tabellen inklusive ihrer bereits vorhandenen Beziehung, siehe Abbildung 5.13. Sollte dies nicht der Fall sein, haben Sie es vorher versäumt, die Beziehung zu erstellen. Sie sollten dann die Abfrage schließen, ohne zu speichern, und zunächst die Beziehung erstellen. Die Beziehung sorgt dafür, dass im Abfrageergebnis nur die zusammenhängenden Informationen aus den beiden Tabellen erscheinen.

Felder und Sortierung — Ziehen Sie die angezeigten Felder aus den beiden Tabellen in den unteren Teil des Abfrageentwurfs. Wählen Sie für die vier letzten Spalten die Sortierung AUFSTEIGEND, siehe ebenfalls Abbildung 5.13.

Feld:	kundeID	bezeichnung	adresse	datum	bestellungID
Tabelle:	kunde	kunde	kunde	bestellung	bestellung
Sortierung:		Aufsteigend	Aufsteigend	Aufsteigend	Aufsteigend
Anzeigen:	☑	☑	☑	☑	☑
Kriterien:	17				

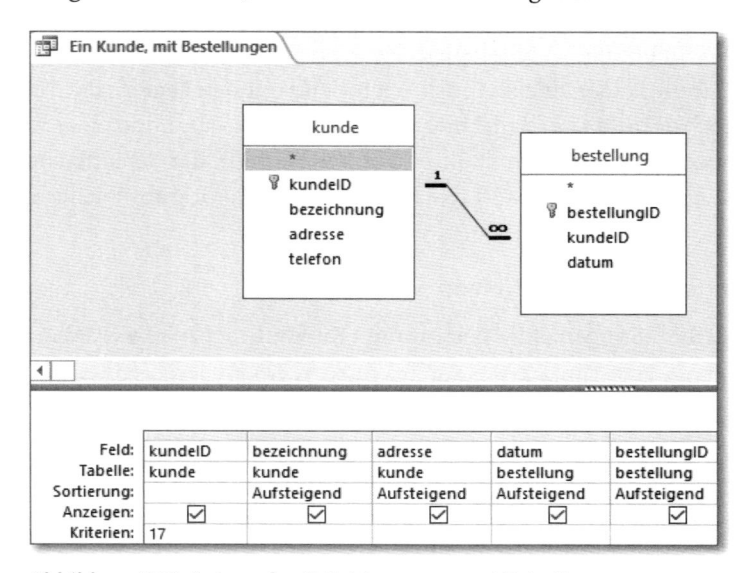

Abbildung 5.13 Entwurf, mit Feldern aus zwei Tabellen

5.4 Abfragen über mehrere Tabellen

Tragen Sie noch kein Kriterium ein und führen Sie die Abfrage einmal aus. Es erscheint eine Liste aller Bestellungen aller Kunden, siehe Abbildung 5.14.

Ohne Kriterium

kundeID	bezeichnung	adresse	datum	bestellungID
21	Ahrens	Bochum	03.12.15	25
20	Kremer	Bonn	06.12.15	19
20	Kremer	Bonn	11.12.15	24
17	Seifert	Bochum	10.11.15	18
17	Seifert	Bochum	10.11.15	22
17	Seifert	Bochum	29.11.15	23
17	Seifert	Bochum	15.12.15	17
13	Seifert	Dortmund	18.11.15	20
13	Seifert	Dortmund	29.11.15	21

Abbildung 5.14 Alle Kunden und ihre Bestellungen

In den ersten drei Spalten sehen Sie jeweils Informationen über den Kunden, der die Bestellung vorgenommen hat. Falls er mehrere Bestellungen ausgeführt hat, erscheinen seine Daten mehrmals. In den beiden anderen Spalten sehen Sie pro Bestellung das jeweilige Datum und den Inhalt des eindeutigen Felds bestellungID. Falls ein Kunde an einem Tag mehrere Bestellungen vorgenommen hat, unterscheiden sich die Zeilen nur im Feld bestellungID.

Nur Kunden mit Bestellungen

Kunden, die noch gar keine Bestellung vorgenommen haben, erscheinen nicht in der Liste, da es keine zusammenhängenden Informationen aus beiden Tabellen für sie gibt.

Tragen Sie nun das Kriterium ein, also den Inhalt des Felds kundeID für den Kunden Seifert aus Bochum. In meinem Fall ist das der Wert 17, siehe Abbildung 5.13. Führen Sie die Abfrage wiederum aus. Es erscheint die Liste der Bestellungen dieses einen Kunden, siehe Abbildung 5.12.

Mit Kriterium

5.4.3 Tabellen hinzufügen und löschen

Sollten Sie während der Entwicklung einer Abfrage feststellen, dass Sie noch die Inhalte einer weiteren Tabelle benötigen, können Sie das Dialogfeld TABELLE ANZEIGEN jederzeit mithilfe der Schaltfläche ENTWURF • ABFRAGESETUP • TABELLE ANZEIGEN einblenden.

Weitere Tabellen hinzufügen

Sollten Sie versehentlich eine Tabelle doppelt hinzugefügt haben, zum Beispiel die Tabelle kunde, dann erscheinen im Abfrageentwurf die Tabellen kunde und kunde_1.

5　Eine komplexe Anwendung realisieren

Tabellen aus Anzeige löschen

Sie können die Anzeige einer Tabelle im Abfrageentwurf nach dem Markieren löschen. Zum Markieren können Sie sie an einer beliebigen Stelle anklicken. Betätigen Sie anschließend die [Entf]-Taste. Hinweis: Beim Löschen einer Tabelle im Abfrageentwurf werden auch alle Felder und Ausdrücke mit Feldern dieser Tabelle gelöscht!

5.4.4　Ein Kunde, mit Bestellungen und Bestellposten

Es sollen alle Bestellungen inklusive aller Bestellposten für einen bestimmten Kunden angezeigt werden.

Inhalte aus drei Tabellen

Es wird eine Abfrage mit dem Namen Ein Kunde, mit Bestellungen und Bestellposten erstellt. Es handelt sich um eine Erweiterung der Abfrage aus Abschnitt 5.4.2. In den ersten drei Spalten in Abbildung 5.15 sehen Sie Informationen aus der Tabelle kunde: die Felder kundeID, bezeichnung und adresse. In den nächsten beiden Spalten stehen Inhalte aus der Tabelle bestellung: die Felder datum und bestellungID. Die letzten beiden Spalten beinhalten die Felder artikelID und menge aus der Tabelle bestellposten.

kundeID	bezeichnung	adresse	datum	bestellungID	artikelID	menge
17	Seifert	Bochum	10.11.15	18	25	4
17	Seifert	Bochum	10.11.15	18	29	8
17	Seifert	Bochum	10.11.15	22	22	1
17	Seifert	Bochum	10.11.15	22	31	10
17	Seifert	Bochum	29.11.15	23	24	3
17	Seifert	Bochum	29.11.15	23	25	4
17	Seifert	Bochum	29.11.15	23	26	1
17	Seifert	Bochum	15.12.15	17	25	1
17	Seifert	Bochum	15.12.15	17	26	5

Abbildung 5.15 Ein Kunde und seine Bestellungen mit Bestellposten

Tabellen und Felder

Erstellen Sie eine neue Abfrage aus den drei Tabellen kunde, bestellung und bestellposten. Die Tabellen erscheinen inklusive ihrer Beziehungen. Ziehen Sie die angezeigten Felder aus den drei Tabellen in den unteren Teil des Abfrageentwurfs.

Sortierung und Kriterium

Wählen Sie für insgesamt fünf Spalten die Sortierung AUFSTEIGEND. Tragen Sie das Kriterium ein, also den Inhalt des Felds kundeID für den Kunden Seifert aus Bochum. In meinem Fall ist das der Wert 17, siehe Abbildung 5.16.

5.4 Abfragen über mehrere Tabellen

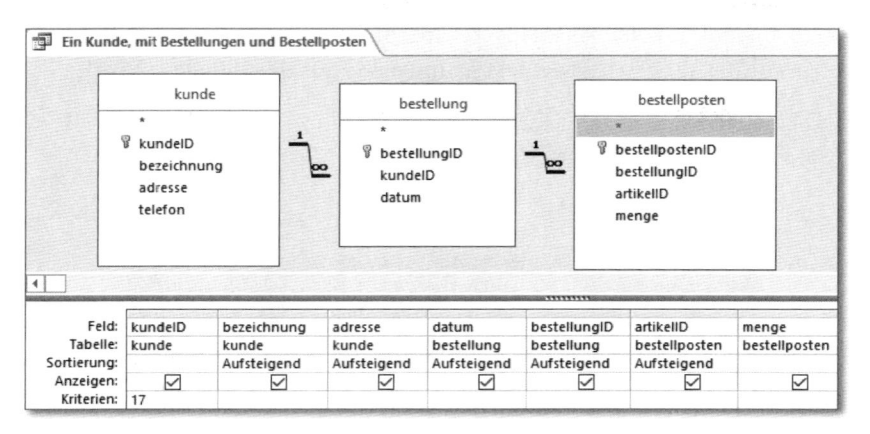

Abbildung 5.16 Entwurf, mit Feldern aus drei Tabellen

Falls eine Bestellung mehrere Bestellposten umfasst, erscheinen ihre Daten mehrmals. Die jeweiligen Zeilen unterscheiden sich dann nur im Feld artikelID. Das liegt daran, dass für die Tabelle bestellposten ein eindeutiger Index auf die Kombination der beiden Felder bestellungID und artikelID definiert wurde. Mit anderen Worten: Ein bestimmter Artikel erscheint innerhalb einer bestimmten Bestellung nur einmal.

Eindeutige Kombination

Sollte eine Bestellung noch gar keinen Bestellposten beinhalten, dann erscheint sie nicht in der Liste, da es keine zusammenhängenden Informationen aus den Tabellen für sie gibt.

Nur Bestellungen mit Bestellposten

5.4.5 Ein Kunde, mit Bestellungen und Artikeln

Es sollen alle Bestellungen inklusive aller Bestellposten und der zugehörigen Artikelinformationen für einen bestimmten Kunden angezeigt werden.

Es wird eine Abfrage mit dem Namen Ein Kunde, mit Bestellungen und Artikeln erstellt. Es handelt sich um eine Erweiterung der Abfrage aus Abschnitt 5.4.4. Die Darstellung des Ergebnisses wird zur besseren Übersicht aufgeteilt: der linke Teil in Abbildung 5.17, der rechte Teil in Abbildung 5.18.

Inhalte aus vier Tabellen

In den ersten drei Spalten sehen Sie Informationen aus der Tabelle kunde: die Felder kundeID, bezeichnung und adresse. In den nächsten beiden Spalten stehen Inhalte aus der Tabelle bestellung: die Felder datum und bestellungID. Die letzten vier Spalten beinhalten nacheinander die Felder: artikelID aus der Tabelle bestellposten, bezeichnung aus der Tabelle artikel, menge aus der Tabelle bestellposten und preis aus der Tabelle artikel.

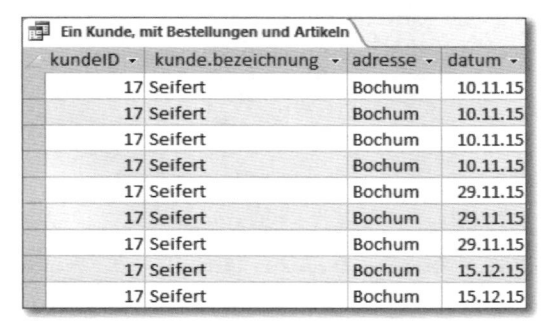

kundeID	kunde.bezeichnung	adresse	datum
17	Seifert	Bochum	10.11.15
17	Seifert	Bochum	10.11.15
17	Seifert	Bochum	10.11.15
17	Seifert	Bochum	10.11.15
17	Seifert	Bochum	29.11.15
17	Seifert	Bochum	29.11.15
17	Seifert	Bochum	29.11.15
17	Seifert	Bochum	15.12.15
17	Seifert	Bochum	15.12.15

Abbildung 5.17 Linker Teil

bestellungID	artikelID	artikel.bezeichnung	menge	preis
18	29	Skihandschuhe	8	21,00 €
18	25	Wanderschuhe	4	75,80 €
22	31	Halbschuhe	10	55,95 €
22	22	Sommerhemd	1	25,15 €
23	26	Regenjacke	1	25,30 €
23	25	Wanderschuhe	4	75,80 €
23	24	Winterjacke	3	68,90 €
17	26	Regenjacke	5	25,30 €
17	25	Wanderschuhe	1	75,80 €

Abbildung 5.18 Rechter Teil

Tabellenname. Feldname	Da der Name bezeichnung für zwei verschiedene Felder existiert, setzt MS Access in der Ausgabe automatisch den Namen der Tabelle und einen Punkt davor. Es erscheinen also die beiden eindeutigen Spaltenüberschriften kunde.bezeichnung und artikel.bezeichnung.
Tabellen und Felder	Erstellen Sie eine neue Abfrage aus den vier Tabellen kunde, bestellung, bestellposten und artikel. Die Tabellen erscheinen inklusive ihrer Beziehungen. Ziehen Sie die angezeigten Felder aus den vier Tabellen in den unteren Teil des Abfrageentwurfs.
Sortierung und Kriterium	Wählen Sie für insgesamt fünf Spalten die Sortierung AUFSTEIGEND, diesmal für das Feld bezeichnung aus der Tabelle artikel statt für das Feld artikelID. Tragen Sie das Kriterium ein, also den Inhalt des Felds kundeID für den Kunden Seifert aus Bochum. In meinem Fall ist das der Wert 17, siehe Abbildung 5.19.

5.5 Formulare über mehrere Tabellen

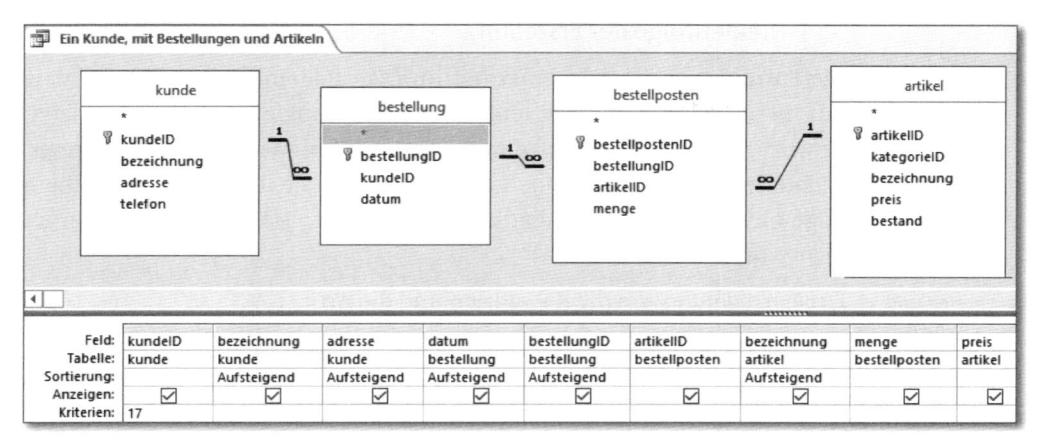

Abbildung 5.19 Entwurf, mit Feldern aus vier Tabellen

Die Anzahl der Zeilen ist gegenüber der Abfrage aus Abschnitt 5.4.4 gleich geblieben. Die Inhalte sind allerdings etwas informativer. Sie sehen nicht nur die eindeutige ID jedes Artikels, sondern auch seinen Namen und seinen Preis. Die Abfrage wird in Abschnitt 6.7 weiterentwickelt. Es kommen noch Gruppierungen und berechnete Ausdrücke hinzu.

Weitere Entwicklung

5.5 Formulare über mehrere Tabellen

In diesem Abschnitt erstellen Sie insgesamt fünf Formulare für die Datenbank *handel.accdb*. Sie dienen zur Eingabe und Pflege der Kunden, Bestellungen, Artikel und Kategorien sowie als Startformular für die Anwendung. Die Formulare enthalten neben Textfeldern, Listenfeldern und Schaltflächen auch *Kombinationsfelder* und *Unterformulare*. Die letztgenannten Steuerelemente unterstützen besonders die komfortable und sinnvolle Eingabe und Pflege von Daten innerhalb von mehreren miteinander verbundenen Tabellen.

Kombinationsfelder, Unterformulare

Die Gesamtheit der Formulare stellt die Benutzeroberfläche für die Anwendung dar. Die Daten können jeweils an den Stellen, die für den Benutzer eindeutig und sinnvoll sind, eingegeben und gepflegt werden.

Eindeutige Eingabe

Einige Daten werden zur besseren Übersicht noch an anderer Stelle dargestellt. Das geschieht von einem anderen Gesichtspunkt aus, in gesperrten, also schreibgeschützten Feldern.

Gesperrtes Feld

5.5.1 Reihenfolge der Erstellung

Die Formulare sollten in einer bestimmten Reihenfolge erstellt werden. Auf diese Weise können in einem ersten Formular bereits Beispieldaten eingetragen werden, die wiederum die Erstellung weiterer Formulare erleichtern und verdeutlichen. Natürlich werden Sie diese »ideale« Reihenfolge nicht bei jeder Datenbank einhalten können. Sie soll Ihnen aber als Richtschnur dienen.

Kategorien und Artikel

Zunächst geht es um die Kategorien und die Artikel:

- Sie erstellen ein Formular zur Eingabe der Kategorien.
- Es folgt die Eingabe der Beispielkategorien.
- Anschließend erzeugen Sie das Formular zur Eingabe der Artikel. Dieses beinhaltet ein Kombinationsfeld zur Auswahl von Kategorien, in dem die bereits eingegebenen Beispielkategorien stehen.
- Nun können Sie die Beispielartikel eingeben.
- Sie ergänzen das Formular für die Kategorien mit einem Unterformular. Es zeigt eine Übersicht über die Artikel aus der jeweiligen Kategorie, in gesperrten Feldern.

Kunden und Bestellungen

Es folgen die Kunden und die Bestellungen:

- Sie erstellen ein einfaches Formular für die Tabelle der Kunden.
- Es folgt die Eingabe der Beispielkunden.
- Das Formular zur Eingabe und Pflege der Bestellungen erfordert den größten Aufwand. Es enthält unter anderem ein Listenfeld, dessen Inhalte aus mehreren Tabellen stammen, ein Kombinationsfeld und ein Unterformular. Insgesamt enthält es Daten aus vier Tabellen.
- Es folgt die Eingabe der Bestellungen und der Posten für diese Bestellungen. Die Daten der Posten werden im Unterformular unter anderem mithilfe eines Kombinationsfelds ausgewählt und zur Verdeutlichung teilweise in gesperrten Feldern dargestellt.
- Sie ergänzen das Formular für die Kunden mit einem Unterformular. Es zeigt eine Übersicht über die Bestellungen des jeweiligen Kunden in gesperrten Feldern.

Startformular

Als Letztes erstellen Sie das Startformular. Nach der Erstellung verbinden Sie jedes Formular mit dem Startformular, so dass ein Aufruf in beide Richtungen möglich ist: vom Startformular aus und zum Startformular zurück.

5.5.2 Kategorien, Formular und Daten

Erzeugen Sie ein Formular mit dem Namen kategorieF zur Eingabe der Kategorien. Wie Sie in Abbildung 5.20 sehen, beinhaltet es ein Textfeld, ein Listenfeld mit einer sichtbaren Spalte und drei Schaltflächen. Es enthält weder DATENSATZMARKIERER noch NAVIGATIONSSCHALTFLÄCHEN. Position und Größe der Steuerelemente sowie die Vorgehensweise der Erzeugung kennen Sie bereits aus dem Formular für die Tabelle der Kunden in Abschnitt 4.7.

Formular »kategorieF«

Zur Erinnerung: In den FORMULAREIGENSCHAFTEN finden Sie auf der Registerkarte FORMAT die beiden Eigenschaften DATENSATZMARKIERER und NAVIGATIONSSCHALTFLÄCHEN. Setzen Sie bei beiden Eigenschaften den Wert auf Nein.

Formulareigenschaften

Das Listenfeld beinhaltet die beiden Felder kategorieID und bezeichnung. Nur die zweite Spalte mit dem Feld bezeichnung ist sichtbar. Stellen Sie die Sortierung für dieses Feld mithilfe des ABFRAGE-GENERATORS über das Feld DATENSATZHERKUNFT ein.

Sortiertes Listenfeld

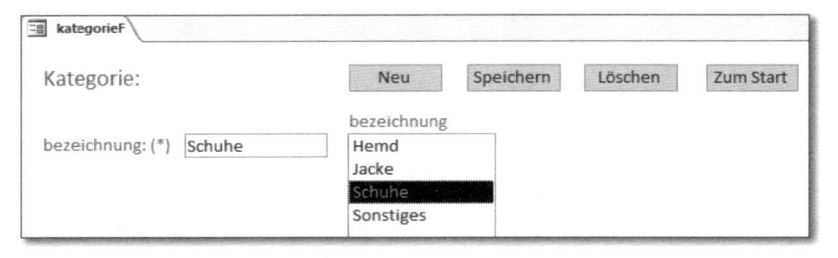

Abbildung 5.20 Formular für Kategorien, mit Daten

Tragen Sie mithilfe der Schaltflächen NEU und SPEICHERN die ersten vier Datensätze ein. Die Reihenfolge der Eingabe ist nicht wichtig, denn im Listenfeld werden die Datensätze sortiert dargestellt. Falls Sie einen Datensatz versehentlich falsch eintragen, überschreiben oder löschen, ist das auch kein Problem. Dadurch entstehen zwar eventuell Lücken bei den Werten im Feld kategorieID. Die Werte müssen aber nicht fortlaufend sein. Es reicht aus, wenn sie eindeutig sind.

Beispieldatensätze

5.5.3 Artikel, Formular

Erzeugen Sie ein Formular mit dem Namen artikelF zur Eingabe der Artikel. In Abbildung 5.21 sehen Sie, dass es mehrere Textfelder, ein Listenfeld

Formular »artikelF«

	mit einer Spalte und drei Schaltflächen beinhaltet. Es enthält weder DATENSATZMARKIERER noch NAVIGATIONSSCHALTFLÄCHEN.
Sortiertes Listenfeld	Das Listenfeld beinhaltet die beiden Felder artikelID und bezeichnung. Nur die zweite Spalte mit dem Feld bezeichnung ist sichtbar. Stellen Sie die Sortierung für dieses Feld mithilfe des ABFRAGE-GENERATORS über das Feld DATENSATZHERKUNFT ein.
Platz für Kombinationsfeld	An der Stelle des Textfelds für die Kategorie steht ein Kombinationsfeld. Das werden Sie später erzeugen. Lassen Sie den Platz für das Kombinationsfeld und sein Bezeichnungsfeld zunächst frei. Auch die Daten werden Sie erst später einfügen.

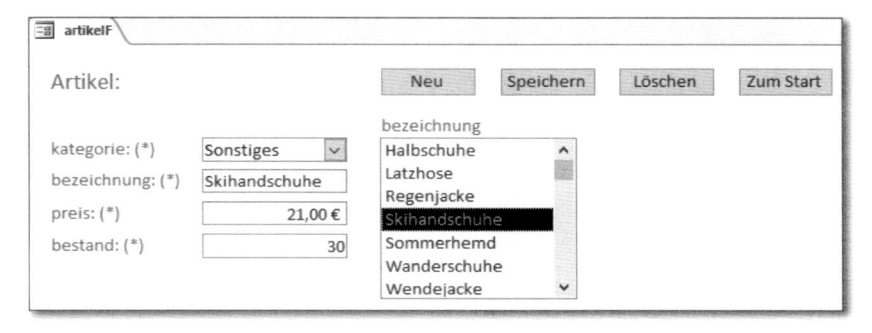

Abbildung 5.21 Formular für Artikel, mit Daten

Schaltflächen kopieren	Neben anderen Steuerelementen können Sie auch die drei Schaltflächen einfach aus dem Formular für die Kategorien hierher kopieren und an die passende Stelle verschieben. An den Aktionen in den drei Makros ändert sich nichts.

5.5.4 Artikel, Kombinationsfeld für Kategorien

Sortiertes Kombinationsfeld	Das Erstellen eines Kombinationsfelds ähnelt der Erstellung eines Listenfelds. Mithilfe des nachfolgenden Ablaufs wird ein sortiertes Kombinationsfeld zur Auswahl einer Kategorie für den aktuellen Artikel im Formular artikelF eingefügt. Intern wird der Inhalt des Felds kategorieID in der Tabelle der Artikel gespeichert, sichtbar ist aber die Bezeichnung der Kategorie.

In Abbildung 5.22 sehen Sie das Kombinationsfeld. Beim Aufklappen verdeckt es die anderen Textfelder kurzzeitig.

5.5 Formulare über mehrere Tabellen

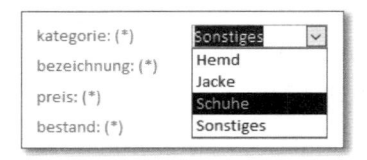

Abbildung 5.22 Aufgeklapptes Feld zur Auswahl der Kategorie

Achten Sie vor der Erzeugung des Kombinationsfelds darauf, dass der Steuerelement-Assistent innerhalb der Gruppe Steuerelemente eingeschaltet ist.

Sie finden das Steuerelement Kombinationsfeld als Element 11 in der Gruppe Steuerelemente. Ziehen Sie nach der Markierung des Steuerelements mithilfe der Maus ein Rechteck ungefähr an der gewünschten Stelle oberhalb der Textfelder auf.

Kombinationsfeld einfügen

Nach dem Aufziehen des Rechtecks öffnet sich der Kombinationsfeld-Assistent. Es gibt verschiedene Möglichkeiten für die Auswahl beziehungsweise Nutzung des Eintrags. Sie wählen die erste Option: Das Kombinationsfeld soll die Werte aus einer Tabelle oder Abfrage abrufen.

Kombinationsfeld-Assistent

Sie betätigen nun mehrmals die Schaltfläche Weiter und nehmen dabei verschiedene Einstellungen vor:

- Wählen Sie zunächst unten die Option Tabellen und dann oben die Tabelle Kategorie.   *Tabelle »kategorie«*

- Wählen Sie die Felder aus, die im Kombinationsfeld angezeigt werden sollen. Verschieben Sie dazu die Einträge kategorieID und bezeichnung in die Liste Ausgewählte Felder.   *Felder auswählen*

- Sie können eine oder mehrere Sortierungen für die Anzeige auswählen. Wählen Sie in der obersten Liste den Eintrag bezeichnung und belassen Sie die Schaltfläche rechts bei Aufsteigend.

- Die Breite der Felder lassen Sie unverändert. Die Schlüsselspalte bleibt ausgeblendet. Im Kombinationsfeld wird also nur die zweite Spalte angezeigt.   *Ohne Schlüsselspalte*

- Sie wählen die zweite Option: Wert speichern in Feld. Aus der Liste wählen Sie den Eintrag kategorieID. Damit sorgen Sie dafür, dass der Inhalt des Felds `kategorieID` des Datensatzes, den Sie im Kombinationsfeld auswählen, in die Tabelle der Artikel übernommen wird.   *Feld »kategorieID«*

	▶ Ein aussagekräftiger Name wird für das Kombinationsfeld nicht benötigt. Daher bleibt der vorgeschlagene Name bestehen.
Breiten einstellen	Nach Betätigung der Schaltfläche Fertig stellen erscheint das Kombinationsfeld im Formular. Stellen Sie den Wert für Spaltenbreiten auf 0cm;3cm. Es ist also nur die zweite Spalte sichtbar. Die Eigenschaft Listenbreite stellt die Summe der Spaltenbreiten des aufgeklappten Kombinationsfelds dar (hier: 3cm). Die Eigenschaft Breite steht für die Breite des noch zugeklappten Kombinationsfelds (hier auch: 3cm).
	Die restlichen Eigenschaften für Position und Größe des Kombinationsfelds und seines Bezeichnungsfelds stellen Sie wie gewohnt ein. Sollte ein Kombinationsfeld einmal nicht das gewünschte Ergebnis anzeigen, dann ist es oft einfacher, es komplett zu löschen und neu zu erzeugen.
Formular speichern	Rufen Sie das Formular in der Formularansicht auf und klappen Sie das Kombinationsfeld auf. Es sollte aussehen wie in Abbildung 5.22, mit den Inhalten der Tabelle der Kategorien. Speichern Sie das Formular artikelF.

5.5.5 Artikel, Abfrage für das Kombinationsfeld

Ähnlich wie bei einem Listenfeld werden die Datensätze für ein Kombinationsfeld intern mithilfe einer Abfrage zusammengestellt. Es kann vorkommen, dass Sie die Abfrage verändern müssen. Schauen Sie sich die Abfrage zum besseren Verständnis einmal an. Markieren Sie dazu das Kombinationsfeld in der Entwurfsansicht.

Gebundene Spalte	Auf der Registerkarte Daten finden Sie den Wert 1 für die Eigenschaft Gebundene Spalte. Es wird also der Wert des Felds in der ersten Spalte (kategorieID) in die Tabelle der Artikel übernommen, wie es in Abschnitt 5.5.4 eingestellt wurde. Die Einstellung für diese Spalte finden Sie auch wie folgt:
Datensatzherkunft	Klicken Sie – ebenfalls auf der Registerkarte Daten – in das Eingabefeld der Eigenschaft Datensatzherkunft. Betätigen Sie anschließend ganz rechts die Schaltfläche ... mit den drei Punkten. Es öffnet sich der Abfragegenerator mit dem Abfrageentwurf, siehe Abbildung 5.23.

Feld:	kategorieID	bezeichnung	[bezeichnung]
Tabelle:	kategorie	kategorie	kategorie
Sortierung:			Aufsteigend
Anzeigen:	☑	☑	☐
Kriterien:			

Abbildung 5.23 Abfrage für Kombinationsfeld, Original

In der zweiten Spalte sehen Sie das Feld bezeichnung, in der dritten Spalte die Sortierung für das Feld bezeichnung ohne eigene Anzeige. Sie können diese beiden Spalten vereinigen, siehe Abbildung 5.24. Beide Formen der Abfrage führen zum selben Ergebnis.

Abfrage-Generator

Feld:	kategorieID	bezeichnung
Tabelle:	kategorie	kategorie
Sortierung:		Aufsteigend
Anzeigen:	☑	☑
Kriterien:		

Abbildung 5.24 Abfrage für Kombinationsfeld, geändert

Schließen Sie den ABFRAGE-GENERATOR über die Schaltfläche ENTWURF • SCHLIESSEN • SCHLIESSEN oben rechts. Speichern Sie dabei die Änderungen am Entwurf der Abfrage, also an der SQL-Anweisung.

Abfrage speichern

5.5.6 Artikel, Daten

Tragen Sie die Beispieldatensätze aus Tabelle 5.1 im Formular artikelF ein. Die Kategorie wird jeweils über das Kombinationsfeld ausgewählt.

Kategorie	Bezeichnung	Preis	Bestand
Hemd	Sommerhemd	25,15 €	20
Sonstiges	Latzhose	38,20 €	10
Jacke	Winterjacke	68,90 €	15
Schuhe	Wanderschuhe	75,80 €	25
Jacke	Regenjacke	25,30 €	10
Jacke	Wendejacke	85,50 €	15
Sonstiges	Winterhandschuhe	15,10 €	15
Sonstiges	Skihandschuhe	21,00 €	30
Schuhe	Winterstiefel	78,85 €	10
Schuhe	Halbschuhe	55,95 €	30

Tabelle 5.1 Tabelle der Artikel, mit Bezeichnung der Kategorie

5.5.7 Kategorien, Unterformular für Artikel, Reihenfolge

Innerhalb des Formulars für die Kategorien liegt ein Unterformular mit einer Liste der Artikel. Sie erstellen es in zwei Schritten:

Unabhängiges Formularobjekt
- Sie erzeugen zunächst das Unterformular für die Artikel als eigenes, unabhängiges Formularobjekt. Es beinhaltet alle Artikel in Form einer Endlosliste. Das Formular »weiß« noch nichts davon, dass es später zu einem Unterformular in einem anderen Formular wird.

Einbetten als Unterformular
- Sie betten das soeben erzeugte Formular als Steuerelement vom Typ Unterformular in das Formular für die Kategorien ein. Dabei verknüpfen Sie die beiden Formulare über diejenigen Felder, die auch zur Erstellung der Beziehung zwischen den beiden zugehörigen Tabellen dienen: über die Felder mit dem Namen kategorieID. Anschließend werden im Unterformular nur noch die Artikel angezeigt, die zur jeweils aktuellen Kategorie gehören.

5.5.8 Kategorien, Unterformular für Artikel erzeugen

Formular »kategorieArtikelF«
Sie erzeugen in diesem Abschnitt ein Formular mit dem Namen kategorieArtikelF zur Darstellung der Artikel. Am Namen ist erkennbar, dass es später die Funktion eines Unterformulars für die Artikel hat, das in das Formular für die Kategorien eingebettet wird.

Endlosformular
In Abbildung 5.25 sehen Sie, dass das Formular das Aussehen einer Liste hat. Es ist ein sogenanntes Endlosformular: Alle Datensätze werden auf einmal und untereinander angezeigt. Im FORMULARKOPF stehen drei Bezeichnungsfelder und im DETAILBEREICH drei Textfelder. Es ähnelt einem Bericht und wird auch auf vergleichbare Weise erzeugt. Es enthält weder DATENSATZMARKIERER noch NAVIGATIONSSCHALTFLÄCHEN.

Abbildung 5.25 Endlosformular, mit allen Artikeln

Erzeugen Sie ein neues Formular mithilfe der Schaltfläche ERSTELLEN • FORMULARE • FORMULARENTWURF. Es soll sich auf die Tabelle der Artikel beziehen. Setzen Sie also in den FORMULAREIGENSCHAFTEN in der Registerkarte DATEN den Wert der Eigenschaft DATENSATZQUELLE auf den Wert artikel.

Tabelle »artikel«

Im Formular sollen keine Datensätze hinzugefügt werden können. Wählen Sie daher in der Registerkarte DATEN den Wert Nein für die Eigenschaft ANFÜGEN ZULASSEN. Damit wird am unteren Ende des Formulars der neue leere Datensatz ausgeblendet.

Keine neuen Datensätze

Setzen Sie in der Registerkarte FORMAT den Wert für BREITE auf 8,2cm (Erläuterung siehe unten) und die Werte der beiden Eigenschaften DATENSATZMARKIERER und NAVIGATIONSSCHALTFLÄCHEN auf Nein. Wählen Sie für die Eigenschaft STANDARDANSICHT den Wert Endlosformular.

Endlosformular

Klicken Sie einmal in den DETAILBEREICH. Wählen Sie im Kontextmenü den Eintrag FORMULARKOPF/-FUSS. Die betreffenden Elemente werden anschließend eingeblendet.

Formularkopf und -fuß

Ziehen Sie die Felder bezeichnung, preis und bestand aus der FELDLISTE in den DETAILBEREICH. Verschieben Sie die Bezeichnungsfelder der drei Felder in den FORMULARKOPF, ähnlich wie bei einem Bericht: durch Ausschneiden und Einfügen.

Steuerelemente einfügen

Legen Sie die Position und die Größe der Steuerelemente wie gewohnt fest, siehe auch Abschnitt 4.7. Wählen Sie also für BREITE: 3cm beziehungsweise 2cm, HÖHE: 0,5cm, OBEN: 0,2cm, LINKS: 0,2cm / 3,4cm / 5,6cm. Das Formular soll insgesamt nicht zu groß werden, daher sind die Felder für preis und bestand etwas kleiner als üblich.

Steuerelemente formatieren

Der Wert 8,2cm für die Breite des Formulars ergibt sich aus der Breite der eingefügten Felder. Diese haben zusammen eine Breite von 7,0cm. Links von den drei Elementen bleibt jeweils 0,2cm Platz. Am rechten Rand des Formulars bleibt 0,6cm Platz, damit gegebenenfalls eine Bildlaufleiste eingeblendet werden kann.

Die Werte sollen nur dargestellt, aber nicht verändert werden können. Setzen Sie daher für die drei Textfelder die Eigenschaft GESPERRT in der Registerkarte DATEN auf den Wert Ja.

Steuerelemente sperren

Gesperrte Felder sollen optisch leicht erkennbar sein. Setzen Sie daher die Eigenschaft HINTERGRUNDFARBE in der Registerkarte FORMAT auf den Wert #E0E0E0. Dadurch wird für die Anteile Rot, Grün und Blau einer Farbe

Bereiche formatieren	jeweils der hexadezimale Wert E0 gewählt. Auf diese Weise werden auch die Farben von Webseiten eingestellt. Es ergibt sich ein helles Grau. Klicken Sie nacheinander in den Kopf der drei Bereiche FORMULARKOPF, DETAILBEREICH und FORMULARFUSS. Stellen Sie die Werte für HÖHE auf 0,9cm / 0,9cm / 0cm. Damit wird der FORMULARFUSS wieder ausgeblendet.
Datensatzquelle	Wechseln Sie nun einmal zur Formularansicht: Es fehlt nur noch die Sortierung nach dem Feld bezeichnung. Sie wird auf die gleiche Weise vorgenommen wie bei den Listenfeldern und den Kombinationsfeldern: über die Eigenschaft DATENSATZQUELLE des Formulars. Dort steht bisher nur der Name der Tabelle artikel. Betätigen Sie die Schaltfläche ... mit den drei Punkten. Bestätigen Sie, dass Sie eine Abfrage erstellen möchten, die auf der Tabelle artikel basiert.
Abfrage-Generator	Es öffnet sich der ABFRAGE-GENERATOR:

- Ziehen Sie alle fünf Felder nacheinander in die Spalten im unteren Bereich. Auf diese Weise sorgen Sie dafür, dass im Formular die Inhalte alle Felder der Tabelle artikel zur Verfügung stehen.
- Wählen Sie für das Feld bezeichnung in der Zeile SORTIERUNG den Wert AUFSTEIGEND.

Formular speichern	Nach dem Schließen der Abfrage sehen Sie in der Formularansicht, dass das Endlosformular kategorieArtikelF nach dem Feld bezeichnung sortiert ist. Speichern und schließen Sie das Formular.

5.5.9 Kategorien, Unterformular für Artikel einbetten

Das Einbetten des Formulars kategorieArtikelF als Unterformular in das Hauptformular kategorieF wird mithilfe des UNTERFORMULAR-ASSISTENT durchgeführt. In Abbildung 5.26 sehen Sie das fertige Formular kategorieF mit den Artikeln einer bestimmten Kategorie.

Formular »kategorieF«	Öffnen Sie das Hauptformular kategorieF in der Entwurfsansicht. Achten Sie vor der Einbettung des Unterformulars darauf, dass der STEUERELEMENT-ASSISTENT innerhalb der Gruppe STEUERELEMENTE eingeschaltet ist.
Steuerelement für Unterformular	Sie finden das Steuerelement UNTERFORMULAR/-BERICHT als Element 21 in der Gruppe STEUERELEMENTE. Ziehen Sie nach der Markierung des Steuerelements mithilfe der Maus ein Rechteck ungefähr an der gewünschten Stelle unterhalb des Listenfelds auf.

5.5 Formulare über mehrere Tabellen

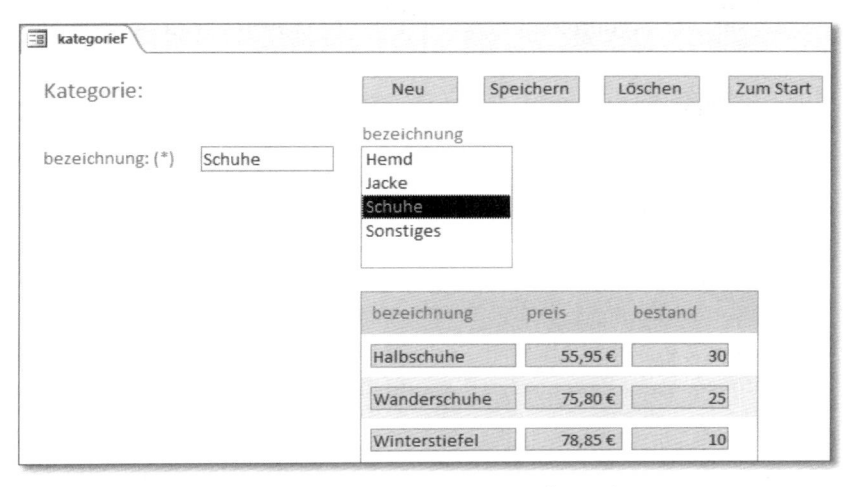

Abbildung 5.26 Formular für Kategorien, mit Unterformular

Nach dem Aufziehen des Rechtecks öffnet sich der UNTERFORMULAR-ASSISTENT. Bei der Nutzung dieses Assistenten bewegen Sie sich wie bei der Erzeugung eines Listenfelds oder eines Kombinationsfelds mithilfe der Schaltfläche WEITER von Seite zu Seite:

Unterformular-Assistent

- Als Erstes haben Sie die folgende Wahl:
  - Sie erstellen ein neues Unterformular.
  - Sie verwenden ein vorhandenes Formular als Unterformular.
- Sie wählen die zweite Option und nehmen das zuvor erzeugte Formular kategorieArtikelF.

  Vorhandenes Formular

- Anschließend legen Sie fest, wie die beiden Formulare miteinander verknüpft werden. Dazu werden einige Möglichkeiten bereits innerhalb einer Liste vorgeschlagen. Darunter befindet sich auch: ... FÜR JEDEN DATENSATZ IN ... MIT KATEGORIEID ... Sie wählen daher die erste Option AUS LISTE AUSWÄHLEN und markieren den genannten Eintrag mit dem Feld KATEGORIEID. Der Inhalt dieses Felds dient zur Auswahl der angezeigten Artikel im Unterformular.

  Verknüpfung über »kategorieID«

- Ein aussagekräftiger Name wird auch hier nicht benötigt. Daher bleibt der vorgeschlagene Name bestehen.

Nach Betätigung der Schaltfläche FERTIG STELLEN erscheint das Formular kategorieArtikelF als Steuerelement vom Typ *Unterformular* im Hauptformular kategorieF. Beachten Sie Folgendes:

Steuerelement im Hauptformular	▶ Falls Sie das Steuerelement vom Typ *Unterformular* innerhalb des Hauptformulars markieren, dann können Sie seine Eigenschaften innerhalb des Hauptformulars einstellen. Dies sind zum Beispiel die Position, die Größe und die Informationen über die Verknüpfung.
Eigenschaften im Unterformular	▶ Falls Sie Eigenschaften des Unterformulars verändern möchten, müssen Sie innerhalb des Hauptformulars einmal in das Unterformular klicken. Alternativ können Sie auch vom NAVIGATIONSBEREICH aus direkt das Unterformular ohne den Umweg über das Hauptformular öffnen. Anschließend können Sie auf die FORMULAREIGENSCHAFTEN des Unterformulars (wie gewohnt über das Kontextmenü) oder nach dem Markieren einzelner Steuerelemente des Unterformulars auf deren Eigenschaften zugreifen.
Steuerelement formatieren	Stellen Sie die folgenden Werte für Position und Größe des Steuerelements vom Typ Unterformular ein: BREITE: 8,2cm, HÖHE: 5cm, OBEN: 6cm, LINKS: 8cm. Der Wert für die Breite ergibt sich aus der Breite des Unterformulars, siehe Abschnitt 5.5.8.
Eigenschaften der Verknüpfung	Auf der Registerkarte DATEN sehen Sie die Eigenschaftswerte für die Verknüpfung, die mithilfe des UNTERFORMULAR-ASSISTENT eingestellt worden sind: HERKUNFTSOBJEKT: kategorieArtikelF, VERKNÜPFEN NACH: kategorieID und VERKNÜPFEN VON: kategorieID. Zu guter Letzt müssen Sie noch das automatisch eingefügte Bezeichnungsfeld für das Unterformular löschen.
Hauptformular speichern	Rufen Sie das Hauptformular in der Formularansicht auf. Es sollte aussehen wie in Abbildung 5.26, mit den Inhalten der Tabelle der Artikel, die zu der jeweiligen Kategorie gehören. Speichern Sie das Formular kategorieF.

5.5.10 Kunden, Formular und Daten

Formular »kundeF«	Erzeugen Sie ein Formular mit dem Namen kundeF zur Eingabe der Kunden. Wie Sie in Abbildung 5.27 sehen, beinhaltet es drei Textfelder, ein Listenfeld mit zwei sichtbaren Spalten und drei Schaltflächen. Es enthält weder DATENSATZMARKIERER noch NAVIGATIONSSCHALTFLÄCHEN.
Sortiertes Listenfeld	Das Listenfeld beinhaltet die drei Felder kundeID, bezeichnung und adresse. Nur die zweite und die dritte Spalte sind sichtbar. Stellen Sie die Sortierung für diese beiden Felder zunächst nach bezeichnung, dann nach adresse mithilfe des ABFRAGE-GENERATORS über das Feld DATENSATZHERKUNFT ein.

5.5 Formulare über mehrere Tabellen

Abbildung 5.27 Formular für Kunden, mit Daten

Tragen Sie die Beispieldatensätze aus Tabelle 5.2 im Formular kundeF ein.

Bezeichnung	Adresse	Telefon
Maier	Köln	0222-959595
Seifert	Dortmund	0333-565656
Peters	Münster	0444-292929
Naumann	Dortmund	0333-575757
Stober	Dortmund	
Seifert	Bochum	0345-636363
Klein	Köln	0222-383838
Heinemann	Soest	0488-828282
Kremer	Bonn	
Ahrens	Bochum	0345-737373

Tabelle 5.2 Tabelle der Kunden

5.5.11 Bestellung, Formular

Erzeugen Sie ein Formular mit dem Namen bestellungF zur Eingabe der Bestellungen. In Abbildung 5.28 sehen Sie, dass es ein Kombinationsfeld, ein Textfeld, ein Listenfeld mit vier Spalten und drei Schaltflächen beinhaltet. Es enthält weder DATENSATZMARKIERER noch NAVIGATIONSSCHALTFLÄCHEN.

Formular »bestellungF«

5 Eine komplexe Anwendung realisieren

Abbildung 5.28 Formular für Bestellungen, mit Daten

Listenfeld erstellen Das Listenfeld beinhaltet die beiden Felder bezeichnung und adresse aus der Tabelle kunde sowie die beiden Felder datum und bestellungID aus der Tabelle bestellung. Erstellen Sie das Listenfeld zunächst nur aus den beiden genannten Feldern der Tabelle bestellung. Erweitern und verändern Sie es anschließend mithilfe des ABFRAGE-GENERATORS über das Feld DATENSATZHERKUNFT.

Listenfeld erweitern Fügen Sie dort die Tabelle kunde hinzu. Rufen Sie dazu mithilfe der Schaltfläche ENTWURF • ABFRAGESETUP • TABELLE ANZEIGEN das Dialogfeld TABELLE ANZEIGEN auf. Fügen Sie die Tabelle kunde hinzu. Ziehen Sie aus dieser Tabelle die beiden Felder bezeichnung und adresse in die ersten beiden Spalten. Stellen Sie die Sortierung für die drei Felder bezeichnung, adresse und datum ein, siehe Abbildung 5.29.

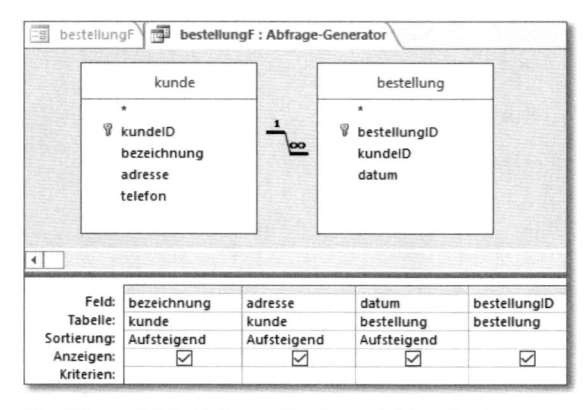

Abbildung 5.29 Abfrage für Listenfeld, geändert

Feld »bestellungID« Die Spalte BESTELLUNGID mit dem Inhalt des gleichnamigen Felds wird zur besseren Übersicht ebenfalls dargestellt. Sie können damit die beiden

Bestellungen des Kunden Seifert aus Bochum am 10.11.2015 unterscheiden. Bei Ihnen ergeben sich natürlich ganz andere, automatisch vergebene, eindeutige ID-Werte.

Formatieren Sie das Listenfeld mit den folgenden Werten: SPALTENANZAHL 4, SPALTENBREITEN 3cm;3cm;2cm;2cm, BREITE 10,1cm, HÖHE 3,5cm. Das Feld bestellungID, das den Wert des Listenfelds zur Auswahl eines Datensatzes darstellt, steht in der vierten Spalte. Daher müssen Sie auf der Registerkarte DATEN den Wert für das Feld GEBUNDENE SPALTE vom Standardwert 1 auf den Wert 4 ändern.

Listenfeld formatieren

Das Kombinationsfeld und die Daten werden erst später eingefügt.

5.5.12 Bestellung, Kombinationsfeld für Kunden

Das Kombinationsfeld für die Kunden im Formular bestellungF wird auf dieselbe Weise erstellt wie in Abschnitt 5.5.4 das Kombinationsfeld für die Kategorien.

Formular »bestellungF«

Im KOMBINATIONSFELD-ASSISTENT nehmen Sie folgende Einstellungen vor:

Kombinationsfeld-Assistent

- Wählen Sie die Option: DAS KOMBINATIONSFELD SOLL DIE WERTE AUS EINER TABELLE ODER ABFRAGE ABRUFEN.
- Nehmen Sie die Tabelle KUNDE.

Tabelle »kunde«

- Übernehmen Sie die Felder KUNDEID, BEZEICHNUNG und ADRESSE in die Liste AUSGEWÄHLTE FELDER.

Felder auswählen

- Sortieren Sie zuerst nach BEZEICHNUNG, dann nach ADRESSE, jeweils AUFSTEIGEND.
- Die Spaltenbreiten bleiben unverändert. Die Schlüsselspalte bleibt ausgeblendet. Im Kombinationsfeld werden also nur die zweite und die dritte Spalte angezeigt.

Ohne Schlüsselspalte

- Wählen Sie im nächsten Dialogfeld die zweite Option: WERT SPEICHERN IN FELD, und zwar im Feld KUNDEID. Damit wird der Inhalt des Felds kundeID des Datensatzes, den Sie auswählen, in die Tabelle der Bestellungen übernommen.

Feld »kundeID«

- Es wird kein aussagekräftiger Name benötigt.

Das Kombinationsfeld erscheint im Formular. Stellen Sie den Wert für SPALTENBREITEN auf 0cm;3cm;3cm. Es sind also nur die zweite und die dritte Spalte sichtbar. Die Eigenschaft LISTENBREITE für das aufgeklappte Kombi-

Breiten einstellen

nationsfeld wird auf 6cm, die Eigenschaft BREITE für das zugeklappte Kombinationsfeld auf 3cm gesetzt.

Die restlichen Eigenschaften für Position und Größe des Kombinationsfelds und seines Bezeichnungsfelds stellen Sie wie gewohnt ein.

Formular speichern Rufen Sie das Formular in der Formularansicht auf und klappen Sie das Kombinationsfeld auf. Es sollte aussehen wie in Abbildung 5.30 mit den Inhalten der Tabelle der Kunden. Speichern Sie das Formular bestellungF.

Abbildung 5.30 Aufgeklapptes Feld zur Auswahl des Kunden

5.5.13 Bestellung, Daten

Tragen Sie die Beispieldatensätze im Formular bestellungF ein. Dabei wird der Kunde jeweils über das Kombinationsfeld ausgewählt.

Bezeichnung	Adresse	Datum	ID
Ahrens	Bochum	03.12.15	25
Kremer	Bonn	06.12.15	19
Kremer	Bonn	11.12.15	24
Seifert	Bochum	10.11.15	22
Seifert	Bochum	10.11.15	18
Seifert	Bochum	19.11.15	23
Seifert	Bochum	15.12.15	17
Seifert	Dortmund	18.11.15	20
Seifert	Dortmund	29.11.15	21

Tabelle 5.3 Tabelle der Bestellungen mit den ausgewählten Kunden

Die Spalte ID mit dem Inhalt des Felds `bestellungID` wird nur zur besseren Übersicht dargestellt. Die Bestellungen beinhalten noch keine Bestellposten. Diese werden erst später in einem Unterformular eingegeben.

5.5.14 Bestellung, Unterformular für Bestellposten erzeugen

Das Unterformular wird zuerst erzeugt und dann eingebettet, wie Sie es seit dem Abschnitt 5.5.7 kennen. Es werden zusätzlich ein Kombinationsfeld und zwei Schaltflächen für jeden Datensatz genutzt. Sie erzeugen in diesem Abschnitt ein Formular mit dem Namen `bestellungBestellpostenF` zur Bearbeitung der Bestellposten und der zugehörigen Artikeldaten.

Unterformular mit Kombinationsfeld

In Abbildung 5.31 sehen Sie das Endlosformular, bereits gefüllt mit den Bestellposten der verschiedenen Bestellungen. Im FORMULARKOPF stehen vier Bezeichnungsfelder und die Schaltfläche NEU zum Erzeugen eines weiteren Bestellpostens zur aktuellen Bestellung. Daneben erscheint noch ein gesperrtes Textfeld, in dem stets die aktuelle Gesamtsumme der Bestellung angezeigt wird.

Endlosformular

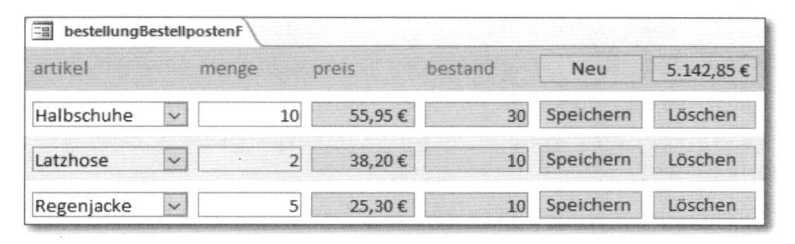

Abbildung 5.31 Endlosformular mit allen Bestellposten

Im DETAILBEREICH gibt es ein Kombinationsfeld zur Auswahl des Artikels und ein Textfeld zur Eingabe der bestellten Menge dieses Artikels. Daneben erscheint ein gesperrtes Textfeld, in dem automatisch der Preis des ausgewählten Artikels steht. Es dient nur der besseren Übersicht. Der Preis des Artikels kann innerhalb einer Bestellung natürlich nicht verändert werden.

Kombinationsfeld im Unterformular

Weiterhin sehen Sie noch die Schaltflächen SPEICHERN und LÖSCHEN, die der Benutzer für die Änderung beziehungsweise Löschung eines einzelnen Bestellpostens benötigt. Das Formular enthält weder DATENSATZMARKIERER noch NAVIGATIONSSCHALTFLÄCHEN.

Schaltflächen im Unterformular

Erzeugen Sie ein neues Formular mithilfe der Schaltfläche ERSTELLEN • FORMULARE • FORMULARENTWURF. Es soll sich auf die Tabelle der Bestellposten und die Tabelle der Artikel beziehen. Betätigen Sie in den FORMU-

Abfrage-Generator für Formular

LAREIGENSCHAFTEN in der Registerkarte DATEN bei der Eigenschaft DATENSATZQUELLE die Schaltfläche ... mit den drei Punkten. Es öffnet sich der ABFRAGE-GENERATOR:

Tabellen auswählen
- Fügen Sie die beiden Tabellen artikel und bestellposten hinzu.

Felder auswählen
- Ziehen Sie die drei Felder bezeichnung, preis und bestand aus der Tabelle artikel und die drei Felder artikelID, bestellungID und menge aus der Tabelle bestellposten in die Spalten im unteren Bereich.
- Stellen Sie die Sortierung im Feld bezeichnung ein.

Auf diese Weise stehen Ihnen im Formular alle Felder zur Verfügung, die dargestellt werden sollen beziehungsweise im weiteren Verlauf für die Verbindung zum Hauptformular bestellungF benötigt werden.

Formular formatieren
Setzen Sie in der Registerkarte FORMAT den Wert für BREITE auf 14,8cm und die Werte der beiden Eigenschaften DATENSATZMARKIERER und NAVIGATIONSSCHALTFLÄCHEN auf Nein. Wählen Sie für die Eigenschaft STANDARDANSICHT den Wert Endlosformular. Blenden Sie den FORMULARKOPF und den FORMULARFUSS ein.

Steuerelemente formatieren
Ziehen Sie die Felder menge, preis und bestand aus der FELDLISTE in den DETAILBEREICH. Verschieben Sie die Bezeichnungsfelder der drei Felder in den FORMULARKOPF. Fügen Sie noch ein weiteres Bezeichnungsfeld mit dem Text artikel hinzu. Wählen Sie für BREITE: 2cm, HÖHE: 0,5cm, OBEN: 0,2cm, LINKS: 0,2cm / 3,4cm / 5,6cm / 7,8cm.

Bereiche formatieren
Setzen Sie für die beiden Textfelder mit dem Preis und dem Bestand des Artikels die Eigenschaft GESPERRT auf den Wert Ja und die Eigenschaft HINTERGRUNDFARBE auf den Wert #E0E0E0. Stellen Sie für den FORMULARKOPF und den DETAILBEREICH die HÖHE auf 0,9cm und für den FORMULARFUSS auf 0cm.

Es fehlt noch das Kombinationsfeld zur Auswahl der Artikel.

5.5.15 Bestellposten, Kombinationsfeld für Artikel

Kombinationsfeld-Assistent
Im Formular bestellungBestellpostenF wird das Kombinationsfeld zur Auswahl der Artikel erstellt. Im KOMBINATIONSFELD-ASSISTENT nehmen Sie folgende Einstellungen vor:

- Wählen Sie die Option: DAS KOMBINATIONSFELD SOLL DIE WERTE AUS EINER TABELLE ODER ABFRAGE ABRUFEN.

Tabelle auswählen
- Nehmen Sie die Tabelle ARTIKEL.

5.5 Formulare über mehrere Tabellen

- Übernehmen Sie die Felder ARTIKELID, BEZEICHNUNG, PREIS und BESTAND in die Liste AUSGEWÄHLTE FELDER. *Felder auswählen*
- Sortieren Sie nach BEZEICHNUNG, AUFSTEIGEND.
- Die Spaltenbreiten bleiben unverändert. Die Schlüsselspalte bleibt ausgeblendet. Im Kombinationsfeld werden also nur die zweite, dritte und vierte Spalte angezeigt. *Ohne Schlüsselspalte*
- Wählen Sie die zweite Option: WERT SPEICHERN IN FELD, und zwar im Feld ARTIKELID. Damit wird der Inhalt des Felds `artikelID` des Datensatzes, den Sie auswählen, in die Tabelle der Bestellposten übernommen. *Feld »artikelID«*
- Es wird kein aussagekräftiger Name benötigt.

Das Kombinationsfeld erscheint im Formular. Stellen Sie den Wert für SPALTENBREITEN auf `0cm;3cm;2cm;2cm`. Es ist also nur die zweite, dritte und vierte Spalte sichtbar. Die Eigenschaft LISTENBREITE für das aufgeklappte Kombinationsfeld wird auf `7cm`, die Eigenschaft BREITE für das zugeklappte Kombinationsfeld auf `3cm` gesetzt. *Breiten einstellen*

Die restlichen Eigenschaften für Position und Größe des Kombinationsfelds und seines Bezeichnungsfelds stellen Sie wie gewohnt ein.

Rufen Sie das Formular in der Formularansicht auf und klappen Sie das Kombinationsfeld auf. Es sollte aussehen wie in Abbildung 5.32, mit den Inhalten der Tabelle der Artikel. Speichern und schließen Sie das Formular `bestellungBestellpostenF`. *Formular speichern*

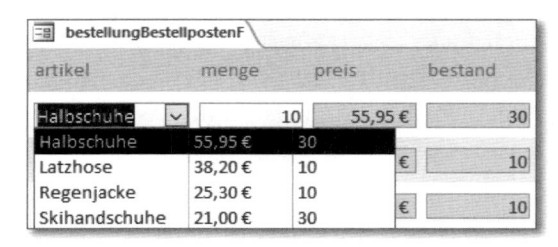

Abbildung 5.32 Aufgeklapptes Feld zur Auswahl der Artikel

5.5.16 Bestellung, Unterformular für Bestellposten einbetten

Öffnen Sie das Hauptformular `bestellungF` in der Entwurfsansicht. Markieren Sie das Steuerelement UNTERFORMULAR/-BERICHT in der Gruppe STEUERELEMENTE und ziehen Sie ein Rechteck auf, ungefähr an der gewünschten Stelle unterhalb des Listenfelds, siehe Abbildung 5.33. *Steuerelement für Unterformular*

5 Eine komplexe Anwendung realisieren

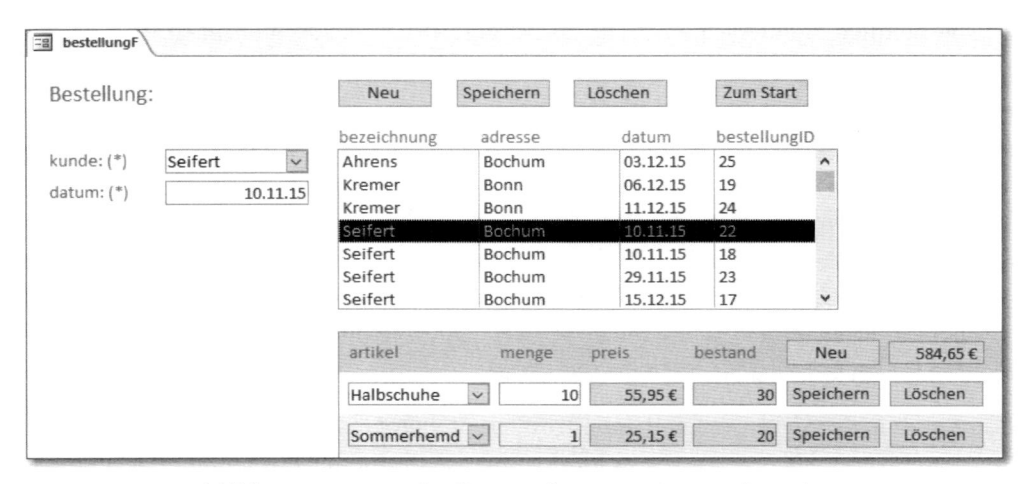

Abbildung 5.33 Formular für Bestellungen, mit Unterformular

Wählen Sie im UNTERFORMULAR-ASSISTENT die Option VORHANDENES FORMULAR VERWENDEN und verwenden Sie das zuvor erzeugte Formular bestellungBestellpostenF.

Steuerelement formatieren
Anschließend erscheint das Formular bestellungBestellpostenF als Steuerelement im Hauptformular bestellungF. Stellen Sie die folgenden Werte für Position und Größe ein: BREITE: 14,8 cm, HÖHE: 5 cm, OBEN: 6 cm, LINKS: 8 cm.

Eigenschaften der Verknüpfung
Auf der Registerkarte DATEN sehen Sie die folgenden Eigenschaftswerte für die Verknüpfung: HERKUNFTSOBJEKT: bestellungBestellpostenF, VERKNÜPFEN NACH: bestellungID und VERKNÜPFEN VON: bestellungID. Löschen Sie das automatisch eingefügte Bezeichnungsfeld für das Unterformular.

Hauptformular speichern
Rufen Sie das Hauptformular in der Formularansicht auf. Es sollte so aussehen wie in Abbildung 5.33, allerdings noch ohne die Daten der Bestellposten. Speichern Sie das Formular bestellungF.

5.5.17 Bestellung, Daten für Bestellposten

In Tabelle 5.3 wurden bereits alle Daten für die Tabelle bestellung eingetragen, also die Kunden ausgewählt und das jeweilige Bestelldatum eingetragen. In diesem Abschnitt können Sie die Daten der Bestellposten nachtragen, die Sie in Tabelle 5.4 sehen.

5.5 Formulare über mehrere Tabellen

Bezeichnung	Adresse	Datum	ID	Artikel	Menge
Ahrens	Bochum	03.12.15	25	Wendejacke	6
Kremer	Bonn	06.12.15	19	Skihandschuhe	2
Kremer	Bonn	11.12.15	24	Regenjacke	3
Kremer	Bonn	11.12.15	24	Skihandschuhe	8
Kremer	Bonn	11.12.15	24	Sommerhemd	1
Kremer	Bonn	11.12.15	24	Wanderschuhe	6
Kremer	Bonn	11.12.15	24	Wendejacke	6
Seifert	Bochum	10.11.15	22	Halbschuhe	10
Seifert	Bochum	10.11.15	22	Sommerhemd	1
Seifert	Bochum	10.11.15	18	Skihandschuhe	8
Seifert	Bochum	10.11.15	18	Wanderschuhe	4
Seifert	Bochum	29.11.15	23	Regenjacke	1
Seifert	Bochum	29.11.15	23	Wanderschuhe	4
Seifert	Bochum	29.11.15	23	Winterjacke	3
Seifert	Bochum	15.12.15	17	Regenjacke	5
Seifert	Bochum	15.12.15	17	Wanderschuhe	1
Seifert	Dortmund	18.11.15	20	Sommerhemd	1
Seifert	Dortmund	18.11.15	20	Wanderschuhe	4
Seifert	Dortmund	18.11.15	20	Winterstiefel	9
Seifert	Dortmund	29.11.15	21	Latzhose	2
Seifert	Dortmund	29.11.15	21	Winterjacke	3
Seifert	Dortmund	29.11.15	21	Winterstiefel	3

Tabelle 5.4 Tabelle der Bestellungen, mit Bestellposten

5.5.18 Bestellung, Gesamtsumme

Es fehlt nun nur noch ein Element, dann ist das umfangreiche Formular für die Bestellungen fertig: Ein gesperrtes Feld im Unterformular, in dem die Gesamtsumme der jeweiligen Bestellung angezeigt wird, siehe Abbildung 5.34.

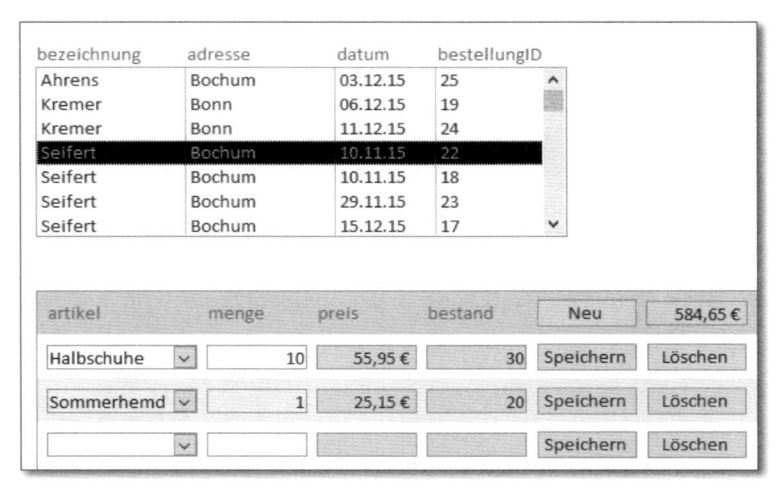

Abbildung 5.34 Gesamtsumme über eine Bestellung

Ungebundenes Textfeld

Öffnen Sie zur Erstellung das Formular bestellungBestellpostenF in der Entwurfsansicht. Fügen Sie ein ungebundenes Textfeld im FORMULARKOPF ein. Geben Sie darin die nachfolgende Formel ein:

```
=Summe([menge]*[preis])
```

Formel eingeben

Sie können die Formel direkt im Textfeld eingeben. Falls Sie mehr Platz benötigen, dann klicken Sie auf die Schaltfläche ... mit den drei Punkten in der Eigenschaft STEUERELEMENTINHALT auf der Registerkarte DATEN. Es öffnet sich der AUSDRUCKS-GENERATOR. Hier können Sie die Formel als Wert der Eigenschaft eingeben.

Textfeld formatieren

Das Ergebnis des Ausdrucks soll als Währungsbetrag formatiert werden. Wählen Sie daher in der Eigenschaft FORMAT auf der Registerkarte FORMAT den Eintrag WÄHRUNG aus.

Aufbau der Formel

Zunächst wird der Inhalt des Felds menge der Tabelle bestellposten mit dem Inhalt des Felds preis der Tabelle artikel multipliziert. Damit ergibt sich der Gesamtpreis für einen einzelnen Bestellposten. Die Funktion Summe() berechnet die Summe über alle Datensätze im Formular, also über alle Bestellposten. Berechnungen dieser Art werden in Kapitel 6 ausführlich erläutert.

Setzen Sie für das Textfeld auf der Registerkarte DATEN die Eigenschaft GE-SPERRT auf den Wert Ja. Die eingegebene Formel sehen Sie als Wert für die Eigenschaft STEUERELEMENTINHALT. Setzen Sie auf der Registerkarte FORMAT die Eigenschaft HINTERGRUNDFARBE auf den Wert #E0E0E0 und die Eigenschaft TEXTAUSRICHTUNG auf den Wert Rechtsbündig. Formatieren Sie es ansonsten mit den gewohnten Werten.

Textfeld sperren

Löschen Sie das automatisch erzeugte Bezeichnungsfeld zu dem Textfeld.

Wechseln Sie zur Formularansicht. In Abbildung 5.35 sehen Sie oben rechts die Gesamtsumme über die Bestellposten aller Bestellungen. Schließen und speichern Sie das Formular bestellungBestellpostenF.

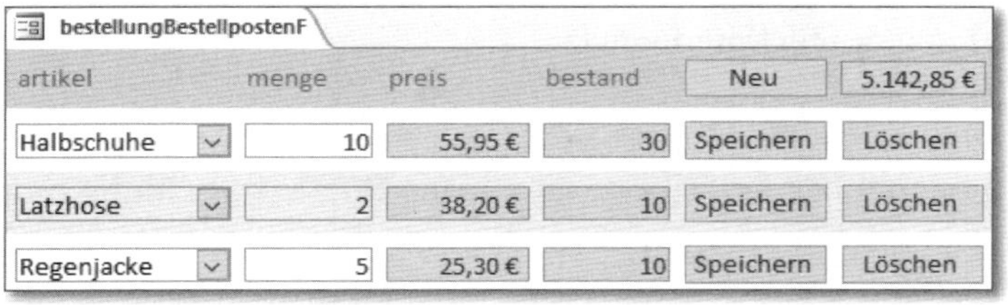

Summe aller Bestellungen

Abbildung 5.35 Gesamtsumme über alle Bestellungen

Öffnen Sie das Formular bestellungF. Im Unterformular sehen Sie die Summe über die Bestellposten der jeweiligen Bestellung, siehe Abbildung 5.34.

Summe einer Bestellung

5.5.19 Kunden, Unterformular für Bestellungen erzeugen

Sie erzeugen in diesem Abschnitt ein Formular mit dem Namen kundeBestellungF zur Darstellung der Bestellungen eines Kunden. Das Formular wird in das Formular kundeF eingebettet.

In Abbildung 5.37 sehen Sie das Endlosformular, bereits gefüllt mit den Daten der Bestellungen. Im FORMULARKOPF stehen zwei Bezeichnungsfelder, im DETAILBEREICH zwei Textfelder. Das Formular enthält weder DATENSATZMARKIERER noch NAVIGATIONSSCHALTFLÄCHEN.

Endlosformular

Erzeugen Sie ein neues Formular. Rufen Sie in der Registerkarte DATEN über die Eigenschaft DATENSATZQUELLE den ABFRAGE-GENERATOR auf. Fügen Sie die Tabelle bestellung hinzu. Ziehen Sie die Felder kundeID, datum und bestellungID in den unteren Bereich. Setzen Sie die Sortierung für das Feld datum auf AUFSTEIGEND, siehe Abbildung 5.36.

Abfrage-Generator für Formular

5 Eine komplexe Anwendung realisieren

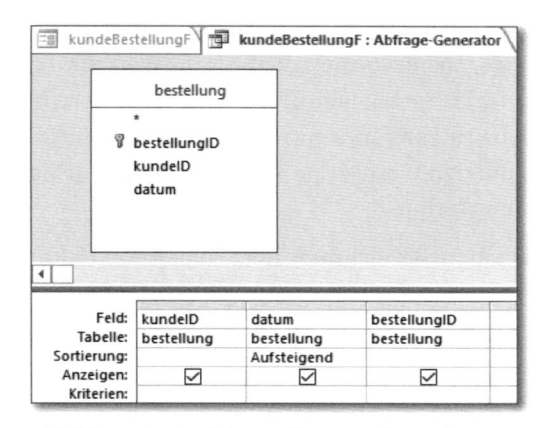

Abbildung 5.36 Abfrage für Unterformular

Auf diese Weise stehen Ihnen im Formular alle Felder zur Verfügung, die dargestellt werden sollen beziehungsweise später für die Verbindung zum Hauptformular kundeF benötigt werden.

Formular formatieren
Setzen Sie in der Registerkarte FORMAT den Wert für BREITE auf 5,0cm und die Werte der beiden Eigenschaften DATENSATZMARKIERER und NAVIGATIONSSCHALTFLÄCHEN auf Nein. Wählen Sie für die Eigenschaft STANDARDANSICHT den Wert Endlosformular. Blenden Sie den FORMULARKOPF und den FORMULARFUSS ein.

Steuerelemente formatieren
Ziehen Sie die Felder datum und bestellungID aus der FELDLISTE in den DETAILBEREICH. Verschieben Sie die Bezeichnungsfelder der beiden Felder in den FORMULARKOPF. Wählen Sie für BREITE: 2cm, HÖHE: 0,5cm, OBEN: 0,2cm, LINKS: 0,2cm / 2,4cm.

Bereiche formatieren
Stellen Sie für den FORMULARKOPF und den DETAILBEREICH die HÖHE auf 0,9cm und für den FORMULARFUSS auf 0cm. Setzen Sie für die beiden Textfelder die Eigenschaft GESPERRT auf den Wert Ja und die Eigenschaft HINTERGRUNDFARBE auf den Wert #E0E0E0.

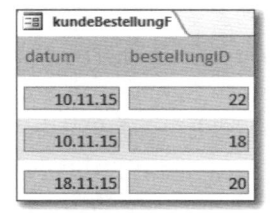

Abbildung 5.37 Endlosformular, mit allen Bestellungen

Rufe Sie das Formular in der Formularansicht auf. Es sollte aussehen wie in Abbildung 5.37. Speichern und schließen Sie das Formular kundeBestellungF.

Formular speichern

5.5.20 Kunden, Unterformular für Bestellungen einbetten

Öffnen Sie das Hauptformular kundeF in der Entwurfsansicht. Markieren Sie das Steuerelement UNTERFORMULAR/-BERICHT in der Gruppe STEUERELEMENTE und ziehen Sie ein Rechteck ungefähr an der gewünschten Stelle unterhalb des Listenfelds auf, siehe Abbildung 5.38.

Steuerelement für Unterformular

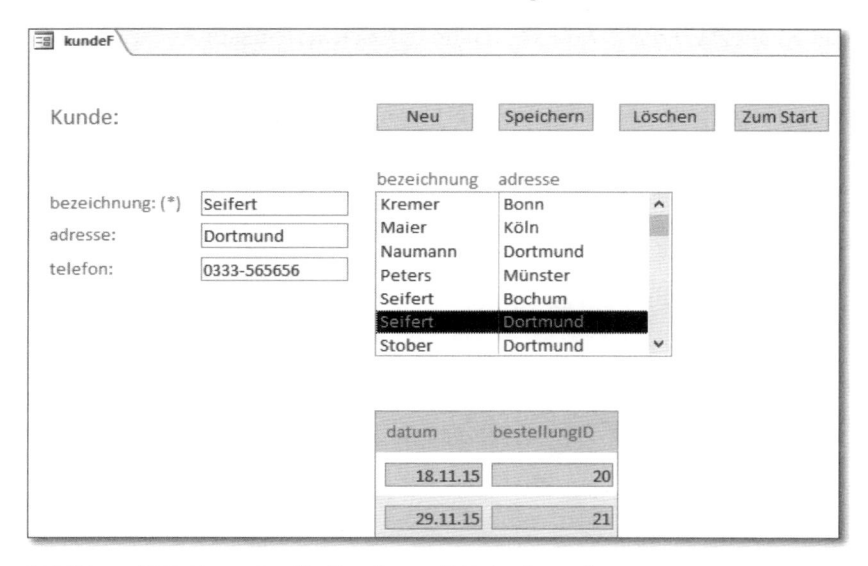

Abbildung 5.38 Formular für Kunden, mit Unterformular

Wählen Sie im UNTERFORMULAR-ASSISTENT die Option VORHANDENES FORMULAR VERWENDEN und nehmen Sie das zuvor erzeugte Formular kundeBestellungF. Wählen Sie anschließend die erste Option: AUS LISTE AUSWÄHLEN und markieren Sie den Eintrag: ... FÜR JEDEN DATENSATZ IN ... MIT KUNDEID ...

Verknüpfung über Feld »kundeID«

Anschließend erscheint das Formular kundeBestellungF als Steuerelement im Hauptformular kundeF. Stellen Sie die folgenden Werte für Position und Größe ein: BREITE: 5cm, HÖHE: 5cm, OBEN: 6cm, LINKS: 8cm.

Steuerelement formatieren

Auf der Registerkarte DATEN sehen Sie die folgenden Eigenschaftswerte für die Verknüpfung: HERKUNFTSOBJEKT: kundeBestellungF, VERKNÜPFEN

Eigenschaften der Verknüpfung

5 Eine komplexe Anwendung realisieren

NACH: kundeID und VERKNÜPFEN VON: kundeID. Wählen Sie den Wert Nein für die Eigenschaft ANFÜGEN ZULASSEN.

Formular speichern — Löschen Sie das automatisch eingefügte Bezeichnungsfeld für das Unterformular. Rufen Sie das Hauptformular in der Formularansicht auf. Es sollte so aussehen wie in Abbildung 5.38. Speichern Sie das Formular kundeF.

5.5.21 Startformular erzeugen und verbinden

Es soll ein Startformular zur Benutzung der Anwendung erzeugt werden, das automatisch nach dem Öffnen der Datenbank angezeigt wird. Es enthält weder DATENSATZMARKIERER noch NAVIGATIONSSCHALTFLÄCHEN.

Formular erzeugen — Erstellen Sie ein neues leeres Formular mithilfe der Schaltfläche ERSTELLEN • FORMULARE • FORMULARENTWURF. Erzeugen Sie oben links ein Bezeichnungsfeld mit dem Text Hauptmenü:. Wählen Sie folgende Eigenschaftswerte: BREITE 4cm, HÖHE 0,6cm, OBEN 0,5cm, LINKS 0,5cm, SCHRIFTGRAD 14.

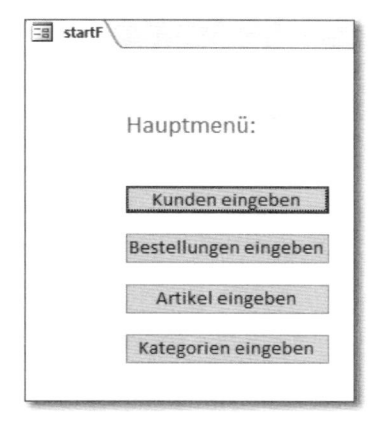

Abbildung 5.39 Datenbank handel.accdb, Startformular

Befehlsschaltflächen-Assistent — Erstellen Sie unter dem Bezeichnungsfeld nacheinander vier Schaltflächen, die zum Öffnen der Formulare kundeF, bestellungF, artikelF und kategorieF führen. Wählen Sie dazu im BEFEHLSSCHALTFLÄCHEN-ASSISTENT die Kategorie FORMULAROPERATIONEN und die Aktion FORMULAR ÖFFNEN. Es soll das jeweils genannte Formular geöffnet werden. Bestätigen Sie die eingestellte Option DAS FORMULAR ÖFFNEN UND ALLE DATENSÄTZE ANZEIGEN. Den Text auf den vier Schaltflächen sehen Sie in Abbildung 5.39.

Schaltflächen formatieren — Wählen Sie anschließend folgende Eigenschaftswerte: BREITE 4cm, HÖHE 0,6cm, OBEN 2,5cm / 3,5cm / 4,5cm / 5,5cm, LINKS 2cm, DESIGN VERWENDEN

Nein. Schließen Sie den Entwurf und speichern Sie das Startformular unter dem Namen startF.

Rufen Sie das Menü DATEI • OPTIONEN auf. Wählen Sie auf der linken Seite: AKTUELLE DATENBANK. In der Gruppe ANWENDUNGSOPTIONEN steht die Liste FORMULAR ANZEIGEN. Wählen Sie hier das Formular startF aus. Nach dem Schließen und dem erneuten Öffnen der Datei erscheint das Startformular automatisch.

Als Startformular einstellen

Es fehlen noch die Schaltflächen, die von den Formularen jeweils zurück zum Startformular führen. Erstellen Sie in den vier genannten Formularen rechts von den drei bereits vorhandenen jeweils eine weitere Schaltfläche. Diesmal soll das Formular startF geöffnet werden. Der Text auf der Schaltfläche soll lauten: Zum Start.

Schaltfläche »Zum Start«

Wählen Sie anschließend folgende Eigenschaftswerte: BREITE 2cm, HÖHE 0,6cm, OBEN 0,5cm, LINKS 16cm, DESIGN VERWENDEN Nein. Nach Erzeugung der Schaltfläche im ersten Formular können Sie sie in die drei restlichen Formulare kopieren.

5.5.22 Übungsaufgabe

Ergänzen Sie die bereits vorhandenen Formulare und erstellen Sie die restlichen Formulare zur Eingabe und Pflege der Daten der Tabellen der Datenbank *fahrzeugvermietung.accdb*. Überlegen Sie sich zunächst:

- in welcher Reihenfolge die Formulare aufgebaut werden und
- zu welchem Zeitpunkt die Beispieldaten einer Tabelle mithilfe eines Formulars eingegeben werden sollten, damit sie beim Aufbau weiterer Formulare zur Verfügung stehen können.

Reihenfolge

Sie finden die Lösung dieser Übungsaufgabe im Downloadpaket. Erläuterungen zur Lösung finden Sie in Abschnitt A.8.

Die fertigen Formulare sollen den nachfolgend geschilderten Aufbau haben. In den jeweiligen Listenfeldern dient das zugehörige ID-Feld zur Auswahl des angezeigten Datensatzes und soll selbst nicht erscheinen.

Geplanter Aufbau

- Formular fahrzeugF:
  - ein Listenfeld mit den Feldern ort aus der Tabelle standort, bezeichnung aus der Tabelle preisklasse, bezeichnung aus der Tabelle fahrzeugtyp und dem Feld kfzKennzeichen aus der Tabelle fahrzeug, nach diesen vier Feldern sortiert

Formular »fahrzeugF«

- ein Kombinationsfeld zur Auswahl eines Datensatzes aus der Tabelle standort, mit Anzeige der Felder ort und strasse aus der Tabelle standort, nach diesen beiden Feldern sortiert
- ein Kombinationsfeld zur Auswahl eines Datensatzes aus der Tabelle fahrzeugtyp, mit Anzeige des Felds bezeichnung aus der Tabelle fahrzeugtyp und der Felder preisProTag und bezeichnung aus der Tabelle preisklasse, nach dem zweiten Feld und anschließend nach dem ersten Feld sortiert
- ein Unterformular mit Anzeige der zugehörigen Vermietungen, mit den Feldern zeitStart und zeitEnde aus der Tabelle vermietung und dem Feld nachname aus der Tabelle kunde, nach dem ersten Feld sortiert, ohne Möglichkeit der Bearbeitung
- darunter ein weiteres Unterformular mit Anzeige der zugehörigen Wartungsposten, mit den Feldern zeitStart und zeitEnde aus der Tabelle wartungsposten und dem Feld bezeichnung aus der Tabelle wartung, nach dem ersten Feld sortiert, ohne Möglichkeit der Bearbeitung

Formular »fahrzeugtypF«

▶ Formular fahrzeugtypF:
- ein Listenfeld mit den Feldern preisProTag und bezeichnung aus der Tabelle preisklasse und dem Feld bezeichnung aus der Tabelle fahrzeugtyp, nach dem ersten Feld und anschließend nach dem dritten Feld sortiert
- ein Kombinationsfeld zur Auswahl eines Datensatzes aus der Tabelle preisklasse, mit Anzeige der Felder preisProTag und bezeichnung aus der Tabelle preisklasse, nach diesen beiden Feldern sortiert
- ein Unterformular mit Anzeige der zugehörigen Fahrzeuge, mit den Feldern ort aus der Tabelle standort und kfzKennzeichen aus der Tabelle fahrzeug, nach diesen beiden Feldern sortiert, ohne Möglichkeit der Bearbeitung

Formular »kundeF«

▶ Formular kundeF: Ein Teil des Formulars wurde bereits in einer früheren Übung erstellt. Es kommt noch Folgendes hinzu:
- ein Unterformular mit Anzeige der zugehörigen Vermietungen, mit den Feldern zeitStart und zeitEnde aus der Tabelle vermietung sowie den Feldern preisProTag und bezeichnung aus der Tabelle preisklasse, nach dem Feld zeitStart sortiert, ohne Möglichkeit der Bearbeitung

- Die Verbindung zwischen den beiden Tabellen vermietung und preisklasse wird innerhalb des Unterformulars mithilfe einer temporären Beziehung über das Feld preisklasseWunschID erstellt. Die Erstellung einer solchen temporären Beziehung wird in Abschnitt 6.7.9 beschrieben.
- ▶ Formular preisklasseF: Ein Teil des Formulars wurde bereits in einer früheren Übung erstellt. Es kommt noch Folgendes hinzu:
  - ein Unterformular mit Anzeige der zugehörigen Fahrzeugtypen, mit dem Feld bezeichnung aus der Tabelle fahrzeugtyp, nach diesem Feld sortiert, ohne Möglichkeit der Bearbeitung

  Formular »preisklasseF«

- ▶ Formular standortF: Ein Teil des Formulars wurde bereits in einer früheren Übung erstellt. Es kommt noch Folgendes hinzu:
  - ein Unterformular mit Anzeige der zugehörigen Fahrzeuge, mit den Feldern preisProTag und bezeichnung aus der Tabelle preisklasse, dem Feld bezeichnung aus der Tabelle fahrzeugtyp und dem Feld kfz-Kennzeichen aus der Tabelle fahrzeug, nach dem ersten Feld sowie nach dem dritten Feld und zuletzt nach dem vierten Feld sortiert, ohne Möglichkeit der Bearbeitung

  Formular »standortF«

- ▶ Formular vermietungF:
  - ein Listenfeld mit den Feldern nachname aus der Tabelle kunde, zeitStart und zeitEnde aus der Tabelle vermietung, bezeichnung aus der Tabelle preisklasse und ort aus der Tabelle standort, nach den ersten beiden Feldern sortiert
  - Die Verbindung zwischen den beiden Tabellen vermietung und preisklasse wird innerhalb des Listenfelds mithilfe einer temporären Beziehung über das Feld preisklasseWunschID erstellt
  - Ebenso wird die Verbindung zwischen den beiden Tabellen vermietung und standort innerhalb des Listenfelds mithilfe einer temporären Beziehung über das Feld standortWunschID erstellt
  - ein Kombinationsfeld zur Auswahl eines Datensatzes aus der Tabelle kunde, mit Anzeige der Felder nachname, vorname und ort aus der Tabelle kunde, nach den ersten beiden Feldern sortiert
  - ein Kombinationsfeld zur Auswahl eines Datensatzes aus der Tabelle preisklasse für das Feld preisklasseWunschID, mit Anzeige der Felder preisProTag und bezeichnung aus der Tabelle preisklasse, nach dem Feld preisProTag sortiert

  Formular »vermietungF«

5 Eine komplexe Anwendung realisieren

- ein Kombinationsfeld zur Auswahl eines Datensatzes aus der Tabelle standort für das Feld standortWunschID, mit Anzeige der Felder ort und strasse aus der Tabelle standort, nach diesen beiden Feldern sortiert
- ein Kombinationsfeld zur Auswahl eines Datensatzes aus der Tabelle fahrzeug, mit Anzeige der Felder kfzKennzeichen aus der Tabelle fahrzeug, ort aus der Tabelle standort sowie preisProTag und bezeichnung aus der Tabelle preisklasse, nach dem zweiten Feld sowie nach dem dritten Feld und zuletzt nach dem ersten Feld sortiert

Formular »wartungF«
▶ Formular wartungF: Das gesamte Formular wurde bereits in einer früheren Übung erstellt.

Formular »wartungspostenF«
▶ Formular wartungspostenF:
- ein Listenfeld mit den Feldern kfzKennzeichen aus der Tabelle fahrzeug, zeitStart und zeitEnde aus der Tabelle wartungsposten und bezeichnung aus der Tabelle wartung, nach den ersten beiden Feldern sortiert
- ein Kombinationsfeld zur Auswahl eines Datensatzes aus der Tabelle fahrzeug, mit Anzeige der Felder kfzKennzeichen aus der Tabelle fahrzeug und bezeichnung aus der Tabelle fahrzeugtyp, nach diesen beiden Feldern sortiert
- ein Kombinationsfeld zur Auswahl eines Datensatzes aus der Tabelle wartung, mit Anzeige des Felds bezeichnung aus der Tabelle wartung, nach diesem Feld sortiert

Listenfeld in »fahrzeugtypF«
- In Abbildung 5.40 sehen Sie das Listenfeld des Formulars fahrzeugtypF mit allen Beispieldaten.

preisProTag	preisklasse.bezeichnung	fahrzeugtyp.bezeichnung
20,00 €	Kleinwagen	Daihatsu Cuore
20,00 €	Kleinwagen	Nissan Micra
20,00 €	Kleinwagen	Suzuki Alto
30,00 €	Mittelklasse	Peugeot 307
35,00 €	Kombi	Mazda 6
35,00 €	Kombi	Opel Vectra

Abbildung 5.40 Beispieldaten für Tabelle »fahrzeugtyp«

Listenfeld in »fahrzeugF«
- In Abbildung 5.41 sehen Sie das Listenfeld des Formulars fahrzeugF mit allen Beispieldaten.

5.5 Formulare über mehrere Tabellen

ort	preisklasse.bezeichnung	fahrzeugtyp.bezeichnung	kfzKennzeichen
Düsseldorf	Kleinwagen	Suzuki Alto	D-BF 928
Düsseldorf	Kombi	Mazda 6	D-KG 729
Düsseldorf	Mittelklasse	Peugeot 307	D-HT 277
Remscheid	Kleinwagen	Nissan Micra	RE-F 662
Remscheid	Kombi	Opel Vectra	RE-W 929
Remscheid	Mittelklasse	Peugeot 307	RE-R 833

Abbildung 5.41 Beispieldaten für Tabelle »fahrzeug«

– In Abbildung 5.42 sehen Sie das Listenfeld des Formulars wartungspostenF mit allen Beispieldaten.

Listenfeld in »wartungspostenF«

kfzKennzeichen	zeitStart	zeitEnde	bezeichnung
RE-F 662	11.11.15 17:15	12.11.15 13:30	Inspektion, klein
RE-F 662	12.11.15 13:30	12.11.15 15:00	Wäsche

Abbildung 5.42 Beispieldaten für Tabelle »wartungsposten«

– In Abbildung 5.43 und Abbildung 5.44 sehen Sie die Inhalte der beiden Beispieldatensätze der Tabelle vermietung.

Tabelle »vermietung«

Vermietung:

kunde: (*)	Olbers
datumReservierg.:	
preisklasse: (*)	20,00 €
standort: (*)	Remscheid
fahrzeug: (*)	RE-F 662
zeitStart: (*)	07.11.15 12:00
zeitEnde: (*)	14.11.15 12:00
zeitEndeReal:	14.11.15 14:00
kmStart:	2600
kmEnde:	3800
datumZahlung:	
bemerkung:	

Abbildung 5.43 Erster Beispieldatensatz

Vermietung:

kunde: (*)	Zimmermann
datumReservierg.:	
preisklasse: (*)	35,00 €
standort: (*)	Düsseldorf
fahrzeug: (*)	D-KG 729
zeitStart: (*)	03.11.15 16:00
zeitEnde: (*)	04.11.15 16:00
zeitEndeReal:	04.11.15 15:00
kmStart:	3750
kmEnde:	4250
datumZahlung:	04.11.
bemerkung:	

Abbildung 5.44 Zweiter Beispieldatensatz

5.6 Berichte über mehrere Tabellen

Gruppierungen und Berechnungen

In diesem Abschnitt erstellen Sie insgesamt drei Berichte für die Datenbank *handel.accdb*. Sie dienen zur übersichtlichen Ausgabe von Daten aus mehreren Tabellen. Zudem beinhalten sie Gruppierungen, Sortierungen und Berechnungen.

In Abschnitt 4.8 wurde die Erstellung eines Berichts für die Datenbank *firma.accdb* durchgeführt und ausführlich beschrieben. Das Wissen aus dem betreffenden Abschnitt und über die Erstellung von Formularen für mehrere Tabellen wird hier vorausgesetzt.

5.6.1 Kunden ausgeben

Betrachten Sie zunächst den fertigen Bericht `kundeB` in Abbildung 5.45, der nachfolgend erstellt wird. Die Datensätze sind nach `kundeID` sortiert.

kundeB

Kunden:

kundeID	bezeichnung	adresse	telefon
12	Maier	Köln	0222-959595
13	Seifert	Dortmund	0333-565656
14	Peters	Münster	0444-292929
15	Naumann	Dortmund	0333-575757
16	Stober	Dortmund	
17	Seifert	Bochum	0345-636363
18	Klein	Köln	0222-383838
19	Heinemann	Soest	0488-828282
20	Kremer	Bonn	
21	Ahrens	Bochum	0345-737373

Abbildung 5.45 Alle Kunden in handel.accdb

Seite einrichten

Nach Erzeugung eines neuen Berichts über die Schaltfläche ERSTELLEN • BERICHTE • BERICHTSENTWURF richten Sie die Seite mithilfe der Schaltfläche SEITE EINRICHTEN • SEITENLAYOUT • SEITE EINRICHTEN ein. Auf der Registerkarte DRUCKOPTIONEN werden die vier Seitenränder jeweils auf `10mm` gesetzt. Auf der Registerkarte SEITE werden die Größe DIN A4 und die Ausrichtung HOCHFORMAT beibehalten.

Berichteigenschaften

Lassen Sie sich die BERICHTEIGENSCHAFTEN anzeigen. Bei einer Breite von `21,0cm` und Seitenrändern von jeweils `10mm` ist eine Berichtsbreite von `18,9cm` ein geeigneter Wert. Setzen Sie auf der Registerkarte FORMAT für die Eigenschaft BREITE diesen Wert.

Wählen Sie auf der Registerkarte DATEN die Datensatzquelle für diesen Bericht: Setzen sie den Wert für die Eigenschaft DATENSATZQUELLE auf kunde.	Tabelle auswählen
Ziehen Sie die vier Tabellenfelder kundeID, bezeichnung, adresse und telefon aus der FELDLISTE in den DETAILBEREICH. Verschieben Sie die vier Bezeichnungsfelder dieser Tabellenfelder durch Ausschneiden und Einfügen in den SEITENKOPF.	Felder auswählen
Wählen Sie für die vier Bezeichnungsfelder die folgenden Eigenschaftswerte auf dem EIGENSCHAFTENBLATT: BREITE 3cm (2cm für kundeID), HÖHE 0,5cm, OBEN 1cm. Die Werte für LINKS unterscheiden sich: 0,5cm, 3cm, 6cm beziehungsweise 9cm. Wählen Sie für die vier Textfelder im DETAILBEREICH dieselben Werte, außer für OBEN. Hier sind es 0cm.	Steuerelemente formatieren
Fügen Sie über die Liste ENTWURF · STEUERELEMENTE · STEUERELEMENTE ein weiteres Bezeichnungsfeld mit dem Text Alle Kunden: ein. Wählen Sie folgende Eigenschaftswerte: BREITE 6,5cm, HÖHE 0,6cm, OBEN 0cm, LINKS 0,5cm und SCHRIFTGRAD 14.	
Setzen Sie die HÖHE der drei Bereiche SEITENKOPF, DETAILBEREICH und SEITENFUSS auf 1,5cm, 0,5cm beziehungsweise 0cm. Setzen Sie für die beiden Bereiche SEITENKOPF und DETAILBEREICH den Wert für HINTERGRUNDFARBE auf Hintergrund 1, Dunkler 5%.	Bereiche formatieren
Falls Sie den Bericht anders sortieren möchten, dann betätigen Sie in der Entwurfsansicht zunächst die Schaltfläche ENTWURF · GRUPPIERUNG UND SUMMEN · GRUPPIEREN UND SORTIEREN. Betätigen Sie anschließend im Bereich GRUPPIEREN, SORTIEREN UND SUMME die Schaltfläche SORTIERUNG HINZUFÜGEN. Wählen Sie in der Liste das Feld aus, nach dem sortiert werden soll.	Sortierung einstellen
Schließen Sie den Bericht und speichern Sie ihn mit dem Berichtsnamen kundeB.	Bericht speichern

5.6.2 Artikel ausgeben

Betrachten Sie zunächst eine Seite des fertigen Berichts artikelB in Abbildung 5.46, der nachfolgend erstellt wird.	
Die Artikel sind nach Kategorien gruppiert. Es werden also immer diejenigen Artikel zusammen aufgelistet, die zur selben Kategorie gehören. Die Kategorien sind nach Kategoriebezeichnung sortiert.	Gruppierung und Sortierung

| Summierung | Die Artikel innerhalb einer Kategorie sind nach Artikelbezeichnung sortiert. Zu jedem Artikel sehen Sie die Inhalte der Felder bezeichnung, artikelID, bestand und preis.

In der letzten Spalte (gesamt) wird der aktuelle Gesamtbestandswert für den betreffenden Artikel berechnet. In der Zeile unterhalb der Artikel wird die aktuelle Summe der Gesamtbestandswerte aller Artikel einer Kategorie berechnet (summe:).

artikelB

Artikel:

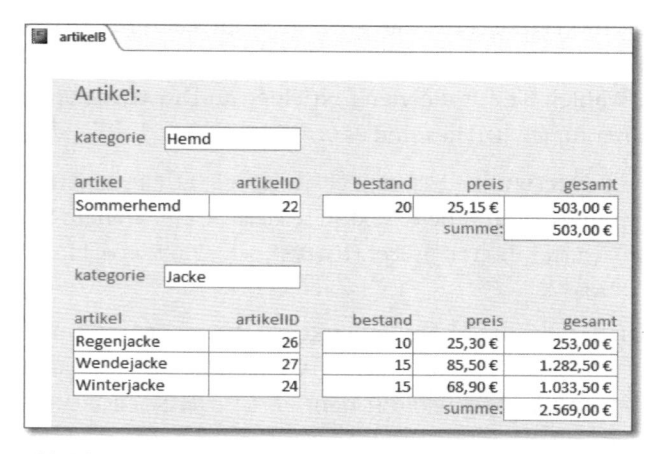

kategorie	Hemd				
artikel		artikelID	bestand	preis	gesamt
Sommerhemd		22	20	25,15 €	503,00 €
				summe:	503,00 €

kategorie	Jacke				
artikel		artikelID	bestand	preis	gesamt
Regenjacke		26	10	25,30 €	253,00 €
Wendejacke		27	15	85,50 €	1.282,50 €
Winterjacke		24	15	68,90 €	1.033,50 €
				summe:	2.569,00 €

Abbildung 5.46 Alle Artikel von zwei Kategorien

Seite einrichten — Es wird ein neuer Bericht erstellt, wie in Abschnitt 5.6.1 mit der Breite 18,9cm, in DIN A4 und HOCHFORMAT sowie mit Seitenrändern von jeweils 10mm.

Tabellen auswählen — Der Bericht beinhaltet Daten aus den beiden Tabellen kategorie und artikel. Betätigen Sie auf der Registerkarte DATEN bei der Eigenschaft DATENSATZQUELLE die Schaltfläche ... mit den drei Punkten. Es öffnet sich der ABFRAGE-GENERATOR. Fügen Sie mithilfe des Dialogfelds TABELLE ANZEIGEN die beiden genannten Tabellen zur Abfrage hinzu.

Felder auswählen — Ziehen Sie die Felder kategorieID und bezeichnung aus der Tabelle kategorie sowie die Felder bezeichnung, artikelID, bestand und preis aus der Tabelle artikel in den unteren Teil des Abfrageentwurfs. Sortierungen werden hier noch nicht eingestellt. Speichern und schließen Sie den ABFRAGE-GENERATOR.

Gruppierung einstellen — Betätigen Sie die Schaltfläche ENTWURF • GRUPPIERUNG UND SUMMEN • GRUPPIEREN UND SORTIEREN. Es erscheint der Bereich GRUPPIEREN, SORTIEREN UND SUMME. Betätigen Sie darin die Schaltfläche GRUPPE HINZU-

FÜGEN. Wählen Sie aus der angezeigten Liste den Eintrag KATEGORIE.BEZEICHNUNG aus. Dadurch wird ein neuer Bereich zwischen SEITENKOPF und DETAILBEREICH mit dem Namen KATEGORIE.BEZEICHNUNG – KOPFBEREICH eingeblendet. Ein solcher Bereich wird auch vereinfacht Gruppenkopf genannt.

Als Folge davon werden die später angezeigten Datensätze nach den eindeutigen Bezeichnungen der Kategorien gruppiert. Gleichzeitig werden sie nach diesen Bezeichnungen VON A NACH Z sortiert, siehe Abbildung 5.47.

Es sollen die Summen der Gesamtbestandswerte pro Kategorie angezeigt werden, und zwar im Fußbereich der Kategorie. Standardmäßig wird aber nur ein Kopfbereich zu jeder Kategorie eingeblendet. Lassen Sie sich mithilfe der Schaltfläche MEHR weitere Möglichkeiten zu der soeben vorgenommenen Gruppierung anzeigen. Nun können Sie einstellen: MIT FUSSZEILENBEREICH, siehe auch in Abbildung 5.47. Dadurch wird ein weiterer neuer Bereich zwischen DETAILBEREICH und SEITENFUSS mit dem Namen KATEGORIE.BEZEICHNUNG – FUSSBEREICH eingeblendet. Ein solcher Bereich wird auch vereinfacht Gruppenfuß genannt.

Gruppenfuß einblenden

Betätigen Sie im Bereich GRUPPIEREN, SORTIEREN UND SUMME die Schaltfläche SORTIERUNG HINZUFÜGEN. Wählen Sie den Eintrag ARTIKEL.BEZEICHNUNG aus der Liste aus, siehe ebenfalls Abbildung 5.47. Diese Sortierung liegt unterhalb der Gruppierung. Das bedeutet, dass innerhalb der Gruppe nach Artikelbezeichnungen sortiert wird. Sie können den Bereich GRUPPIEREN, SORTIEREN UND SUMME nun wieder ausblenden.

Sortierung einstellen

```
Gruppieren, Sortieren und Summe
    Gruppieren nach kategorie.bezeichnung ▼ von A nach Z ▼ , nach Gesamtwert ▼ , ohne Summen ▼ ,
        mit Titel Zum Hinzufügen klicken , mit Kopfzeilenbereich ▼ , mit Fußzeilenbereich ▼ ,
        Gruppe nicht auf einer Seite zusammenhalten ▼ , Weniger ◀
        Sortieren nach artikel.bezeichnung
```

Abbildung 5.47 Gruppierung nach Kategorie, Sortierung nach Artikel

Ziehen Sie die fünf Tabellenfelder kategorie.bezeichnung, artikel.bezeichnung, artikelID, bestand und preis aus der FELDLISTE in den DETAILBEREICH. Verkürzen Sie bei den Bezeichnungsfeldern die Beschriftungen: von kategorie.bezeichnung auf kategorie und von artikel.bezeichnung auf artikel. Verschieben Sie alle fünf Bezeichnungsfelder der Tabellenfelder sowie das Textfeld für kategorie.bezeichnung in den Gruppenkopf, siehe Abbildung 5.48.

Steuerelemente einfügen

5 Eine komplexe Anwendung realisieren

Summierungen einstellen

Fügen Sie im DETAILBEREICH ein ungebundenes Textfeld hinzu. Rufen Sie das EIGENSCHAFTENBLATT für dieses Textfeld auf. Die Eigenschaft STEUERELEMENTINHALT auf der Registerkarte DATEN bekommt den Wert: =[preis]*[bestand]. Dies sorgt für die Berechnung des aktuellen Gesamtbestandswerts für den betreffenden Artikel. Verschieben Sie das Bezeichnungsfeld des Textfelds in den Gruppenkopf und ändern Sie die Beschriftung auf gesamt.

Fügen Sie im Gruppenfuß ein ungebundenes Textfeld hinzu. Die Eigenschaft STEUERELEMENTINHALT auf der Registerkarte DATEN bekommt den Wert: =Summe([preis]*[bestand]). Dies sorgt für die Berechnung der aktuellen Summe der Gesamtbestandswerte aller Artikel der Kategorie. Ändern Sie die Beschriftung auf summe:.

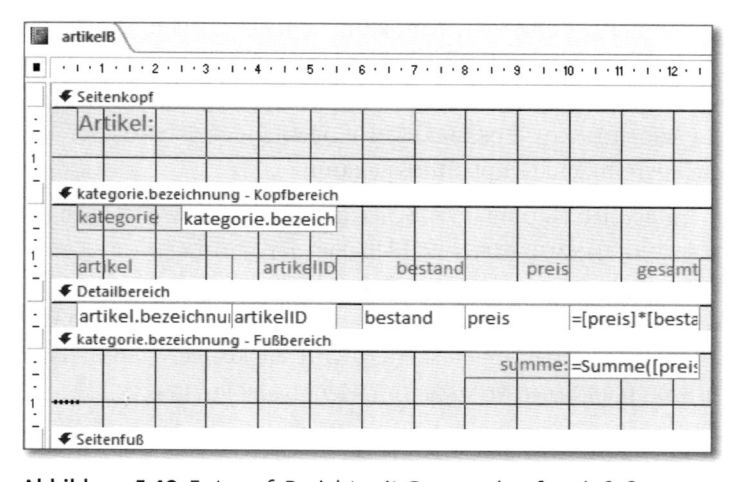

Abbildung 5.48 Entwurf, Bericht mit Gruppenkopf und -fuß

Summierungsfelder formatieren

Ändern Sie bei beiden ungebundenen Textfeldern den Wert der Eigenschaft FORMAT auf Währung. Ändern Sie für die vier Bezeichnungsfelder artikelID, bestand, preis und gesamt den Wert der Eigenschaft TEXTAUSRICHTUNG auf Rechtsbündig.

Fügen Sie im SEITENKOPF ein Bezeichnungsfeld mit dem Text Artikel: hinzu. Es hat als einziges Steuerelement eine HÖHE von 0,6cm.

Weitere Eigenschaftswerte

In Tabelle 5.5 sehen Sie die restlichen wichtigen Eigenschaftswerte. Sie beziehen sich auf die Bezeichnungsfelder (Typ B) und Textfelder (Typ T) in Abbildung 5.48. Sie werden der Reihe nach von oben nach unten betrachtet, bei gleicher Höhe von links nach rechts.

5.6 Berichte über mehrere Tabellen

Typ	Inhalt	Breite	Oben	Links
B	Artikel:	6,5cm	0cm	0,5cm
B	kategorie	2cm	0cm	0,5cm
T	kategorie.bezeichnung	3cm	0cm	2,5cm
B	artikel	3cm	1cm	0,5cm
B	artikelID	2cm	1cm	3,5cm
B	bestand	2cm	1cm	6cm
B	preis	2cm	1cm	8cm
B	gesamt	2,5cm	1cm	10cm
T	artikel.bezeichnung	3cm	0cm	0,5cm
T	artikelID	2cm	0cm	3,5cm
T	bestand	2cm	0cm	6cm
T	preis	2cm	0cm	8cm
T	=[preis]*[bestand]	2cm	0cm	10cm
B	summe:	2cm	0cm	8cm
T	=Summe[preis]*[bestand]	2,5cm	0cm	10cm

Tabelle 5.5 Steuerelemente für Bericht »Alle Artikel«

Setzen Sie die HÖHE der fünf Bereiche SEITENKOPF, Gruppenkopf, DETAILBEREICH, Gruppenfuß und SEITENFUSS auf 1,5cm, 1,5cm, 0,5cm, 1,5cm beziehungsweise 0cm. Setzen Sie für alle Bereiche den Wert für HINTERGRUNDFARBE beziehungsweise ALTERNATIVE HINTERGRUNDFARBE auf Hintergrund 1, Dunkler 5%.
Bereiche formatieren

Fügen Sie ein Steuerelement vom Typ SEITENUMBRUCH in den Gruppenfuß mit dem Wert 1cm für die Eigenschaft OBEN ein. In Abbildung 5.48 erscheint der Seitenumbruch ganz links im Gruppenfuß als kurze gepunktete Linie.
Seitenumbruch

Schließen Sie den Bericht und speichern Sie ihn mit dem Berichtsnamen artikelB. Betrachten Sie den Bericht in der Seitenansicht: Am Ende jeder Kategorie folgt ein Seitenumbruch und die nächste Kategorie beginnt auf einer neuen Seite.
Bericht speichern

5.6.3 Bestellungen ausgeben

Der Bericht bestellungB wird auf ähnliche Weise aufgebaut wie der Bericht artikelB aus Abschnitt 5.6.2. Betrachten Sie zunächst eine Seite des fertigen Berichts in Abbildung 5.49.

Gruppierung und Sortierung Es wird nach Bestellungen gruppiert. Die Bestellungen sind nacheinander nach den folgenden vier Kriterien sortiert: Bezeichnung des Kunden, Adresse des Kunden, Datum der Bestellung und eindeutige ID der Bestellung. Innerhalb einer Bestellung sind die Bestellposten nach der Artikelbezeichnung sortiert.

Summierung Zu jedem Bestellposten wird in der letzten Spalte (Bezeichnung: gesamt) die Postensumme für den betreffenden Artikel berechnet. In der Zeile unterhalb der Bestellposten wird die Gesamtbestellsumme berechnet (Bezeichnung: summe:).

kunde	adresse		datum	bestellungID
Kremer	Bonn		11.12.15	24
artikel		menge	preis	gesamt
Regenjacke		3	25,30 €	75,90 €
Skihandschuhe		8	21,00 €	168,00 €
Sommerhemd		1	25,15 €	25,15 €
Wanderschuhe		6	75,80 €	454,80 €
Wendejacke		6	85,50 €	513,00 €
			summe:	1.236,85 €

Abbildung 5.49 Alle Bestellposten einer Bestellung

Seite einrichten Es wird ein neuer Bericht erstellt, wie in Abschnitt 5.6.2 mit der Breite 18,9cm, in DIN A4 und HOCHFORMAT sowie mit Seitenrändern von jeweils 10mm.

Tabellen auswählen Der Bericht beinhaltet Daten aus den vier Tabellen kunde, bestellung, bestellposten und artikel. Öffnen Sie den ABFRAGE-GENERATOR für die Eigenschaft DATENSATZQUELLE und fügen Sie die vier Tabellen zur Abfrage hinzu.

Felder auswählen Ziehen Sie die Felder kundeID, bezeichnung und adresse aus der Tabelle kunde, die Felder datum und bestellungID aus der Tabelle bestellung, die Felder artikelID und menge aus der Tabelle bestellposten sowie die Felder bezeichnung und preis aus der Tabelle artikel in den unteren Teil des Abfrageentwurfs. Schließen Sie den ABFRAGE-GENERATOR mit Speichern.

Nehmen Sie im Bereich GRUPPIEREN, SORTIEREN UND SUMME nacheinander folgende Einstellungen vor:

- Sortieren nach KUNDE.BEZEICHNUNG
- Sortieren nach ADRESSE
- Sortieren nach DATUM
- Gruppieren nach BESTELLUNGID, sortiert VOM KLEINSTEN ZUM GRÖSSTEN, MIT FUSSZEILENBEREICH
- Sortieren nach ARTIKEL.BEZEICHNUNG

Gruppierung und Sortierung einstellen

Auf diese Weise wird nach Bestellungen gruppiert: Sie erzeugen zwischen SEITENKOPF und DETAILBEREICH den Gruppenkopf BESTELLUNGID – KOPFBEREICH und zwischen DETAILBEREICH und SEITENFUSS den Gruppenfuß BESTELLUNGID – FUSSBEREICH.

Die Bestellungen werden nacheinander nach der Bezeichnung des Kunden, der Adresse des Kunden, dem Bestelldatum und der eindeutigen ID der Bestellung sortiert. Die letztgenannte Sortierung wird zusammen mit der Gruppierung vorgenommen.

Ziehen Sie die vier Tabellenfelder kunde.bezeichnung, adresse, artikelID, datum und bestellungID aus der FELDLISTE in den Gruppenkopf. Ziehen Sie die drei Tabellenfelder artikel.bezeichnung, menge und preis in den DETAILBEREICH. Verkürzen Sie bei zwei Bezeichnungsfeldern die Beschriftungen: von kunde.bezeichnung auf kunde und von artikel.bezeichnung auf artikel. Verschieben Sie die drei Bezeichnungsfelder der Tabellenfelder aus dem DETAILBEREICH in den Gruppenkopf, siehe Abbildung 5.50.

Steuerelemente einfügen

Fügen Sie im DETAILBEREICH ein ungebundenes Textfeld mit der Berechnung =[menge]*[preis] hinzu. Verschieben Sie das Bezeichnungsfeld des Textfelds in den Gruppenkopf und ändern Sie die Beschriftung auf gesamt. Fügen Sie im Gruppenfuß ein ungebundenes Textfeld mit der Berechnung =Summe([menge]*[preis]) hinzu. Ändern Sie die Beschriftung zu summe:. Setzen Sie bei beiden Textfeldern die Eigenschaft FORMAT auf den Wert Währung.

Summierungen einstellen

Ändern Sie für die fünf Bezeichnungsfelder datum, bestellungID, menge, preis und gesamt den Wert der Eigenschaft TEXTAUSRICHTUNG auf Rechtsbündig.

Steuerelemente formatieren

Fügen Sie im SEITENKOPF ein Bezeichnungsfeld mit dem Text Bestellung: hinzu. Es hat als einziges Steuerelement eine HÖHE von 0,6cm.

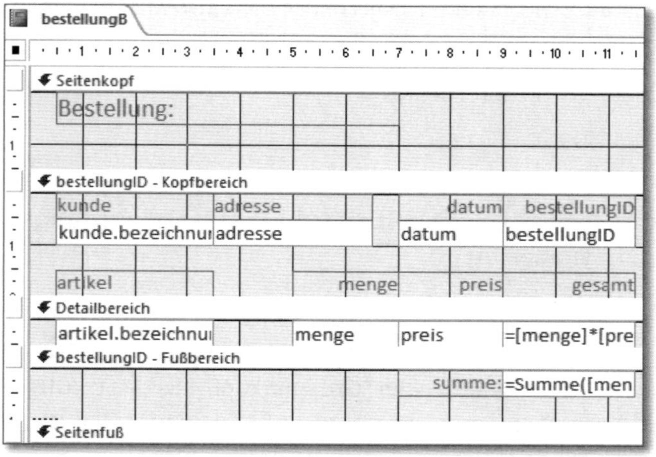

5 Eine komplexe Anwendung realisieren

Abbildung 5.50 Entwurf, Bericht mit Gruppenkopf und -fuß

Weitere Eigenschaftswerte In Tabelle 5.6 sehen Sie die restlichen wichtigen Eigenschaftswerte. Sie beziehen sich auf die Bezeichnungsfelder (Typ B) und Textfelder (Typ T) in Abbildung 5.50. Sie werden der Reihe nach von oben nach unten, bei gleicher Höhe von links nach rechts betrachtet.

Typ	Inhalt	Breite	Oben	Links
B	Bestellung:	6,5cm	0cm	0,5cm
B	kunde	3cm	0cm	0,5cm
B	adresse	3cm	0cm	3,5cm
B	datum	2cm	0cm	7cm
B	bestellungID	2,5cm	0cm	9cm
T	kunde.bezeichnung	3cm	0,5cm	0,5cm
T	adresse	3cm	0,5cm	3,5cm
T	datum	2cm	0,5cm	7cm
T	bestellungID	2,5cm	0,5cm	9cm
B	artikel	3cm	1,5cm	0,5cm
B	menge	2cm	1,5cm	5cm

Tabelle 5.6 Steuerelemente für Bericht »Alle Bestellungen«

Typ	Inhalt	Breite	Oben	Links
B	preis	2cm	1,5cm	7cm
B	gesamt	2,5cm	1,5cm	9cm
T	artikel.bezeichnung	3cm	0cm	0,5cm
T	menge	2cm	0cm	5cm
T	preis	2cm	0cm	7cm
T	=[menge]*[preis]	2,5cm	0cm	9cm
B	summe:	2cm	0cm	7cm
T	=Summe[menge]*[preis]	2,5cm	0cm	9cm

Tabelle 5.6 Steuerelemente für Bericht »Alle Bestellungen« (Forts.)

Setzen Sie die HÖHE der fünf Bereiche SEITENKOPF, Gruppenkopf, DETAILBEREICH, Gruppenfuß und SEITENFUSS auf 1,5cm, 2cm, 0,5cm, 1cm beziehungsweise 0cm. Setzen Sie für alle Bereiche den Wert für HINTERGRUNDFARBE beziehungsweise ALTERNATIVE HINTERGRUNDFARBE auf Hintergrund 1, Dunkler 5%. — *Bereiche formatieren*

Fügen Sie ein Steuerelement vom Typ SEITENUMBRUCH in den Gruppenfuß mit dem Wert 1cm für die Eigenschaft OBEN ein. In Abbildung 5.50 erscheint der Seitenumbruch ganz links im Gruppenfuß als kurze gepunktete Linie. — *Seitenumbruch*

Schließen Sie den Bericht und speichern Sie ihn mit dem Berichtsnamen bestellungB. — *Bericht speichern*

5.6.4 Startformular ergänzen

Vervollständigen Sie das Startformular um drei Schaltflächen, die zum Aufruf der verschiedenen Berichte führen, siehe Abbildung 5.51. Wählen Sie die folgenden Werte für den BEFEHLSSCHALTFLÄCHEN-ASSISTENT beziehungsweise die Formatierung:

▶ Kategorie: BERICHTSOPERATIONEN, Aktion: BERICHT ÖFFNEN, BERICHT: kundeB / bestellungB / artikelB, Text: Kunden ausgeben / Bestellungen ausgeben / Artikel ausgeben — *Befehlsschaltflächen-Assistent*

- BREITE 4cm, HÖHE 0,6cm, OBEN 2,5cm / 3,5cm / 4,5cm, LINKS 7cm, DESIGN VERWENDEN Nein.

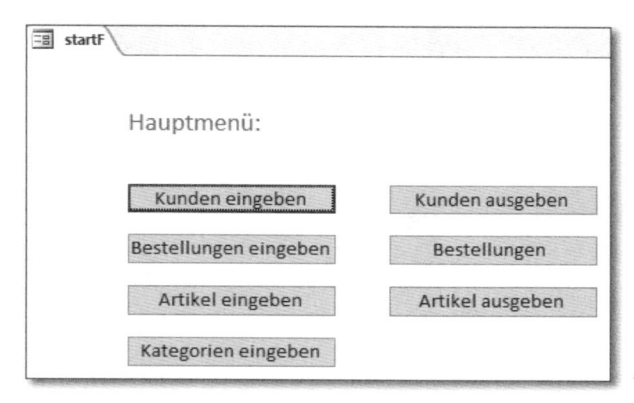

Abbildung 5.51 Startformular für handel.accdb

Sie finden die Datenbank *handel.accdb* im Downloadpaket.

Kapitel 6
Abfragen

Sie können mithilfe von Abfragen ganz gezielt bestimmte Daten aus großen Datenmengen herausfiltern und übersichtlich darstellen. Die ersten einfachen Abfragen mit Filterungen nach Zahlen oder Text und mit ersten Sortierungen kennen Sie bereits aus Abschnitt 4.6.

6.1 Einfache Filter

In diesem Abschnitt sehen Sie weitere Möglichkeiten zur Filterung von Abfrageergebnissen. Sie basieren auf der Datenbank mit der einzelnen Tabelle kunde in der Datei *firma.accdb*.

6.1.1 Text vergleichen

Die Vergleichsoperatoren aus Abschnitt 4.6.11 können Sie auch im Zusammenhang mit Zeichenketten nutzen. In Tabelle 6.1 sehen Sie eine Tabelle mit Beispielen, an denen Sie die Regeln für die Vergleiche erkennen können.

Tabelle mit Vergleichen

Kriterium für Feld »ort«	Ergebnis
="Dortmund"	Alle Datensätze, bei denen der Ort Dortmund lautet
<>"Dortmund"	Alle Datensätze, bei denen der Ort nicht Dortmund lautet
>"Dortmund"	Alle Datensätze mit einem Ort, der alphabetisch hinter Dortmund steht, also zum Beispiel Dottingen (3. Zeichen ist größer) oder Essen (1. Zeichen ist größer)
>="Dortmund"	Wie vorher, aber inklusive Dortmund

Tabelle 6.1 Vergleichsoperatoren, Beispiele mit Zeichenketten

Kriterium für Feld »ort«	Ergebnis
<"Dortmund"	Alle Datensätze mit einem Ort, der alphabetisch vor Dortmund steht, also zum Beispiel Dormagen (4. Zeichen ist kleiner) oder Chemnitz (1. Zeichen ist kleiner)
<="Dortmund"	Wie vorher, aber inklusive Dortmund

Tabelle 6.1 Vergleichsoperatoren, Beispiele mit Zeichenketten (Forts.)

Zeichen für Zeichen Die Vergleiche sind unabhängig von der Groß- oder Kleinschreibung. Es werden zunächst die beiden ersten Zeichen verglichen. Sind diese gleich, dann werden die beiden nächsten Zeichen verglichen und so weiter. Dies wird so lange durchgeführt, bis entweder ein Unterschied festgestellt wird oder das Ende beider Zeichenketten erreicht wird.

Falls alle Zeichen bis zum Ende der kürzeren Zeichenkette gleich sind, dann ist die längere Zeichenkette »größer« beziehungsweise die kürzere Zeichenkette »kleiner«. Daher liegt »Dort« vor »Dortmund«.

Es wird eine Abfrage mit dem Namen Filter mit Text, größer erstellt. In Abbildung 6.1 sehen Sie nur noch die Datensätze, bei denen im Feld ort ein Text steht, der mit dem Buchstaben »H« beginnt oder mit einem Buchstaben, der alphabetisch nach »H« steht.

kundeID	bezeichnung	ort
2	Garner GmbH	Hagen
6	Dujardin GG	Lille
4	Veronne SARL	Metz
5	Lejeune SA	Namur

Abbildung 6.1 Ortsname ab »H«

>H Erstellen Sie eine neue Abfrage mit den gezeigten Feldern aus der Tabelle kunde. Tragen Sie in der Zeile KRITERIEN für das Feld ort den Ausdruck >H oder >=H ein. Nach Verlassen der Zelle wird der Wert innerhalb des Ausdrucks als Zeichenkette erkannt und automatisch in Anführungszeichen gesetzt, siehe Abbildung 6.2.

Da es keinen Ort mit dem Namen H gibt, liefern in diesem Fall beide Ausdrücke das gewünschte Ergebnis.

Feld:	kundeID	bezeichnung	ort
Tabelle:	kunde	kunde	kunde
Sortierung:			
Anzeigen:	☑	☑	☑
Kriterien:			>"H"
oder:			

Abbildung 6.2 Entwurf, mit Filterkriterium

6.1.2 Felder nicht anzeigen

Ein Feld, das eine Filterung (oder eine Sortierung) beinhaltet, muss nicht zwangsläufig angezeigt werden.

Es wird eine Abfrage mit dem Namen `Filter, nicht anzeigen` erstellt. In Abbildung 6.3 sehen Sie nur noch die Datensätze, bei denen im Feld `land` der Wert `Deutschland` steht. Allerdings wird das Feld `land` selbst nicht angezeigt.

kundeID	bezeichnung	ort
1	Maier KG	Dortmund
2	Garner GmbH	Hagen
3	Wolf GmbH & Co KG	Dortmund

Abbildung 6.3 Datensätze, mit »land« Deutschland, ohne »land«

Erstellen Sie eine neue Abfrage mit den gezeigten Feldern aus der Tabelle `kunde`. Tragen Sie in der Zeile KRITERIEN für das Feld `land` den Wert Deutschland ein. Nach Verlassen der Zelle wird der Wert als Zeichenkette erkannt und automatisch in Anführungszeichen gesetzt. Entfernen Sie das Häkchen in der Zeile ANZEIGEN, siehe Abbildung 6.4.

Häkchen entfernen

Feld:	kundeID	bezeichnung	ort	land
Tabelle:	kunde	kunde	kunde	kunde
Sortierung:				
Anzeigen:	☑	☑	☑	☐
Kriterien:				"Deutschland"
oder:				

Abbildung 6.4 Entwurf, ohne Anzeige von »land«

6.1.3 Text beginnt mit

Sie können bei der Filterung auch nach Teilen von Zeichenketten suchen.

Es wird eine Abfrage mit dem Namen `Filter mit Text, beginnt mit` erstellt. In Abbildung 6.5 sehen Sie nur noch die Datensätze, bei denen der Eintrag im Feld `email` mit der Zeichenkette `info` beginnt.

6 Abfragen

	Filter mit Text, beginnt mit		
kundeID	bezeichnung	ort	email
1	Maier KG	Dortmund	info@wmaier.de
5	Lejeune SA	Namur	info@plejeune.be

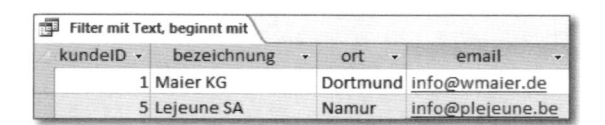

Abbildung 6.5 »email« beginnt mit »info«

Platzhalter * am Ende — Erstellen Sie eine neue Abfrage mit den gezeigten Feldern aus der Tabelle kunde. Tragen Sie in der Zeile KRITERIEN für das Feld email den Ausdruck info* ein. Nach Verlassen der Zelle wird der Ausdruck als Zeichenkette erkannt und automatisch in Anführungszeichen gesetzt. Das Zeichen * ist ein sogenannter *Platzhalter*. Es steht für beliebig viele unbekannte Zeichen.

Operator »Wie« — Abfragen mit Platzhaltern können nur mithilfe des Operators Wie ausgeführt werden. Dieser Operator wird automatisch hinzugefügt, siehe Abbildung 6.6.

Feld:	kundeID	bezeichnung	ort	email
Tabelle:	kunde	kunde	kunde	kunde
Sortierung:				
Anzeigen:	☑	☑	☑	☑
Kriterien:				Wie "info*"
oder:				

Abbildung 6.6 Vergleich mit Zeichenkette und Platzhalter *

Es werden alle Datensätze angezeigt, die mit info beginnen und bei denen anschließend noch beliebig viele unbekannte Zeichen folgen. Die Angabe *beliebig viele* kann auch für den Wert 0 stehen. Auch die Zeichenkette info selbst würde also dem Filterkriterium genügen.

6.1.4 Text endet mit

Platzhalter können auch vor einer Suchzeichenkette stehen. Es werden dann die Datensätze gefunden, die mit einem bestimmten Text enden.

Es wird eine Abfrage mit dem Namen Filter mit Text, endet mit erstellt. In Abbildung 6.7 sehen Sie nur noch die Datensätze, bei denen der Eintrag im Feld bezeichnung mit der Zeichenkette KG endet.

	Filter mit Text, endet mit	
kundeID	bezeichnung	ort
1	Maier KG	Dortmund
3	Wolf GmbH & Co KG	Dortmund

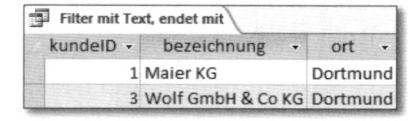

Abbildung 6.7 »bezeichnung« endet mit »KG«

Erstellen Sie eine neue Abfrage mit den gezeigten Feldern aus der Tabelle kunde. Tragen Sie in der Zeile KRITERIEN für das Feld bezeichnung den Ausdruck *KG ein. Nach Verlassen der Zelle erscheinen automatisch der Operator Wie und die Anführungszeichen, siehe Abbildung 6.8.

Platzhalter * am Anfang

Feld:	kundelD	bezeichnung	ort
Tabelle:	kunde	kunde	kunde
Sortierung:			
Anzeigen:	☑	☑	☑
Kriterien:		Wie "*KG"	
oder:			

Abbildung 6.8 Platzhalter zu Beginn eines Texts

Hinweis: Das Ende eines Felds vom Datentyp Link können Sie leider nicht auf diese einfache Weise prüfen. Das liegt daran, dass die E-Mail-Adresse nur den sichtbaren Teil des Eintrags darstellt. Intern und für uns nicht sichtbar werden nach der Top-Level-Domain (zum Beispiel de) noch weitere Zeichen gespeichert. Das Kriterium zum Filtern aller E-Mail-Adressen in Deutschland ist also nicht einfach *.de, sondern *.de*.

Datentyp Link

6.1.5 Text beinhaltet

Platzhalter können an einer beliebigen Stelle in der Suchzeichenkette stehen, zum Beispiel zu Beginn *und* am Ende. Es werden dann die Datensätze gefunden, die einen gesuchten Text an einer beliebigen Stelle beinhalten: mitten im Feldinhalt, zu Beginn oder am Ende.

Es wird eine Abfrage mit dem Namen Filter mit Text, beinhaltet erstellt. In Abbildung 6.9 sehen Sie nur noch die Datensätze, bei denen irgendwo im Feld bezeichnung der Text GmbH steht.

Filter mit Text, beinhaltet		
kundelD ▾	bezeichnung ▾	ort ▾
2	Garner GmbH	Hagen
3	Wolf GmbH & Co KG	Dortmund

Abbildung 6.9 »bezeichnung«, enthält »GmbH«

Erstellen Sie eine neue Abfrage mit den gezeigten Feldern aus der Tabelle kunde. Tragen Sie in der Zeile KRITERIEN für das Feld bezeichnung den Ausdruck *GmbH* ein. Nach Verlassen der Zelle erscheinen automatisch der Operator Wie und die Anführungszeichen, siehe Abbildung 6.10.

Platzhalter * am Anfang und am Ende

6 Abfragen

Feld:	kundelD	bezeichnung	ort
Tabelle:	kunde	kunde	kunde
Sortierung:			
Anzeigen:	☑	☑	☑
Kriterien:		Wie "*GmbH*"	
oder:			

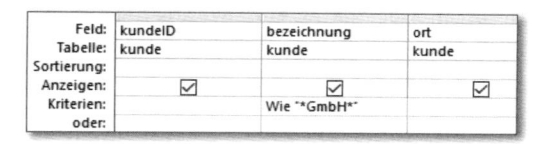

Abbildung 6.10 Platzhalter zu Beginn und am Ende

6.1.6 Einzelne Zeichen

Das Fragezeichen (?) als Platzhalter steht für ein einzelnes beliebiges Zeichen innerhalb einer Suchzeichenkette. Sie könnten zum Beispiel mit der Suchzeichenkette M??er alle Einträge finden, die Maier, Mayer, Meier oder Meyer lauten.

Es wird eine Abfrage mit dem Namen Filter mit Text, einzelnes Zeichen erstellt. In Abbildung 6.11 sehen Sie nur noch die Datensätze, bei denen am Ende des Felds bezeichnung ein Leerzeichen steht, gefolgt von einem einzelnen beliebigen Zeichen, gefolgt vom Zeichen G.

kundelD	bezeichnung	ort
1	Maier KG	Dortmund
3	Wolf GmbH & Co KG	Dortmund
6	Dujardin GG	Lille

Abbildung 6.11 Endet mit Leerzeichen, beliebigem Zeichen und »G«

Platzhalter »?« Erstellen Sie eine neue Abfrage mit den gezeigten Feldern aus der Tabelle kunde. Tragen Sie in der Zeile KRITERIEN für das Feld bezeichnung den Ausdruck * ?G ein, also: Stern, Leerzeichen, Fragezeichen, Buchstabe G. Nach Verlassen der Zelle erscheinen automatisch der Operator Wie und die Anführungszeichen, siehe Abbildung 6.12.

Feld:	kundelD	bezeichnung	ort
Tabelle:	kunde	kunde	kunde
Sortierung:			
Anzeigen:	☑	☑	☑
Kriterien:		Wie "* ?G"	
oder:			

Abbildung 6.12 Platzhalter »?« für einzelnes Zeichen

Sonderzeichen In dieser Abfrage wird ein Leerzeichen eingesetzt. Auch dieses Zeichen gehört zu den Zeichen, nach denen gesucht werden kann, genauso wie nach Buchstaben, nach Ziffern oder nach anderen Sonderzeichen, wie zum Beispiel nach einem Punkt oder einem Bindestrich.

6.1.7 Eine Auswahl von Zeichen

Sie können auch nach einem einzelnen Zeichen suchen, das aus einer begrenzten Menge von Zeichen ausgewählt wird. Auf diese Weise ist die Suche nicht ganz so beliebig wie mithilfe des Fragezeichens als Platzhalter.

Begrenzte Zeichenmenge

Es wird eine Abfrage mit dem Namen Filter mit Text, Zeichenmenge erstellt. In Abbildung 6.13 sehen Sie nur noch die Datensätze, bei denen am Ende des Felds bezeichnung ein Leerzeichen steht, gefolgt von dem Zeichen A oder dem Zeichen K, gefolgt vom Zeichen G.

kundeID	bezeichnung	ort
1	Maier KG	Dortmund
3	Wolf GmbH & Co KG	Dortmund

Abbildung 6.13 Endet mit Leerzeichen, dann »A« oder »K«, dann »G«

Erstellen Sie eine neue Abfrage mit den gezeigten Feldern aus der Tabelle kunde. Zur Bildung einer begrenzten Menge schreiben Sie die erlaubten Zeichen nacheinander innerhalb von eckigen Klammern [ ]. Tragen Sie daher in der Zeile KRITERIEN für das Feld bezeichnung den Ausdruck * [AK]G ein. Nach Verlassen der Zelle erscheinen automatisch der Operator Wie und die Anführungszeichen, siehe Abbildung 6.14.

Eckige Klammern

Nur Datensätze, die mit einem Leerzeichen und dann entweder AG oder KG enden, genügen diesem Kriterium.

Feld:	kundeID	bezeichnung	ort
Tabelle:	kunde	kunde	kunde
Sortierung:			
Anzeigen:	☑	☑	☑
Kriterien:		Wie "* [AK]G"	
oder:			

Abbildung 6.14 Eckige Klammern mit erlaubter Zeichenmenge

Für diesen sogenannten *Mustervergleich* gibt es noch zahlreiche weitere Möglichkeiten mithilfe bestimmter Sonderzeichen, die zur Bildung von *regulären Ausdrücken* führen. Das führt in einem Einsteigerbuch zu weit.

Mustervergleich

6.1.8 Filtern nach Datum

Sie können mithilfe von Zeitangaben einen Filter innerhalb eines Felds des Datentyps Datum/Uhrzeit setzen.

6 Abfragen

Es wird eine Abfrage mit dem Namen `Filter mit Datum, gleich` erstellt. In Abbildung 6.15 sehen Sie nur noch die Datensätze, bei denen im Feld `seit` das Datum `01.08.12` steht.

kundeID	bezeichnung	ort	seit
3	Wolf GmbH & Co KG	Dortmund	01.08.12
4	Veronne SARL	Metz	01.08.12

Abbildung 6.15 Kunden, die genau am 1. August 2012 hinzukamen

Datumsformat mit #

Erstellen Sie eine neue Abfrage mit den gezeigten Feldern aus der Tabelle `kunde`. Tragen Sie in der Zeile KRITERIEN für das Feld `seit` den Wert `1.8.12` ein. Nach Verlassen der Zelle wird der Wert als Datum erkannt und automatisch innerhalb von # und # gesetzt. Außerdem wird das Datum im Format `TT.MM.JJJJ` formatiert, also mit zwei Stellen für den Tag, zwei Stellen für den Monat und vier Stellen für das Jahr, siehe Abbildung 6.16. Dabei werden gegebenenfalls Nullen vorangestellt.

Feld:	kundeID	bezeichnung	ort	seit
Tabelle:	kunde	kunde	kunde	kunde
Sortierung:				
Anzeigen:	☑	☑	☑	☑
Kriterien:				#01.08.2012#
oder:				

Abbildung 6.16 Entwurf, mit erkanntem Datum

Automatische Formatierungen

Sie können auch `01.08.12` oder `01.08.2012` eintragen. Das führt zum selben Ergebnis. Achten Sie nur darauf, dass die genannten automatischen Änderungen auch vorgenommen werden. Nur dann können Sie sicher sein, dass der Wert als Datum verarbeitet wird und Sie nicht versehentlich einen falschen Eintrag vorgenommen haben.

Uhrzeitformat

Eine Uhrzeit würde im Format `HH:MM:SS` formatiert, also mit zwei Stellen für die Stunde, zwei Stellen für die Minute und zwei Stellen für die Sekunde. Dabei werden ebenso gegebenenfalls Nullen ergänzt. Aus dem Eintrag `1.8.12 16:30` ergibt sich also `#01.08.2012 16:30:00#`.

6.1.9 Datum vergleichen

Vergleichsoperatoren bei Zeitangaben

Wie bei Zahlen können Sie auch bei Datumsfeldern mit Vergleichsoperatoren arbeiten. Beachten Sie dabei besonders den Unterschied zwischen <= und < beziehungsweise >= und >. Das Kriterium `<31.08.2012` schließt den

31.08.2012 selbst nicht mit ein. Ebenso schließt das Kriterium >01.09.2012 den 01.09.2012 selbst nicht mit ein.

Es wird eine Abfrage mit dem Namen Filter mit Datum, kleiner gleich erstellt. In Abbildung 6.17 sehen Sie nur noch die Datensätze, bei denen im Feld seit das Datum 31.08.12 steht, oder ein Datum, das zeitlich davorliegt.

Filter mit Datum, kleiner gleich			
kundeID	bezeichnung	ort	seit
3	Wolf GmbH & Co KG	Dortmund	01.08.12
4	Veronne SARL	Metz	01.08.12
5	Lejeune SA	Namur	14.08.12
6	Dujardin GG	Lille	10.07.12

Abbildung 6.17 Kunden, die vor dem 1. September 2012 hinzukamen

Erstellen Sie eine neue Abfrage mit den gezeigten Feldern aus der Tabelle kunde. Tragen Sie in der Zeile KRITERIEN für das Feld seit den Ausdruck <=31.8.12 ein. Nach Verlassen der Zelle wird der Wert innerhalb des Ausdrucks als Datum erkannt und einheitlich formatiert, siehe Abbildung 6.18. Sie können auch den Ausdruck <1.9.12 eintragen. Das führt zum selben Ergebnis.

Feld:	kundeID	bezeichnung	ort	seit
Tabelle:	kunde	kunde	kunde	kunde
Sortierung:				
Anzeigen:	☑	☑	☑	☑
Kriterien:				<=#31.08.2012#
oder:				

Abbildung 6.18 Entwurf, mit erkanntem Datum

6.1.10 Ja oder Nein

Bei einer Filterung mithilfe eines Felds des Datentyps Ja/Nein sind nur die Kriterien Ja und Nein erlaubt und sinnvoll.

Es wird eine Abfrage mit dem Namen Filter mit Ja/Nein erstellt. In Abbildung 6.19 sehen Sie nur noch die Datensätze, bei denen im Feld news der Wert Nein steht.

Filter mit Ja/Nein			
kundeID	bezeichnung	ort	news
2	Garner GmbH	Hagen	☐
3	Wolf GmbH & Co KG	Dortmund	☐
4	Veronne SARL	Metz	☐
6	Dujardin GG	Lille	☐

Abbildung 6.19 Kunden, die keine News erhalten

Ja oder Nein Erstellen Sie eine neue Abfrage mit den gezeigten Feldern aus der Tabelle kunde. Tragen Sie in der Zeile KRITERIEN für das Feld news den Wert Nein ohne Anführungszeichen ein, siehe Abbildung 6.20. Falls Sie versehentlich eine Zeichenkette eintragen, also den Wert Nein mit Anführungszeichen, erfolgt eine Fehlermeldung bei der Ausführung der Abfrage.

Abbildung 6.20 Entwurf, mit Kriterium »Nein«

6.1.11 Eine Aussage umdrehen

Operator »Nicht« Falls Sie vor einen Wert oder einen Ausdruck innerhalb eines Kriteriums den Operator Nicht setzen, dann werden nur die Datensätze angezeigt, die *nicht* dem betreffenden Wert oder Ausdruck entsprechen. Das gilt unabhängig vom Datentyp des Felds, also sowohl für Zahlenfelder als auch für Text- oder Datumsfelder.

Es wird eine Abfrage mit dem Namen Filter mit Nicht erstellt. In Abbildung 6.21 sehen Sie nur noch die Datensätze, bei denen im Feld seit nicht der Wert 01.08.12 steht.

Abbildung 6.21 Kunden, die nicht genau am 1. August 2012 hinzukamen

Erstellen Sie eine neue Abfrage mit den gezeigten Feldern aus der Tabelle kunde. Tragen Sie in der Zeile KRITERIEN für das Feld seit den Ausdruck Nicht 1.8.12 ohne Anführungszeichen ein. Nach Verlassen der Zelle wird das Datum erkannt und einheitlich formatiert, siehe Abbildung 6.22. Falls Sie nicht statt Nicht eintragen, wird das automatisch korrigiert.

Abbildung 6.22 Entwurf, mit Operator »Nicht«

Falls Sie den Entwurf der Abfrage nach der Speicherung erneut öffnen, sehen Sie, dass das Kriterium automatisch vereinfacht wird. Jetzt steht dort `<>#01.08.2012#`. Die Kombination der Operatoren `Nicht` und `=` entspricht dem Operator `<>`.

Automatische Vereinfachung

Falls Sie den Operator `Nicht` vor einen Ausdruck mit einem Vergleichsoperator setzen, wird dies ebenfalls vereinfacht. Aus `Nicht <=#31.08.2012#` wird `>#31.08.2012#`.

Beachten Sie in diesem Zusammenhang auch die Datensätze, bei denen gar kein Wert für das Feld mit dem Kriterium eingetragen wird. Falls zum Beispiel keine Datumsangabe im Feld `seit` steht, dann genügt das weder dem Kriterium `#01.08.2012#` noch dem Kriterium `Nicht #01.08.2012#`.

Kein Wert eingetragen

Ein weiteres Beispiel: Der Ausdruck `Nicht Deutschland` im Feld `land` liefert nur die Datensätze, bei denen im Feld `land` etwas eingetragen ist und davon wiederum nur diejenigen, bei denen nicht der Wert `Deutschland` eingetragen ist.

6.1.12 Felder ohne Inhalt

Falls Sie nur die Datensätze sehen wollen, bei denen in einem bestimmten Feld kein Inhalt eingetragen ist, müssen Sie mit der Konstante `Null` arbeiten. Das gilt unabhängig vom Datentyp des Felds, also sowohl für Zahlenfelder als auch für Text- oder Datumsfelder.

Konstante »Null«

Eine solche Abfrage ist natürlich nur im Zusammenhang mit Feldern sinnvoll, die keine Pflichtfelder sind. Bei Pflichtfeldern achtet bereits MS Access darauf, dass sie nicht leer sind. Die Konstante `Null` entspricht nicht der Zahl 0. Die Umkehrung mit `Nicht` ist ebenfalls möglich, siehe Abschnitt 6.1.13.

Es wird eine Abfrage mit dem Namen `Filter mit Null` erstellt. In Abbildung 6.23 sehen Sie nur noch die Datensätze, bei denen im Feld `seit` gar kein Datum eingetragen ist.

kundeID	bezeichnung	ort	seit
2	Garner GmbH	Hagen	

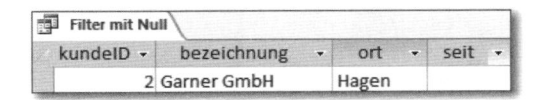

Abbildung 6.23 Datensätze ohne Eintrag bei »seit«

Erstellen Sie eine neue Abfrage mit den gezeigten Feldern aus der Tabelle `kunde`. Tragen Sie in der Zeile KRITERIEN für das Feld `seit` die Konstante

Null ohne Anführungszeichen ein. Nach Verlassen der Zelle wird der Eintrag als die Konstante Null erkannt und automatisch in den Ausdruck Ist Null umgewandelt, siehe Abbildung 6.24.

Feld:	kundeID	bezeichnung	ort	seit
Tabelle:	kunde	kunde	kunde	kunde
Sortierung:				
Anzeigen:	☑	☑	☑	☑
Kriterien:				Ist Null
oder:				

Abbildung 6.24 Entwurf, mit Null

6.1.13 Felder mit Inhalt

Ausdruck »Nicht Null«

Es folgt die Umkehrung. Der Kriterienausdruck Nicht Null führt dazu, dass die Datensätze angezeigt werden, bei denen in einem bestimmten Feld etwas steht, also ein beliebiger gültiger Inhalt eingetragen ist.

Es wird eine Abfrage mit dem Namen Filter mit Nicht Null erstellt. In Abbildung 6.25 sehen Sie nur noch die Datensätze, bei denen im Feld seit ein beliebiges Datum eingetragen ist.

kundeID	bezeichnung	ort	seit
1	Maier KG	Dortmund	15.02.13
3	Wolf GmbH & Co KG	Dortmund	01.08.12
4	Veronne SARL	Metz	01.08.12
5	Lejeune SA	Namur	14.08.12
6	Dujardin GG	Lille	10.07.12

Abbildung 6.25 Datensätze mit Eintrag bei »seit«

Erstellen Sie eine neue Abfrage mit den gezeigten Feldern aus der Tabelle kunde. Tragen Sie in der Zeile KRITERIEN für das Feld seit den Ausdruck Nicht Null ohne Anführungszeichen ein. Nach Verlassen der Zelle wird der Ausdruck automatisch erkannt und in Ist Nicht Null umgewandelt, siehe Abbildung 6.26.

Feld:	kundeID	bezeichnung	ort	seit
Tabelle:	kunde	kunde	kunde	kunde
Sortierung:				
Anzeigen:	☑	☑	☑	☑
Kriterien:				Ist Nicht Null
oder:				

Abbildung 6.26 Entwurf, mit »Nicht Null«

6.1.14 Übungsaufgaben

Die nachfolgenden Abfragen beziehen sich auf die Tabelle fahrzeug und die Tabelle vermietung der Datenbank *fahrzeugvermietung.accdb*. Die Lösungen finden Sie in Abschnitt A.9.1.

Als Erstes soll die Abfrage Fahrzeuge, Kennzeichen enthält erstellt werden. Als Ergebnis dieser Abfrage werden alle Datensätze der Tabelle fahrzeug angezeigt, bei denen im Feld kfzKennzeichen der Buchstabe F vorkommt. Es werden die Felder fahrzeugID, standortID und kfzKennzeichen dargestellt, siehe Abbildung 6.27.

Erste Übung

fahrzeugID	standortID	kfzKennzeichen
1	3	D-BF 928
6	2	RE-F 662

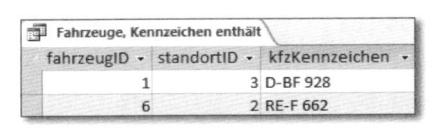

Abbildung 6.27 Ergebnis zu »Fahrzeuge, Kennzeichen enthält«

Als Nächstes soll die Abfrage Vermietungen, Beginn ab erstellt werden. Als Ergebnis dieser Abfrage werden nur noch die Datensätze der Tabelle vermietung angezeigt, bei denen der Beginn der Vermietung nach dem 03.11.2015, 18:00 Uhr liegt. Es werden die Felder vermietungID, zeitStart und zeitEnde dargestellt, siehe Abbildung 6.28.

Zweite Übung

vermietungID	zeitStart	zeitEnde
2	07.11.15 12:00	14.11.15 12:00

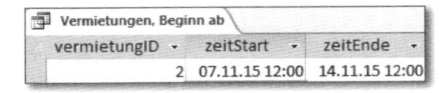

Abbildung 6.28 Ergebnis der Abfrage »Vermietungen, Beginn ab«

6.2 Verknüpfte Kriterien

Sie können im Abfrageentwurf auch mehr als ein Kriterium notieren. Die Kriterien werden mithilfe von Verknüpfungen miteinander verbunden:

- Bei einer *Und-Verknüpfung* müssen die Datensätze allen Kriterien genügen. *Operator »Und«*
- Im Falle einer *Oder-Verknüpfung* reicht es aus, wenn die Datensätze einem der Kriterien genügen. *Operator »Oder«*

Die Kriterien können sich auf unterschiedliche Felder oder auch auf dieselben Felder beziehen. Es sind beliebige Kombinationen von zwei oder mehr Kriterien möglich.

6.2.1 Und-Verknüpfung

In diesem Abschnitt werden zwei Kriterien in zwei unterschiedlichen Feldern notiert und mithilfe von *Und* miteinander verknüpft.

Es wird eine Abfrage mit dem Namen `Filter mit Und` erstellt. In Abbildung 6.29 sehen Sie nur noch die Datensätze der Kunden, denen ein Rabatt von mehr als 2,5 % und gleichzeitig ein Kreditbetrag von mindestens 1.700,00 € gewährt wird.

kundeID	bezeichnung	rabatt	kredit
1	Maier KG	3,70%	2.200,00 €
5	Lejeune SA	4,30%	1.700,00 €

Abbildung 6.29 Datensätze, die beiden Kriterien genügen

Zwei Felder mit »Und« Erstellen Sie eine neue Abfrage mit den gezeigten Feldern aus der Tabelle kunde. Tragen Sie in der Zeile KRITERIEN für das Feld `rabatt` den Ausdruck `>0,025` und für das Feld `kredit` den Ausdruck `>=1700` ein.

Feld:	kundeID	bezeichnung	rabatt	kredit
Tabelle:	kunde	kunde	kunde	kunde
Sortierung:				
Anzeigen:	☑	☑	☑	☑
Kriterien:			>0,025	>=1700
oder:				

Abbildung 6.30 Entwurf, mit Und-Verknüpfung

Alle Kriterien, die in derselben Zeile stehen, werden automatisch mithilfe von *Und* miteinander verknüpft.

6.2.2 Oder-Verknüpfung

In diesem Abschnitt werden zwei Kriterien in zwei unterschiedlichen Feldern notiert und mithilfe von *Oder* miteinander verknüpft.

Es wird eine Abfrage mit dem Namen `Filter mit Oder` erstellt. In Abbildung 6.31 sehen Sie die Datensätze der Kunden, denen ein Rabatt von mehr als 2,5 % oder ein Kreditbetrag von mindestens 1.700,00 € oder beides gewährt wird.

kundeID	bezeichnung	rabatt	kredit
1	Maier KG	3,70%	2.200,00 €
3	Wolf GmbH & Co KG	2,50%	2.500,00 €
5	Lejeune SA	4,30%	1.700,00 €
6	Dujardin GG	2,80%	800,00 €

Abbildung 6.31 Datensätze, die mindestens einem Kriterium genügen

Erstellen Sie eine neue Abfrage mit den gezeigten Feldern aus der Tabelle kunde. Tragen Sie in der Zeile KRITERIEN für das Feld rabatt den Ausdruck >0,025 ein. Tragen Sie in der Zeile ODER, die sich darunter befindet, in der Spalte mit dem Feld kredit den Ausdruck >=1700 ein, siehe Abbildung 6.32.

Zwei Felder mit »Oder«

Feld:	kundeID	bezeichnung	rabatt	kredit
Tabelle:	kunde	kunde	kunde	kunde
Sortierung:				
Anzeigen:	☑	☑	☑	☑
Kriterien:			>0,025	
oder:				>=1700

Abbildung 6.32 Entwurf, mit Oder-Verknüpfung

Kriterien, die in unterschiedlichen Zeilen stehen, werden automatisch mithilfe von Oder miteinander verknüpft. Dazu könnten Sie weitere Zeilen unterhalb der Zeile ODER ebenfalls mit Kriterien füllen.

6.2.3 Und-Verknüpfung innerhalb eines Felds

In diesem Abschnitt werden zwei Kriterien für dasselbe Feld notiert und mithilfe von *Und* miteinander verknüpft.

Es wird eine Abfrage mit dem Namen Filter, Und innerhalb Feld erstellt. In Abbildung 6.33 sehen Sie nur noch die Datensätze der Kunden, die innerhalb des Monats August 2012 hinzugekommen sind. Im Feld seit muss also ein Datum stehen, das gleich dem 01.08.2012 ist oder größer *und* gleichzeitig gleich dem 31.08.2012 ist oder kleiner.

kundeID	bezeichnung	ort	seit
3	Wolf GmbH & Co KG	Dortmund	01.08.12
4	Veronne SARL	Metz	01.08.12
5	Lejeune SA	Namur	14.08.12

Abbildung 6.33 Datensätze, die beiden Kriterien genügen

Ein Feld mit »Und«   Erstellen Sie eine neue Abfrage mit den gezeigten Feldern aus der Tabelle kunde. Tragen Sie in der Zeile KRITERIEN für das Feld seit den Ausdruck >=1.8.12 Und <=31.8.12 ein. Der Ausdruck wird nach Verlassen der Zelle automatisch erkannt und umgewandelt, siehe Abbildung 6.34. Der Operator Und sorgt für die Und-Verknüpfung innerhalb des Kriteriums.

Feld:	kundeID	bezeichnung	ort	seit
Tabelle:	kunde	kunde	kunde	kunde
Sortierung:				
Anzeigen:	☑	☑	☑	☑
Kriterien:				>=#01.08.2012# Und <=#31.08.2012#
oder:				

Abbildung 6.34 Entwurf, mit Und-Verknüpfung

Achten Sie bei den Verknüpfungen darauf, nur sinnvolle Kombinationen von Kriterien einzustellen:

Nichts im Ergebnis
- Der Ausdruck <1.8.12 Und >31.8.12 ergibt einen Widerspruch. Es erscheint kein Datensatz im Abfrageergebnis, da keiner dem Kriterium genügen kann.

Alles im Ergebnis
- Der Ausdruck >=1.8.12 Oder <=31.8.12 ist nicht sinnvoll. Es erscheinen alle Datensätze im Abfrageergebnis, bei denen ein Datum eingetragen ist, da alle Datensätze entweder dem ersten oder dem zweiten Kriterium genügen.

6.2.4 Werte zwischen anderen Werten

Operator »Zwischen«   Häufig wird mithilfe von zwei Kriterien innerhalb desselben Felds ein Bereich angegeben, innerhalb dessen ein Wert liegen soll, damit er den Kriterien genügt. Ein solcher Filter lässt sich auch mithilfe des Operators Zwischen erzeugen. Der Ausdruck lässt sich besser lesen als der vergleichbare Ausdruck aus Abschnitt 6.2.3.

Es wird eine Abfrage mit dem Namen Filter, Zwischen erstellt. Das Ergebnis ist dasselbe wie in Abschnitt 6.2.3, daher wird es nicht eigens dargestellt.

Zwischen ... Und   Erstellen Sie eine neue Abfrage mit denselben Feldern aus der Tabelle kunde. Tragen Sie in der Zeile KRITERIEN für das Feld seit den Ausdruck Zwischen 1.8.12 Und 31.8.12 ein. Der Ausdruck wird nach Verlassen der Zelle automatisch erkannt und umgewandelt, siehe Abbildung 6.35.

Feld:	kundeID	bezeichnung	ort	seit
Tabelle:	kunde	kunde	kunde	kunde
Sortierung:				
Anzeigen:	☑	☑	☑	☑
Kriterien:				Zwischen #01.08.2012# Und #31.08.2012#
oder:				

Abbildung 6.35 Entwurf, mit Operator Zwischen

Die beiden angegebenen Datumswerte liegen bei Verwendung des Operators Zwischen ebenfalls innerhalb des Bereichs. Der Datumswert 31.08.2012 genügt also auch dem Kriterium.

Randwerte sind beinhaltet

6.2.5 Oder-Verknüpfung innerhalb eines Felds

In diesem Abschnitt werden zwei Kriterien für dasselbe Feld notiert und mithilfe von *Oder* miteinander verknüpft.

Es wird eine Abfrage mit dem Namen `Filter, Oder innerhalb Feld` erstellt. In Abbildung 6.36 sehen Sie die Datensätze der Kunden, die gar keinen Eintrag bei der E-Mail-Adresse haben oder deren E-Mail-Adresse .de enthält. Bei einer *Oder*-Verknüpfung würden auch Datensätze erscheinen, die beiden Kriterien genügen. Das ist in diesem Fall allerdings aufgrund der einzelnen Kriterien nicht möglich.

kundeID	bezeichnung	ort	email
1	Maier KG	Dortmund	info@wmaier.de
2	Garner GmbH	Hagen	
3	Wolf GmbH & Co KG	Dortmund	web@vwolf.de
4	Veronne SARL	Metz	

Abbildung 6.36 Datensätze, die mindestens einem Kriterium genügen

Erstellen Sie eine neue Abfrage mit den gezeigten Feldern aus der Tabelle kunde. Tragen Sie in der Zeile KRITERIEN für das Feld email den Ausdruck `*.de* Oder Null` ein. Der Ausdruck wird nach Verlassen der Zelle automatisch erkannt und umgewandelt, siehe Abbildung 6.37.

Ein Feld mit »Oder«

Feld:	kundeID	bezeichnung	ort	email
Tabelle:	kunde	kunde	kunde	kunde
Sortierung:				
Anzeigen:	☑	☑	☑	☑
Kriterien:				Wie "*.de*" Oder Ist Null
oder:				

Abbildung 6.37 Entwurf, mit Oder-Verknüpfung

6.2.6 Mehrere Verknüpfungen

Es sind beliebige Kombinationen von zwei oder mehr Kriterien möglich. In der nachfolgenden Abfrage werden drei *Und*-Verknüpfungen und eine *Oder*-Verknüpfung miteinander kombiniert.

Es wird eine Abfrage mit dem Namen `Filter, mehrere Verknüpfungen` erstellt. In Abbildung 6.38 sehen Sie die Datensätze der Kunden, die *entweder* zwischen 2 % und 3 % Rabatt erhalten und denen maximal 1.000,00 € Kredit gewährt wird *oder* die mehr als 3 % Rabatt erhalten und denen maximal 2.000,00 € Kredit gewährt wird.

Abbildung 6.38 Datensätze, die mehreren Kriterien genügen

Mit »Und« und »Oder«

Erstellen Sie eine neue Abfrage mit den gezeigten Feldern aus der Tabelle kunde. Tragen Sie in der Zeile KRITERIEN für das Feld rabatt den Ausdruck `Zwischen 0,02 Und 0,03` ein und für das Feld kredit den Ausdruck `<=1000`. Tragen Sie in der Zeile ODER für das Feld rabatt den Ausdruck `>0,03` ein und für das Feld kredit den Ausdruck `<=2000`, siehe Abbildung 6.39.

Abbildung 6.39 Entwurf, mit mehreren Verknüpfungen

Vorrang

Die *Und-Verknüpfung* hat Vorrang vor der *Oder-Verknüpfung*. Es werden also zunächst die Ausdrücke innerhalb derselben Zeile ausgewertet, dann die Ausdrücke weiterer Zeilen.

Kriterien mehrfach

Beachten Sie, dass Sie bestimmte Kriterien eventuell mehrfach eingeben müssen. In einer Variante zu der Abfrage in diesem Abschnitt sollen alle Kunden angezeigt werden, denen ein Kredit von mehr als 2.000 Euro gewährt wird und denen entweder weniger als 2,6 % oder mehr als 3,5 % Rabatt gewährt wird. Falls Sie die Kriterien in zwei Zeilen notieren, dann muss das Kriterium `>2000` in beiden Zeilen erscheinen, siehe Abbildung 6.40.

6.2 Verknüpfte Kriterien

Feld:	kundeID	bezeichnung	rabatt	kredit
Tabelle:	kunde	kunde	kunde	kunde
Sortierung:				
Anzeigen:	☑	☑	☑	☑
Kriterien:			<0,026	>2000
oder:			>0,035	>2000

Abbildung 6.40 Entwurf, Kriterium doppelt vorhanden

Falls Sie das Kriterium >2000 zum Beispiel in der oberen Zeile weglassen, werden *alle* Kunden angezeigt, denen ein Rabatt von weniger als 2,6 % gewährt wird.

6.2.7 Übungsaufgaben

Die nachfolgenden Abfragen beziehen sich auf die Tabelle vermietung der Datenbank *fahrzeugvermietung.accdb*. Die Lösungen finden Sie in Abschnitt A.9.2.

Als Erstes soll die Abfrage Vermietungen, Beginn zwischen erstellt werden. Als Ergebnis dieser Abfrage werden alle Datensätze der Tabelle vermietung angezeigt, bei denen der Beginn der Vermietung zwischen 08:00 Uhr und 18:00 Uhr am 3.11.2015 liegt, jeweils einschließlich. Es werden die Felder vermietungID, zeitStart und zeitEnde dargestellt, siehe Abbildung 6.41.

Erste Übung

Vermietungen, Beginn zwischen		
vermietungID	zeitStart	zeitEnde
1	03.11.15 16:00	04.11.15 16:00

Abbildung 6.41 Ergebnis der Abfrage »Vermietungen, Beginn zwischen«

Als Nächstes soll die Abfrage Vermietungen, Beginn vor oder nach erstellt werden. Als Ergebnis dieser Abfrage werden nur noch die Datensätze der Tabelle vermietung angezeigt, bei denen der Beginn der Vermietung entweder vor dem 3.11.2015, 12:00 Uhr oder nach dem 4.11.2015, 18:00 Uhr liegt. Es werden die Felder vermietungID, zeitStart und zeitEnde dargestellt, siehe Abbildung 6.42.

Zweite Übung

Vermietungen, Beginn vor oder nach		
vermietungID	zeitStart	zeitEnde
2	07.11.15 12:00	14.11.15 12:00

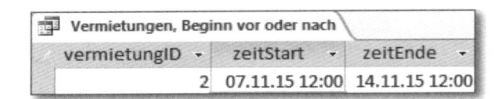

Abbildung 6.42 Ergebnis zu »Vermietungen, Beginn vor oder nach«

6.3 Besondere Abfragen

Es folgen einige Abfragen, die in keine der bisher vorgestellten Gruppen von Abfragen passen.

6.3.1 Nur Unterschiedliche

Datensätze können in einzelnen Feldern dieselben Inhalte aufweisen. So kann es mehrere Kunden aus demselben Land geben oder mehrere Kunden mit demselben Rabattsatz. Falls Sie sich mithilfe einer Abfrage nur bestimmte Felder anzeigen lassen, kann es passieren, dass das Ergebnis mehrere Zeilen mit demselben Inhalt aufweist.

Keine Duplikate Zur Vermeidung eines solchen Ergebnisses können Sie bei einer Abfrage einstellen, dass solche Duplikate nicht angezeigt werden sollen. Sie sehen dann im Ergebnis nur noch Zeilen mit unterschiedlichen Inhalten.

Es wird eine Abfrage mit dem Namen Nur Unterschiedliche erstellt. In der Abfrage werden die Namen aller Orte jeweils nur einmal angezeigt, siehe Abbildung 6.43.

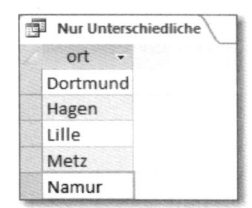

Abbildung 6.43 Alle unterschiedlichen Ortsnamen

Eigenschaften der Abfrage Erstellen Sie eine neue Abfrage mit dem Feld ort aus der Tabelle kunde. Klicken Sie einmal in den oberen Teil des Abfrageentwurfs. Rufen Sie das EIGENSCHAFTENBLATT auf.

Abbildung 6.44 Eigenschaften der Abfrage

Da Sie keine bestimmte Spalte ausgewählt haben, werden die Eigenschaften der gesamten Abfrage angezeigt. Setzen Sie den Wert der Eigenschaft KEINE DUPLIKATE auf Ja, siehe Abbildung 6.44.

6.3.2 Nur eine begrenzte Menge

Im Ergebnis erscheinen alle Datensätze, die den Kriterien genügen. Sie können die Menge der angezeigten Datensätze aber auch begrenzen.

Es wird eine Abfrage mit dem Namen Nur begrenzte Menge erstellt. In der Abfrage werden die drei Kunden angezeigt, denen der höchste Kreditbetrag gewährt wird, siehe Abbildung 6.45.

kundeID	bezeichnung	ort	kredit
3	Wolf GmbH & Co KG	Dortmund	2.500,00 €
1	Maier KG	Dortmund	2.200,00 €
5	Lejeune SA	Namur	1.700,00 €

Abbildung 6.45 Die Top 3 bei der Kreditgewährung

Erstellen Sie eine neue Abfrage mit den vier Feldern kundeID, bezeichnung, ort und kredit aus der Tabelle kunde. Wählen Sie für das Feld kredit die Sortierung ABSTEIGEND, siehe Abbildung 6.46. Im MENÜBAND finden Sie neben der Bezeichnung ENTWURF • ABFRAGESETUP • ZURÜCKGEBEN ein Kombinationsfeld. Der Standardeintrag ist ALLE.

Begrenzte Menge zurückgeben

Hier können Sie die Anzahl oder den Anteil der Datensätze bestimmen, die Sie im Ergebnis sehen möchten. Vorgegeben sind die Anzahlen 5, 25 oder 100 und die Anteile 5 % und 25 %. Geben Sie den Wert 3 ein und starten Sie Ihre Abfrage.

Anzahl oder Anteil

Feld:	kundeID	bezeichnung	ort	kredit
Tabelle:	kunde	kunde	kunde	kunde
Sortierung:				Absteigend
Anzeigen:	☑	☑	☑	☑
Kriterien:				

Abbildung 6.46 Entwurf, sortiert nach Kredit, absteigend

Sie können zusätzlich Kriterien wählen, um das Abfrageergebnis einzuschränken.

6 Abfragen

6.3.3 Eingabe von Parametern

Kriterien des Benutzers

Falls Ihnen als Entwickler die Werte für ein Kriterium oder mehrere Kriterien nicht bekannt sind, können Sie eine Abfrage mit einem oder mehreren Parametern erstellen. Die Kriterien werden erst druch den Benutzer eingegeben, wenn die Abfrage ausgeführt wird.

Es wird eine Abfrage mit dem Namen Filter, mit Parametern erstellt. Es sollen nur die Kunden ausgegeben werden, die innerhalb eines bestimmten Zeitraums hinzugekommen sind, siehe auch Abschnitt 6.2.3. Das Startdatum und das Enddatum des Zeitraums werden allerdings erst bei der Ausführung der Abfrage eingegeben.

Erstellen Sie eine neue Abfrage mit den vier Feldern kundeID, bezeichnung, ort und seit. Geben Sie in der Spalte für das Feld seit das folgende Kriterium ein, siehe auch Abbildung 6.47:

Zwischen [startDatum] Und [endDatum]

Abbildung 6.47 Entwurf, mit unbekannten Namen

Unbekannte Elemente

Die beiden Elemente startDatum und endDatum werden in eckige Klammern gekleidet, damit sie nicht als Text interpretiert werden. Sie sind aber weder als Feld noch als Ausdruck bekannt.

Parameterwert eingeben

Daher erscheint zweimal nacheinander das Dialogfeld PARAMETERWERT EINGEBEN, in dem jeweils ein gültiger Wert für eines der beiden unbekannten Elemente eingegeben werden soll, siehe Abbildung 6.48 und Abbildung 6.49.

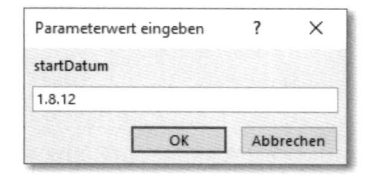

Abbildung 6.48 Eingabe des ersten Parameters

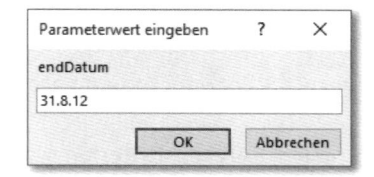

Abbildung 6.49 Eingabe des zweiten Parameters

Nach der Bestätigung mit Ok wird der gesamte Ausdruck gebildet, die Abfrage wird ausgeführt und das Ergebnis erscheint.

Sollte das Dialogfeld PARAMETERWERT EINGEBEN bei Ausführung einer Abfrage erscheinen, bei der Sie keine Parameter eingeplant haben, dann haben Sie sich vermutlich bei dem Namen eines Felds oder eines Ausdrucks verschrieben. Der falsch geschriebene Name ist für MS Access unbekannt und wird als Parameter für Ihre Abfrage interpretiert.

»Falscher« Parameter

6.4 Berechnungen

Das Ergebnis einer Abfrage kann die Ergebnisse von Berechnungen beinhalten. In den Berechnungsausdrücken können Sie mit den Rechenoperatoren, den Inhalten der vorhandenen Felder und den integrierten Funktionen von MS Access arbeiten.

Operatoren, Felder und Funktionen

In diesem Abschnitt arbeiten wir zunächst mit den Operatoren und den Feldinhalten. Die Berechnungen werden auf alle Datensätze der Tabelle angewendet, um die Ergebnisse besser zu verdeutlichen. Natürlich lassen sich Berechnungen und Filterkriterien auch miteinander kombinieren.

6.4.1 Operatoren zur Berechnung

Ihnen stehen unter anderem die Rechenoperatoren für die vier Grundrechenarten zur Verfügung, also + und - für Addition und Subtraktion sowie * und / für Multiplikation und Division.

Grundrechenarten

Es gilt die Regel: Punktrechnung vor Strichrechnung. Die beiden Operatoren * und / haben also Vorrang vor den beiden anderen. Der Ausdruck 2,5 + 4 * 5 wird berechnet, indem zunächst 4 und 5 multipliziert werden. Anschließend wird 2,5 addiert. Es ergibt sich 22,5.

Vorrang

Sie können Klammern setzen. Geklammerte Ausdrücke werden immer zuerst berechnet. Der Ausdruck (2,5 + 4) * 5 wird berechnet, indem zunächst 2,5 und 4 addiert werden. Anschließend wird mit 5 multipliziert. Es ergibt sich 32,5.

Klammern ( )

Der Operator ^ dient zur Durchführung einer Exponentialrechnung. Der Ausdruck 4 ^ 3 entspricht 4 * 4 * 4. Es ergibt sich 64. Die Exponentialrechnung hat Vorrang vor der Punktrechnung. Beim Ausdruck 2 * 3 ^ 2 wird zunächst 3 ^ 2 berechnet. Anschließend wird mit 2 multipliziert. Es ergibt sich 18.

Operator ^

6 Abfragen

Operator »Mod«

Der Operator Mod dient zur Berechnung des Rests einer Ganzzahldivision. Die Division von 7 durch 4 ergibt 1,75. Bei der ganzzahligen Division werden die Nachkommastellen abgeschnitten. Bei 7 durch 4 ergibt sich 1 Rest 3. Der Ausdruck 7 Mod 4 ergibt nur den Rest, also 3.

Es wird eine Abfrage mit dem Namen Berechnung mit Operatoren erstellt. Es ist eigentlich keine richtige Abfrage, weil sie sich nicht mit den Tabellen der Datenbank beschäftigt. Sie soll Ihnen nur die Wirkung der Operatoren verdeutlichen. Die Ergebnisse der Abfrage sehen Sie in Abbildung 6.50.

Ausdr1	Ausdr2	Ausdr3	Ausdr4	Ausdr5
22,5	32,5	18	1,75	3

Abbildung 6.50 Ergebnisse von Berechnungen

Ausdrücke mit Namen

Erstellen Sie eine neue Abfrage. Diesmal wird ausnahmsweise keine Tabelle hinzugefügt. Tragen Sie in der Zeile FELD nacheinander die einzelnen Ausdrücke ein, siehe Abbildung 6.51. Nach Verlassen der Zelle wird automatisch der Text Ausdr1:, Ausdr2: und so weiter vor die Ausdrücke gesetzt.

Die Spalten des Abfrageergebnisses benötigen Überschriften. Bisher waren das immer die Namen der Tabellenfelder. Jetzt übernehmen die Texte Ausdr1:, Ausdr2: und so weiter diese Aufgabe. Sie können diese Texte selbst mit aussagekräftigen Inhalten belegen, dazu später.

Leerzeichen

Nach Eintragen des Exponentialoperators ^ müssen Sie zunächst ein Leerzeichen eingeben. Dann erst erscheint der Operator.

Feld:	Ausdr1: 2,5+4*5	Ausdr2: (2,5+4)*5	Ausdr3: 2*3^2	Ausdr4: 7/4	Ausdr5: 7 Mod 4
Tabelle:					
Sortierung:					
Anzeigen:	☑	☑	☑	☑	☑
Kriterien:					

Abbildung 6.51 Entwurf, Berechnungen mit Operatoren

Ansicht der Ergebnisse

Sie gelangen bei dieser besonderen Abfrage nicht direkt zu den Rechenergebnissen in der Datenblattansicht, da sie sich nicht auf die Felder von Tabellen bezieht. Betätigen Sie zunächst die Schaltfläche ENTWURF • ERGEBNISSE • ANSICHT. Sie gelangen zur SQL-Ansicht. Betätigen Sie erneut dieselbe Schaltfläche, dann erst sind Sie in der Datenblattansicht.

6.4.2 Feldinhalte einbeziehen

Die Inhalte der Felder können in Berechnungen einbezogen werden. Dies gilt besonders für die Felder mit einem der Datentypen Zahl, Währung oder Datum/Uhrzeit.

Es wird eine Abfrage mit dem Namen Berechnung mit Feldinhalt erstellt. In der letzten Spalte wird für jeden Kunden das Doppelte des Inhalts des Felds rabatt berechnet und dargestellt, siehe Abbildung 6.52. Beachten Sie die Bezeichnung der Spalte (rabattDoppelt) und die Formatierung der Werte (in Prozent).

Berechnung mit Feldinhalt			
kundeID	bezeichnung	rabatt	rabattDoppelt
1	Maier KG	3,70%	7,40%
2	Garner GmbH	0,00%	0,00%
3	Wolf GmbH & Co KG	2,50%	5,00%
4	Veronne SARL	0,00%	0,00%
5	Lejeune SA	4,30%	8,60%
6	Dujardin GG	2,80%	5,60%

Abbildung 6.52 Berechnung mit Feld »rabatt«

Erstellen Sie eine neue Abfrage mit den drei Feldern kundeID, bezeichnung und rabatt aus der Tabelle kunde. Tragen Sie in der vierten Spalte in der Zeile FELD den Ausdruck rabatt*2 ein.

Ausdruck eintragen

Nach Verlassen der Zelle wird der Feldname automatisch erkannt und in eckige Klammern [ ] gesetzt. Tritt das nicht ein, dann ist das ein Hinweis auf einen falsch geschriebenen Feldnamen.

Feldname erkannt

Außerdem wird automatisch der Text Ausdr1: vor den Ausdruck gesetzt. Ersetzen Sie diesen Text durch den aussagekräftigeren Text rabattDoppelt. Damit wird der Ausdruck umbenannt. Achten Sie darauf, dass der Doppelpunkt erhalten bleibt. Es ergibt sich der Entwurf in Abbildung 6.53.

Ausdruck umbenennen

Feld:	kundeID	bezeichnung	rabatt	rabattDoppelt: [rabatt]*2
Tabelle:	kunde	kunde	kunde	
Sortierung:				
Anzeigen:	☑	☑	☑	☑
Kriterien:				

Abbildung 6.53 Entwurf, mit Feldinhalten

Klicken Sie in eine beliebige Zelle in der Spalte mit der Berechnung. Betätigen Sie die Schaltfläche ENTWURF • EINBLENDEN/AUSBLENDEN • EIGEN-

Ausdruck formatieren

SCHAFTENBLATT. Sie können nun Eigenschaften für den Ausdruck in der aktuellen Spalte einstellen. Wählen Sie für die Eigenschaft FORMAT den Wert `Prozentzahl`, siehe Abbildung 6.54. Damit sorgen Sie dafür, dass im Abfrageergebnis die Werte in der Spalte `rabattDoppelt` als Prozentzahlen erscheinen.

Abbildung 6.54 Eigenschaften für Spalte »rabattDoppelt«

Ausdrucks-Generator

Klicken Sie einmal in die Zelle mit dem Berechnungsausdruck. Betätigen Sie die Schaltfläche ENTWURF • ABFRAGESETUP • GENERATOR. Es öffnet sich das Dialogfeld AUSDRUCKS-GENERATOR, siehe Abbildung 6.55. Hier haben Sie Platz zum Eintragen von längeren Ausdrücken für die aktuelle Zelle. Außerdem können Sie Ausdrücke mithilfe der Inhalte aus den drei Listen im unteren Bereich zusammenstellen, dazu später. Nach Betätigung der Schaltfläche OK wird der fertige Ausdruck in die aktuelle Zelle des Entwurfs der Abfrage übernommen.

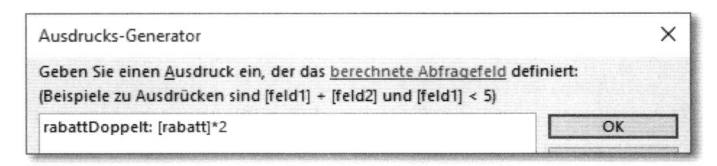

Abbildung 6.55 Zur Erstellung längerer Ausdrücke

Regeln und Konventionen

Wie bei Feldnamen können Sie auch bei dem Namen eines Ausdrucks neben Buchstaben auch Ziffern oder bestimmte Sonderzeichen verwenden. Ich empfehle Ihnen, keine Leerzeichen oder Minuszeichen und keine Ziffer als erstes Zeichen zu verwenden. Sie vermindern damit die Wahrscheinlichkeit, dass der Name falsch interpretiert wird.

`rabattDoppelt` ist ein Beispiel für einen günstigen Namen. Ungünstig wären zum Beispiel `rabatt-Doppelt`, `rabatt Doppelt` oder `2malRabatt`.

6.4.3 Berechnete Felder nutzen

Die Ergebnisse von Berechnungen können in weitere Berechnungen einbezogen werden. Dabei wird die Bezeichnung des vorher berechneten Ausdrucks verwendet, um ihn innerhalb eines neuen Ausdrucks zu identifizieren.

Berechnung innerhalb Berechnung

Es wird eine Abfrage mit dem Namen Berechnung mit berechnetem Feld erstellt. Sie stellt eine Erweiterung der Abfrage aus Abschnitt 6.4.2 dar. In einer weiteren Spalte wird mithilfe des Ausdrucks rabattDoppelt der Ausdruck beispielPreis berechnet. Es wird der doppelte Rabatt von einem vorgegebenen Preis (hier: 200 €) abgezogen, siehe Abbildung 6.56.

kundeID	bezeichnung	rabatt	rabattDoppelt	beispielPreis
1	Maier KG	3,70%	7,40%	185,20 €
2	Garner GmbH	0,00%	0,00%	200,00 €
3	Wolf GmbH & Co KG	2,50%	5,00%	190,00 €
4	Veronne SARL	0,00%	0,00%	200,00 €
5	Lejeune SA	4,30%	8,60%	182,80 €
6	Dujardin GG	2,80%	5,60%	188,80 €

Abbildung 6.56 Berechnung mit berechnetem Feld »rabattDoppelt«

Erstellen Sie eine neue Abfrage mit den drei Feldern kundeID, bezeichnung und rabatt aus der Tabelle kunde. Berechnen Sie in der vierten Spalte den Ausdruck rabattDoppelt wie in Abschnitt 6.4.2.

Tragen Sie in der fünften Spalte in der Zeile FELD den Ausdruck 200*(1-rabattDoppelt) ein. Nach Verlassen der Zelle wird der Name des bereits vorhandenen Ausdrucks rabattDoppelt automatisch erkannt und in eckige Klammern gesetzt. Benennen Sie den neuen Ausdruck mit dem Text beispielPreis. Es ergibt sich der Entwurf in Abbildung 6.57.

Ausdruck innerhalb Ausdruck

Feld:	kundeID	bezeichnung	rabatt	rabattDoppelt: [rabatt]*2	beispielPreis: 200*(1-[rabattDoppelt])
Tabelle:	kunde	kunde	kunde		
Sortierung:					
Anzeigen:	☑	☑	☑	☑	☑
Kriterien:					

Abbildung 6.57 Entwurf, mit Verwendung des berechneten Felds

Setzen Sie die Eigenschaft FORMAT im EIGENSCHAFTENBLATT für den Ausdruck rabattDoppelt auf den Wert Prozentzahl und für den Ausdruck beispielPreis auf den Wert Euro. Damit sorgen Sie für dir richtigen Formatierungen im Abfrageergebnis.

Ausdruck formatieren

Ein Berechnungsbeispiel: Der Kunde Wolf erhält 2,5 % Rabatt. Der doppelte Rabatt beträgt 5 %. Der Ausdruck berechnet sich wie folgt:

```
200 * (1 - 5%) = 200 * (1 - 0,05) = 200 * 0,95 = 190
```

6.4.4 Berechnung als Filter

Die Ergebnisse von Berechnungen können auch innerhalb eines Filters genutzt werden. Unabhängig davon muss ein berechneter Ausdruck nicht unbedingt angezeigt werden.

Es wird eine Abfrage mit dem Namen `Berechnung als Filter` erstellt. Sie ist eine erweiterte und geänderte Version der Abfrage aus Abschnitt 6.4.3. Falls der Preis, der sich nach Abzug des doppelten Rabatts ergibt, kleiner oder gleich 190 € ist, wird der betreffende Datensatz angezeigt, siehe Abbildung 6.58.

Berechnung als Filter

kundeID	bezeichnung	rabatt
1	Maier KG	3,70%
3	Wolf GmbH & Co KG	2,50%
5	Lejeune SA	4,30%
6	Dujardin GG	2,80%

Abbildung 6.58 Berechneter Ausdruck als Filter, ohne Anzeige

Ausdruck nicht anzeigen

Erstellen Sie eine neue Abfrage mit den drei Feldern `kundeID`, `bezeichnung` und `rabatt` aus der Tabelle `kunde`. Geben Sie in der vierten Spalte den Ausdruck `200*(1-rabatt*2)` in der Zeile FELD ein. Der automatisch vergebene Name des Ausdrucks ist hier nicht interessant. Entfernen Sie das Häkchen für diese Spalte in der Zeile ANZEIGEN.

Kriterium für Ausdruck

Tragen Sie `<=190` in die Zeile KRITERIEN ein. Speichern Sie die Abfrage, schließen Sie sie und gehen Sie erneut in den Entwurf. Er sieht aus wie in Abbildung 6.59.

Feld:	kundeID	bezeichnung	rabatt	200*(1-[rabatt]*2)
Tabelle:	kunde	kunde	kunde	
Sortierung:				
Anzeigen:	☑	☑	☑	☐
Kriterien:				<=190
oder:				

Abbildung 6.59 Entwurf, mit berechnetem Ausdruck als Filter

Ohne berechnetes Feld

Da der berechnete Ausdruck nicht angezeigt wird, wird kein Ausdrucksname benötigt. Da Sie den Ausdruck als Kriterium nutzen, darf darin kein berechnetes Feld erscheinen, wie zum Beispiel das Feld rabattDoppelt aus der letzten Abfrage.

6.4.5 Rechnen mit Zeitangaben

Sie können auch mit den Zeitangaben aus den Feldern des Datentyps Datum/Uhrzeit rechnen. Die Differenzen von Zeitangaben werden in ganzen Tagen gerechnet, unabhängig vom Ausgabeformat.

Ganze Tage

Es wird eine Abfrage mit dem Namen Berechnung mit Datum erstellt. Darin wird der Tag des 1.000-Tage-Jubiläums Ihrer Kunden ermittelt. In einer Spalte wird der Wert 1000 zum Wert des Felds seit addiert. Zur Kontrolle wird in einer weiteren Spalte die Differenz der beiden Zeitangaben ermittelt, siehe Abbildung 6.60.

kundeID	bezeichnung	seit	kunde1000	differenz
1	Maier KG	15.02.13	12.11.15	1000
2	Garner GmbH			
3	Wolf GmbH & Co KG	01.08.12	28.04.15	1000
4	Veronne SARL	01.08.12	28.04.15	1000
5	Lejeune SA	14.08.12	11.05.15	1000
6	Dujardin GG	10.07.12	06.04.15	1000

Abbildung 6.60 Berechnung mit Datum

Erstellen Sie eine neue Abfrage mit den drei Feldern kundeID, bezeichnung und seit aus der Tabelle kunde. Tragen Sie in der vierten Spalte in der Zeile FELD den Ausdruck seit+1000 ein und nennen Sie den Ausdruck kunde1000.

Tage hinzurechnen

Tragen Sie in der fünften Spalte in der Zeile FELD den Ausdruck kunde1000-seit ein und nennen Sie den Ausdruck differenz.

Tage abziehen

Nach Verlassen der jeweiligen Zellen werden der Name des Felds seit und der Name des bereits vorhandenen Ausdrucks kunde1000 automatisch erkannt und in eckige Klammern gesetzt. Es ergibt sich der Entwurf in Abbildung 6.61.

Feld:	kundeID	bezeichnung	seit	kunde1000: [seit]+1000	differenz: [kunde1000]-[seit]
Tabelle:	kunde	kunde	kunde		
Sortierung:					
Anzeigen:	☑	☑	☑	☑	☑
Kriterien:					

Abbildung 6.61 Entwurf, mit Verwendung des berechneten Datums

6 Abfragen

Ausdruck formatieren Setzen Sie für die Spalte mit dem Ausdruck kunde1000 im EIGENSCHAFTEN-BLATT die Eigenschaft FORMAT auf den Wert tt.mm.jj. Es wird bereits automatisch erkannt, dass das Ergebnis vom Datentyp Datum/Uhrzeit ist. Ohne die Änderung würde das Ergebnis aber im Standardformat tt.mm.jjjj ausgegeben werden.

Zeiten und Kosten In Abschnitt 6.8 finden Sie weitere Beispiele zur Berechnung mithilfe von Zeitangaben. Es werden Arbeitszeiten aus der Differenz zwischen Beginn und Ende der Arbeit ermittelt. Außerdem werden Stundenlöhne einbezogen, um die Kosten dieser Arbeitszeiten zu berechnen.

6.4.6 Übungsaufgaben

Die nachfolgenden Abfragen beziehen sich auf verschiedene Tabellen der Datenbank *fahrzeugvermietung.accdb*. Die Lösungen finden Sie in Abschnitt A.9.3.

Erste Übung Als Erstes soll die Abfrage Vermietungen, reale Tage erstellt werden. Als Ergebnis dieser Abfrage werden alle Datensätze der Tabelle vermietung angezeigt. Zu jedem Datensatz wird die reale Mietdauer in Tagen berechnet, also die Differenz der beiden Felder zeitStart und zeitEndeReal. Zusätzlich werden die Felder vermietungID, zeitStart und zeitEndeReal dargestellt, siehe Abbildung 6.62.

vermietungID	zeitStart	zeitEndeReal	Tage
1	03.11.15 16:00	04.11.15 15:00	0,958333333335759
2	07.11.15 12:00	14.11.15 14:00	7,08333333333576

Abbildung 6.62 Ergebnis der Abfrage »Vermietungen, reale Tage«

Zweite Übung Als Nächstes soll die Abfrage Wartungsposten, Stunden erstellt werden. Als Ergebnis dieser Abfrage werden alle Datensätze der Tabelle wartungsposten angezeigt. Zu jedem Wartungsposten wird die Dauer berechnet, also die Differenz der beiden Felder zeitStart und zeitEnde in Stunden umgerechnet. Zusätzlich werden die Felder wartungspostenID, zeitStart und zeitEnde dargestellt, siehe Abbildung 6.63.

wartungspostenID	zeitStart	zeitEnde	Stunden
1	11.11.15 17:15	12.11.15 13:30	20,25
2	12.11.15 13:30	12.11.15 15:00	1,5

Abbildung 6.63 Ergebnis der Abfrage »Wartungsposten, Stunden«

Als Letztes soll die Abfrage Preisklassen, Beispielrechnung erstellt werden. Als Ergebnis dieser Abfrage werden alle Datensätze der Tabelle preisklasse angezeigt. Für jede Preisklasse wird berechnet, welche Kosten für einen Mietvorgang von drei Tagen entstehen, bei dem 200 Mehr-Kilometer gefahren werden.

Dritte Übung

Diese Beispielrechnung wird in einzelnen Schritten durchgeführt. Im Ausdruck Teil1 stehen die Kosten für die Miettage, im Ausdruck Teil2 die Kosten für die Mehr-Kilometer und im Ausdruck Ergebnis die Summe der beiden Teile. Zusätzlich werden die Felder preisklasseID, preisProTag und preisProMehrKm dargestellt, siehe Abbildung 6.64.

Schrittweise entwickeln

preisklasseID	preisProTag	preisProMehrKm	Teil1	Teil2	Ergebnis
1	20,00 €	0,20 €	60,00 €	40,00 €	100,00 €
2	30,00 €	0,30 €	90,00 €	60,00 €	150,00 €
3	35,00 €	0,35 €	105,00 €	70,00 €	175,00 €

Abbildung 6.64 Ergebnis zu »Preisklassen, Beispielrechnung«

6.5 Integrierte Funktionen

MS Access bietet zahlreiche integrierte Funktionen, die Sie bei der Erstellung von Berechnungen und Abfrageergebnissen unterstützen. Jede Funktion ist von MS Access fertig definiert und erfüllt eine bestimmte Aufgabe. Zur Nutzung einer Funktion müssen Sie sie nur noch aufrufen.

Die Funktionen sind in Kategorien unterteilt, unter anderem:

Kategorien

- DATUM/UHRZEIT: Funktionen zur Verarbeitung von Datums- und Uhrzeitangaben
- INSPEKTION: Funktionen zur Prüfung von Datentypen
- MATHEMATISCH: Funktionen zum Erstellen von mathematischen Ausdrücken, ähnlich wie sie auch auf Taschenrechnern zu finden sind
- PROGRAMMABLAUF: Funktionen, die mit Bedingungen arbeiten
- TEXT: Funktionen zur Verarbeitung von Zeichenketten

Der Platz in diesem Buch reicht nicht aus, um Ihnen die mehr als 160 Funktionen zu erläutern. Anhand einer Auswahl von häufig genutzten Funktionen erlernen Sie ihren Aufbau und ihren Einsatz.

In den meisten Fällen liefern Sie beim *Aufruf* bestimmte Informationen an eine Funktion, die sogenannten *Parameter*. Die Funktion liefert Ihnen an-

Parameter und Rückgabewert

schließend ein Ergebnis zurück, den sogenannten *Rückgabewert*. Die Parameter werden nach dem Namen einer Funktion innerhalb von runden Klammern notiert, jeweils durch einen Strichpunkt voneinander getrennt.

6.5.1 Verkettung von Texten

Operator »&«

In diesem Abschnitt erläutere ich die Funktion Links() zur Ermittlung einer Teilzeichenkette. Gleichzeitig wird der Operator & vorgestellt, zur Verkettung von Zeichenketten.

Es wird eine Abfrage mit dem Namen Funktionen, Text, Verkettung erstellt. Die ersten beiden Zeichen des Landesnamens werden mit dem Ortsnamen verkettet. Dazwischen wird ein Bindestrich eingefügt, siehe Abbildung 6.65.

kundeID	bezeichnung	land	ort	landOrt
1	Maier KG	Deutschland	Dortmund	De-Dortmund
2	Garner GmbH	Deutschland	Hagen	De-Hagen
3	Wolf GmbH & Co KG	Deutschland	Dortmund	De-Dortmund
4	Veronne SARL	Frankreich	Metz	Fr-Metz
5	Lejeune SA	Belgien	Namur	Be-Namur
6	Dujardin GG	Frankreich	Lille	Fr-Lille

Abbildung 6.65 Verkettung von »land« und »ort«

Erstellen Sie eine neue Abfrage mit den vier Feldern kundeID, bezeichnung, land und ort aus der Tabelle kunde. Tragen Sie in der fünften Spalte in der Zeile FELD den Ausdruck Links(land;2) & "-" & ort ein und nennen Sie den Ausdruck landOrt.

Nach Verlassen der Zelle werden die Namen der beiden Felder land und ort automatisch erkannt und in eckige Klammern gesetzt. Es ergibt sich der Entwurf in Abbildung 6.66.

Feld:	kundeID	bezeichnung	land	ort	landOrt: Links([land];2) & "-" & [ort]
Tabelle:	kunde	kunde	kunde	kunde	
Sortierung:					
Anzeigen:	☑	☑	☑	☑	☑
Kriterien:					

Abbildung 6.66 Funktion Links() und Verkettung mit &

Links()

Die Funktion Links() erwartet von Ihnen zwei Parameter: Als Erstes eine Zeichenkette, zum Beispiel den Inhalt eines Textfelds, anschließend eine ganze Zahl x. Sie liefert die ersten x Zeichen aus der Zeichenkette zurück. Im vorliegenden Fall werden die ersten beiden Zeichen des Landesnamens geliefert (De, Be oder Fr).

Der Operator & dient zur Verkettung von Zeichenketten. Hier sind das:

- das Ergebnis der Funktion Links(),
- der Bindestrich in Anführungszeichen und
- der Inhalt des Textfelds ort.

Diese drei Zeichenketten werden zu einer Zeichenkette zusammengesetzt.

Es gibt auch die verwandte Funktion Rechts(), die die letzten x Zeichen aus einer Zeichenkette liefert.

Rechts()

Klicken Sie einmal in die Zelle mit dem Ausdruck. Betätigen Sie die Schaltfläche ENTWURF • ABFRAGESETUP • GENERATOR. Es öffnet sich das Dialogfeld AUSDRUCKS-GENERATOR. Klappen Sie in der Liste AUSDRUCKSELEMENTE den Eintrag FUNKTIONEN auf. Wählen Sie den Untereintrag INTEGRIERTE FUNKTIONEN.

Ausdrucks-Generator

Anschließend erscheinen die oben genannten Kategorien in der Liste AUSDRUCKSKATEGORIEN. Wählen Sie die Kategorie TEXT.

Kategorie Text

Anschließend erscheinen die einzelnen Textfunktionen in der Liste AUSDRUCKSWERTE. Wählen Sie die Funktion Links(). Anschließend erscheinen unterhalb der drei Listen ein Hyperlink und eine kurze Erläuterung, siehe Abbildung 6.67.

Ein Klick auf den Link öffnet Ihren Browser mit einer Internetseite, die eine Erläuterung zu der Funktion beinhaltet. Dort wird mit dem englischen Originalnamen der Funktion gearbeitet, hier also mit Left().

Left()

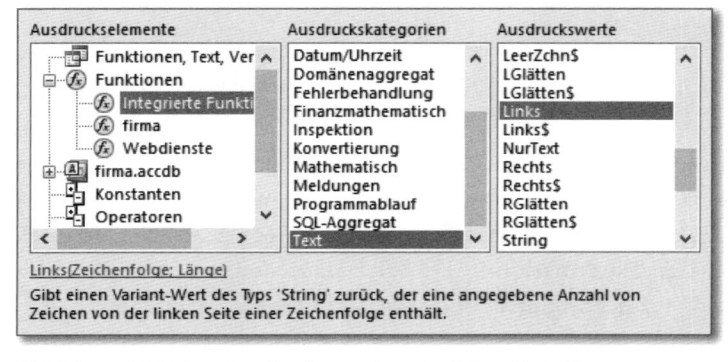

Abbildung 6.67 Ausdrucks-Generator, Funktion Links()

6.5.2 Zerlegung von Text

Die Funktionen `Teil()`, `InStr()` und `Links()` werden gemeinsam zur Zerlegung von Zeichenketten genutzt. Die Funktion `Teil()` liefert alle Zeichen ab einer bestimmten Position innerhalb einer Zeichenkette. Wahlweise liefert sie auch nur die ersten x Zeichen ab dieser Position. Die Funktion `InStr()` liefert die Position, an der eine bestimmte Zeichenkette innerhalb einer anderen Zeichenkette beginnt.

Es wird eine Abfrage mit dem Namen Funktionen, Text, Zerlegung erstellt. Zunächst wird im Ausdruck bezeichnungTeil der zweite Teil des Kundennamens ab dem ersten Leerzeichen ermittelt. Anschließend wird im Ausdruck emailTeil der erste Teil der E-Mail-Adresse bis zum Zeichen @ ermittelt. Zur Erläuterung werden noch die beiden Ausdrücke posLeer und posAt hinzugefügt.

Das Ergebnis sehen Sie in Abbildung 6.68.

kundeID	bezeichnung	posLeer	bezeichnungTei	email	posAt	emailTeil
1	Maier KG	6	KG	info@wmaier.de	5	info
3	Wolf GmbH & Co KG	5	GmbH & Co KG	web@vwolf.de	4	web
5	Lejeune SA	8	SA	info@plejeune.be	5	info
6	Dujardin GG	9	GG	mail@sdujardin.fr	5	mail

Abbildung 6.68 Ermittlung von Teilzeichenketten

Erstellen Sie eine neue Abfrage mit den beiden Feldern kundeID und bezeichnung aus der Tabelle kunde. Tragen Sie in den nächsten beiden Spalten in der Zeile FELD die nachfolgenden Ausdrücke ein (ohne Zeilenumbruch):

posLeer: InStr([bezeichnung];" ")

und

bezeichnungTeil: Teil([bezeichnung];InStr([bezeichnung];" ")+1)

InStr(), Teil() Im Ausdruck posLeer liefert die Funktion `InStr([bezeichnung];" ")` die Position des ersten Leerzeichens im Inhalt des Felds bezeichnung. Für den Ausdruck bezeichnungTeil wird zu dem Rückgabewert der Funktion InStr() noch der Wert 1 addiert. Das ist die Position des ersten Zeichens *nach* dem Leerzeichen. Die Funktion `Teil()` liefert dann den zweiten Teil des Inhalts des Felds bezeichnung ab der Position hinter dem Leerzeichen.

Fügen Sie das Feld email in der nächsten Spalte hinzu. In den beiden nächsten Spalten sollen in der Zeile FELD zudem die nachfolgenden Ausdrücke stehen:

posAt: InStr([email];"@")

und

emailTeil: Links([email];InStr([email];"@")-1)

Im Ausdruck posAt wird die Position des ersten Zeichens @ im Inhalt des Felds email ermittelt. Im Ausdruck emailTeil werden mithilfe der Funktion Links() die ersten Zeichen des Inhalts des Felds email bis zum letzten Zeichen *vor* dem Zeichen @ ermittelt.

Links()

In Abbildung 6.69 werden die umfangreichen Ausdrücke verkürzt dargestellt.

Feld:	kundelD	bezeichnung	posLeer: In	bezeichnungTeil: Tei	email	posAt: InS	emailTeil: Link
Tabelle:	kunde	kunde			kunde		
Sortierung:							
Anzeigen:	☑	☑	☑	☑	☑	☑	☑
Kriterien:					Ist Nicht Null		
oder:							

Abbildung 6.69 Entwurf mit mehreren Ausdrücken

Für die beiden Datensätze ganz ohne E-Mail-Adresse ergibt sich beim Ausdruck posAt der Wert Null und beim Ausdruck emailTeil ein Fehler. Woran liegt das? Falls eine Zeichenkette nicht innerhalb einer anderen Zeichenkette gefunden wird, dann liefert die Funktion InStr() den Wert Null zurück. Dieser Wert würde beim vorliegenden Aufruf der Funktion Links() den Wert #Fehler liefern. Daher wird das Kriterium Ist Nicht Null genutzt, zum Ausschluss der beiden leeren Datensätze, die ja auch kein Zeichen @ enthalten. Löschen Sie einmal versuchsweise das Kriterium, dann sehen Sie die Fehlermeldung.

Konstante »Null«

Sie könnten bei der Funktion InStr() einen zusätzlichen ersten Parameter einschieben. Damit würden Sie die Position angeben, ab der die enthaltene Zeichenkette gesucht werden soll. Zwei Beispiele:

Suche ab Position

- Der Aufruf InStr(5;[email];"@") sucht das Zeichen @ erst ab dem Zeichen mit der Position 5.
- Der Aufruf InStr(InStr([email];"@")+1;[email];".") sucht die Position des ersten Punkts *nach* dem Zeichen @.

6 Abfragen

6.5.3 Bestandteile von Zeitangaben

Kategorie Datum/Uhrzeit

Die Kategorie *Datum/Uhrzeit* bietet eine ganze Reihe von Funktionen zur Bearbeitung von Zeitangaben. Einige davon werden im nachfolgenden Beispiel eingesetzt.

Es wird eine Abfrage mit dem Namen Funktionen, Datum erstellt. Zum Datum aus dem Feld seit werden die folgenden Einzelinformationen bereitgestellt: Jahr, Monat, Tag, Nummer des Wochentags (von Sonntag = 1 bis Samstag = 7), Name des Wochentags (lang und kurz) sowie Name des Monats (lang und kurz). Als Letztes wird aus bestimmten Einzelinformationen wieder ein Datum zusammengesetzt. Das Ergebnis sehen Sie in Abbildung 6.70.

kundeID	seit	jahr	monat	tag	wtag	wtname	wtkurz	mname	mkurz	datumNeu
1	15.02.13	2013	2	15	6	Samstag	Sa	Februar	Feb	15.02.2013
3	01.08.12	2012	8	1	4	Donnerstag	Do	August	Aug	01.08.2012
4	01.08.12	2012	8	1	4	Donnerstag	Do	August	Aug	01.08.2012
5	14.08.12	2012	8	14	3	Mittwoch	Mi	August	Aug	14.08.2012
6	10.07.12	2012	7	10	3	Mittwoch	Mi	Juli	Jul	10.07.2012

Abbildung 6.70 Funktionen für Datumsangaben

Erstellen Sie eine neue Abfrage mit den beiden Feldern kundeID und seit aus der Tabelle kunde. Tragen Sie in den nächsten Spalten in der Zeile FELD die nachfolgenden Ausdrücke ein:

Jahr(), Monat(), Tag()

```
jahr: Jahr([seit])
monat: Monat([seit])
tag: Tag([seit])
wtag: Wochentag([seit])
wtname: Wochentagsname(Wochentag([seit]))
wtkurz: Wochentagsname(Wochentag([seit]);Wahr)
mname: Monatsname(Monat([seit]))
mkurz: Monatsname(Monat([seit]);Wahr)
datumNeu: DatSeriell([jahr];[monat];[tag])
```

Wochentag()

Die ersten drei Ausdrücke sind selbsterklärend. Die Funktion Wochentag() liefert die Nummer des Wochentags, standardmäßig ab dem Sonntag (= 1) gerechnet. Sie können optional einen zweiten Parameter angeben, der einen anderen Tag als Starttag bezeichnet.

Die Funktion Wochentagsname() erwartet als Parameter die Nummer eines Wochentags. Falls Sie als zweiten Parameter den Wahrheitswert Wahr angeben, wird der Name auf zwei Zeichen verkürzt. — *Wochentagsname()*

Die Funktion Monatsname() erwartet als Parameter die Nummer eines Monats. Hier führt die Angabe des Wahrheitswerts Wahr als zweiten Parameter ebenfalls zu einer Verkürzung auf drei Zeichen. — *Monatsname()*

Die Funktion DatSeriell() erwartet drei Parameter: Jahr, Monat und Tag. Sie liefert einen Datumswert zurück. — *DatSeriell()*

In derselben Kategorie gibt es unter anderem noch folgende Funktionen:

- Stunde(), Minute() und Sekunde(), zur Ermittlung von Teilangaben aus einer Uhrzeit — *Uhrzeit*
- Jetzt(), Datum() und Zeit(), zur Ermittlung des aktuellen Systemdatums und der aktuellen Systemzeit oder Teilen davon. Die Funktion Datum() setzen Sie bereits ein, um einen Standardwert für ein Tabellenfeld des Typs Datum/Uhrzeit bereitzustellen — *Systemzeit*

6.5.4 Funktion als Filter

Ausdrücke mit integrierten Funktionen können auch als Filter genutzt werden, ähnlich wie berechnete Felder.

Es wird eine Abfrage mit dem Namen Funktion als Filter erstellt. Es sollen nur die Datensätze der Kunden angezeigt werden, die seit dem Jahr 2012 hinzugekommen sind, siehe Abbildung 6.71.

kundeID	bezeichnung	seit
3	Wolf GmbH & Co KG	01.08.12
4	Veronne SARL	01.08.12
5	Lejeune SA	14.08.12
6	Dujardin GG	10.07.12

Abbildung 6.71 Ausdruck mit Funktion als Filter, ohne Anzeige

Erstellen Sie eine neue Abfrage mit den drei Feldern kundeID, bezeichnung und seit aus der Tabelle kunde. Geben Sie in der vierten Spalte den Ausdruck Jahr(seit) in der Zeile FELD ein. Der automatisch vergebene Name des Ausdrucks ist hier nicht interessant. Entfernen Sie das Häkchen für die- — *Jahr()*

se Spalte in der Zeile ANZEIGEN. Tragen Sie 2012 in die Zeile KRITERIEN ein. Verlassen Sie die Abfrage mit Speichern und gehen Sie erneut in den Entwurf. Er sieht aus wie in Abbildung 6.72.

Feld:	kundeID	bezeichnung	seit	Jahr([seit])
Tabelle:	kunde	kunde	kunde	
Sortierung:				
Anzeigen:	☑	☑	☑	☐
Kriterien:				2012
oder:				

Abbildung 6.72 Entwurf, mit Funktionsausdruck als Filter

Da der berechnete Ausdruck nicht angezeigt wird, gibt es auch keinen Ausdrucksnamen. Dasselbe Ergebnis hätten Sie natürlich auch mit dem Kriterium >=#01.01.2012# Und <=#31.12.2012# für das Feld seit erreichen können. An dieser Stelle sollte einmal eine andere Möglichkeit gezeigt werden.

6.5.5 Bedingungen mit Wenn-Dann

Mithilfe der Funktion Wenn() können Sie verschiedene Fälle voneinander trennen und unterschiedliche Ergebnisse erzeugen. Der Vorgang entspricht einer Verzweigung innerhalb eines Programmablaufs.

Zwei Fälle Es wird eine Abfrage mit dem Namen Funktionen, Wenn erstellt. Diese beinhaltet den Ausdruck zweiFaelle. Falls der Kreditbetrag, der einem Kunden gewährt wird, mehr als 1.750,00 € beträgt, dann wird dieser Kunde als »Gut« eingestuft, ansonsten als »Nicht gut«. Die Kunden werden somit in zwei Gruppen aufgeteilt.

Mithilfe der Funktion Wenn() lässt sich auch eine Aufteilung in mehr als zwei Gruppen durchführen. Dazu werden zwei oder mehr Aufrufe der Funktion Wenn() ineinander verschachtelt.

Drei Fälle Innerhalb des Ausdrucks dreiFaelle wird ein Kunde, dem ein Kreditbetrag von mehr als 1.750,00 € gewährt wird, wiederum als »Gut« eingestuft. Trifft dies nicht zu, dann wird untersucht, ob sein Kredit mehr als 1.000,00 € beträgt. In diesem Fall erhält er die Einstufung »Mittel«. Die restlichen Kunden werden als »Nicht gut« eingestuft. Die Kunden werden in drei Gruppen aufgeteilt.

Das Ergebnis sehen Sie in Abbildung 6.73.

kundeID	bezeichnung	kredit	zweiFaelle	dreiFaelle
1	Maier KG	2.200,00 €	Gut	Gut
2	Garner GmbH	600,00 €	Nicht gut	Nicht gut
3	Wolf GmbH & Co KG	2.500,00 €	Gut	Gut
4	Veronne SARL	0,00 €	Nicht gut	Nicht gut
5	Lejeune SA	1.700,00 €	Nicht gut	Mittel
6	Dujardin GG	800,00 €	Nicht gut	Nicht gut

Abbildung 6.73 Unterscheidung in zwei beziehungsweise drei Fälle

Erstellen Sie eine neue Abfrage mit den drei Feldern kundeID, bezeichnung und kredit aus der Tabelle kunde. Tragen Sie in den nächsten beiden Spalten in der Zeile FELD die nachfolgenden Ausdrücke ein:

zweiFaelle: Wenn([kredit]>1750; "Gut"; "Nicht gut")
dreiFaelle: Wenn([kredit]>1750; "Gut";
         Wenn([kredit]>1000; "Mittel"; "Nicht gut"))

Die Funktion Wenn() erwartet drei Parameter. Als Erstes eine Bedingung ähnlich wie in einem Filterkriterium. Sollte die Bedingung wahr sein, wird der Wert zurückgeliefert, der als zweiter Parameter notiert wird. Sollte die Bedingung nicht wahr sein, wird der Wert des dritten Parameters zurückgeliefert.

Wenn()

Der Ausdruck dreiFaelle beginnt genauso wie der Ausdruck zweiFaelle. Trifft die erste Bedingung nicht zu, wird wiederum die Funktion Wenn() aufgerufen. Es gibt also einen inneren und einen äußeren Aufruf der Funktion Wenn().

Inneres und äußeres Wenn()

6.5.6 Inhalte prüfen

Die Funktion Nz() stellt eine Kombination aus der Funktion Wenn() und der Prüfung auf den Wert Null dar. Mithilfe von Nz() können Sie dafür sorgen, dass immer ein Ergebnis zur Verfügung steht.

Ergebnis bereitstellen

Es wird eine Abfrage mit dem Namen Funktionen, Null prüfen erstellt. Diese beinhaltet den Ausdruck funktionNz. Falls bei einem Kunden kein Eintrag im Feld seit steht, erscheint die Information »kein Datum«, ansonsten wird das Datum ausgegeben, siehe Abbildung 6.74.

Funktionen, Null prüfen				
kundeID	bezeichnung	seit	funktionNz	wertOderInfo
1	Maier KG	15.02.13	15.02.2013	15.02.2013
2	Garner GmbH		kein Datum	kein Datum
3	Wolf GmbH & Co KG	01.08.12	01.08.2012	01.08.2012
4	Veronne SARL	01.08.12	01.08.2012	01.08.2012
5	Lejeune SA	14.08.12	14.08.2012	14.08.2012
6	Dujardin GG	10.07.12	10.07.2012	10.07.2012

Abbildung 6.74 Ergebnis der Funktion Nz()

Erstellen Sie eine neue Abfrage mit den drei Feldern kundeID, bezeichnung und seit aus der Tabelle kunde. Tragen Sie in der nächsten Spalte in der Zeile FELD den nachfolgenden Ausdruck ein:

funktionNz: Nz([seit];"kein Datum")

Nz(), Null Die Funktion Nz() erwartet zwei Parameter. Falls der erste Parameter den Wert Null liefert, wird der Wert des zweiten Parameters zurückgeliefert. Ansonsten wird der Wert des ersten Parameters zurückgeliefert.

IstNull() Als zusätzliche Erläuterung finden Sie im Abfrageentwurf den Ausdruck:

wertOderInfo: Wenn(IstNull([seit]); "kein Datum"; [seit])

Kategorie »Inspektion« Er bewirkt inhaltlich dasselbe wie der Ausdruck funktionNz. Es wird mit der Funktion IstNull() aus der Kategorie *Inspektion* gearbeitet, die verschiedene Funktionen zur Prüfung von Werten beinhaltet. Die Funktion IstNull() liefert den Wahrheitswert Wahr, falls das untersuchte Feld leer ist.

6.5.7 Zahlen runden

Int(), Runden() Die Funktionen Int() und Runden() dienen zur Umwandlung von Zahlen mit Nachkommastellen in ganze Zahlen. Die Funktion Int() schneidet die Nachkommastellen ab und liefert nur den ganzzahligen Anteil einer Zahl. Die Funktion Runden() nimmt eine kaufmännische Rundung vor. Vereinfacht ausgedrückt: Von 0 bis 0,499 wird abgerundet, ab 0,5 wird aufgerundet.

Begrenzte Genauigkeit Sie müssen bei Zahlen mit Nachkommastellen darauf achten, dass sie nicht mathematisch genau sind, sondern nur bis zu einer bestimmten Stellenzahl nach dem Komma. Der Datentyp Single, der für das Feld rabatt verwendet wird, bietet eine Genauigkeit von 6 oder 7 Stellen nach dem Komma. Der Datentyp Double ist doppelt genau, also bis auf 15 oder 16 Stellen nach dem Komma.

Es wird eine Abfrage mit dem Namen Funktionen, Zahl erstellt. Diese beinhaltet die Berechnung eines Beispielpreises, abhängig vom Rabatt. Dieser Preis wird zusätzlich als Zahl mit Nachkommastellen dargestellt, um die begrenzte Genauigkeit zu verdeutlichen. Außerdem werden die Vorkommastellen und die Nachkommastellen einzeln berechnet, also Euro und Cent, siehe Abbildung 6.75.

kundeID	bezeichnung	rabatt	preis	alsZahl	vor	nach
1	Maier KG	3,70%	192,60 €	192,599999904633	192	60
2	Garner GmbH	0,00%	200,00 €	200	200	0
3	Wolf GmbH & Co KG	2,50%	195,00 €	194,999999925494	195	0
4	Veronne SARL	0,00%	200,00 €	200	200	0
5	Lejeune SA	4,30%	191,40 €	191,399999707937	191	40
6	Dujardin GG	2,80%	194,40 €	194,399999827147	194	40

Abbildung 6.75 Funktionen für Zahlen

Erstellen Sie eine neue Abfrage mit den drei Feldern kundeID, bezeichnung und rabatt aus der Tabelle kunde. Tragen Sie in den nächsten Spalten in der Zeile FELD die nachfolgenden Ausdrücke ein:

```
preis: 200*(1-[rabatt])
alsZahl: [preis]
vor: Int([preis]+0,0001)
nach: Runden(([preis]-[vor])*100)
```

Zunächst wird im Ausdruck preis der Beispielpreis mit Rabatt berechnet. Als Grundlage dient ein Betrag von 200,00 €. Setzen Sie die Eigenschaft FORMAT im EIGENSCHAFTENBLATT für den Ausdruck in dieser Spalte auf den Wert Euro.

Der Beispielpreis wird anschließend im Ausdruck alsZahl als eine Zahl mit Nachkommastellen und begrenzter Genauigkeit ausgegeben.

Zur Berechnung des Eurowerts ohne Cent wird die Funktion Int() genutzt. Sie schneidet die Nachkommastellen ab. Für den Kunden Wolf würde sich dann der falsche Wert 194 vor dem Komma ergeben.

Nachkommastellen abschneiden

Daher wird vor dem Abschneiden der Wert 0,0001 addiert. Der Wert ist so klein, dass er den Preis nicht verfälscht, aber so groß, dass er die begrenzte

Begrenzte Genauigkeit ausgleichen

Kaufmännisches Runden

Genauigkeit ausgleicht. Falls die Zahl 195,0000001 statt 194,999999 gelautet hätte, wäre auch dann das Ergebnis nicht verfälscht worden.

Zu guter Letzt werden die Centwerte einzeln berechnet. Der Eurowert ohne Cent wird vom Preis abgezogen. Das Ergebnis wird mit 100 multipliziert und anschließend mithilfe der Funktion Runden() kaufmännisch gerundet. Sie können einmal versuchsweise die Funktion Runden() weglassen. Dann sehen Sie die begrenzte Genauigkeit der Zahlen auch in dieser Spalte.

Gewünschte Stellenzahl

Die Funktion Runden() kann einen zweiten Parameter haben. Darin können Sie die gewünschte Stellenzahl angeben, auf die gerundet werden soll. Wird der zweite Parameter wie im vorliegenden Beispiel weggelassen, dann entspricht dies der Stellenzahl 0. Ein Beispiel: Der Ausdruck 100/7 ergibt den Wert 14,2857142857143.... Der Ausdruck Runden(100/7;3) rundet auf drei Stellen nach dem Komma. Es ergibt sich der Wert 14,286.

6.5.8 Übungsaufgaben

Die nachfolgenden Abfragen beziehen sich auf die Tabelle vermietung der Datenbank *fahrzeugvermietung.accdb*. Die Lösungen finden Sie in Abschnitt A.9.4.

Erste Übung

Als Erstes soll die Abfrage Vermietungen, reale ganze Tage erstellt werden. Als Ergebnis dieser Abfrage werden alle Datensätze der Tabelle vermietung angezeigt. Zu jedem Datensatz wird die reale Mietdauer in ganzen Tagen berechnet, also die Differenz der beiden Felder zeitStart und zeitEndeReal, jeweils auf die nächste ganze Zahl aufgerundet. Zur Erklärung: Ein angebrochener Tag wird bei einer Vermietung vollständig in Rechnung gestellt. Zusätzlich werden die Felder vermietungID, zeitStart und zeitEndeReal dargestellt, siehe Abbildung 6.76.

Vermietungen, reale ganze Tage			
vermietungID	zeitStart	zeitEndeRea	Tage
1	03.11.15 16:00	04.11.15 15:00	1
2	07.11.15 12:00	14.11.15 14:00	8

Abbildung 6.76 Ergebnis zu »Vermietungen, reale ganze Tage«

Zweite Übung

Als Nächstes soll die Abfrage Vermietungen, Km pro Tag erstellt werden. Als Ergebnis dieser Abfrage sollen nur die Datensätze der Tabelle vermietung angezeigt werden, bei denen im Feld datumZahlung kein Eintrag steht.

Zu jedem Datensatz wird die Mietdauer in Tagen berechnet, also die Differenz der beiden Felder zeitStart und zeitEndeReal. Außerdem wird die Anzahl der gefahrenen Kilometer berechnet, also die Differenz der beiden Felder kmStart und kmEnde. Aus diesen beiden Werten wird die Anzahl der Kilometer pro Tag ermittelt, auf ganze Kilometer gerundet. Zusätzlich werden die Felder vermietungID und datumZahlung dargestellt, siehe Abbildung 6.77.

Vermietungen, Km pro Tag				
vermietungID	zeitDifferenz	kmDifferenz	kmProTag	datumZahlung
2	7,08333333333576	1200	169	

Abbildung 6.77 Ergebnis der Abfrage »Vermietungen, Km pro Tag«

Als Letztes soll die Abfrage Vermietungen, Rückgabe zu spät erstellt werden. Als Ergebnis dieser Abfrage werden alle Datensätze der Tabelle vermietung angezeigt. Für jede Vermietung wird ermittelt, ob die Rückgabe des Fahrzeugs zu spät erfolgte, also ob zeitEndeReal nach zeitEnde liegt. Zusätzlich werden die Felder vermietungID, zeitStart, zeitEnde und zeitEndeReal dargestellt, siehe Abbildung 6.78.

Dritte Übung

Vermietungen, Rückgabe zu spät				
vermietungID	zeitStart	zeitEnde	zeitEndeReal	zuSpät
1	03.11.15 16:00	04.11.15 16:00	04.11.15 15:00	Nein
2	07.11.15 12:00	14.11.15 12:00	14.11.15 14:00	Ja

Abbildung 6.78 Ergebnis zu »Vermietungen, Rückgabe zu spät«

6.6 Gruppierungen

Gruppierungen dienen zur Zusammenfassung von Informationen über eine Gruppe von Datensätzen, die ein gemeinsames Merkmal aufweisen. Bei einer Gruppierung können unter anderem die nachfolgenden Funktionen genutzt werden:

Zusammenfassen

- ANZAHL: Es wird die Anzahl der Datensätze innerhalb der Gruppe ermittelt.
- SUMME: Es wird die Summe über die Werte eines Zahlenfelds oder eines Rechenausdrucks über alle Datensätze innerhalb der Gruppe berechnet.
- MITTELWERT: Es wird der arithmetische Mittelwert von allen Datensätzen innerhalb der Gruppe bezüglich eines Felds oder eines Ausdrucks berechnet, also Summe geteilt durch Anzahl.

Anzahl

Summe

Mittelwert

Max, Min
- MAX, MIN: Es werden der größte beziehungsweise der kleinste Wert von allen Datensätzen innerhalb der Gruppe bezüglich eines Felds oder eines Ausdrucks ermittelt.

Gruppierungen können innerhalb einer Tabelle oder auch über mehrere Tabellen hinweg vorgenommen werden. Zwei Beispiele:

- Eine Gruppe umfasst alle Datensätze, bei denen im Feld land derselbe Wert steht.
- Eine Gruppe umfasst alle Bestellungen, die zum selben Kunden gehören.

6.6.1 Funktionen zur Gruppierung

Es wird eine Abfrage mit dem Namen Gruppierung, Funktionen erstellt. In der Abfrage werden Gruppen gebildet, die alle Datensätze aus einem bestimmten Land enthalten. Innerhalb einer Gruppe wird jeweils Folgendes berechnet (siehe Abbildung 6.79):

- die Anzahl der Kunden aus dem betreffenden Land
- der mittlere Rabatt, der den Kunden aus dem Land gewährt wird
- der maximale Kreditbetrag, der minimale Kreditbetrag und die Summe der Kreditbeträge, die den Kunden aus dem Land zur Verfügung stehen

land	kundeAnzahl	rabattMittel	kreditMax	kreditMin	kreditSumme
Belgien	1	4,30%	1.700,00 €	1.700,00 €	1.700,00 €
Deutschland	3	2,07%	2.500,00 €	600,00 €	5.300,00 €

Abbildung 6.79 Gruppierung nach Land, mit Funktionen

Zeile »Funktion«
Erstellen Sie eine neue Abfrage mit dem Feld land. Betätigen Sie die Schaltfläche ENTWURF • EINBLENDEN/AUSBLENDEN • SUMMEN. Im unteren Teil des Abfrageentwurfs erscheint die Zeile FUNKTION. In dieser Zeile können Sie für jede Spalte einen Listenwert auswählen. Der Standardwert ist GRUPPIERUNG. Das bedeutet, dass nach dem Eintrag in diesem Feld gruppiert wird, in diesem Fall also nach den verschiedenen Ländern.

Richtige Gruppe wählen
Fügen Sie in der nächsten Spalte das Feld kundeID hinzu. Falls Sie die Abfrage unmittelbar ausführen, wird auch nach den Inhalten des Felds kundeID gruppiert. Da diese für jeden Datensatz unterschiedlich sind, erscheint jeder einzelne Datensatz. Die »Gruppen« bestehen also jeweils nur aus einem Element. Das kann nicht unser Ziel sein.

Wählen Sie daher in der Zeile FUNKTION für die soeben angelegte Spalte mit dem Feld `kundeID` den Eintrag ANZAHL. Nun wird nur noch nach dem Feld `land` gruppiert, aber es wird die Anzahl der Datensätze innerhalb jedes Landes gezählt.

Anzahl

Fügen Sie das Feld `rabatt` hinzu und wählen Sie in der Zeile FUNKTION den Eintrag MITTELWERT. Setzen Sie die Eigenschaft FORMAT im EIGENSCHAFTENBLATT für diese Spalte auf den Wert `Prozentzahl`.

Mittelwert

Fügen Sie in drei weiteren Spalten jeweils das Feld `kredit` hinzu und wählen Sie nacheinander die Einträge MAX, MIN und SUMME. Führen Sie die Abfrage aus: Es werden die Zahlen in Abbildung 6.79 geliefert.

Max, Min, Summe

Die Spalten haben zunächst automatisch erzeugte Namen als Überschrift: ANZAHLVONKUNDEID, MITTELWERTVONRABATT, MAXVONKREDIT, MINVONKREDIT und SUMMEVONKREDIT. Sie setzen sich zusammen aus dem Namen der Funktion, dem Wörtchen »von« und dem Namen des Felds. Da ich diese automatisch erzeugten Namen etwas unhandlich finde, habe ich eigene, kürzere Namen für die Ausdrücke vergeben, siehe Abbildung 6.79 und Abbildung 6.80.

Ausdrucksnamen

Feld:	land	kundeAnzahl: kundeID	rabattMittel: rabatt	kreditMax: kredit	kreditMin: kredit	kreditSumme: kredit
Tabelle:	kunde	kunde	kunde	kunde	kunde	kunde
Funktion:	Gruppierung	Anzahl	Mittelwert	Max	Min	Summe
Sortierung:						
Anzeigen:	☑	☑	☑	☑	☑	☑
Kriterien:						

Abbildung 6.80 Gruppierung, mit eigenen Namen für die Ausdrücke

6.6.2 Übungsaufgaben

Die nachfolgenden Abfragen beziehen sich auf die Tabellen `fahrzeug` und `fahrzeugtyp` der Datenbank *fahrzeugvermietung.accdb*. Die Lösungen finden Sie in Abschnitt A.9.5.

Als Erstes soll die Abfrage `Fahrzeuge, Anzahl nach Standorten` erstellt werden. Als Ergebnis dieser Abfrage wird die jeweilige Anzahl der Fahrzeuge pro Standort angezeigt. Dazu wird nur das Feld `standortID` aus der Tabelle `fahrzeug` benötigt, einmal zur Anzeige, einmal zum Zählen, siehe Abbildung 6.81.

Erste Übung

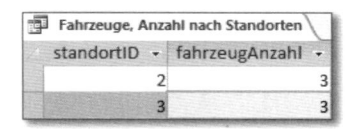

Abbildung 6.81 Ergebnis zu »Fahrzeuge, Anzahl nach Standorten«

Zweite Übung

Als Nächstes soll die Abfrage `Fahrzeugtypen, Anzahl nach Preisklassen` erstellt werden. Als Ergebnis dieser Abfrage wird die jeweilige Anzahl der Fahrzeugtypen pro Preisklasse angezeigt. Dazu wird nur das Feld `preisklasseID` aus der Tabelle `fahrzeugtyp` benötigt, einmal zur Anzeige, einmal zum Zählen, siehe Abbildung 6.82.

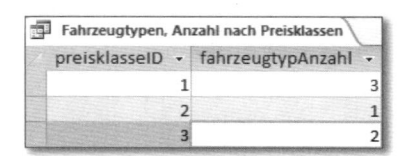

Abbildung 6.82 Ergebnis: »Fahrzeugtypen, Anzahl nach Preisklassen«

6.7 Inhalte von mehreren Tabellen

Gruppierung, Berechnung

Erste Abfragen über mehrere Tabellen kennen Sie bereits aus Abschnitt 5.4. In diesem Abschnitt sehen Sie weitere Abfragen über mehrere Tabellen aus der Datenbank *handel.accdb*. Sie sollen Ihr Verständnis für die Zusammenfassung interessanter Informationen aus Ihrer Anwendung vertiefen. Dabei kommen unter anderem Gruppierungsfunktionen, Berechnungen und integrierte Funktionen zum Einsatz.

6.7.1 Alle Kategorien, mit Artikeln

Inhalte aus zwei Tabellen

Es sollen alle Kategorien mit den zugehörigen Artikeln angezeigt werden.

Es wird eine Abfrage mit dem Namen `Alle Kategorien, mit Artikeln` erstellt. In Abbildung 6.83 sehen Sie die Bezeichnungen der Kategorie und des Artikels, anschließend Preis und Bestand des Artikels.

Tabellen auswählen

Erstellen Sie eine neue Abfrage mit den beiden Tabellen `kategorie` und `artikel`. Im Abfrageentwurf erscheinen beide Tabellen inklusive ihrer bereits vorhandenen Beziehung, siehe Abbildung 6.84.

6.7 Inhalte von mehreren Tabellen

kategorie	artikel	preis	bestand
Hemd	Sommerhemd	25,15 €	20
Jacke	Regenjacke	25,30 €	10
Jacke	Wendejacke	85,50 €	15
Jacke	Winterjacke	68,90 €	15
Schuhe	Halbschuhe	55,95 €	30
Schuhe	Wanderschuhe	75,80 €	25
Schuhe	Winterstiefel	78,85 €	10
Sonstiges	Latzhose	38,20 €	10
Sonstiges	Skihandschuhe	21,00 €	30
Sonstiges	Winterhandschuhe	15,10 €	15

Abbildung 6.83 Alle Kategorien mit Artikeln

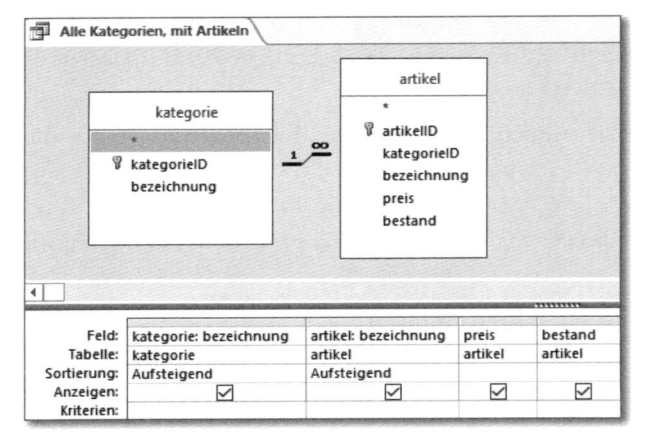

Abbildung 6.84 Entwurf, mit Ausdrucksnamen

Ziehen Sie die Felder bezeichnung aus der Tabelle kategorie sowie bezeichnung, preis und bestand aus der Tabelle artikel in den unteren Teil des Abfrageentwurfs. Wählen Sie für die ersten beiden Spalten die Sortierung Aufsteigend.

Felder auswählen

Fügen Sie in den beiden ersten Spalten jeweils einen Ausdrucksnamen hinzu: kategorie beziehungsweise artikel. Sie sind als Spaltenüberschriften besser geeignet als kategorie.bezeichnung und artikel.bezeichnung.

Ausdrucksnamen

6.7.2 Alle Kategorien, mit Funktionen zu Artikeln

Es wird eine Abfrage mit dem Namen Alle Kategorien, mit Funktionen zu Artikeln erstellt. In der Abfrage wird nach Kategorien gruppiert. Innerhalb einer Gruppe wird berechnet (siehe Abbildung 6.85):

Gruppierung mit zwei Tabellen

6 Abfragen

- die Anzahl der Artikel aus der betreffenden Kategorie
- der mittlere und der maximale Preis eines Artikels aus der Kategorie

Alle Kategorien, mit Funktionen zu Artikeln

kategorie	artikelAnzahl	preisMittel	preisMax
Hemd	1	25,15 €	25,15 €
Jacke	3	59,90 €	85,50 €
Schuhe	3	70,20 €	78,85 €
Sonstiges	3	24,77 €	38,20 €

Abbildung 6.85 Gruppierung nach Kategorie, mit Funktionen

Erstellen Sie eine neue Abfrage mit den beiden Tabellen kategorie und artikel. Ziehen Sie das Feld bezeichnung aus der Tabelle kategorie in den unteren Teil des Abfrageentwurfs. Wählen Sie die Sortierung AUFSTEIGEND und den Ausdrucksnamen kategorie.

Gruppierung nach Kategorie

Falls die Zeile FUNKTION noch nicht eingeblendet ist: Betätigen Sie die Schaltfläche ENTWURF • EINBLENDEN/AUSBLENDEN • SUMMEN. In der Spalte für das Feld bezeichnung bleibt es bei dem Standardeintrag GRUPPIERUNG. Das bedeutet, dass nach der eindeutigen Bezeichnung der Kategorien gruppiert wird.

Funktionen zur Gruppierung

Fügen Sie in den nächsten Spalten einmal das Feld artikelID mit der Funktion ANZAHL sowie zweimal das Feld preis mit den Funktionen MITTELWERT beziehungsweise MAX hinzu. Wählen Sie eigene Ausdrucksnamen als Spaltenüberschriften: kategorie, artikelAnzahl, preisMittel und preisMax, siehe Abbildung 6.86.

Alle Kategorien, mit Funktionen zu Artikeln

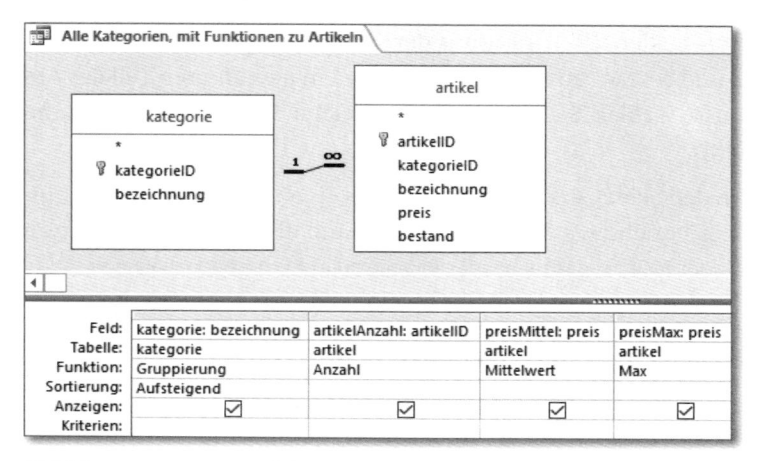

Feld:	kategorie: bezeichnung	artikelAnzahl: artikelID	preisMittel: preis	preisMax: preis
Tabelle:	kategorie	artikel	artikel	artikel
Funktion:	Gruppierung	Anzahl	Mittelwert	Max
Sortierung:	Aufsteigend			
Anzeigen:	☑	☑	☑	☑
Kriterien:				

Abbildung 6.86 Entwurf der Gruppierung und der Funktionen

Bei einer solchen Gruppierung, die auf einer *1:n-Beziehung* basiert, ist Folgendes wichtig:

- Es sollte nach einem eindeutigen Feld der Tabelle kategorie gruppiert werden, die sich auf der Master-Seite der Beziehung befindet. Im Falle der Tabelle kategorie sind dazu die Felder kategorieID und bezeichnung geeignet.

  Gruppierung auf Master-Seite

- Die Gruppierungsfunktionen wiederum sollten sich auf die Felder der Tabelle artikel beziehen, die sich auf der Detail-Seite der Beziehung befindet.

  Funktionen auf Detail-Seite

6.7.3 Alle Kunden, mit Anzahl Bestellungen

Es wird eine Abfrage mit dem Namen Alle Kunden, mit Anzahl Bestellungen erstellt. In der Abfrage wird nach den Kunden gruppiert. Es werden Bezeichnung und Adresse sowie die Anzahl der Bestellungen angezeigt, siehe Abbildung 6.87.

Gruppierung mit zwei Tabellen

bezeichnung	adresse	bestellungenAnzahl
Ahrens	Bochum	1
Kremer	Bonn	2
Seifert	Bochum	4
Seifert	Dortmund	2

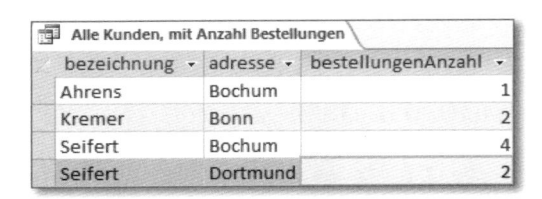

Abbildung 6.87 Gruppierung nach Kunden, mit Anzahl Bestellungen

Erstellen Sie eine neue Abfrage mit den beiden Tabellen kunde und bestellung. Ziehen Sie die Felder kundeID, bezeichnung und adresse aus der Tabelle kunde und das Feld bestellungID aus der Tabelle bestellung in den unteren Teil des Abfrageentwurfs. Wählen Sie die Sortierung AUFSTEIGEND für die Felder bezeichnung und adresse, siehe Abbildung 6.88.

Wählen Sie für die Spalte mit dem Feld bestellungID die Funktion ANZAHL und geben Sie dem Ausdruck den Namen bestellungenAnzahl. In den anderen Spalten bleibt es beim Standardeintrag GRUPPIERUNG. Die wichtige Gruppierung ist diejenige für das Feld kundeID. Es wird also nach den einzelnen Kunden gruppiert.

Eindeutiges Feld für Gruppierung

Eine Gruppierung nur nach dem Feld bezeichnung würde nicht ausreichen, da es Kunden mit demselben Namen gibt. Deren Bestellungen würden dann in einer Gruppe zusammengefasst werden. Eine Gruppierung nur nach den beiden Feldern bezeichnung und adresse würde ebenfalls nicht

Nicht eindeutiges Feld für Gruppierung

Gruppierungsfeld nicht anzeigen

ausreichen, da es auch Kunden mit demselben Namen im selben Ort geben könnte.

Das Feld kundeID dient also der Gruppierung, die beiden anderen Felder dienen der informativen Gestaltung des Abfrageergebnisses. Sie können das Häkchen in der Zeile ANZEIGEN für das Feld kundeID entfernen, die richtige Gruppierung bleibt dennoch erhalten.

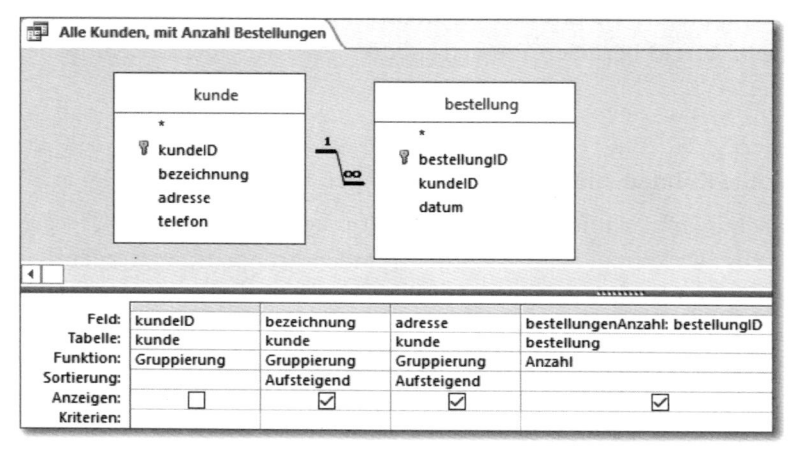

Abbildung 6.88 Gruppierung nach kundeID, ohne Anzeige

6.7.4 Alle Kunden, auch ohne Bestellungen

Es wird eine Abfrage mit dem Namen Alle Kunden, auch ohne Bestellungen erstellt. Die Abfrage ähnelt derjenigen aus Abschnitt 6.7.3. Allerdings werden alle Kunden angezeigt, auch diejenigen, die bisher keine Bestellungen vorgenommen haben, siehe Abbildung 6.89.

bezeichnung	adresse	bestellungenAnzahl
Ahrens	Bochum	1
Heinemann	Soest	0
Klein	Köln	0
Kremer	Bonn	2
Maier	Köln	0
Naumann	Dortmund	0
Peters	Münster	0
Seifert	Bochum	4
Seifert	Dortmund	2
Stober	Dortmund	0

Abbildung 6.89 Gruppierung nach Kunden, auch ohne Bestellungen

6.7 Inhalte von mehreren Tabellen

Kopieren Sie das Abfrageobjekt Alle Kunden, mit Anzahl Bestellungen, geben Sie der Kopie den oben angegebenen neuen Namen und öffnen Sie die Kopie im Entwurf. Die existierende Beziehung zwischen den beiden Tabellen kunde und bestellung wird für die Abfrage übernommen. Daher werden im Standardfall nur Datensätze mit zusammenhängenden Informationen aus den beiden Tabellen angezeigt. Für diese Abfrage ändern wir das.

Objekt kopieren

Markieren Sie im Abfrageentwurf die Beziehung zwischen den beiden Tabellen. Die Verbindungslinie wird dann etwas dicker dargestellt. Klicken Sie mit der rechten Maustaste auf die Linie und wählen Sie im Kontextmenü den Eintrag VERKNÜPFUNGSEIGENSCHAFTEN. Alternativ können Sie auch einen Doppelklick auf der Linie ausführen. Es öffnet sich das Dialogfeld VERKNÜPFUNGSEIGENSCHAFTEN, siehe Abbildung 6.90.

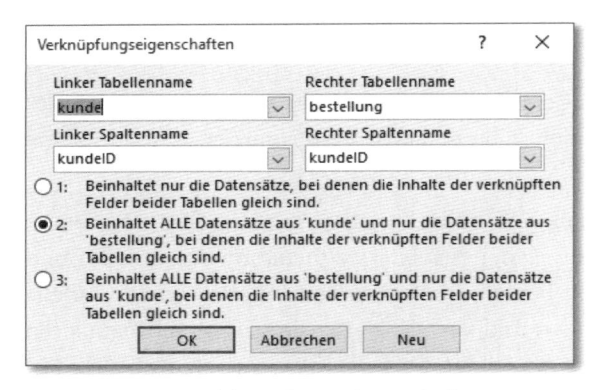

Verknüpfungs-eigenschaften

Abbildung 6.90 Verknüpfungseigenschaften

Die Standardoption 1 ist markiert: »Es werden nur die Kunden angezeigt, die bereits eine Bestellung vorgenommen haben«. Diesmal markieren Sie die Option 2: »Es werden *alle* Kunden angezeigt sowie die zugehörigen Bestellungen, falls es welche gibt«. Nach Bestätigung mithilfe der Schaltfläche OK können Sie die geänderte Beziehung an dem Pfeil auf der *n-Seite* erkennen, siehe Abbildung 6.91.

Eigenschaften ändern

Die Beziehung wird nur für diese Abfrage geändert, nicht für die Tabellen innerhalb der Datenbank. Die drei Optionen, die Sie bei den Verknüpfungseigenschaften haben, sind auch unter den folgenden Begriffen bekannt:

Änderung der Beziehung

1. *Inner Join*
2. *Left Join* oder *Left Outer Join*
3. *Right Join* oder *Right Outer Join*

Join

6 Abfragen

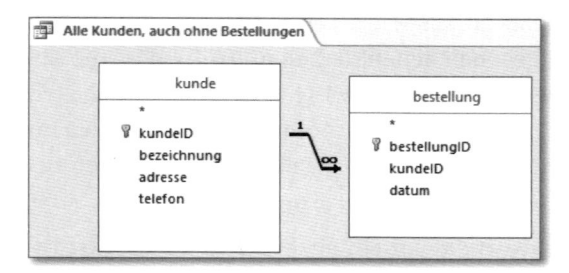

Abbildung 6.91 Left Join

6.7.5 Ein Kunde, mit Bestellungen und Postensummen

Inhalte aus vier Tabellen

Es sollen alle Bestellungen für einen bestimmten Kunden inklusive aller Bestellposten und der jeweiligen Summe für einen Bestellposten angezeigt werden.

Es wird eine Abfrage mit dem Namen Ein Kunde, mit Bestellungen und Postensummen erstellt. Es handelt sich um eine Erweiterung der Abfrage aus Abschnitt 5.4.5.

In den ersten beiden Spalten in Abbildung 6.92 sehen Sie Informationen aus der Tabelle kunde: die Felder bezeichnung (benannt mit KUNDE) und adresse. In den nächsten beiden Spalten stehen Inhalte aus der Tabelle bestellung: die Felder datum und bestellungID. Die nächsten drei Spalten beinhalten nacheinander die Felder: bezeichnung aus der Tabelle artikel (benannt mit ARTIKEL), menge aus der Tabelle bestellposten und preis aus der Tabelle artikel. In der letzten Spalte steht der berechnete Ausdruck postenSumme.

kunde	adresse	datum	bestellungID	artikel	menge	preis	postenSumme
Seifert	Bochum	10.11.15	18	Skihandschuhe	8	21,00 €	168,00 €
Seifert	Bochum	10.11.15	18	Wanderschuhe	4	75,80 €	303,20 €
Seifert	Bochum	10.11.15	22	Halbschuhe	10	55,95 €	559,50 €
Seifert	Bochum	10.11.15	22	Sommerhemd	1	25,15 €	25,15 €
Seifert	Bochum	29.11.15	23	Regenjacke	1	25,30 €	25,30 €
Seifert	Bochum	29.11.15	23	Wanderschuhe	4	75,80 €	303,20 €
Seifert	Bochum	29.11.15	23	Winterjacke	3	68,90 €	206,70 €
Seifert	Bochum	15.12.15	17	Regenjacke	5	25,30 €	126,50 €
Seifert	Bochum	15.12.15	17	Wanderschuhe	1	75,80 €	75,80 €

Abbildung 6.92 Bestellungen mit Postensumme

Objekt kopieren

Kopieren Sie die Abfrage Ein Kunde, mit Bestellungen und Artikeln aus Abschnitt 5.4.5. Entfernen Sie das Häkchen in der Zeile ANZEIGEN für das Feld kundeID. Dieses Feld soll als Kriterium dienen, in meinem Falle mit der Zahl 17 für den gezeigten Kunden. Auf diese Weise erscheinen nur die Bestellungen dieses Kunden, aber das Feld selbst wird nicht angezeigt.

Wählen Sie für die beiden Felder mit dem Namen bezeichnung die Ausdrucksnamen kunde beziehungsweise artikel. Entfernen Sie das Feld artikelID.

Notieren Sie in der letzten Spalte den folgenden Ausdruck, siehe Abbildung 6.93: postenSumme: [menge]*[preis]

Berechnung

Für jede Zeile des Abfrageergebnisses wird also das Produkt aus der Menge innerhalb der Bestellposten und dem Preis des Artikels ermittelt. Die Bezeichnungen der beiden Felder menge und preis kommen in den genutzten Tabellen nur insgesamt einmal vor.

Wäre das nicht der Fall, müssten Sie die Bezeichnungen innerhalb des Ausdrucks eindeutig machen, zum Beispiel wie folgt:

Eindeutige Bezeichnungen

postenSumme: [bestellposten.menge]*[artikel.preis]

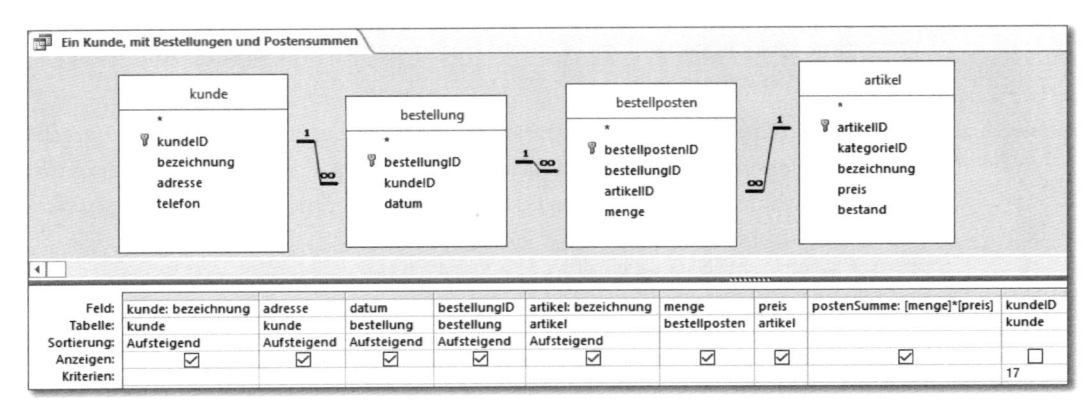

Abbildung 6.93 Entwurf, mit berechnetem Feld

6.7.6 Ein Kunde, mit Bestellungen und Gesamtsummen

Es sollen alle Bestellungen für einen bestimmten Kunden inklusive der jeweiligen Gesamtsumme der Bestellung angezeigt werden.

Gruppierung mit vier Tabellen

Es wird eine Abfrage mit dem Namen Ein Kunde, mit Bestellungen und Gesamtsummen erstellt. Es handelt sich um eine Erweiterung der Abfrage aus Abschnitt 6.7.5.

6 Abfragen

In den ersten beiden Spalten in Abbildung 6.94 sehen Sie Informationen aus der Tabelle kunde: die Felder bezeichnung und adresse. In den nächsten beiden Spalten stehen Inhalte aus der Tabelle bestellung: die Felder datum und bestellungID. In der letzten Spalte steht der berechnete Ausdruck bestellungSumme.

bezeichnung	adresse	datum	bestellungID	bestellungSumme
Seifert	Bochum	10.11.15	18	471,20 €
Seifert	Bochum	10.11.15	22	584,65 €
Seifert	Bochum	29.11.15	23	535,20 €
Seifert	Bochum	15.12.15	17	202,30 €

Abbildung 6.94 Bestellungen mit Gesamtsummen

Gruppierung über Bestellungen Kopieren Sie die Abfrage Ein Kunde, mit Bestellungen und Postensummen aus Abschnitt 6.7.5. Es soll nach den Bestellungen gruppiert werden. Daher dürfen die Felder aus den untergeordneten Tabellen bestellposten und artikel nur noch innerhalb von Gruppierungsfunktionen erscheinen. Anders ausgedrückt: Die untergeordneten Ebenen der Tabellen bestellposten und artikel werden ausgeblendet. Löschen Sie daher die nachfolgenden Spalten: menge aus der Tabelle bestellposten sowie bezeichnung und preis aus der Tabelle artikel.

Berechnung und Summierung Es wird die Summe der Postensummen für die gesamte Bestellung berechnet. Benennen Sie daher den Ausdruck postenSumme in bestellungSumme um und wählen Sie in der Zeile FUNKTION die Gruppierungsfunktion SUMME, siehe Abbildung 6.95.

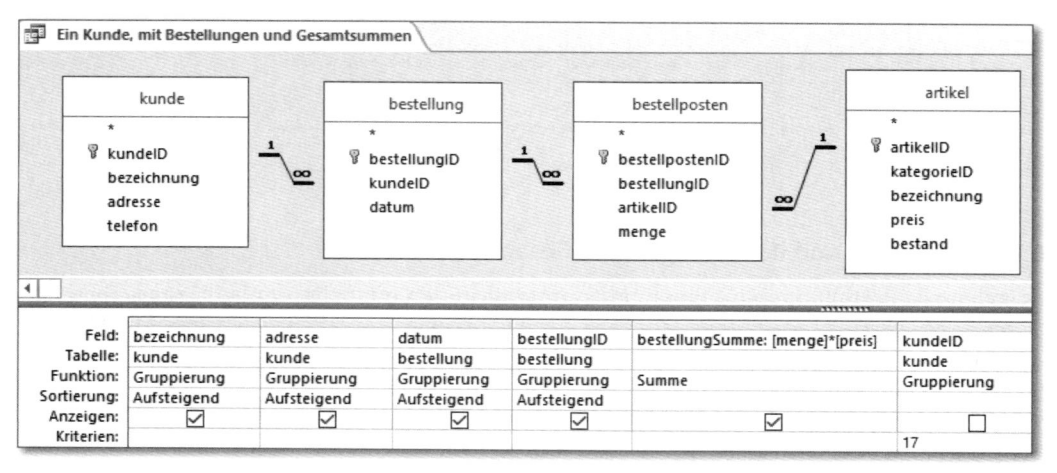

Feld:	bezeichnung	adresse	datum	bestellungID	bestellungSumme: [menge]*[preis]	kundeID
Tabelle:	kunde	kunde	bestellung	bestellung		kunde
Funktion:	Gruppierung	Gruppierung	Gruppierung	Gruppierung	Summe	Gruppierung
Sortierung:	Aufsteigend	Aufsteigend	Aufsteigend	Aufsteigend		
Anzeigen:	☑	☑	☑	☑	☑	☐
Kriterien:						17

Abbildung 6.95 Entwurf, mit Gruppierungsfunktion

Für jede Zeile des Abfrageergebnisses wird also zunächst das Produkt aus der Menge innerhalb der Bestellposten und dem Preis des Artikels ermittelt. Anschließend wird die Summe über diese Produkte für alle Posten einer Bestellung berechnet.

Speichern Sie die Abfrage, schließen Sie sie und öffnen Sie sie erneut. MS Access hat die Berechnung und die Gruppierung in einem Ausdruck zusammengefasst, siehe auch Abbildung 6.96:

Funktion Summe()

`bestellungSumme: Summe([menge]*[preis])`

Die Gruppierungsfunktion ist jetzt Teil des Ausdrucks. In der Zeile FUNKTION steht nur noch der »neutrale« Eintrag AUSDRUCK. Das Ergebnis ist dasselbe.

Funktion »Ausdruck«

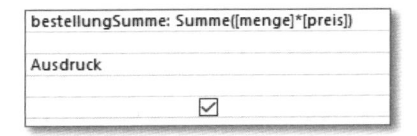

Abbildung 6.96 Entwurf, Gruppierung und Berechnung

6.7.7 Alle Kunden, mit Gesamtbestellsummen

Es sollen alle Kunden jeweils inklusive der Gesamtsumme über alle Bestellungen des Kunden angezeigt werden.

Gruppierung mit vier Tabellen

Es wird eine Abfrage mit dem Namen Alle Kunden, mit Gesamtbestellsummen erstellt. Es handelt sich um eine Erweiterung der Abfrage aus Abschnitt 6.7.6. In den ersten beiden Spalten in Abbildung 6.97 sehen Sie Informationen aus der Tabelle kunde: die Felder bezeichnung und adresse. In der dritten Spalte steht der berechnete Ausdruck gesamtBestellsumme.

bezeichnung	adresse	gesamtBestellsumme
Ahrens	Bochum	513,00 €
Kremer	Bonn	1.278,85 €
Seifert	Bochum	1.793,35 €
Seifert	Dortmund	1.557,65 €

Abbildung 6.97 Alle Kunden, mit Gesamtbestellsummen

Kopieren Sie die Abfrage Ein Kunde, mit Bestellungen und Gesamtsummen aus Abschnitt 6.7.6. Es soll nach den Kunden gruppiert werden. Daher dürfen auch die Felder aus der untergeordneten Tabelle bestellung nur noch in

Gruppierung über Kunden

Gruppierungsfunktionen erscheinen. Anders ausgedrückt: Auch die untergeordnete Ebene der Tabelle bestellung wird ausgeblendet. Löschen Sie daher die Spalten datum und bestellungID aus der Tabelle bestellung.

Es wird die Summe über die Produkte aus menge und preis für alle Posten einer Bestellung und alle Bestellungen eines Kunden berechnet. Benennen Sie daher den Ausdruck bestellungSumme in gesamtBestellsumme um, siehe Abbildung 6.98.

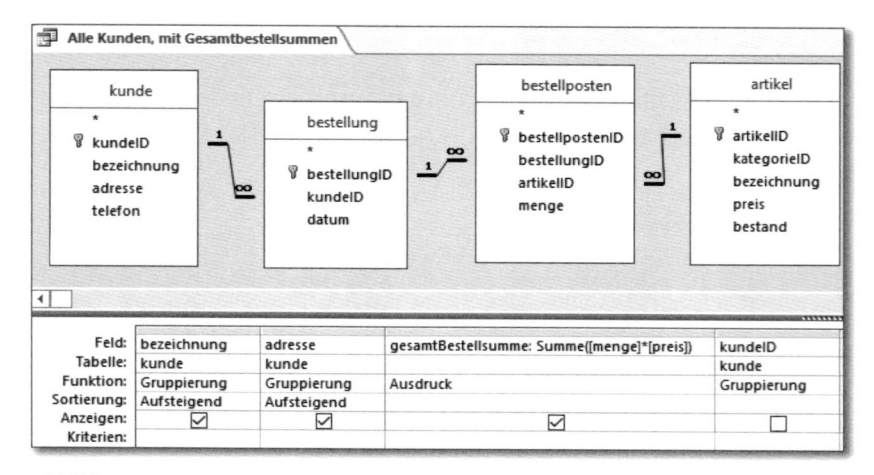

Abbildung 6.98 Entwurf, mit geänderter Gruppierung

Schrittweise Entwicklung	Diese komplexe Abfrage mit Inhalten aus vier Tabellen, Gruppierungen und berechneten Ausdrücken wird über mehrere Abschnitte hinweg entwickelt.
Wiederholte Kontrolle	Ich empfehle Ihnen diese schrittweise Vorgehensweise auch bei Ihren eigenen Abfragen: Fügen Sie die Felder einzeln hinzu, beginnend mit den Feldern der Tabelle der »höchsten« Master-Seite, hier also der Tabelle kunde. Kontrollieren Sie zwischenzeitlich das Ergebnis Ihrer Abfrage mithilfe der Schaltfläche ENTWURF • ERGEBNISSE • AUSFÜHREN, bevor Sie sie endgültig abspeichern.

6.7.8 Alle Artikel, mit Restbestand

Gruppierung mit zwei Tabellen	Es wird eine Abfrage mit dem Namen Alle Artikel, mit Restbestand erstellt. Es werden alle Artikel mit Bezeichnung und dem aktuellen Bestand im Lager angezeigt. Zu jedem Artikel soll die Summe der bestellten Mengen aus allen Bestellungen angezeigt werden.

Aus dem Bestand und der Summe der bestellten Mengen wird der Restbestand berechnet. Das ist der Bestand, der nach Auslieferung aller Bestellungen verbleibt. Auf diese Weise werden Hinweise auf einen zu niedrigen Bestand und für die notwendigen Nachbestellungen gegeben, siehe Abbildung 6.99.

artikelID	bezeichnung	bestand	summeBestellt	restBestand
30	Winterstiefel	10	12	-2
26	Regenjacke	10	9	1
27	Wendejacke	15	12	3
25	Wanderschuhe	25	19	6
23	Latzhose	10	2	8
24	Winterjacke	15	6	9
29	Skihandschuhe	30	18	12
22	Sommerhemd	20	3	17
31	Halbschuhe	30	10	20

Abbildung 6.99 Alle Artikel, mit Restbestand

Erstellen Sie eine neue Abfrage mit den beiden Tabellen artikel und bestellposten. Ziehen Sie die Felder artikelID, bezeichnung und bestand aus der Tabelle artikel und das Feld menge aus der Tabelle bestellposten in den unteren Teil des Abfrageentwurfs.

Wählen Sie in der Spalte mit dem Feld menge in der Zeile FUNKTION den Eintrag SUMME. Vergeben Sie für diese Spalte den Ausdrucksnamen summeBestellt, siehe Abbildung 6.100. Führen Sie die Abfrage aus: Sie sehen bereits die ersten vier Spalten des Ergebnisses.

Gruppierungsfunktion »Summe«

Tragen Sie in der nächsten Spalte den nachfolgenden Ausdruck ein:

Funktion Summe()

```
restBestand: [bestand]-Summe([menge])
```

Nach dieser Spalte kann nicht gruppiert werden. Es handelt sich auch nicht um eine einfache Anwendung einer Gruppierungsfunktion. Stattdessen wird die Gruppierungsfunktion Summe() innerhalb eines berechneten Ausdrucks angewendet. Wählen Sie daher in der Zeile FUNKTION den Eintrag AUSDRUCK, siehe Abbildung 6.100.

Funktion »Ausdruck«

Es soll nach dieser Spalte aufsteigend sortiert werden, so dass der Artikel mit dem geringsten Restbestand beziehungsweise dem höchsten Minderbestand oben steht. Daher wird in dieser Spalte die Sortierung AUFSTEIGEND gewählt.

6 Abfragen

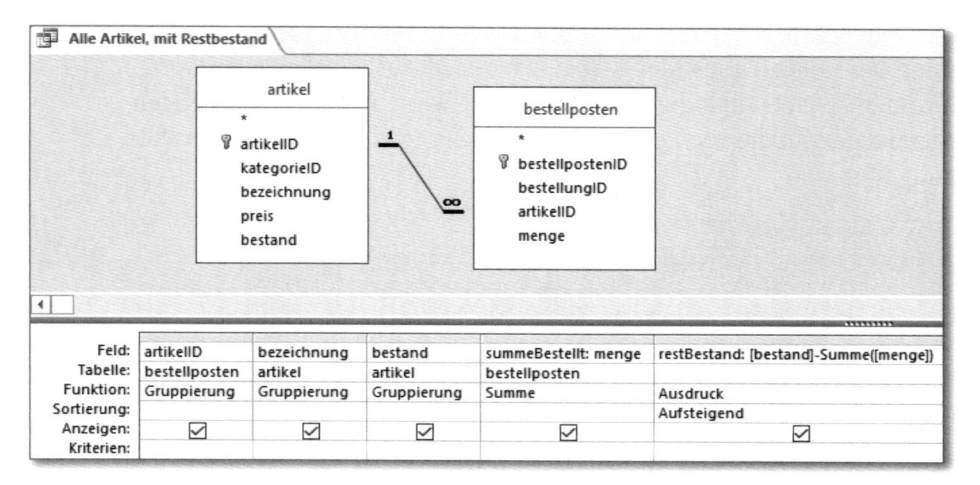

Abbildung 6.100 Entwurf, mit Gruppierungsfunktion und Berechnung

6.7.9 Übungsaufgaben

Die nachfolgenden Abfragen beziehen sich jeweils auf mehrere Tabellen der Datenbank *fahrzeugvermietung.accdb*. Die Lösungen finden Sie in Abschnitt A.9.6.

Erste Übung Als Erstes soll die Abfrage `Preisklassen, mit Fahrzeugen` erstellt werden. Als Ergebnis dieser Abfrage werden alle Fahrzeuge mit ihrem jeweiligen Kfz-Kennzeichen angezeigt. Zu jedem Fahrzeug wird die Bezeichnung des zugehörigen Fahrzeugtyps dargestellt. Zu jedem Fahrzeugtyp wiederum werden die Bezeichnung und der Preis pro Tag der zugehörigen Preisklasse angezeigt, siehe Abbildung 6.101. Die Ausgabe ist nacheinander nach den Spalten 2 bis 4 sortiert.

In dieser Abfrage geht es um den festen Zusammenhang zwischen Preisklassen, Fahrzeugtypen und Fahrzeugen. Es geht nicht um vereinbarte Vermietungen und die dortigen Wunschpreisklassen.

preisklasse	preisProTag	fahrzeugtyp	kfzKennzeichen
Kleinwagen	20,00 €	Nissan Micra	RE-F 662
Kleinwagen	20,00 €	Suzuki Alto	D-BF 928
Mittelklasse	30,00 €	Peugeot 307	D-HT 277
Mittelklasse	30,00 €	Peugeot 307	RE-R 833
Kombi	35,00 €	Mazda 6	D-KG 729
Kombi	35,00 €	Opel Vectra	RE-W 929

Abbildung 6.101 Ergebnis der Abfrage »Preisklassen, mit Fahrzeugen«

6.7 Inhalte von mehreren Tabellen

Als Nächstes soll die Abfrage Vermietungen, mit Preisklasse erstellt werden. Als Ergebnis dieser Abfrage werden alle Vermietungen angezeigt, mit ID, Beginn und Ende. Zu jeder Vermietung werden die Bezeichnung und der Preis pro Tag der zugehörigen gewünschten Preisklasse dargestellt, siehe Abbildung 6.102.

Zweite Übung

Vermietungen, mit Preisklasse				
vermietungID	zeitStart	zeitEnde	bezeichnung	preisProTag
1	03.11.15 16:00	04.11.15 16:00	Kombi	35,00 €
2	07.11.15 12:00	14.11.15 12:00	Kleinwagen	20,00 €

Abbildung 6.102 Ergebnis der Abfrage »Vermietungen, mit Preisklasse«

Für diese Abfrage werden nur die beiden Tabellen vermietung und preisklasse benötigt. Innerhalb der Abfrage wird eine temporäre Beziehung zwischen diesen beiden Tabellen über das Feld preisklasseWunschID erstellt. Dies wird, wie bei der Erstellung einer festen Beziehung, per *Drag-and-drop* durchgeführt, siehe Abschnitt 5.3.2. Allerdings erscheint das Dialogfeld Beziehungen bearbeiten nicht. Die temporäre Beziehung wird nach Erstellung mithilfe einer dünnen Linie zwischen den beiden beteiligten Feldern dargestellt, siehe Abbildung 6.103.

Temporäre Beziehung

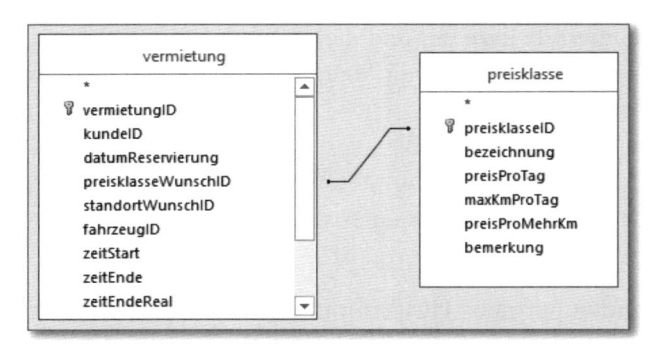

Abbildung 6.103 Temporäre Beziehung innerhalb einer Abfrage

Eine Information, wie sie in dieser Abfrage bereitgestellt wird, wird zum Zeitpunkt der Reservierung benötigt. Damit können dem interessierten Kunden die Kosten genannt werden.

Als Letztes soll die Abfrage Vermietungen, mit Standort erstellt werden. Als Ergebnis dieser Abfrage werden alle Vermietungen angezeigt, mit ID, Beginn und Ende. Zu jeder Vermietung wird der Ortsname des zugehörigen gewünschten Standorts dargestellt, siehe Abbildung 6.104.

Dritte Übung

Vermietungen, mit Standort			
vermietungID	zeitStart	zeitEnde	ort
1	03.11.15 16:00	04.11.15 16:00	Düsseldorf
2	07.11.15 12:00	14.11.15 12:00	Remscheid

Abbildung 6.104 Ergebnis der Abfrage »Vermietungen, mit Standort«

Temporäre Beziehung   Für diese Abfrage werden nur die beiden Tabellen vermietung und standort benötigt. Innerhalb der Abfrage wird eine temporäre Beziehung zwischen diesen beiden Tabellen über das Feld standortWunschID erstellt, ähnlich wie in der Abfrage zuvor.

6.8 Berechnungen von Zeiten und Kosten

In diesem Abschnitt geht es wie im vorherigen Abschnitt 6.7 um Abfragen über mehrere Tabellen. Sie werden ebenfalls mithilfe von Gruppierungsfunktionen, Berechnungen und integrierten Funktionen durchgeführt. Das Besondere an den Abfragen ist die Berechnung von Zeitspannen zur Ermittlung von zeitlich bedingten Kosten. Als Beispiele werden berechnet:

Arbeitszeiten und -kosten
- in der Datenbank *handwerk.accdb* die Sie zur Übung in Abschnitt 3.4.2 modelliert haben: die Arbeitszeiten und die daraus resultierenden Arbeitskosten als Bestandteil zur Ermittlung der Gesamtkosten eines Handwerksauftrags

Vermietungszeiten und -kosten
- in der Datenbank *fahrzeugvermietung.accdb*, die Sie zur Übung in Abschnitt 3.4.1 modelliert haben: die Vermietungszeiten von Fahrzeugen als Bestandteil zur Ermittlung der Gesamtkosten eines Vermietungsvorgangs

Zu den Abfragen werden nur noch Entwurf und Ergebnis erläutert, nicht mehr jeder einzelne Schritt der Erstellung. Zur Ausgabe von Ausdrücken mit berechneten Kosten wird das Format Währung eingestellt.

6.8.1 Alle Mitarbeiter, mit Arbeitszeiten und Arbeitskosten

Inhalte aus drei Tabellen   In Abbildung 6.105 sehen Sie die Grundlage zur Berechnung der Arbeitskosten in der Datenbank *handwerk.accdb*: die Kosten für jeden Eintrag in der Tabelle mitarbeiterposten, also für jeden einzelnen Arbeitsvorgang. Es wird noch keine Gruppierung vorgenommen.

6.8 Berechnungen von Zeiten und Kosten

bezeichnung	lohn	nameGanz	zeitStart	zeitEnde	tage	stunden	kosten
Geselle	14,50 €	Jansen, Kurt	01.11.15 08:00	01.11.15 10:00	0,083	2,000	29,00 €
Geselle	14,50 €	Jansen, Kurt	03.11.15 11:00	03.11.15 13:30	0,104	2,500	36,25 €
Techniker	18,50 €	Klarmann, Jens	01.11.15 12:00	01.11.15 13:00	0,042	1,000	18,50 €
Techniker	18,50 €	Klarmann, Jens	03.11.15 09:00	03.11.15 10:15	0,052	1,250	23,13 €

Abbildung 6.105 Arbeitszeiten und -kosten

Die Abfrage beinhaltet die folgenden Felder:

- `bezeichnung` und `lohn` aus der Tabelle `lohngruppe`
- `nachname` und `vorname` aus der Tabelle `mitarbeiter`
- `zeitStart` und `zeitEnde` aus der Tabelle `mitarbeiterposten`

Der Ausdruck `nameganz` entsteht wie folgt: *Verkettung*

`nameGanz: [nachname] & ", " & [vorname]`

Die Differenzen von Zeitangaben aus Feldern des Datentyps `Datum/Uhrzeit`   *Arbeitszeit in Tagen*
werden in ganzen Tagen gerechnet, unabhängig vom Ausgabeformat. Im
Ausdruck `tage` wird die Differenz in Tagen berechnet und mithilfe des Formats `0,000` auf drei Stellen nach dem Komma genau angezeigt:

`tage: [zeitEnde]-[zeitStart]`

Der Ausdruck `stunden` bietet dieselbe Arbeitszeit in Stunden, angezeigt mithilfe desselben Formats: *Arbeitszeit in Stunden*

`stunden: ([zeitEnde]-[zeitStart])*24`

Der Ausdruck `kosten` beinhaltet die daraus ermittelten Arbeitskosten: *Arbeitskosten*

`kosten: ([zeitEnde]-[zeitStart])*24*[lohn]`

An den einzelnen Ausdrücken lässt sich die Entwicklung der Berechnungsformel erkennen.

6.8.2 Alle Mitarbeiter, mit Arbeitszeitsummen

Die Tage, Stunden und Kosten aus der Abfrage in Abschnitt 6.8.1 lassen   *Gruppierung mit*
sich für jeden Mitarbeiter summieren. Das Ergebnis sehen Sie in Abbil-   *drei Tabellen*
dung 6.106.

6 Abfragen

bezeichnung	lohn	nameGanz	tage	stunden	kosten
Geselle	14,50 €	Jansen, Kurt	0,187	4,500	65,25 €
Techniker	18,50 €	Klarmann, Jens	0,094	2,250	41,63 €

Abbildung 6.106 Arbeitszeiten und -kosten, nach Mitarbeitern summiert

Gruppierung über Mitarbeiter

Die Abfrage wird wiederum mithilfe der drei Tabellen lohngruppe, mitarbeiter und mitarbeiterposten erstellt. Die Inhalte der Tabelle mitarbeiterposten werden nicht mehr einzeln angezeigt, sondern nur noch innerhalb von Gruppierungsausdrücken verwendet. Anders ausgedrückt: Die untergeordnete Ebene der Tabelle mitarbeiterposten wird ausgeblendet. Es wird nach dem Feld mitarbeiterID gruppiert.

Gruppierungsfunktion »Summe«

Es werden die Summen der jeweiligen Ausdrücke für tage, stunden und kosten über alle Datensätze der Tabelle materialposten ermittelt:

tage: Summe([zeitEnde]-[zeitStart])
stunden: Summe(([zeitEnde]-[zeitStart])*24)
kosten: Summe(([zeitEnde]-[zeitStart])*24*[lohn])

Die Ausdrücke innerhalb der Klammern der Funktion Summe() entsprechen denen aus der Abfrage in Abschnitt 6.8.1.

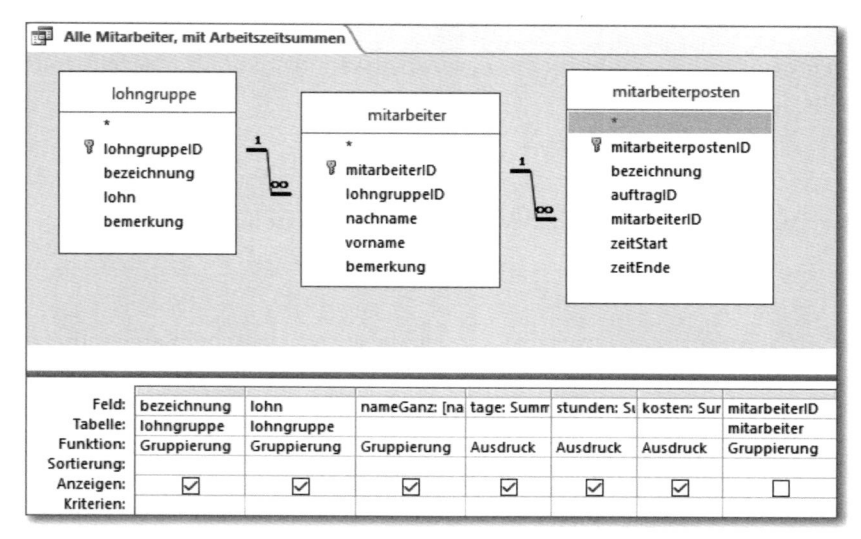

Abbildung 6.107 Entwurf für die Summierung nach Mitarbeitern

6.8.3 Alle Aufträge, mit Arbeitskosten

Die Tage, Stunden und Kosten aus der Abfrage in Abschnitt 6.8.1 lassen sich auch für jeden Auftrag summieren. Das Ergebnis können Sie in Abbildung 6.108 sehen.

Gruppierung mit vier Tabellen

Abbildung 6.108 Arbeitszeiten und -kosten, nach Aufträgen summiert

Es wird noch die Tabelle auftrag zu den drei Tabellen lohngruppe, mitarbeiter und mitarbeiterposten hinzugefügt. Die Inhalte der Tabelle auftrag werden einzeln angezeigt. Die Felder der anderen Tabellen erscheinen nur noch innerhalb von Gruppierungsausdrücken. Anders ausgedrückt: Die untergeordnete Ebene der Tabelle mitarbeiter wird auch ausgeblendet. Es wird nach dem Feld auftragID gruppiert.

Gruppierung über Aufträge

Es werden die Summen der drei Ausdrücke für tage, stunden und kosten berechnet, siehe Abbildung 6.109.

Gruppierungsfunktion »Summe«

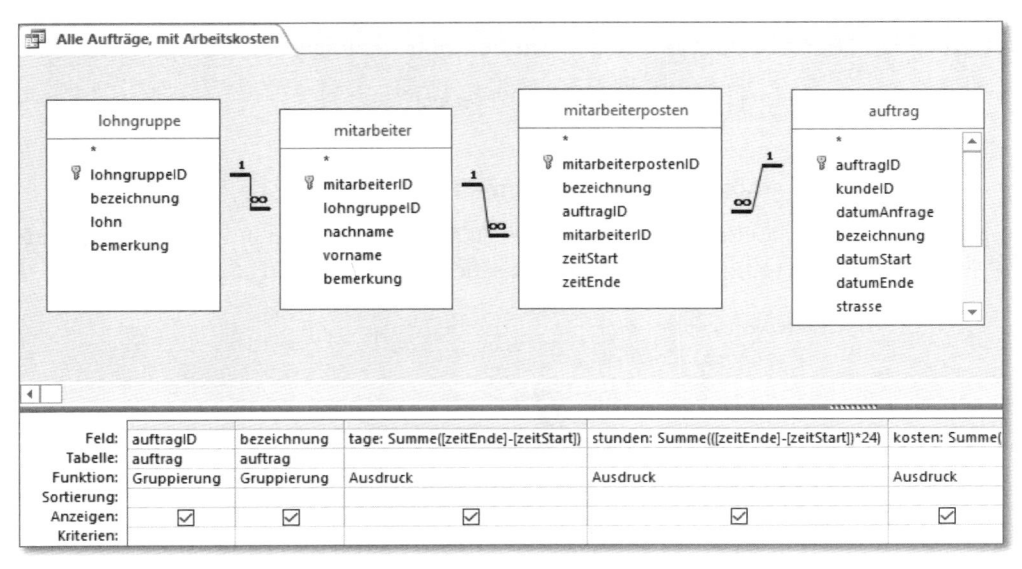

Abbildung 6.109 Entwurf für die Summierung nach Aufträgen

Aufgrund der Gruppierung werden diesmal die Summen nicht nur über alle Datensätze der Tabelle materialposten, sondern auch über die Datensätze der Tabelle mitarbeiter ermittelt. Die Ausdrücke entsprechen denen aus der Abfrage in Abschnitt 6.8.2.

6.8.4 Alle Materialien, mit Materialposten

Inhalte aus zwei Tabellen

In Abbildung 6.110 sehen Sie die Grundlage zur Berechnung der Materialkosten: die berechneten Kosten für jeden Eintrag in der Tabelle materialposten. Es wird noch keine Gruppierung vorgenommen.

Alle Materialien, mit Materialposten				
auftragID	bezeichnung	verkaufspreis	menge	gesamtpreis
1	Leiste 60x25	2,85 €	12,8	36,48 €
1	Winkel 40x40x2	4,10 €	8,0	32,80 €
2	Winkel 60x60x3	7,20 €	5,0	36,00 €
2	Leiste 40x20	1,40 €	7,2	10,08 €

Abbildung 6.110 Materialien und Materialkosten

Die Abfrage beinhaltet die folgenden Felder:

- bezeichnung und verkaufspreis aus der Tabelle material
- menge aus der Tabelle materialposten

Berechnung

Der Ausdruck gesamtpreis wird mithilfe der folgenden Formel erstellt:

gesamtpreis: [verkaufspreis]*[menge]

6.8.5 Alle Aufträge, mit Materialkosten

Gruppierung mit drei Tabellen

Die Materialien aus der Abfrage in Abschnitt 6.8.4 lassen sich für jeden Auftrag summieren. Das Ergebnis sehen Sie in Abbildung 6.111.

Alle Aufträge, mit Materialkosten		
auftragID	bezeichnung	kosten
1	Sanierung Altbau	69,28 €
2	Umbau Wohnung	46,08 €

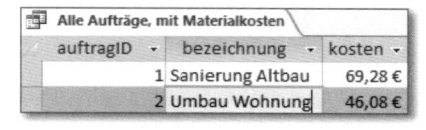

Abbildung 6.111 Materialkosten, nach Aufträgen summiert

Gruppierung über Aufträge

Die Inhalte der Tabelle auftrag werden einzeln angezeigt. Die Felder der beiden anderen Tabellen erscheinen nur noch innerhalb des Gruppierungsausdrucks. Es wird nach dem Feld auftragID gruppiert und die Summe des Ausdrucks kosten aus der Abfrage in Abschnitt 6.8.4 berechnet, siehe Abbildung 6.112.

6.8 Berechnungen von Zeiten und Kosten

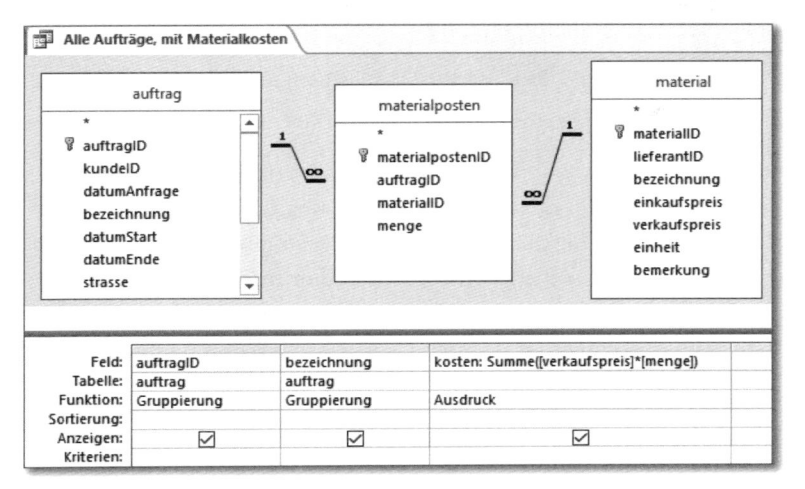

Abbildung 6.112 Entwurf für die Summierung nach Aufträgen

6.8.6 Alle Vermietungen, mit Kosten

In diesem Abschnitt sehen Sie, wie die Kosten für die Vermietung in der Datenbank *fahrzeugvermietung.accdb* Schritt für Schritt berechnet werden. Sie ergeben sich aus zwei Anteilen:

- aus der Vermietungszeit auf Basis der Kosten eines Fahrzeugs pro Tag und — **Vermietungszeit**
- aus den Mehr-Kilometern auf Basis der Kosten eines Fahrzeugs für die gefahrenen Kilometer, die einen bestimmten Wert überschreiten. — **Mehr-Kilometer**

Zur besseren Übersicht sehen Sie die Ausgabe gemäß den genannten Anteilen in Abbildung 6.113 und Abbildung 6.114.

vermietungID	zeitStart	zeitEndeReal	tage	preisProTag	preisTage
1	03.11.15 16:00	04.11.15 15:00	1	35,00 €	35,00 €
2	07.11.15 12:00	14.11.15 14:00	8	20,00 €	160,00 €

Abbildung 6.113 Vermietungskosten, Kosten für die Vermietungszeit

kmStart	kmEnde	km	maxKmProTag	maxKm	kmMehr	preisProMehrKm	preisKm	preisGesamt
3750	4250	500	350	350	150	0,35 €	52,50 €	87,50 €
2600	3800	1200	200	1600	0	0,20 €	0,00 €	160,00 €

Abbildung 6.114 Vermietungskosten, Kosten für die Mehr-Kilometer

Die Abfrage beinhaltet die folgenden Felder:

- zeitStart, zeitEndeReal, kmStart und kmEnde aus der Tabelle vermietung
- preisProTag, maxKmProTag und preisProMehrKm aus der Tabelle preisklasse

Temporäre Beziehung

Die Beziehung zwischen den beiden Tabellen vermietung und preisklasse wird temporär innerhalb der Abfrage erstellt, über das Feld preisklasse-WunschID. Dies wird, wie bei der Erstellung einer festen Beziehung, per *Drag-and-drop* durchgeführt, siehe Abschnitt 5.3.2. Allerdings erscheint das Dialogfeld BEZIEHUNGEN BEARBEITEN nicht. Die temporäre Beziehung wird nach Erstellung mithilfe einer dünnen Linie zwischen den beiden beteiligten Feldern dargestellt.

Die Vermietungstage werden mithilfe des folgenden Ausdrucks ermittelt:

Nur ganze Vermietungstage

```
tage: Runden([zeitEndeReal]-[zeitStart]+0,5)
```

Jeder angebrochene Tag wird als voller Tag berechnet. Eine Vermietungszeit vom 03.11.15, 16:00 Uhr bis zum 04.11.15, 17:00 Uhr ergibt also zwei volle Tage. Damit es nicht zu einer Abrundung kommt, wird vor dem Runden ein halber Tag hinzugerechnet.

Vermietungskosten

Die Kosten für die Vermietungstage ergeben sich aus dem Ausdruck:

```
preisTage: [tage]*[preisProTag]
```

Die tatsächlich gefahrenen Kilometer ergeben sich wie folgt:

```
km: [kmEnde]-[kmStart]
```

Die maximale Anzahl der Kilometer, die bei diesem Vermietungsvorgang ohne Mehrkosten gefahren werden kann, ergibt sich aus:

```
maxKm: [tage]*[maxKmProTag]
```

Mehr-Km

Zu viel gefahrene Kilometer ergeben sich nur, wenn die tatsächlich gefahrenen Kilometer die maximale Anzahl der Kilometer überschreiten. Ansonsten ergibt sich der Wert 0:

```
kmMehr: Wenn([km]>[maxKm];[km]-[maxKm];0)
```

Kosten für Mehr-Km

Die Kosten für die Mehr-Kilometer ergeben sich wie folgt:

```
preisKm: [kmMehr]*[preisProMehrKm]
```

Die Gesamtkosten für den Vermietungsvorgang sind dann:

Gesamtkosten

`preisGesamt: [preisTage]+[preisKm]`

An den einzelnen Ausdrücken lässt sich die Entwicklung der Berechnungsformel erkennen.

6.8.7 Alle Vermietungen, mit Kosten, kurz

In diesem Abschnitt werden ebenfalls die Vermietungskosten auf Basis derselben Felder aus denselben Tabellen berechnet. Allerdings wird die gesamte Berechnung zu Demonstrationszwecken auf einmal innerhalb einer umfangreichen Formel durchgeführt.

Diese Vorgehensweise ist aufgrund der großen Komplexität und der damit verbundenen hohen Fehleranfälligkeit nicht zu empfehlen. Das Ergebnis sehen Sie in Abbildung 6.115.

Fehleranfälligkeit

Alle Vermietungen, mit Kosten, kurz	
vermietungID	preisGesamt
1	87,50 €
2	160,00 €

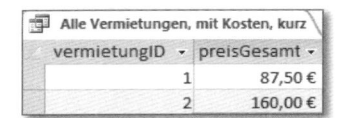

Abbildung 6.115 Vermietungskosten, in einer Formel

Es folgt die Formel zur Berechnung:

`preisGesamt: Runden([zeitEndeReal]-[zeitStart]+0,5)* [preisProTag]+Wenn([kmEnde]-[kmStart]>Runden([zeitEndeReal] -zeitStart]+0,5)*[maxKmProTag];[kmEnde]-[kmStart]- Runden([zeitEndeReal]-[zeitStart]+0,5)*[maxKmProTag];0) * [preisProMehrKm]`

6.9 Ausdrücke innerhalb von Formularen

Sie können die Ergebnisse der beschriebenen Ausdrücke mit Berechnungen, integrierten Funktionen und Gruppierungsfunktionen auch an Steuerelemente innerhalb von Formularen zuweisen. Dabei kann ebenfalls der AUSDRUCKS-GENERATOR zum Einsatz kommen. Innerhalb eines Formulars stehen jeweils die Werte der aktuell angezeigten Datensätze zur Verfügung.

6.9.1 Formulare mit einem Datensatz

Es werden drei zusätzliche Textfelder innerhalb des Formulars kundeF der Datenbank *firma.accdb* dargestellt, siehe Abbildung 6.116 unten rechts. Den Textfeldern werden die Ergebnisse der nachfolgenden Ausdrücke zugewiesen:

- der Zahlenwert aus dem Feld rabatt mal 2
- der Datumswert aus dem Feld seit plus 7 Tage
- die Textwerte aus den Feldern land und ort, miteinander verkettet.

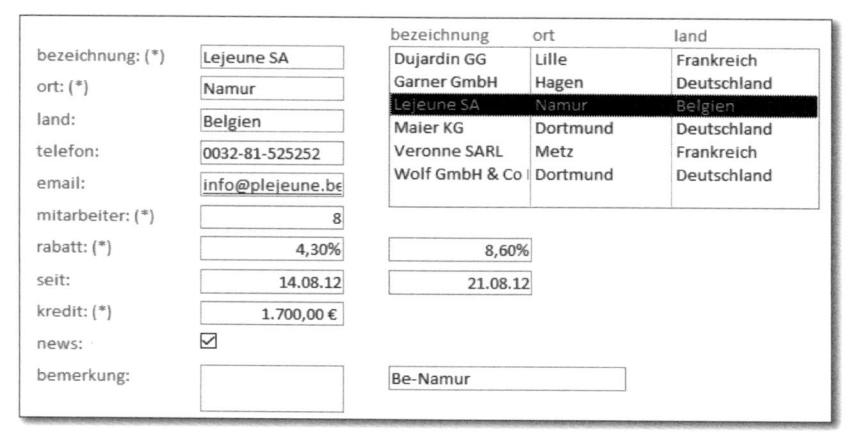

Abbildung 6.116 Ergebnis von drei Zuweisungen mit Ausdrücken

Textfelder mit Zuweisungen In Abbildung 6.117 sehen Sie den Entwurf des Formulars kundeF. In den drei ungebundenen Textfeldern steht jeweils die Zuweisung eines Ausdrucks. Beachten Sie das Gleichheitszeichen:

```
=[rabatt] * 2
=[seit] + 7
=Links([land];2) & "-" & [ort]
```

Abbildung 6.117 Entwurf mit drei Zuweisungen

Die Zuweisung stellt für das betreffende Textfeld den Wert der Eigenschaft STEUERELEMENTINHALT auf der Registerkarte DATEN dar. Sie können sie direkt im Textfeld eingeben. Falls Sie mehr Platz benötigen, markieren Sie das Testfeld und klicken anschließend auf die Schaltfläche ... mit den drei Punkten in der Eigenschaft STEUERELEMENTINHALT auf der Registerkarte DATEN. Es öffnet sich der AUSDRUCKS-GENERATOR zur Eingabe der Zuweisung.

Ausdrucks-Generator

Die Formatierung der Textfelder stellen Sie auf der Registerkarte FORMAT im Feld FORMAT ein. Für das erste Textfeld wird hier das Format PROZENTZAHL ausgewählt, für das zweite Textfeld das Format wird tt.mm.jj eingegeben.

Formatierung

6.9.2 Formulare mit mehreren Datensätzen

Im ersten Beispiel geht es um ein Textfeld des Formulars bestellung-BestellpostenF der Datenbank *handel.accdb* (beziehungsweise *handelAusbau.accdb*), siehe Abbildung 6.118 oben rechts. Es beinhaltet die folgende Zuweisung:

```
=Summe([menge] * [preis])
```

Dabei wird die Summe über alle Produkte aus den beiden Feldern menge und preis (beziehungsweise verkaufspreis) berechnet, siehe auch Abschnitt 5.5.18. Auf diese Weise wird der Gesamtwert der Bestellung in diesem Unterformular des Formulars bestellpostenF angezeigt. Der Inhalt des Textfelds wird als Währungsbetrag formatiert.

Gesamtwert der Bestellung

Abbildung 6.118 Ergebnis einer Zuweisung mit einem Summenausdruck

In Abbildung 6.119 sehen Sie den Entwurf des Formulars bestellung-BestellpostenF. Das ungebundene Textfeld wird zur Darstellung etwas vergrößert, damit Sie die Zuweisung vollständig sehen können.

Textfeld mit Zuweisung

6 Abfragen

Neu	=Summe([menge]*[preis])
Speichern	Löschen

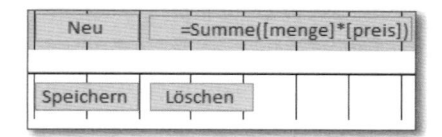

Abbildung 6.119 Entwurf mit Zuweisung

Für das Textfeld wird zusätzlich der Eintrag Währung als Wert der Eigenschaft FORMAT auf der Registerkarte FORMAT ausgewählt.

Arbeits- und Materialkosten

In einem weiteren Beispiel geht es jeweils um ein Textfeld der beiden Formulare auftragMitarbeiterpostenF und auftragMaterialpostenF der Datenbank *handwerk.accdb*. Sie zeigen die Summe der Arbeitskosten eines Auftrags beziehungsweise der Materialkosten eines Auftrags. Beide Formulare werden als Unterformular des Formulars auftragF angezeigt.

Textfelder mit Zuweisungen

Die Textfelder beinhalten die folgenden Zuweisungen:

```
=Summe([verkaufspreis] * [menge])
=Summe(([zeitEnde]-[zeitStart]) * 24 * [lohn])
```

Der Ausdruck innerhalb der ersten Zuweisung ist in einer ähnlichen Form bereits bekannt. Er liefert die Gesamtmaterialkosten für den betreffenden Auftrag.

In dem Ausdruck innerhalb der zweiten Zuweisung wird zunächst die Arbeitsdauer in Tagen berechnet. Dieser Wert wird mit 24 multipliziert. Das ergibt die Arbeitsdauer in Stunden. Dieser Wert wird wiederum mit dem Lohn pro Stunde multipliziert. Das ergibt die Arbeitskosten für eine einzelne Tätigkeit. Die Summe der Arbeitskosten für alle Tätigkeiten ergibt die Gesamtarbeitskosten für den betreffenden Auftrag.

Die Inhalte beider Textfelder werden als Währungsbeträge formatiert.

6.10 Aktionsabfragen

Alle bisherigen Abfragen dienen dazu, Datensätze zu filtern beziehungsweise zu sortieren. Die Tabellen, auf denen die Abfragen basieren, werden dabei inhaltlich nicht verändert.

Vorsichtig einsetzen

Im Gegensatz dazu verändern Aktionsabfragen die Datensätze in den Tabellen. Sie sollten daher mit Vorsicht eingesetzt werden. Eine Aktionsabfrage kann auf einen Schlag alle Datensätze einer Tabelle ohne eine Möglichkeit der Rückkehr zum vorherigen Zustand ändern oder löschen.

Es folgen Beispiele für die drei Grundtypen von Aktionsabfragen:

- *Aktualisierungsabfragen* ändern bestimmte Inhalte der ausgewählten Datensätze. **Aktualisieren**
- *Löschabfragen* löschen die ausgewählten Datensätze. **Löschen**
- *Anfügeabfragen* erzeugen neue Datensätze und fügen sie einer Tabelle an. Damit können Sie zum Beispiel bestimmte Daten aus anderen Tabellen übernehmen oder Daten in einer zweiten Tabelle nach bestimmten Kriterien archivieren. **Anfügen**

6.10.1 Mehrere Datensätze aktualisieren

Es wird eine Abfrage mit dem Namen Aktualisieren, Kredit erhöhen erstellt. Sie soll bei allen Kunden aus Deutschland den gewährten Kreditbetrag um 10 % erhöhen. Außerdem wird bei diesen Kunden eine Bemerkung eingetragen.

Zusätzlich wird noch eine Abfrage mit dem Namen Aktualisieren, Kredit vermindern erstellt, die den Vorgang wieder rückgängig macht. Nach Benutzung beider Abfragen sollen die Beispieldatensätze wieder ihren ursprünglichen Inhalt haben.

Erstellen Sie wie gewohnt eine neue Abfrage mit den Feldern land und kredit aus der Tabelle kunde. Tragen Sie für das Feld land das Kriterium Deutschland ein. **Neue Abfrage erstellen**

Achten Sie bei Aktualisierungsabfragen auf die Kriterien. Falls Sie gar keine eintragen, dann werden beim Ausführen alle Datensätze geändert. **Kriterien beachten**

Betätigen Sie die Schaltfläche ENTWURF • ABFRAGETYP • AKTUALISIEREN. Damit ändern Sie den Typ der Abfrage. Im unteren Teil des Abfrageentwurfs erscheint die Zeile AKTUALISIEREN. **Abfragetyp ändern**

In dieser Zeile können Sie einen Wert oder einen Ausdruck eintragen, der zum neuen Inhalt des betreffenden Felds wird. Tragen Sie im vorliegenden Beispiel für das Feld kredit den Ausdruck [kredit]*1,1 inklusive der eckigen Klammern für den Feldnamen ein, siehe Abbildung 6.120. Tragen Sie außerdem für das Feld bemerkung den Wert Kredit erhöht ein. **Zeile »Aktualisieren«**

6 Abfragen

Feld:	kredit	bemerkung	land
Tabelle:	kunde	kunde	kunde
Aktualisieren:	[kredit]*1,1	"Kredit erhöht"	
Kriterien:			"Deutschland"
oder:			

Abbildung 6.120 Aktualisierung des Felds »kredit«

Nur Ansicht Falls Sie die Schaltfläche ENTWURF • ERGEBNISSE • ANSICHT betätigen, dann wird noch keine Aktualisierung vorgenommen. Sie sehen zur Kontrolle die ursprünglichen Inhalte derjenigen Datensätze, die aktualisiert werden sollen.

Reale Ausführung Falls Sie die Schaltfläche ENTWURF • ERGEBNISSE • AUSFÜHREN betätigen, dann nehmen Sie die tatsächliche Aktualisierung vor. Es erscheint eine Rückfrage mit der Anzahl der Datensätze, die aktualisiert werden sollen. Nach Bestätigung mithilfe der Schaltfläche JA wird die Aktualisierung vorgenommen.

Prüfen Schauen Sie sich zur Prüfung den Inhalt der Tabelle kunde vor und nach der Aktualisierung an.

Erneute Aktualisierung Nach dem Schließen der Aktionsabfrage inklusive Speichern können Sie sie per Doppelklick aus dem NAVIGATIONSBEREICH starten, wie dies bei den bisherigen Abfragen der Fall ist. Es erfolgt eine doppelte Rückfrage, ob Sie die Aktion vornehmen möchten. Jede Ausführung dieser Aktionsabfrage aktualisiert erneut Datensätze.

Rückgängig machen Kopieren Sie die Abfrage unter dem neuen Namen Aktualisieren, Kredit vermindern. Öffnen Sie die Kopie in der Entwurfsansicht und ändern Sie für das Feld kredit den Ausdruck auf [kredit]/1,1. Tragen Sie außerdem für das Feld bemerkung eine leere Zeichenkette ein, also nur zweimal Anführungszeichen. Auf diese Weise können Sie die vorgenommenen Aktualisierungen der Beispieldatensätze wieder rückgängig machen.

Gültigkeit Falls Sie für ein Feld einen Wert oder einen Ausdruck wählen, der die Gültigkeitsregel für das betreffende Feld verletzt, erfolgt eine Fehlermeldung. Der Ausdruck [kredit]*-1 würde aus einem positiven Wert einen negativen Wert für den Kreditbetrag erzeugen. Das wird nicht zugelassen.

6.10.2 Einen Datensatz anfügen

Pflichtfelder und Gültigkeit An einem einfachen Beispiel soll der Ablauf einer Anfügeabfrage gezeigt werden. Es wird eine Abfrage mit dem Namen Anfügen, neuer Kunde erstellt, mit der ein neuer Kunde hinzugefügt wird. Dabei muss darauf geachtet werden, dass gültige Inhalte zumindest für alle Pflichtfelder vorliegen.

Später wird noch eine Löschabfrage erstellt, die den Vorgang wieder rückgängig macht. Nach Benutzung beider Aktionsabfragen hat die Tabelle wieder ihren ursprünglichen Inhalt.

Eine Anfügeabfrage hat eine Quelle: »Woher stammen die Daten?« und ein Ziel: »Wohin gehen die Daten?«. Erstellen Sie eine neue Abfrage. Die neuen Werte dieser Anfügeabfrage stammen aus eigenen Eingaben und nicht aus einer vorhandenen Tabelle. Daher schließen Sie das Dialogfeld TABELLE ANZEIGEN, ohne eine Tabelle als Quelle auszuwählen. *Quelle und Ziel*

Betätigen Sie die Schaltfläche ENTWURF • ABFRAGETYP • ANFÜGEN. Damit ändern Sie den Typ der Abfrage. Es erscheint das Dialogfeld ANFÜGEN. Wählen Sie in der Liste TABELLENNAME den Eintrag KUNDE aus und schließen Sie das Dialogfeld mithilfe der Schaltfläche OK. Damit haben Sie das Ziel der Anfügeabfrage gewählt: die Tabelle kunde. *Abfragetyp ändern*

Im unteren Teil des Abfrageentwurfs erscheint die Zeile ANFÜGEN AN. Hier bestimmen Sie die Felder, in denen die neuen Werte erscheinen sollen. Wählen Sie für die ersten beiden Spalten die beiden Pflichtfelder aus, die keine Standardwerte besitzen: bezeichnung und ort. *Zeile »Anfügen an«*

Tragen Sie in der Zeile FELD die beiden nachfolgenden Ausdrücke ein: bezNeu: "Neue Bezeichnung" und ortNeu: "Neuer Ort", siehe Abbildung 6.121. Die Werte stellen die Inhalte des neuen Datensatzes dar. Die Ausdrucksnamen davor können Sie beliebig wählen. *Werte für neuen Datensatz*

Feld:	bezNeu: "Neue Bezeichnung"	ortNeu: "Neuer Ort"
Tabelle:		
Sortierung:		
Anfügen an:	bezeichnung	ort
Kriterien:		

Abbildung 6.121 Inhalt des neuen Datensatzes

Falls Sie die Schaltfläche ENTWURF • ERGEBNISSE • ANSICHT betätigen, dann wird noch kein Datensatz angefügt. Sie sehen zur Kontrolle die Inhalte des Datensatzes, der angefügt werden soll. *Nur Ansicht*

Falls Sie die Schaltfläche ENTWURF • ERGEBNISSE • AUSFÜHREN betätigen, dann fügen Sie tatsächlich einen neuen Datensatz an. Es erscheint eine Rückfrage mit der Anzahl der Datensätze, die angefügt werden sollen. Nach Bestätigung mithilfe der Schaltfläche JA werden sie angefügt. *Reale Ausführung*

| Prüfen | Schauen Sie sich zur Prüfung den Inhalt der Tabelle kunde vor und nach dem Anfügen an. Es wird darauf geachtet, dass gültige Inhalte zumindest für alle Pflichtfelder vorliegen. In den restlichen Feldern des Datensatzes finden Sie entweder keine Inhalte oder die Standardwerte. Natürlich können Sie auch für diese Felder eigene, gültige Werte vorgeben. Jede Ausführung dieser Aktionsabfrage fügt einen weiteren Datensatz an. |

6.10.3 Datensätze löschen

Als Beispiel für eine einfache Löschabfrage wird eine Abfrage mit dem Namen Löschen, neuer Kunde erstellt, die den Vorgang aus Abschnitt 6.10.2 wieder rückgängig macht. Nach Benutzung beider Aktionsabfragen hat die Tabelle wieder ihren ursprünglichen Inhalt.

Kriterien beachten	Achten Sie bei Löschabfragen besonders auf die Kriterien. Falls Sie gar keine eintragen, werden beim Ausführen alle Datensätze gelöscht!
Abfragetyp ändern	Erstellen Sie eine neue Abfrage, die auf der Tabelle kunde basiert. Betätigen Sie die Schaltfläche ENTWURF • ABFRAGETYP • LÖSCHEN. Damit ändern Sie den Typ der Abfrage. Im unteren Teil des Abfrageentwurfs erscheint die Zeile LÖSCHEN.
Zeile »Löschen«	Wählen Sie die beiden Felder für die Löschkriterien aus: bezeichnung und ort. Tragen Sie in der Zeile KRITERIEN die beiden nachfolgenden Werte ein: Neue Bezeichnung und Neuer Ort. In der Zeile LÖSCHEN bleibt es beim Standardwert BEDINGUNG, siehe Abbildung 6.122.

Feld:	bezeichnung	ort
Tabelle:	kunde	kunde
Löschen:	Bedingung	Bedingung
Kriterien:	"Neue Bezeichnung"	"Neuer Ort"
oder:		

Abbildung 6.122 Kriterien zum Löschen

| Nur Ansicht | Falls Sie die Schaltfläche ENTWURF • ERGEBNISSE • ANSICHT betätigen, wird noch kein Datensatz gelöscht. Sie sehen zur Kontrolle die Inhalte derjenigen Datensätze, die gelöscht werden sollen. |
| Reale Ausführung | Falls Sie die Schaltfläche ENTWURF • ERGEBNISSE • AUSFÜHREN betätigen, löschen Sie tatsächlich Datensätze. Es erscheint eine Rückfrage mit der Anzahl der Datensätze, die gelöscht werden sollen. Nach Bestätigung mithilfe der Schaltfläche JA werden sie gelöscht. |

Schauen Sie sich zur Prüfung den Inhalt der Tabelle kunde vor und nach dem Löschen an. Jede Ausführung dieser Aktionsabfrage versucht erneut, Datensätze zu löschen.	Prüfen

6.10.4 Mehrere Datensätze anfügen

Mithilfe einer Anfügeabfrage sollen bestimmte Kunden in einer zweiten Tabelle archiviert werden. Es wird eine Abfrage mit dem Namen Anfügen, Kunden archivieren erstellt.

Zuvor muss allerdings gesichert sein, dass das Ziel der Aktionsabfrage existiert. In diesem Falle handelt es sich um die Tabelle kundeArchiv. Sie hat dieselbe Struktur wie die Tabelle kunde, allerdings beinhaltet sie noch keine Daten. Sie erzeugen diese Tabelle, indem Sie das Tabellenobjekt kunde kopieren. Im Dialogfeld TABELLE EINFÜGEN ALS geben Sie den neuen Namen an und wählen die Option NUR STRUKTUR, siehe Abbildung 6.123.	Objekt kopieren

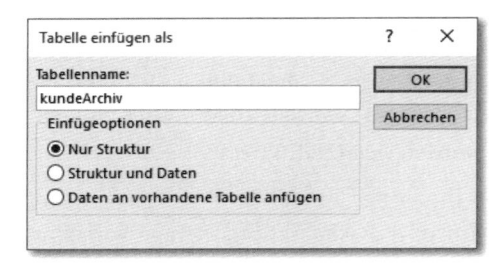

Abbildung 6.123 Erzeugung der Tabelle »kundeArchiv«

Erstellen Sie eine neue Abfrage. Im Dialogfeld TABELLE ANZEIGEN wählen Sie die die Tabelle kunde als Quelle der Anfügeabfrage aus.	Neue Abfrage erstellen
Ändern Sie den Typ der Abfrage zu ANFÜGEN. Im Dialogfeld ANFÜGEN wählen Sie in der Liste TABELLENNAME das Ziel der Anfügeabfrage aus: die Tabelle kundeArchiv.	Abfragetyp ändern
In der ersten Spalte des Abfrageentwurfs fügen Sie das *Feld* * aus der Tabelle kunde ein. In der Zeile ANFÜGEN AN erscheint automatisch der Eintrag kundeArchiv.*. Mit diesem Eintrag sorgen Sie dafür, dass die Inhalte aller Felder aus der Tabelle kunde in die entsprechenden Felder der Tabelle kundeArchiv übernommen werden.	Zeile »Anfügen an«

In der zweiten Spalte fügen Sie das Feld land ein. Tragen Sie als Kriterium den Wert Deutschland ein. Auf diese Weise werden nur die Datensätze der Kunden aus Deutschland archiviert.

6 Abfragen

Feld nicht doppelt ändern
Löschen Sie den automatisch eingefügten Namen des Felds land aus der Zeile ANFÜGEN AN, siehe Abbildung 6.124. Das Feld land soll nur als Kriterium dienen. Ansonsten erscheint eine Fehlermeldung, weil Sie versuchen, dem Feld land der Tabelle kundeArchiv, das ja bereits mithilfe des Zeichens * innerhalb aller Felder erfasst wurde, zwei verschiedene Daten hinzuzufügen.

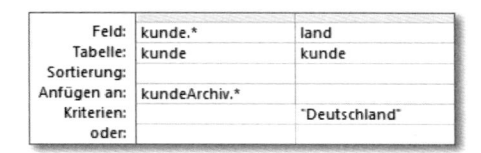

Feld:	kunde.*	land
Tabelle:	kunde	kunde
Sortierung:		
Anfügen an:	kundeArchiv.*	
Kriterien:		"Deutschland"
oder:		

Abbildung 6.124 Felder und Kriterium für Anfügeabfrage

Nur Ansicht
Falls Sie die Schaltfläche ENTWURF • ERGEBNISSE • ANSICHT betätigen, wird noch kein Datensatz angefügt. Sie sehen zur Kontrolle die Inhalte der Datensätze, die angefügt werden sollen.

Reale Ausführung
Falls Sie die Schaltfläche ENTWURF • ERGEBNISSE • AUSFÜHREN betätigen, dann fügen Sie tatsächlich neue Datensätze an. Es erscheint eine Rückfrage mit der Anzahl der Datensätze, die angefügt werden sollen. Nach Bestätigung mithilfe der Schaltfläche JA werden sie angefügt.

Prüfen
Schauen Sie sich zur Prüfung den Inhalt der Tabelle kundeArchiv vor und nach dem Anfügen an. Jede Ausführung dieser Aktionsabfrage versucht, weitere Datensätze anzufügen.

Eindeutiges Feld »kundeID«
Dabei werden jedes Mal nur die neuen Datensätze mit Kunden aus Deutschland hinzugefügt, die in der Zwischenzeit zur Tabelle kunde hinzugekommen sind. Das liegt daran, dass bei dieser Aktionsabfrage auch die Inhalte des eindeutigen Felds kundeID übernommen werden. Die bereits archivierten Datensätze werden nicht noch einmal übernommen, da es bereits Datensätze mit denselben Inhalten im Feld kundeID gibt.

Kapitel 7
Ansichten

Sie können die verschiedenen Objekte Ihrer Datenbanken in unterschiedlichen Ansichten betrachten beziehungsweise bearbeiten. Viele Ansichten wurden bereits im Laufe der Entwicklung der umfangreichen Beispiele vorgestellt. An dieser Stelle finden Sie noch einmal eine Zusammenfassung mit Erläuterungen.

Mit einer Ausnahme (siehe Abschnitt 7.4.3) können Sie zwischen den Ansichten der Objekte immer über die Schaltfläche START • ANSICHTEN • ANSICHT hin- und herwechseln.

Ansicht wechseln

7.1 Tabellen

Tabellen können in der Datenblattansicht und in der Entwurfsansicht betrachtet beziehungsweise bearbeitet werden.

7.1.1 Datenblattansicht

In der Datenblattansicht werden die eigentlichen Inhalte der Datenbank in einzelnen Datensätzen dargestellt. Links neben den Datensätzen kann es eine weitere Spalte geben, in der Pluszeichen erscheinen. Nach dem Klicken auf eines der Pluszeichen wird eine Untertabelle mit den zugehörigen Datensätzen einer untergeordneten Tabelle aufgeklappt.

In dieser Ansicht können neue Datensätze hinzugefügt werden. Die Datensätze können verändert und gelöscht werden. Dabei mangelt es allerdings an Komfort und einigen Kontrollmöglichkeiten. Daher empfehle ich, zur Bearbeitung der Datensätze das zugehörige Formular zu nutzen. Eine einfache Filterung oder Sortierung von Datensätzen ist ebenfalls möglich. Sie sollten zu diesem Zweck aber besser Abfragen nutzen, siehe Abschnitt 4.6.2.

7.1.2 Entwurfsansicht

In der Entwurfsansicht werden alle Felder einer Tabelle mit ihren jeweiligen Namen, Datentypen und Eigenschaften dargestellt. Es können neue Felder hinzugefügt werden. Die Felder können verändert und gelöscht werden. Außerdem können Sie die Indizes einer Tabelle bearbeiten.

Es gilt immer der Grundsatz: Struktur vor Daten. Falls sich bereits Daten in einer Tabelle befinden, sollte eine nachträgliche Änderung der Struktur mit großer Umsicht vorgenommen werden. Sie kann sehr negative Auswirkungen haben.

7.2 Abfragen

Abfragen können in der Entwurfsansicht, in der Datenblattansicht und in der SQL-Ansicht betrachtet beziehungsweise bearbeitet werden.

7.2.1 Entwurfsansicht

In der Entwurfsansicht erstellen und verändern Sie die Abfrage. Sie wählen Tabellen und Felder aus, gestalten die Filterkriterien, stellen die Sortierung ein, entwerfen Berechnungen, nutzen integrierte Funktionen und gruppieren die Daten.

Bei der Gestaltung von Listenfeldern, Kombinationsfeldern und Unterformularen nutzen Sie häufig den Abfrage-Generator. Er bietet Ihnen eine Entwurfsansicht für die Zusammenstellung der Daten, die in dem jeweiligen Steuerelement dargestellt werden.

7.2.2 Datenblattansicht

Das Ergebnis einer Abfrage wird in der Datenblattansicht dargestellt. Dabei handelt es sich um diejenigen Daten, die momentan den Kriterien der Abfrage genügen, und zwar in der gewünschten Sortierung, mit den ausgewählten Feldern. Das Ergebnis kann exportiert werden, siehe Abschnitt 8.2.

Viele Ergebnisdaten könnten in dieser Ansicht geändert werden. Da meist nur ein Teil der Daten sichtbar ist und Komfort und einige Kontrollmöglichkeiten fehlen, sollten Sie dies aber besser in den geeigneten Formularen durchführen.

7.2.3 SQL-Ansicht

In der SQL-Ansicht sehen Sie den SQL-Code der Abfrage. Sie können ihn zum Beispiel als Hilfe zur Erstellung von SQL-Abfragen innerhalb von VBA-Programmen nutzen, siehe Abschnitt 11.7.

SQL-Abfragen

7.3 Formulare

Formulare können in der Entwurfsansicht, in der Formularansicht, in der Layoutansicht und in der Datenblattansicht betrachtet beziehungsweise bearbeitet werden.

7.3.1 Entwurfsansicht

In der Entwurfsansicht erstellen und verändern Sie das Formular. Sie wählen die Tabellen und Felder aus, die dem Benutzer zur Eingabe und Pflege der Daten zur Verfügung gestellt werden. Sie verbinden die Felder mit Steuerelementen, wie zum Beispiel Textfeldern und Kontrollkästchen.

Formulare entwerfen

Listenfelder, Kombinationsfelder und Unterformulare geben den Benutzern weitere Möglichkeiten zur Auswahl und Bearbeitung der Daten. Beschriftungen und gesperrte Felder liefern zusätzliche Informationen auch mithilfe von berechneten Werten.

Eine ausführliche Beschreibung des Entwurfs von Formularen finden Sie in Abschnitt 4.7 und in Abschnitt 5.5.

7.3.2 Formularansicht

Die Formularansicht dient zur komfortablen Bearbeitung der eigentlichen Inhalte der Datenbank durch den Benutzer. Es können neue Datensätze hinzugefügt werden. Die Datensätze können verändert und gelöscht werden. Die Anzahl der Fehleingaben des Benutzers wird dank zahlreicher Kontrollmöglichkeiten gemindert.

Komfortabel und kontrolliert

7.3.3 Layoutansicht

Die Layoutansicht stellt eine Mischung aus Entwurfs- und Formularansicht dar. Sie sehen die Anordnung einzelner Beispieldatensätze im Formular.

Dies gibt Ihnen die Möglichkeit, das Formular aus der Sicht des Benutzers zu gestalten.

7.3.4 Datenblattansicht

Die Datenblattansicht ähnelt der gleichnamigen Ansicht einer Tabelle. Sie sehen mehrere Datensätze auf einmal.

7.4 Berichte

Berichte können in der Entwurfsansicht, in der Berichtsansicht, in der Seitenansicht und in der Layoutansicht betrachtet beziehungsweise bearbeitet werden.

7.4.1 Entwurfsansicht

Berichte entwerfen In der Entwurfsansicht erstellen und verändern Sie den Bericht. Sie wählen die Tabellen und Felder aus, die dem Benutzer zur Ausgabe der Daten zur Verfügung gestellt werden. Sie verbinden die Felder mit Steuerelementen. Sie sortieren die Daten und gruppieren sie in thematisch zusammengehörigen Einheiten. Zusätzlich führen Sie Berechnungen durch, fassen Daten zusammen und stellen die Ergebnisse übersichtlich dar.

Eine ausführliche Beschreibung des Entwurfs von Berichten finden Sie in Abschnitt 4.8 und Abschnitt 5.6.

7.4.2 Berichtsansicht

In der Berichtsansicht sehen Sie die Ergebnisse Ihres Berichtsentwurfs. Die sortierten und gruppierten Daten werden zur Kontrolle zusammen mit den berechneten Ergebnissen dargestellt.

7.4.3 Seitenansicht

Vorbereitung zum Druck In der Seitenansicht wird der Bericht wie auf einer gedruckten Seite dargestellt. Hier können Sie Druckoptionen einstellen und anschließend den Bericht drucken. Außerdem können Sie ihn als PDF-Datei ausgeben. Die Rückkehr zur vorherigen Ansicht gelingt nur über die Schaltfläche SEITEN-

ANSICHT SCHLIESSEN und nicht über die übliche Schaltfläche, die zum Wechsel zwischen den Ansichten genutzt wird.

7.4.4 Layoutansicht

Die Layoutansicht stellt eine Mischung aus Entwurfs- und Berichtsansicht dar. Sie sehen die Anordnung einzelner Beispieldatensätze im Bericht. Dies gibt Ihnen die Möglichkeit, den Bericht aus der Sicht des Benutzers zu gestalten.

Kapitel 8
Externe Daten

Häufig liegen bereits Daten aus externen Dateien in einem anderen Format vor, die Sie nicht Zeile für Zeile in eine neue MS Access-Tabelle eintragen möchten. Es kann auch vorkommen, dass Sie bestimmte Daten aus Ihrer MS Access-Datenbank in einer externen Datei in einem anderen Format zur Verfügung haben möchten. MS Access bietet mehrere Möglichkeiten, Daten zu importieren und zu exportieren.

Motivation

Bei einem externen Import oder Export haben Sie zusätzlich die Möglichkeit, die einzelnen Schritte zu speichern. Dies vereinfacht einen späteren, erneuten Import oder Export von oder zu derselben Quelle mit gegebenenfalls geänderten Daten.

Im- und Export speichern

Bei einem Im- oder Export dient immer das Verzeichnis *Eigene Dokumente* als Startverzeichnis. Es kann mithilfe der Schaltfläche DURCHSUCHEN geändert werden.

Startverzeichnis

8.1 Importieren und Verknüpfen

Sie können Daten aus externen Quellen in Ihre Datenbank importieren oder diese externe Quelle mit Ihrer Datenbank verknüpfen. Falls es sich nicht um Daten aus einer anderen MS Access-Datenbank handelt, dann ist ein Import einer Verknüpfung vorzuziehen, da nicht in jedem Fall gewährleistet werden kann, dass eine Änderung an den externen Daten ohne Verluste in Ihrer Datenbank »ankommt«.

8.1.1 Import einer MS Excel-Tabelle

Sie können Daten aus einer MS Excel-Datei als Tabelle in Ihre Datenbank importieren. Gehen Sie dazu wie folgt vor:

- Betätigen Sie die Schaltfläche EXTERNE DATEN • IMPORTIEREN UND VERKNÜPFEN • EXCEL.

Datei auswählen	▶ Wählen Sie mithilfe der Schaltfläche DURCHSUCHEN eine bestimmte MS Excel-Datei aus.
Neue Tabelle	▶ Markieren Sie die Option IMPORTIEREN SIE DIE QUELLDATEN IN EINE NEUE TABELLE IN DER AKTUELLEN DATENBANK. Bei Bedarf können Sie diese neue Tabelle später innerhalb von MS Access mit einer vorhandenen Tabelle verbinden. Erfahrungsgemäß entstehen dabei weniger Probleme als bei einem direkten Import aus MS Excel in eine vorhandene Tabelle.
Nach Spalten getrennt	▶ Falls in der Datei mehrere Arbeitsblätter oder mehrere benannte Bereiche vorliegen, dann haben Sie im oberen Bereich des ersten Dialogfelds des IMPORT-ASSISTENT FÜR KALKULATIONSTABELLEN die Möglichkeit, eine Auswahl zu treffen. Im unteren Bereich sehen Sie, dass die Daten bereits nach den Spalten der MS Excel-Tabelle getrennt sind.
Spaltenüberschriften	▶ Sollte die erste Zeile der MS Excel-Tabelle Spaltenüberschriften enthalten, so können Sie dies durch die entsprechende Markierung im oberen Bereich des nächsten Dialogfelds bestätigen. Diese Überschriften werden dann als Feldnamen statt als Daten übernommen. Mithilfe der horizontalen Bildlaufleiste können Sie auch die aktuell nicht sichtbaren Spalten erreichen.
Feldeigenschaften	▶ Im nächsten Dialogfeld können Sie die voreingestellten Eigenschaften der einzelnen Felder gegebenenfalls verändern, nachdem Sie die entsprechende Spalte markiert haben. Dies wurde in Abbildung 8.1 für das Feld rabatt vorgenommen. Stellen Sie den Feldnamen, den Datentyp und die Art des Index für jedes Feld einzeln ein oder schließen Sie das betreffende Feld und seine Daten vom Import aus.

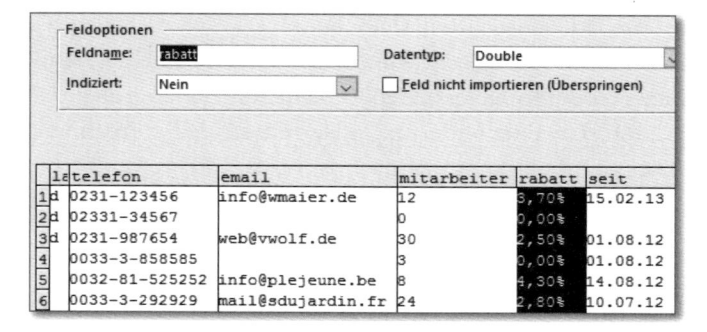

Abbildung 8.1 Markierung und Einstellungen für das Feld »rabatt«

Primärschlüssel	▶ Entscheiden Sie im nächsten Dialogfeld, ob die Tabelle einen Primärschlüssel benötigt. Falls ja, dann markieren Sie die Option EIGENEN PRI-

MÄRSCHLÜSSEL AUSWÄHLEN und wählen Sie das betreffende Feld aus. Falls nein, dann markieren Sie die Option KEIN PRIMÄRSCHLÜSSEL.

▶ Bestätigen Sie im nächsten Dialogfeld den Namen der neuen Tabelle oder ändern Sie ihn gegebenenfalls. *Name der Tabelle*

8.1.2 Import aus einer MS Access-Datenbank

Sie können Objekte aus einer anderen MS Access-Datenbank (Tabellen, Abfragen, Formulare, Berichte, Makros und Module) im aktuellen Zustand in Ihre Datenbank importieren. Gehen Sie dazu wie folgt vor:

▶ Betätigen Sie die Schaltfläche EXTERNE DATEN • IMPORTIEREN UND VERKNÜPFEN • ACCESS.

▶ Wählen Sie mithilfe der Schaltfläche DURCHSUCHEN eine bestimmte MS Access-Datenbank aus. *Datenbank auswählen*

▶ Markieren Sie die Option IMPORTIEREN SIE TABELLEN, ABFRAGEN, FORMULARE, BERICHTE, MAKROS UND MODULE IN DIE AKTUELLE DATENBANK. *Import*

▶ Wählen Sie im Dialogfeld OBJEKTE IMPORTIEREN die Objektkategorie aus und markieren Sie ein oder mehrere Objekte. *Objekte auswählen*

▶ Über die Schaltfläche OPTIONEN können Sie eine Reihe von Importoptionen einblenden. Sie können zum Beispiel: *Optionen*

   – bei einer Tabelle zwischen den Optionen DEFINITIONEN UND DATEN und NUR DEFINITIONEN wählen
   – bei einer Abfrage entscheiden, ob der Entwurf als Abfrage oder das Ergebnis als Tabelle importiert werden soll
   – entscheiden, ob Beziehungen ebenfalls importiert werden sollen

8.1.3 Verknüpfen mit einer MS Access-Datenbank

Sie können eine Verknüpfung zu einer Tabelle aus einer anderen MS Access-Datenbank erstellen. Dann haben Sie immer Zugriff auf die dort vorhandenen aktuellen Daten. Gehen Sie dazu wie folgt vor:

▶ Betätigen Sie die Schaltfläche EXTERNE DATEN • IMPORTIEREN UND VERKNÜPFEN • ACCESS.

▶ Wählen Sie mithilfe der Schaltfläche DURCHSUCHEN eine bestimmte MS Access-Datenbank aus. *Datenbank auswählen*

Verknüpfung	▶ Markieren Sie die Option ERSTELLEN SIE EINE VERKNÜPFUNG ZUR DATENQUELLE, INDEM SIE EINE VERKNÜPFTE TABELLE ERSTELLEN.
Tabellen auswählen	▶ Wählen Sie im Dialogfeld TABELLEN VERKNÜPFEN eine oder mehrere Tabellen aus.
Pfeil	▶ Eine verknüpfte Tabelle ist im NAVIGATIONSBEREICH an einem Pfeil neben dem Tabellensymbol zu erkennen.

8.1.4 Import aus einer Textdatei im CSV-Format

Verbreitetes Format

Sie können Daten aus einer Textdatei, die im verbreiteten CSV-Format vorliegt, als Tabelle in Ihre Datenbank importieren. Eine solche Datei kann von vielen anderen Anwendungen erstellt werden. Sie enthält die reinen Daten und nur wenige Informationen über die Formatierung. Gehen Sie zum Import wie folgt vor:

▶ Betätigen Sie die Schaltfläche EXTERNE DATEN • IMPORTIEREN UND VERKNÜPFEN • TEXTDATEI.

Textdatei auswählen

▶ Wählen Sie mithilfe der Schaltfläche DURCHSUCHEN eine bestimmte Textdatei aus.

Neue Tabelle

▶ Markieren Sie die Option IMPORTIEREN SIE DIE QUELLDATEN IN EINE NEUE TABELLE IN DER AKTUELLEN DATENBANK. Bei Bedarf können Sie diese neue Tabelle später innerhalb von MS Access mit einer vorhandenen Tabelle verbinden. Erfahrungsgemäß entstehen dabei weniger Probleme als bei einem direkten Import aus einer Textdatei in eine vorhandene Tabelle.

Mit Trennzeichen

▶ Wählen Sie im oberen Bereich des ersten Dialogfelds des TEXTIMPORT-ASSISTENT die Option MIT TRENNZEICHEN ... Es wird dann erwartet, dass die Daten eines Datensatzes durch ein Trennzeichen getrennt sind, zum Beispiel durch ein Semikolon.

Feldnamen

▶ Sollte die erste Zeile der Textdatei die Feldnamen enthalten, so können Sie dies durch die entsprechende Markierung im oberen Bereich des nächsten Dialogfelds bestätigen. Die Daten aus der ersten Zeile werden dann als Feldnamen statt als Daten übernommen.

Trennzeichen auswählen

▶ Sie können ein Trennzeichen auswählen oder eingeben und den Textqualifizierer auswählen. Dabei handelt es sich um das Zeichen, mit dem Daten aus Textfeldern eingekleidet sind. Mithilfe der horizontalen Bildlaufleiste können Sie auch die aktuell nicht sichtbaren Spalten erreichen.

- Im nächsten Dialogfeld können Sie die voreingestellten Eigenschaften der einzelnen Felder gegebenenfalls verändern, nachdem Sie die entsprechende Spalte markiert haben. Dies wurde in Abbildung 8.2 für das Feld seit vorgenommen. Stellen Sie den Feldnamen, den Datentyp und die Art des Index für jedes Feld einzeln ein oder überspringen Sie das betreffende Feld und seine Daten beim Import.

    Feldeigenschaften

- Entscheiden Sie im nächsten Dialogfeld, ob die Tabelle einen Primärschlüssel benötigt. Falls ja, dann markieren Sie die Option EIGENEN PRIMARSCHLÜSSEL AUSWÄHLEN und wählen Sie das betreffende Feld aus. Falls nein, dann markieren Sie die Option KEIN PRIMÄRSCHLÜSSEL.

    Primärschlüssel

- Bestätigen Sie im nächsten Dialogfeld den Namen der neuen Tabelle oder ändern Sie ihn gegebenenfalls.

    Name der Tabelle

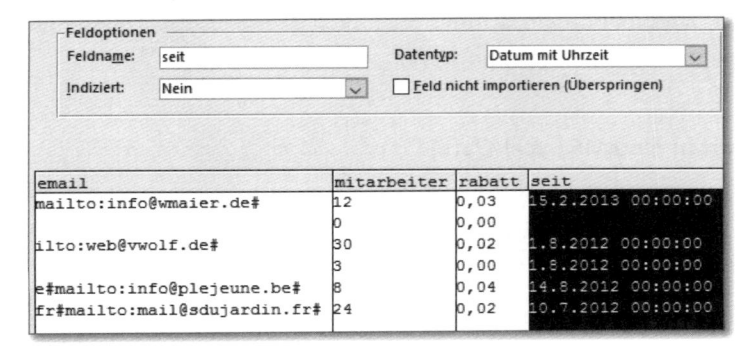

Abbildung 8.2 Markierung und Einstellungen für das Feld »seit«

8.1.5 Import aus einer XML-Datei

Sie können Daten aus einer XML-Datei als Tabelle in Ihre Datenbank importieren. Eine solche Datei kann von vielen anderen Anwendungen erstellt werden. Gehen Sie zum Import wie folgt vor:

Verbreitetes Format

- Betätigen Sie die Schaltfläche EXTERNE DATEN • IMPORTIEREN UND VERKNÜPFEN • XML-DATEI.
- Wählen Sie mithilfe der Schaltfläche DURCHSUCHEN eine bestimmte XML-Datei aus.

    XML-Datei auswählen

- Falls zusammen mit der XML-Datei eine XSD-Datei mit den Eigenschaften der Felder gespeichert wurde, ist dies in den Kopfzeilen der XML-Datei vermerkt. Sie können die XML-Datei zur Kontrolle mithilfe eines Texteditors öffnen. Die genannte XSD-Datei muss dann ebenfalls vorliegen und wird bei einem Import automatisch genutzt.

    Feldeigenschaften

Struktur und Daten	▶ Im Dialogfeld XML-IMPORT wählen Sie aus: STRUKTUR UND DATEN. Anschließend wird eine neue Tabelle mit dem Namen der XML-Datei erstellt. Sollte es eine Tabelle mit diesem Namen bereits geben, dann wird der Name der neuen Tabelle um die Ziffer 1 ergänzt.
XSD-Datei	▶ Falls eine XSD-Datei vorgelegen hat, liegen auch alle Eigenschaften der Felder vor. Ansonsten haben alle Felder den Datentyp Kurzer Text und keine besonderen Eigenschaften.

8.2 Exportieren

Ausgewählte Daten — Sie können die Daten aus den Tabellen Ihrer MS Access-Datenbank im aktuellen Zustand in unterschiedlichen Formaten exportieren. Falls Sie nur ausgewählte Daten benötigen, können Sie eine passende Abfrage erstellen und das Ergebnis der Abfrage exportieren.

8.2.1 Export in eine MS Excel-Datei

Sie können die Daten aus den Tabellen oder die Ergebnisse von Abfragen Ihrer Datenbank in eine MS Excel-Datei exportieren. Gehen Sie dazu wie folgt vor:

- ▶ Markieren Sie das betreffende Objekt im NAVIGATIONSBEREICH, zum Beispiel die Tabelle kunde aus der Datenbank *firma.accdb*.
- ▶ Betätigen Sie die Schaltfläche EXTERNE DATEN • EXPORTIEREN • EXCEL.

Endung xlsx — ▶ Neben dem Verzeichnis *Eigene Dokumente* sind bereits der Dateiname *kunde.xlsx* und das Format *xlsx* voreingestellt. Sie können bei Bedarf geändert werden.

Formatierung — ▶ Markieren Sie EXPORTIEREN VON DATEN MIT FORMATIERUNG UND LAYOUT. Das erspart Ihnen innerhalb der Excel-Tabelle viel Arbeit, da Zahlen mit und ohne Nachkommastellen, Zeitangaben und Hyperlinks richtig erkannt und auf die gleiche Weise wie im Original formatiert werden, siehe Abbildung 8.3.

- ▶ Markieren Sie ÖFFNEN DER ZIELDATEI NACH ABSCHLUSS DES EXPORTVORGANGS. So können Sie die exportierten Daten und Formate unmittelbar prüfen und gegebenenfalls ändern.

Prüfen — ▶ Nach Betätigung der Schaltfläche OK wird die MS Excel-Datei geöffnet, wie in Abbildung 8.3. Parallel dazu wird Ihnen in MS Access die Möglichkeit gegeben, die Exportschritte zu speichern.

F	G	H	I	J	K
email	mitarbeiter	rabatt	seit	kredit	news
info@wmaier.de	12	3,70%	15.02.13	2.200,00 €	WAHR
	0	0,00%		600,00 €	FALSCH
web@vwolf.de	30	2,50%	01.08.12	2.500,00 €	FALSCH
	3	0,00%	01.08.12	0,00 €	FALSCH
info@plejeune.be	8	4,30%	14.08.12	1.700,00 €	WAHR
mail@sdujardin.fr	24	2,80%	10.07.12	800,00 €	FALSCH

Abbildung 8.3 Export der Tabelle »kunde« in MS Excel, Ausschnitt rechts

8.2.2 Export in eine MS Access-Datenbank

Sie können Objekte Ihrer Datenbank (Tabellen, Abfragen, Formulare, Berichte, Makros und Module) in eine andere, vorhandene MS Access-Datenbank exportieren. Gehen Sie dazu wie folgt vor:

- Markieren Sie das betreffende Objekt im NAVIGATIONSBEREICH, zum Beispiel die Tabelle kunde aus der Datenbank *firma.accdb*.
- Betätigen Sie die Schaltfläche EXTERNE DATEN • EXPORTIEREN • ACCESS.
- Wählen Sie mithilfe der Schaltfläche DURCHSUCHEN eine bestimmte MS Access-Datenbank als Ziel aus. Datenbank auswählen
- Im Falle einer Tabelle haben Sie die Auswahl zwischen den beiden Optionen DEFINITIONEN UND DATEN und NUR DEFINITIONEN. Mit oder ohne Daten

8.2.3 Export in eine Textdatei im CSV-Format

Sie können die Daten aus den Tabellen oder die Ergebnisse von Abfragen aus Ihrer Datenbank in eine Textdatei im verbreiteten CSV-Format exportieren. Die reinen Daten bleiben erhalten, der größte Teil der Formatierung geht verloren. Eine solche Textdatei kann von vielen anderen Anwendungen gelesen werden. Gehen Sie dazu wie folgt vor: Verbreitetes Format

- Markieren Sie das betreffende Objekt im NAVIGATIONSBEREICH, zum Beispiel die Tabelle kunde aus der Datenbank *firma.accdb*.
- Betätigen Sie die Schaltfläche EXTERNE DATEN • EXPORTIEREN • TEXTDATEI.
- Neben dem Verzeichnis *Eigene Dokumente* ist bereits der Dateiname *kunde.txt* voreingestellt. Verzeichnis und Dateiname können bei Bedarf geändert werden. Endung txt
- Markieren Sie *nicht* EXPORTIEREN VON DATEN MIT FORMATIERUNG UND LAYOUT. Ohne Formatierung

Mit Trennzeichen	▶ Wählen Sie im oberen Bereich des ersten Dialogfelds des TEXTEXPORT-ASSISTENT die Option MIT TRENNZEICHEN … Die Daten eines Datensatzes werden dann durch ein Semikolon getrennt.
Trennzeichen auswählen	▶ Im nächsten Dialogfeld können Sie ein anderes Trennzeichen wählen. Die meisten anderen Anwendungen erkennen das voreingestellte Semikolon.
Weitere Optionen	▶ Falls in der anderen Anwendung die Feldnamen benötigt werden, dann sollten Sie die entsprechende Option markieren. Die Inhalte von Textfeldern werden standardmäßig in Anführungszeichen gekleidet. Dies wird von vielen anderen Anwendungen benötigt und ist in der Liste TEXTQUALIFIZIERER bereits voreingestellt, siehe Abbildung 8.4.

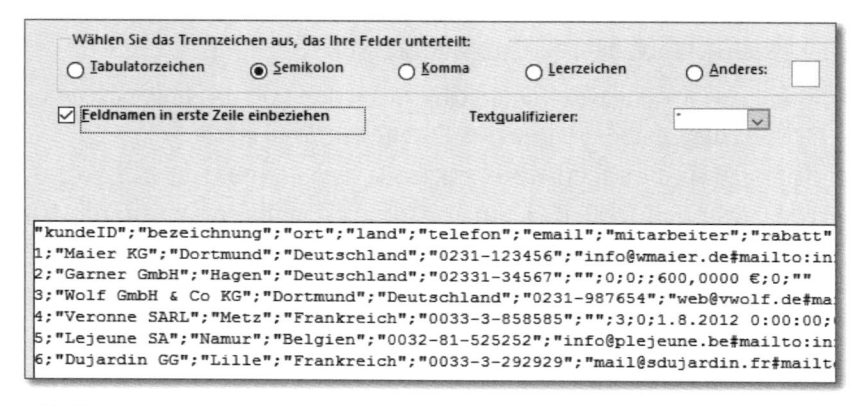

Abbildung 8.4 Tabelle »kunde« im Textexport-Assistent, Ausschnitt links

8.2.4 Export in eine XML-Datei

Verbreitetes Format	Sie können die Daten aus den Tabellen oder die Ergebnisse von Abfragen aus Ihrer Datenbank in eine XML-Datei exportieren. Eine solche Datei kann von vielen anderen Anwendungen gelesen werden. Gehen Sie dazu wie folgt vor:

▶ Markieren Sie das betreffende Objekt im NAVIGATIONSBEREICH, zum Beispiel die Tabelle kunde aus der Datenbank *firma.accdb*.

▶ Betätigen Sie die Schaltfläche EXTERNE DATEN • EXPORTIEREN • XML-DATEI.

Endung xml	▶ Neben dem Verzeichnis *Eigene Dokumente* ist bereits der Dateiname *kunde.xml* voreingestellt. Verzeichnis und Dateiname können bei Bedarf geändert werden.

- Markieren Sie die Option DATEN (XML). Falls Sie zusätzlich die Option SCHEMA DER DATEN (XSD) markieren, werden die detaillierten Eigenschaften der Felder zusätzlich in einer eigenen Datei gespeichert.
  Feldeigenschaften
- Es wird die Datei *kunde.xml* angelegt, gegebenenfalls zusätzlich die Datei *kunde.xsd*. Bei einem späteren Import wird entweder nur die einzelne Datei *kunde.xml* genutzt oder beide Dateien zusammen.

```
kunde.xml - Editor
Datei  Bearbeiten  Format  Ansicht  ?
<?xml version="1.0" encoding="UTF-8"?>
<dataroot xmlns:od="urn:schemas-microsoft-com:officedata"
    xmlns:xsi="http://www.w3.org/2001/XMLSchema-instance"
    xsi:noNamespaceSchemaLocation="kunde.xsd"
    generated="2015-09-10T12:32:20">
<kunde>
    <kundeID>1</kundeID>
    <bezeichnung>Maier KG</bezeichnung>
    <ort>Dortmund</ort>
    <land>Deutschland</land>
    <telefon>0231-123456</telefon>
    <email>info@wmaier.de#mailto:info@wmaier.de#</email>
    <mitarbeiter>12</mitarbeiter>
    <rabatt>0.037</rabatt>
    <seit>2013-02-15T00:00:00</seit>
    <kredit>2200</kredit>
    <news>1</news>
    <bemerkung></bemerkung>
</kunde>
<kunde>
    <kundeID>2</kundeID>
```

Abbildung 8.5 Export der Tabelle »kunde« als XML-Datei

In Abbildung 8.5 sehen Sie den Aufbau der XML-Datei im Windows-Editor Notepad. Zur Verdeutlichung wurden einige Einrückungen und Zeilenumbrüche vorgenommen, die die grundsätzliche XML-Struktur aber nicht verändern. In der vierten Zeile erkennen Sie den Verweis auf die Datei *kunde.xsd*.

Verweis auf XSD-Datei

8.2.5 Versenden als Anhang einer E-Mail

Sie können Objekte Ihrer Datenbank (Tabellen, Abfragen, Formulare, Berichte, Makros und Module) in unterschiedlichen Formaten als Anhang einer E-Mail versenden. Gehen Sie dazu wie folgt vor:

Objekt mailen

- Markieren Sie das betreffende Objekt im NAVIGATIONSBEREICH, zum Beispiel die Tabelle *kunde* aus der Datenbank *firma.accdb*.
- Betätigen Sie die Schaltfläche EXTERNE DATEN • EXPORTIEREN • E-MAIL.

Format auswählen
- Im Dialogfeld OBJEKT SENDEN ALS können Sie auswählen, in welches Format Ihre Daten für die Versendung umgewandelt werden sollen, zum Beispiel in das Format für eine MS Excel-Datei, für eine RTF-Datei oder in ein anderes Format.

Neue E-Mail
- Nach Betätigung der Schaltfläche OK wird eine neue E-Mail Ihres Standardprogramms für E-Mails erzeugt. Die zuvor entstandene Datei, zum Beispiel *kunde.xlsx* oder *kunde.rtf,* wird als Anhang eingefügt. Nach Vervollständigung mit *Empfänger, Betreff* und *Nachrichtentext* kann die E-Mail versendet werden.

8.2.6 Erstellen eines MS Word-Seriendokuments

Sie können die Daten aus den Tabellen oder die Ergebnisse von Abfragen Ihrer Datenbank mit einem Word-Dokument zu einem Seriendokument zusammenführen. Gehen Sie dazu wie folgt vor:

- Markieren Sie das betreffende Objekt im NAVIGATIONSBEREICH, zum Beispiel die Tabelle kunde aus der Datenbank *firma.accdb*.
- Betätigen Sie die Schaltfläche EXTERNE DATEN • EXPORTIEREN • WORD-SERIENDRUCK.

Seriendruck-Assistent
- Im ersten Dialogfeld des MICROSOFT WORD-SERIENDRUCK-ASSISTENT haben Sie zwei Möglichkeiten:
    - Sie können Ihre Daten mit einem vorhandenen MS Word-Dokument zusammenführen.
    - Sie können ein neues MS Word-Dokument erzeugen und Ihre Daten damit verbinden.

Word-Dokument bearbeiten
- In beiden Fällen öffnet sich MS Word. Nun können Sie ein Dokument bearbeiten, das normalen Text und Seriendruckfelder mit den Inhalten der Datensätze Ihrer Daten enthält. Die weitere Verarbeitung in MS Word wird an dieser Stelle nicht erläutert.

8.2.7 Export in eine RTF-Datei für MS Word

Rich Text Format
Sie können die Daten aus den Tabellen oder die Ergebnisse von Abfragen Ihrer Datenbank als Tabelle in eine RTF-Datei exportieren. RTF-Dateien können von MS Word und anderen Textverarbeitungsprogrammen gelesen werden. Die Abkürzung *RTF* steht für *Rich Text Format*.

Gehen Sie für einen Export wie folgt vor:

- Markieren Sie das betreffende Objekt im Navigationsbereich, zum Beispiel die Tabelle kunde aus der Datenbank *firma.accdb*.
- Betätigen Sie die Schaltfläche Externe Daten • Exportieren • Weitere Optionen • Word.
- Neben dem Verzeichnis *Eigene Dokumente* ist bereits der Dateiname *kunde.rtf* voreingestellt. Verzeichnis und Datei können bei Bedarf geändert werden.   **Endung rtf**
- Die Option Exportieren von Daten mit Formatierung und Layout ist bereits voreingestellt und kann nicht geändert werden. Zahlen mit und ohne Nachkommastellen, Zeitangaben und Hyperlinks werden so richtig erkannt und auf die gleiche Weise wie im Original formatiert. Es gibt eine Ausnahme: Falls eine Spalte als Hyperlink-Feld erkannt wird, werden fehlende Inhalte in dieser Spalte als Fehler angezeigt. An dieser Stelle müssen Sie in MS Word nacharbeiten.   **Mit Formatierung**
- Markieren Sie Öffnen der Zieldatei nach Abschluss des Exportvorgangs. So können Sie die exportierten Daten und Formate unmittelbar prüfen und gegebenenfalls ändern.
- Nach Betätigung der Schaltfläche OK wird MS Word mit der RTF-Datei geöffnet, wie in Abbildung 8.6. Über den Menüpunkt Datei • Speichern unter können Sie sie nun als MS Word-Datei mit der Endung *docx* speichern. Parallel dazu wird Ihnen in MS Access die Möglichkeit gegeben, die Exportschritte zu speichern.   **Prüfen**

email	mitarbeiter	rabatt	seit	kredit	news
info@wmaier.de	12	3,70%	15.02.13	2.200,00 €	Ja
	0	0,00%		600,00 €	Nein
web@vwolf.de	30	2,50%	01.08.12	2.500,00 €	Nein
	3	0,00%	01.08.12	0,00 €	Nein
info@plejeune.be	8	4,30%	14.08.12	1.700,00 €	Ja
mail@sdujardin.fr	24	2,80%	10.07.12	800,00 €	Nein

Abbildung 8.6 Export der Tabelle »kunde« in MS Word, Ausschnitt rechts

8.3 Gespeicherte Im- und Exporte

Bei den zuvor erläuterten Importen und Exporten von externen Daten haben Sie jeweils die Möglichkeit, die einzelnen Schritte zu speichern. Das können Sie für einen schnellen erneuten Import oder Export von oder zu derselben Quelle nutzen, sollten sich zwischenzeitlich die Daten geändert haben.

Importe Sie gelangen zu einem gespeicherten Import über die Schaltfläche EXTERNE DATEN • IMPORTIEREN • GESPEICHERTE IMPORTE. Wählen Sie einen der Einträge aus der Liste der gespeicherten Importe aus und betätigen Sie die Schaltfläche AUSFÜHREN.

Exporte Für die Exporte gelangen Sie zu einer vergleichbaren Liste über die Schaltfläche EXTERNE DATEN • EXPORTIEREN • GESPEICHERTE EXPORTE.

Kapitel 9
Assistenten und Vorlagen

MS Access bietet Assistenten zur Erstellung unterschiedlicher Objekte auf Basis von Vorlagen. Zudem stellt MS Access eine ganze Reihe von weiteren Vorlagen zur Verfügung. Bei den Vorlagen handelt es sich um vorgefertigte Elemente, die Ihnen gegebenenfalls viel Routinearbeit ersparen.

Ersparen von Routinearbeiten

9.1 Vor- und Nachteile von Vorlagen

Der Einsatz der Vorlagen setzt voraus, dass Sie bereits ein gewisses Verständnis für den Aufbau von Anwendungen und der darin befindlichen Objekte besitzen. Dies ist erst aufgrund der Inhalte der vergangenen Kapitel gegeben. Mit diesem Wissen können Sie dann die Elemente, die auf Basis der Vorlagen entstanden sind, innerhalb ihrer Anwendungen einsetzen und an die individuellen Anforderungen anpassen.

Verständnis wird vorausgesetzt

Anders ausgedrückt: Sie können *nicht* einfach MS Office installieren, ohne jegliche Vorkenntnisse MS Access öffnen, eine der Vorlagen nehmen und dann annehmen, dass Ihren Benutzern anschließend eine fertige Anwendung zur Verfügung steht, die genau den Anforderungen entspricht und um die Sie sich nie mehr kümmern müssen.

Sie haben bereits den STEUERELEMENT-ASSISTENT kennengelernt, mit dessen Hilfe Sie Listen- und Kombinationsfelder sowie Unterformulare erstellt haben. In diesem Kapitel werden weitere Assistenten und einige Vorlagen beschrieben. Dies umfasst:

- Assistenten für Abfragen, Formulare und Berichte
- Vorlagen für ganze Datenbanken, mit Tabellen, Beziehungen, Abfragen, Formularen und Berichten
- Vorlagen für Tabellen, teilweise mit dazu passenden Formularen und Berichten
- Vorlagen für Formulare und Berichte

Assistenten und Vorlagen

| Prüfen und anpassen | Nach Fertigstellung der Elemente auf Basis der Vorlagen sollten Sie zunächst den Aufbau der einzelnen Objekte untersuchen. Zum einen werden Ihnen damit weitere Beispiele zum Aufbau der eigenen Objekte geboten. Zum anderen können Sie entscheiden, welche Elemente Sie übernehmen können und welche Teile Sie individuell anpassen möchten.

9.2 Vorlagen für vollständige Datenbanken

Sie können eine vollständige neue Datenbank aus einer Vorlage erzeugen. Sie beinhaltet Tabellen, Beziehungen, Abfragen, Formulare und Berichte. Die Erstellung und Nutzung einer solchen Datenbank wird in diesem Abschnitt an einem Beispiel beschrieben.

9.2.1 Erstellung der Datenbank

Die Erstellung einer Datenbank aus einer Vorlage geht wie folgt:

▶ Öffnen Sie MS Access.

▶ Auf der rechten Seite sehen Sie das Symbol LEERE DESKTOPDATENBANK, womit Sie bisher neue Datenbanken erstellt haben.

| Vorlage auswählen | ▶ Klicken Sie auf eines der gewünschten Symbole daneben oder darunter, zum Beispiel auf das Symbol PROJEKTE. Diese Vorlage dient zur Organisation von Projekten, die mehrere Aufgaben umfassen können, und des dazugehörigen Personals.

| Namen festlegen | ▶ Es öffnet sich ein Dialogfeld, in dem die Vorlage kurz beschrieben wird. Sie können einen Datenbanknamen eingeben, zum Beispiel *projekte* (ohne Endung), und die Schaltfläche ERSTELLEN betätigen.

| Template laden | ▶ Es wird eine Vorlagendatei vom Typ *.accdt* heruntergeladen, in diesem Falle *projekte.accdt* mit einer Größe von ca. 600 KB. Der Buchstabe t in der Dateiendung steht für Template (dt.: Vorlage).

| Datenbank öffnen | ▶ Die Vorlagendatei wird anschließend automatisch geöffnet. Ihnen steht nun die Datenbankdatei *projekte.accdb* zur Bearbeitung zur Verfügung. Es wird das Startformular Projektliste angezeigt.

| Inhalt aktivieren | Sie müssen zunächst die Schaltfläche INHALT AKTIVIEREN betätigen, da es sich um eine Datei aus einer fremden Quelle handelt. Mehr zum Thema Sicherheit finden Sie in Abschnitt 11.1.

9.2.2 Nutzung der Datenbank

Öffnen Sie die BEZIEHUNGSANSICHT. Überprüfen Sie mithilfe der Schaltfläche ENTWURF • BEZIEHUNGEN • TABELLE ANZEIGEN, dass alle Tabellen der Datenbank angezeigt werden. Verschieben Sie sie, so dass eine übersichtliche Anzeige wie in Abbildung 9.1 entsteht.

Beziehungsansicht

Gegebenenfalls erscheinen neben den eigentlichen Tabellen der Datenbank noch einige Systemtabellen. Sie erkennen sie daran, dass ihr Name mit `MSys` beginnt. Diese Tabellen benötigen Sie nicht, daher können Sie sie aus der Anzeige löschen.

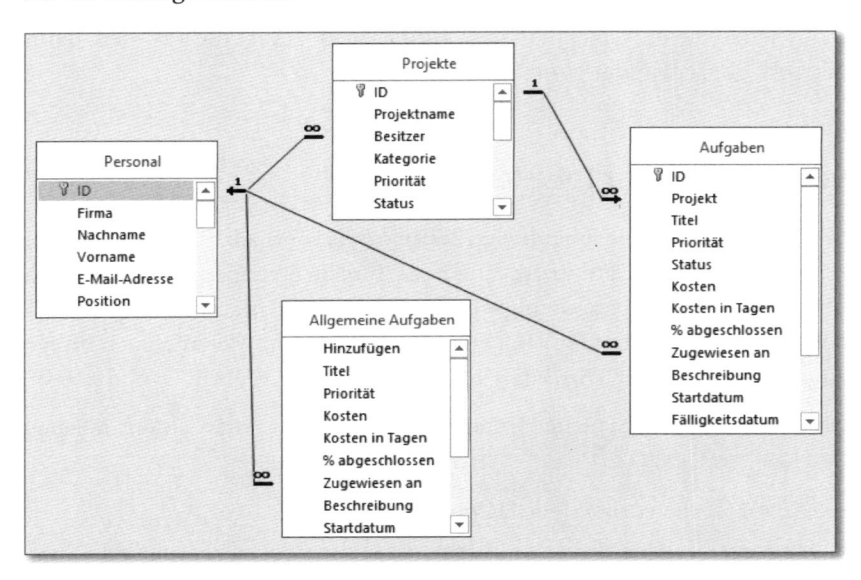

Abbildung 9.1 Datenbank aus Vorlage

In der Tabelle `Personal` sind die einzelnen Mitarbeiter eingetragen:

Mitarbeiter

- Einem Mitarbeiter können mehrere allgemeine, nicht projektgebundene Aufgaben aus der Tabelle `Allgemeine Aufgaben` zugewiesen werden. Dies wird durch die *1:n-Beziehung* zwischen den Tabellen `Personal` und `Allgemeine Aufgaben` ermöglicht.
- Ein Mitarbeiter kann der Besitzer eines Projekts sein, also der Projektleiter. Diesen Zusammenhang sehen Sie anhand der *1:n-Beziehung* zwischen den Tabellen `Personal` und `Projekte`.

Projekte Ein Projekt kann aus mehreren Aufgaben bestehen:

- Jede Aufgabe innerhalb eines Projekts ist einem Mitarbeiter zugewiesen. Ein Mitarbeiter kann an mehreren Aufgaben innerhalb verschiedener Projekte arbeiten.
- Dies wird durch die *m:n-Beziehung* zwischen den Tabellen Personal und Projekte mit der Zwischentabelle Aufgaben ermöglicht.

Die Objekte sind im NAVIGATIONSBEREICH in benutzerdefinierten Gruppen zusammengefasst. Klappen Sie die Liste am oberen Rand des NAVIGATIONSBEREICHS auf und klicken Sie einmal auf den Eintrag OBJEKTTYP. Dann sehen Sie die Objekte in gewohnter Form: zuerst die Tabellen, dann die Abfragen, Formulare und Berichte.

9.3 Vorlagen für Tabellen

Mithilfe einer Vorlage für Tabellen können Sie innerhalb einer eigenen, bereits vorhandenen Datenbank eine neue Tabelle erzeugen. Sie können sie unmittelbar bei der Erzeugung – oder auch später – mit einer der vorhandenen Tabellen verbinden. Teilweise beinhaltet eine Vorlage auch einige zugehörige Abfragen, Formulare und Berichte.

Tabelle erzeugen Die Erstellung einer solchen Tabelle wird nachfolgend an einem Beispiel beschrieben:

- Öffnen Sie die vorhandene Datenbank.
- Markieren Sie im NAVIGATIONSBEREICH eine der vorhandenen Tabellen, falls Sie sie mit der neuen Tabelle verbinden möchten.

Anwendungsparts
- Betätigen Sie die Schaltfläche ERSTELLEN • VORLAGEN • ANWENDUNGSPARTS. Es klappt eine Liste mit einer Reihe von Vorlagen auf. Wählen Sie eine der Vorlagen aus dem Bereich SCHNELLSTART, zum Beispiel KONTAKTE. Diese Tabelle bietet eine ganze Reihe von Feldern unterschiedlichen Typs, in denen Informationen zu Ihren Kontakten gespeichert werden können.
- Falls eine der vorhandenen Tabellen markiert war, können Sie nun eine Beziehung zu der neuen Tabelle erstellen.

Tabelle, Formulare und Berichte Anschließend erscheint die neue Tabelle Kontakte zusammen mit einer Abfrage und einigen Formularen und Berichten. Zur besseren Übersicht empfehle ich Folgendes: Klappen Sie die Liste am oberen Rand des NAVIgationsbereichs auf und klicken Sie einmal auf den Eintrag ERSTELLT AM. Dann stehen die soeben neu erzeugten Objekte oben, wie in Abbildung 9.2.

Heute
▦ Kontakte
▦ KontakteErweitert
▦ KontaktDB
▦ Kontaktdetails
▦ Kontaktliste
▪ Beschriftung
▪ Kontaktadressbuch
▪ Kontakttelefonbuch
▪ Kontaktliste

Abbildung 9.2 Tabelle und dazugehörige Objekte aus Vorlage

9.4 Assistenten für Abfragen

Mithilfe der Schaltfläche ERSTELLEN • ABFRAGEN • ABFRAGE-ASSISTENT rufen Sie ein Dialogfeld auf. Darin haben Sie die Möglichkeit zur Auswahl eines Assistenten für vier verschiedene Abfragetypen.

In den beiden unteren Einträgen sehen Sie die Abfrage-Assistenten zur *Duplikatsuche* und die *Inkonsistenzsuche*. Diese beiden Suchvorgänge werden als Werkzeuge zur Optimierung Ihrer Datenbank in Abschnitt 10.1.3 und Abschnitt 10.1.4 erläutert.

Werkzeuge zur Optimierung

9.4.1 Auswahlabfrage-Assistent

Innerhalb des AUSWAHLABFRAGE-ASSISTENT können Sie eine oder mehrere Tabellen oder Abfragen auswählen, auf denen die Abfrage basiert. Sie können nur die Felder und ihre Reihenfolge im Ergebnis der Abfrage auswählen, aber keine Filter oder Sortierungen einstellen. Die Beispieltabellen in diesem Abschnitt stammen aus der Datenbank *handel.accdb*.

Ohne Filter und Sortierungen

Am Ende der Erstellung kann der Name der Abfrage geändert werden. Anschließend wird sie unter dem gegebenen Namen gespeichert.

Eine Tabelle

Tabellen und Felder auswählen

Wählen Sie die Tabelle kunde aus. Verschieben Sie die Felder, die in der Abfrage angezeigt werden sollen, auf die rechte Seite. Die Reihenfolge der Verschiebung legt die Reihenfolge im Ergebnis der Abfrage fest.

Zwei Tabellen, Details

Die Abfrage soll Details aus zwei Tabellen anzeigen. Wählen Sie die Tabelle bestellung aus und verschieben Sie nacheinander die Felder kundeID, bestellungID und datum auf die rechte Seite. Wählen Sie nun die Tabelle bestellposten aus und verschieben Sie nacheinander die Felder artikelID und menge auf die rechte Seite.

Mehrfache Daten

Markieren Sie die Option DETAIL. Im Ergebnis der Abfrage sehen Sie alle Datensätze der untergeordneten Tabelle bestellposten. Die jeweils zugehörigen Daten der übergeordneten Tabelle bestellung erscheinen mehrfach, zu jedem Datensatz aus der Tabelle bestellposten.

Zwei Tabellen, Zusammenfassung

Die Abfrage soll zusammengefasste Daten aus zwei Tabellen anzeigen. Wählen Sie die Tabelle bestellung aus und verschieben Sie nacheinander die Felder kundeID, bestellungID und datum auf die rechte Seite. Wählen Sie nun die Tabelle bestellposten aus und verschieben Sie das Feld menge auf die rechte Seite.

Gruppierungsfunktionen

Markieren Sie die Option ZUSAMMENFASSUNG. Nach Betätigung der Schaltfläche ZUSAMMENFASSUNGSOPTIONEN können Sie eine oder mehrere Gruppierungsfunktionen auswählen, zum Beispiel nur die Funktion SUMME. Im Ergebnis der Abfrage sehen Sie alle Datensätze der übergeordneten Tabelle bestellung. Die Daten der untergeordneten Tabelle bestellposten werden nach der ausgewählten Gruppierungsfunktion zusammengefasst.

9.4.2 Kreuztabellenabfrage-Assistent

Sie möchten eine Übersicht darüber haben, welche Kunden welche Artikel bestellt haben. Zu diesem Zweck können Sie eine Kreuztabellenabfrage erstellen. Das Ergebnis sehen Sie in Abbildung 9.3.

In den ersten drei Spalten stehen die *Zeilenüberschriften*: die Daten eines Kunden. In den nachfolgenden Spalten stehen die *Spaltenüberschriften*: die IDs der Artikel.

Zeilen- und Spaltenüberschriften

An den Kreuzungspunkten stehen die berechneten *Werte*: die Summen über die bestellten Mengen des betreffenden Kunden. Ein Beispiel: Der Kunde mit der ID 17 hat bisher insgesamt 9 Stück des Artikels mit der ID 25 bestellt.

Berechnete Werte

kundeID	bezeichnung	adresse	22	23	24	25	26	27	29	30	31
13	Seifert	Dortmund	1	2	3	4				12	
17	Seifert	Bochum	1		3	9	6		8		10
20	Kremer	Bonn	1			6	3	6	10		
21	Ahrens	Bochum					6				

Abbildung 9.3 Kreuztabelle, Kunden zu Artikeln

Es gibt zwei Möglichkeiten, eine Kreuztabelle zu erstellen:

- Selbst entwerfen: Betätigen Sie die Schaltfläche ERSTELLEN • ABFRAGEN • ABFRAGEENTWURF. Wählen Sie die Tabellen oder Abfragen und anschließend daraus die Felder aus, die angezeigt werden sollen. Ändern Sie den Abfragetyp anschließend mithilfe der Schaltfläche ENTWURF • ABFRAGETYP • KREUZTABELLE. Stellen Sie in der Zeile KREUZTABELLE die Bedeutung der einzelnen Spalten ein, siehe Abbildung 9.4.

Abfrage erstellen, Typ ändern

- Mithilfe des Assistenten: Betätigen Sie die Schaltfläche ERSTELLEN • ABFRAGEN • ABFRAGE-ASSISTENT und wählen Sie den Eintrag KREUZTABELLENABFRAGE-ASSISTENT. Wählen Sie nacheinander aus, welche Felder als Zeilenüberschrift, als Spaltenüberschrift oder als Wert angezeigt werden sollen.

Assistent

Die Kreuztabellenabfrage Kreuztabelle, Kunden zu Artikeln in Abbildung 9.3 basiert auf der Abfrage Alle Kunden, mit Bestellungen und Artikeln aus der Datenbank *handel.accdb*.

Die Abfrage ist wiederum eine Kopie der Abfrage Ein Kunde, mit Bestellungen und Artikeln, die Sie in Abschnitt 5.4.5 erstellt haben. Es wurde nur der Wert für das Kriterium in der Spalte mit dem Feld kundeID entfernt.

Den Entwurf der Kreuztabellenabfrage sehen Sie in Abbildung 9.4.

Feld:	kundeID	kunde.bezeichnung	adresse	artikelID	menge
Tabelle:	Alle Kunden, mit Best	Alle Kunden, mit Best	Alle Kunden, mit Best	Alle Kunden, mit Best	Alle Kunden, mit Best
Funktion:	Gruppierung	Gruppierung	Gruppierung	Gruppierung	Summe
Kreuztabelle:	Zeilenüberschrift	Zeilenüberschrift	Zeilenüberschrift	Spaltenüberschrift	Wert
Sortierung:					

Abbildung 9.4 Kreuztabelle, Kunden zu Artikeln, Entwurf

9.5 Assistenten und Vorlagen für Formulare

Es gibt einige Möglichkeiten zur Erstellung von Formularen mithilfe von Assistenten und Vorlagen. Sie führen zu Hauptformularen beziehungsweise Unterformularen, die für den Benutzer in verschiedenen Formen dargestellt werden. Die Beispieltabellen in diesem Abschnitt stammen aus der Datenbank *handel.accdb*.

9.5.1 Darstellungsformen

Nachfolgend die verschiedenen Darstellungsformen für Hauptformulare und Unterformulare:

Einzelnes Formular
- *Einzelnes Formular*: Es wird ein einzelner Datensatz dargestellt, ähnlich wie in den Hauptformularen der Beispiele dieses Buchs. Die Bezeichnungsfelder und die Textfelder stehen nebeneinander, mit kleinen Abständen dazwischen.

Blocksatzformular
- *Blocksatzformular*: Es wird ein einzelner Datensatz dargestellt. Die Bezeichnungsfelder und die Textfelder stehen übereinander, ohne Abstände dazwischen. Die Textfelder sind sehr groß.

Endlosformular
- *Endlosformular*: Es wird eine Liste von Datensätzen angezeigt, ähnlich wie in den Unterformularen der Beispiele dieses Buchs. Die Eingabefelder sind einzeln mit kleinen Abständen dazwischen angeordnet. Die Bezeichnungsfelder bilden die Überschrift der Liste.

Datenblattformular
- *Datenblattformular*: Es wird eine Liste von Datensätzen dargestellt, ohne Abstände zwischen den Eingabefeldern. Die Bezeichnungsfelder bilden die Überschrift der Liste.

Tabellenformular
- *Tabellenformular*: Es sieht aus wie ein *Datenblattformular*. Zusätzlich kann es links neben den Datensätzen eine weitere Spalte geben, in der Pluszeichen erscheinen, wie in der Datenblattansicht einer Tabelle. Nach Klicken auf eines der Pluszeichen wird eine Untertabelle mit den zuge-

hörigen Datensätzen einer untergeordneten Tabelle aufgeklappt. In der Untertabelle kann es ebenso eine Spalte mit Pluszeichen geben. Diese führen wiederum zu einer Unter-Untertabelle.

▶ *Geteiltes Formular*: In der einen Hälfte des Formulars werden die Daten in einem *Datenblattformular* dargestellt. In der anderen Hälfte wird der aktuelle Datensatz aus dem *Datenblattformular* in einem *Einzelnen Formular* angezeigt.

Geteiltes Formular

Zur besseren Vergleichbarkeit wird in den nachfolgenden Abschnitten jeweils ein Formular zur Tabelle kunde aus der Datenbank *handel.accdb* erzeugt. Falls es Daten aus einer untergeordneten Tabelle beinhaltet, dann handelt es sich um die Bestellungen des jeweiligen Kunden.

In Abbildung 9.5 sehen Sie einen Ausschnitt eines Standardformulars, siehe Abschnitt 9.5.2. Es besteht aus einem *Einzelnen Formular* als Hauptformular und einem *Tabellenformular* als Unterformular. In Abbildung 9.6 sehen Sie einen Ausschnitt eines *Geteilten Formulars*.

9.5.2 Formular (Standard)

Markieren Sie die Tabelle kunde und betätigen Sie die Schaltfläche ERSTELLEN • FORMULARE • FORMULAR. Es wird ein *Einzelnes Formular* erstellt. Es beinhaltet ein Unterformular mit den zugehörigen Bestellungen, als *Tabellenformular*. Die Pluszeichen führen zu den Bestellposten der jeweiligen Bestellung, wiederum als *Tabellenformular*, siehe Abbildung 9.5.

Einzelnes Formular und Tabellenformular

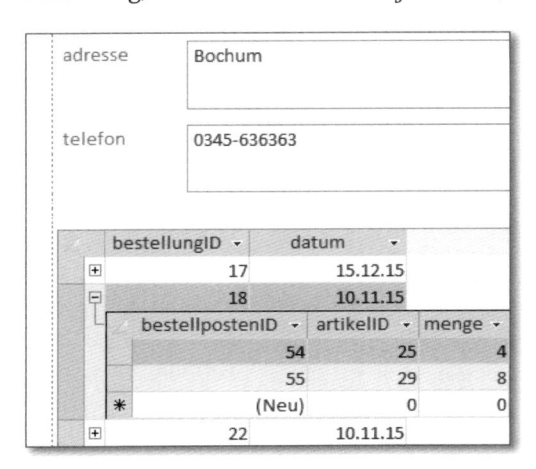

Abbildung 9.5 Standardformular, mit aufgeklapptem Tabellenformular

9.5.3 Leeres Formular

Einzelnes Formular ohne Bezug

Betätigen Sie die Schaltfläche ERSTELLEN • FORMULARE • LEERES FORMULAR. Es wird ein *Einzelnes Formular* erstellt, zunächst ohne Bezug zu einer Tabelle, ohne Formatierungen und ohne Steuerelemente.

9.5.4 Mehrere Elemente

Endlosformular

Markieren Sie die Tabelle kunde und betätigen Sie die Schaltfläche ERSTELLEN • FORMULARE • WEITERE FORMULARE. Wählen Sie aus der Liste den Eintrag MEHRERE ELEMENTE. Es wird ein *Endlosformular* erstellt.

9.5.5 Datenblatt

Markieren Sie die Tabelle kunde und betätigen Sie die Schaltfläche ERSTELLEN • FORMULARE • WEITERE FORMULARE. Wählen Sie aus der Liste den Eintrag DATENBLATT. Es wird ein *Datenblattformular* erstellt.

9.5.6 Geteiltes Formular

Markieren Sie die Tabelle kunde und betätigen Sie die Schaltfläche ERSTELLEN • FORMULARE • WEITERE FORMULARE. Wählen Sie aus der Liste den Eintrag GETEILTES FORMULAR. Es wird ein *Geteiltes Formular* erstellt, siehe Abbildung 9.6.

Abbildung 9.6 Geteiltes Formular, mit markiertem Datensatz

9.5.7 Formular-Assistent, für eine Tabelle

Markieren Sie die Tabelle kunde und betätigen Sie die Schaltfläche ERSTELLEN • FORMULARE • FORMULAR-ASSISTENT. Der Assistent wird gestartet.

Sie können eine oder mehrere Tabellen oder Abfragen auswählen, auf denen das Formular basiert.

Felder auswählen

Aufgrund der vorhergehenden Markierung ist die Tabelle kunde voreingestellt. Verschieben Sie die Felder, die im Formular angezeigt werden sollen, auf die rechte Seite. Dies können zum Beispiel sein: alle Felder außer dem Feld kundeID.

Markieren Sie anschließend eines der folgenden Layouts:

Layout

- EINSPALTIG: Es wird ein *Einzelnes Formular* erstellt.
- TABELLARISCH: Es wird ein *Endlosformular* erstellt.
- DATENBLATT: Es wird ein *Datenblattformular* erstellt.
- BLOCKSATZ: Es wird ein *Blocksatzformular* erstellt.

Sie können den Namen des Formulars bestätigen oder ändern. Anschließend wird es unter dem gegebenen Namen gespeichert.

9.5.8 Formular-Assistent, für zwei Tabellen

Markieren Sie die Tabelle kunde und betätigen Sie die Schaltfläche ERSTELLEN • FORMULARE • FORMULAR-ASSISTENT. Verschieben Sie wie in Abschnitt 9.5.7 die Felder, die im Formular angezeigt werden sollen, auf die rechte Seite. Dies können zum Beispiel sein: alle Felder der Tabelle kunde außer dem Feld kundeID.

Wählen Sie anschließend die Tabelle bestellung aus. Verschieben Sie weitere Felder auf die rechte Seite. Dies können zum Beispiel sein: alle Felder der Tabelle bestellung außer dem Feld kundeID.

Zweite Tabelle

Wählen Sie im nächsten Schritt aus:

Formular, mit Unterformular

- Die Aufteilung der Daten wird nach der Tabelle kunde vorgenommen, also nach der übergeordneten Tabelle und
- die Darstellung als FORMULAR, MIT UNTERFORMULAR.

Markieren Sie anschließend eines der folgenden Layouts:

Layout

- DATENBLATT: Das Hauptformular für die Kunden wird als *Einzelnes Formular* erstellt, das Unterformular für die Bestellungen als *Datenblattformular*.

- Tabellarisch: Das Hauptformular für die Kunden wird als *Einzelnes Formular* erstellt, das Unterformular für die Bestellungen als *Endlosformular*.

Sie können die Namen der Formulare bestätigen oder ändern. Anschließend werden sie unter dem gegebenen Namen gespeichert.

9.5.9 Modales Dialogfeld

Benutzer steuern

Ein modales Dialogfeld ist ein Formular, das erst geschlossen werden muss, bevor Sie ein anderes Element innerhalb Ihrer Datenbank bearbeiten können. Es ist also nicht möglich, zwischen verschiedenen Formularen, Tabellen oder Abfragen hin- und herzuwechseln, bevor Sie ein modales Dialogfeld wieder geschlossen haben. Damit können Sie die Reihenfolge der Bedienung durch die Benutzer Ihrer Anwendung stärker steuern.

Übernahme von Daten

Zur Erstellung betätigen Sie die Schaltfläche Erstellen • Formulare • Weitere Formulare. Wählen Sie aus der Liste den Eintrag Modales Dialogfeld. Das modale Dialogfeld beinhaltet automatisch die beiden Schaltflächen OK und Abbrechen zur Übernahme von Daten oder zum Abbruch ohne Übernahme von Daten. Sie können weitere Steuerelemente hinzufügen.

9.5.10 Navigationsformular

Ein Navigationsformular stellt eine Alternative zu einem Startformular mit Schaltflächen dar, wie es in mehreren Beispielen dieses Buchs genutzt wird. In Abbildung 9.7 sehen Sie ein Navigationsformular für die Datenbank *handel.accdb*.

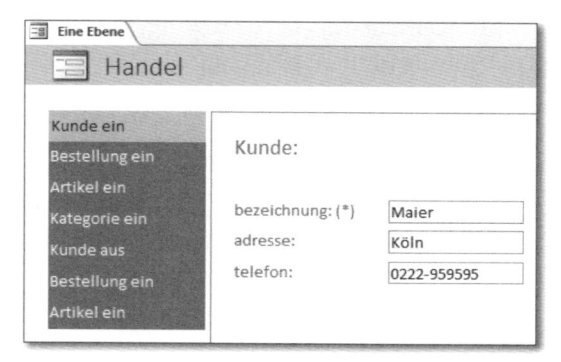

Abbildung 9.7 Registerkarten mit Formularen und Berichten

9.5 Assistenten und Vorlagen für Formulare

Ein Navigationsformular beinhaltet mehrere Registerkarten. Auf jeder Registerkarte werden die Inhalte eines Formulars oder eines Berichts angezeigt. Jede Registerkarte ist über einen eigenen Reiter zu erreichen. Die Reiter können in einer Ebene nebeneinanderliegen oder übereinanderliegen oder auch in zwei Ebenen, siehe weiter unten in diesem Abschnitt.

Registerkarten

Zur Erstellung des Beispiels in Abbildung 9.7 gehen Sie wie folgt vor:

Eine Ebene

- Betätigen Sie die Schaltfläche ERSTELLEN • FORMULARE • NAVIGATION.
- Wählen Sie einen der Einträge aus der Liste aus, im vorliegenden Beispiel: VERTIKALE REGISTERKARTEN, LINKS. Die einzelnen Registerkarten sind dann mithilfe von senkrecht übereinander angeordneten NAVIGATIONSSCHALTFLÄCHEN (= Reitern) am linken Rand zu erreichen.

Vertikal, links

- Das Formular erscheint in der Layoutansicht. Es gibt nur eine Registerkarte mit einer einzelnen NAVIGATIONSSCHALTFLÄCHE, die den Text NEUES HINZUFÜGEN beinhaltet.
- Ziehen Sie die gewünschten Objekte aus dem NAVIGATIONSBEREICH – also die Formulare und Berichte – nacheinander auf diesen Eintrag. Er wandert mit jedem hinzugefügten Element weiter nach unten. In der Layoutansicht können Sie die Reihenfolge der NAVIGATIONSSCHALTFLÄCHEN jederzeit ändern.

Objekte hereinziehen

- In der Entwurfs- oder in der Layoutansicht können Sie auch die Aufschriften, die Ausrichtung und andere Eigenschaften der NAVIGATIONSSCHALTFLÄCHEN ändern.

Die NAVIGATIONSSCHALTFLÄCHEN können auch anders angeordnet werden, zum Beispiel in zwei Ebenen. Ein Beispiel für die Datenbank *handel.accdb* sehen Sie in Abbildung 9.8.

Zwei Ebenen

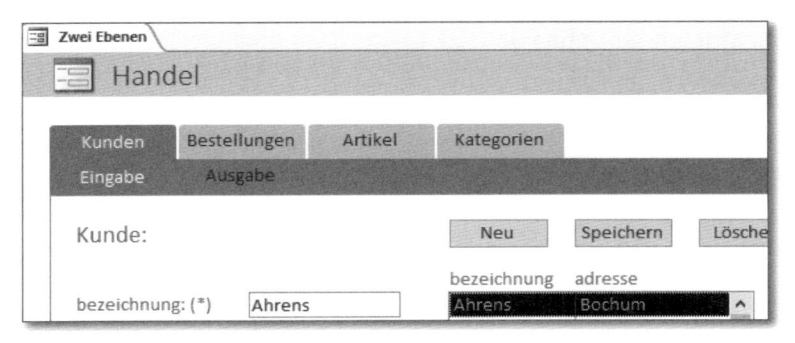

Abbildung 9.8 Anordnung in zwei Ebenen

Dies geht wie folgt:

- Betätigen Sie die Schaltfläche ERSTELLEN • FORMULARE • NAVIGATION.

Horizontal, 2 Ebenen
- Wählen Sie den Eintrag HORIZONTALE REGISTERKARTEN, 2 EBENEN aus. Die Themen der Hauptebene sind dann mithilfe von waagrecht nebeneinander angeordneten NAVIGATIONSSCHALTFLÄCHEN (= Reitern) am oberen Rand zu erreichen. Anschließend können Sie darunter die einzelnen Registerkarten des jeweiligen Themas erreichen, die ebenfalls waagrecht nebeneinander angeordnet sind.

Obere Ebene
- Klicken Sie auf den Eintrag NEUES HINZUFÜGEN in der oberen Ebene und geben Sie den gewünschten Text ein, zum Beispiel Kunden.

Untere Ebene
- Ziehen Sie die gewünschten Formulare und Berichte aus dem NAVIGATIONSBEREICH nacheinander auf den Eintrag NEUES HINZUFÜGEN in der zugehörigen unteren Ebene, zum Beispiel das Formular kundeF und den Bericht kundeB in die untere Ebene zum Eintrag KUNDEN aus der oberen Ebene.

- Ändern Sie die Reihenfolge, die Aufschriften, die Ausrichtung und andere Eigenschaften der NAVIGATIONSSCHALTFLÄCHEN.

9.6 Assistenten und Vorlagen für Berichte

Es gibt einige Möglichkeiten zur Erstellung von Berichten mithilfe von Assistenten und Vorlagen. Zur besseren Vergleichbarkeit wird in den nachfolgenden Abschnitten jeweils ein Bericht zur Tabelle kunde aus der Datenbank *handel.accdb* erzeugt. Falls er Daten aus einer untergeordneten Tabelle beinhaltet, handelt es sich um die Bestellungen des jeweiligen Kunden.

9.6.1 Bericht (Standard)

Ohne Gruppierung und Sortierung
Markieren Sie die Tabelle kunde und betätigen Sie die Schaltfläche ERSTELLEN • BERICHTE • BERICHT. Es wird ein Standardbericht mit einer Liste von Datensätzen angezeigt. Es gibt keine Möglichkeit zur Gruppierung oder Sortierung.

Die Ausgabefelder sind einzeln mit kleinen Abständen dazwischen angeordnet. Die Bezeichnungsfelder bilden die Überschrift der Liste. Oben rechts werden das aktuelle Datum und die aktuelle Uhrzeit eingeblendet, siehe Abbildung 9.9. Unten rechts werden die Seitennummer und die Gesamtzahl der Seiten angezeigt (zum Beispiel: Seite 2 von 5). Unterhalb der ersten Spalte wird die Anzahl der Datensätze angezeigt.

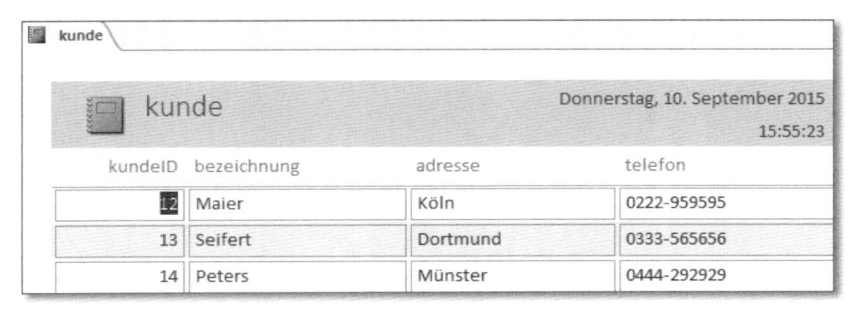

kundeID	bezeichnung	adresse	telefon
12	Maier	Köln	0222-959595
13	Seifert	Dortmund	0333-565656
14	Peters	Münster	0444-292929

Abbildung 9.9 Standardbericht

9.6.2 Leerer Bericht

Betätigen Sie die Schaltfläche ERSTELLEN • BERICHTE • LEERER BERICHT. Es wird ein leerer Bericht erstellt, zunächst ohne Bezug zu einer Tabelle, ohne Formatierungen und ohne Steuerelemente.

Ohne Bezug

9.6.3 Berichts-Assistent, für eine Tabelle

Markieren Sie die Tabelle kunde und betätigen Sie die Schaltfläche ERSTELLEN • BERICHTE • BERICHTS-ASSISTENT. Der Assistent wird gestartet. Sie können eine oder mehrere Tabellen oder Abfragen auswählen, auf denen der Bericht basiert. Aufgrund der vorhergehenden Markierung ist die Tabelle kunde voreingestellt.

Verschieben Sie die Felder, die im Bericht angezeigt werden sollen, auf die rechte Seite. Dies können zum Beispiel sein: alle Felder außer dem Feld kundeID.

Felder auswählen

Als Nächstes können Sie eine oder mehrere Gruppierungsebenen hinzufügen. Das wird in diesem Beispiel nicht gemacht. Im nächsten Schritt können Sie bis zu vier Sortierungen vorgeben. In diesem Beispiel werden nacheinander die Felder bezeichnung und adresse gewählt.

Gruppierung und Sortierung

Wählen Sie anschließend zwischen den Seitenausrichtungen HOCHFORMAT oder QUERFORMAT. Markieren Sie eines der folgenden Layouts:

Layout

- EINSPALTIG: Die Datensätze werden einzeln ausgegeben, ähnlich wie in einem *Einzelnen Formular*. Die Bezeichnungsfelder und die Textfelder stehen nebeneinander, mit kleinen Abständen dazwischen.

Einspaltig

Tabellarisch	▶ TABELLARISCH: Die Datensätze werden in einer Liste ausgegeben, ähnlich wie in einem Standardbericht.
Blocksatz	▶ BLOCKSATZ: Die Datensätze werden einzeln ausgegeben, ähnlich wie in einem *Blocksatzformular*. Die Bezeichnungsfelder und die Textfelder stehen übereinander, ohne Abstände dazwischen. Die Textfelder sind sehr groß.

Sie können den Namen des Berichts bestätigen oder ändern. Anschließend wird er unter dem gegebenen Namen gespeichert.

9.6.4 Berichts-Assistent, für zwei Tabellen

	Markieren Sie die Tabelle kunde und betätigen Sie die Schaltfläche ERSTELLEN • BERICHTE • BERICHTS-ASSISTENT. Verschieben Sie wie in Abschnitt 9.6.3 die Felder, die im Bericht angezeigt werden sollen, auf die rechte Seite. Dies können zum Beispiel sein: alle Felder der Tabelle kunde außer dem Feld kundeID.
Zweite Tabelle	Wählen Sie anschließend die Tabelle bestellung aus. Verschieben Sie weitere Felder auf die rechte Seite. Dies können zum Beispiel sein: alle Felder der Tabelle bestellung außer dem Feld kundeID.
Gruppierung	Wählen Sie im nächsten Schritt aus, dass die Aufteilung der Daten nach der Tabelle kunde vorgenommen wird, also nach der übergeordneten Tabelle. Als Nächstes können Sie zur vorhandenen Gruppierungsebene nach der Tabelle kunde noch weitere Gruppierungsebenen hinzufügen, zum Beispiel nach dem Feld adresse der Tabelle kunde.
Layout	Ihnen stehen die nachfolgenden Layouts zur Verfügung. Sie werden anschließend zum Vergleich direkt untereinander dargestellt:
Abgestuft	▶ ABGESTUFT: Die Bezeichnungsfelder stehen nur im Seitenkopf. Die Gruppenbezeichnungen stehen in einer eigenen Zeile. Darunter folgen die Datensätze der betreffenden Gruppe.
Block	▶ BLOCK: Die Darstellung ist ähnlich wie im Layout ABGESTUFT, aber etwas kompakter. Die Gruppenbezeichnungen stehen in derselben Zeile wie der erste Datensatz der betreffenden Gruppe.
Gliederung	▶ GLIEDERUNG: Die Gruppen sind stärker gegliedert als in den bisherigen Layouts. Die Gruppenbezeichnungen stehen in einer eigenen Zeile. Darunter folgen die Bezeichnungsfelder als Überschrift und anschließend die Datensätze der betreffenden Gruppe.

9.6.5 Etiketten-Assistent

Dieser Assistent dient zur Erstellung eines Berichts, mit dessen Hilfe die Datensätze in der Form von handelsüblichen Etiketten ausgegeben werden können. Es steht eine ganze Reihe von Etikettengrößen vieler verschiedener Hersteller zur Verfügung. Mithilfe des Berichts können Sie anschließend zum Beispiel einen DIN-A4-Bogen bedrucken, auf dem sich Klebeetiketten der ausgewählten Größe befinden.

Druckvorlage

Markieren Sie die Tabelle kunde und betätigen Sie die Schaltfläche ERSTELLEN • BERICHTE • ETIKETTEN. Wählen Sie den Hersteller, die Etikettennummer und weitere Eigenschaften aus. Stellen Sie die Schrifteigenschaften ein. Verschieben Sie die Felder, die angezeigt werden sollen, auf das Etikett. Stellen Sie eine oder mehrere Sortierungen ein und lassen Sie sich den Bericht anzeigen.

Kapitel 10
Werkzeuge

Sie können Ihre Datenbank mithilfe verschiedener Werkzeuge optimieren. Zudem können Sie sie mithilfe unterschiedlicher Methoden analysieren und sie daraufhin verbessern.

10.1 Werkzeuge zur Optimierung

Mithilfe der nachfolgenden Werkzeuge können Sie die Leistung Ihrer Datenbank verbessern, Fehler finden und reparieren sowie Ihre Datenbank vor unerwünschten Zugriffen schützen.

10.1.1 Datenbank komprimieren und reparieren

Das Hinzufügen, Ändern und Löschen von Daten und Objekten einer Datenbank führt dazu, dass nicht mehr alle Daten in zusammenhängender Form auf der Festplatte gespeichert sind. Sie werden stattdessen immer weiter auf der Festplatte verteilt. Dadurch erhöht sich die Zugriffszeit auf die Daten und Objekte und damit sinkt die Leistung der Datenbank. **Leistung sinkt**

Daher ist es von Zeit zu Zeit sinnvoll, die Datenbank zu komprimieren. Betätigen Sie dazu die Schaltfläche DATENBANKTOOLS • TOOLS • DATENBANK KOMPRIMIEREN UND REPARIEREN. Beim gleichzeitigen Reparieren werden unter anderem Fehler bei den Tabellen und den zugehörigen Indizes beseitigt. **Komprimieren**

10.1.2 Datenbank mit Kennwort schützen

Sie können Ihre gesamte Datenbank vor unerwünschten Zugriffen mithilfe eines Kennworts schützen, die Datenbank also verschlüsseln. Diesen Kennwortschutz können Sie später auch wieder entfernen, die Datenbank also wieder entschlüsseln. In beiden Fällen müssen Sie die Datenbank zu diesem Zweck exklusiv öffnen, so dass Sie alleinigen Zugriff haben.

Verschlüsseln Gehen Sie zum Erstellen eines Kennwortschutzes wie folgt vor:

- Starten Sie MS Access.
- Betätigen Sie auf der Startseite den Hyperlink WEITERE DATEIEN ÖFFNEN.
- Betätigen Sie auf der Seite ÖFFNEN des Menüs DATEI die Schaltfläche DURCHSUCHEN.
- Markieren Sie im Dialogfeld ÖFFNEN die Datenbank, die Sie schützen möchten.

Exklusiv öffnen
- Klicken Sie auf den Pfeil rechts neben der Schaltfläche ÖFFNEN und wählen Sie aus der Liste den Eintrag EXKLUSIV ÖFFNEN, siehe Abbildung 10.1.
- Die Datenbank wird geöffnet. Betätigen Sie im Menü DATEI · INFORMATIONEN die Schaltfläche MIT KENNWORT VERSCHLÜSSELN, siehe Abbildung 10.2.

Kennwort eintragen
- Tragen Sie zweimal dasselbe Kennwort ein.
- Bestätigen Sie anschließend, dass eventuell vorhandene Sperrungen auf Ebene der einzelnen Datensätze nicht beachtet werden. Eine Erläuterung dazu folgt.

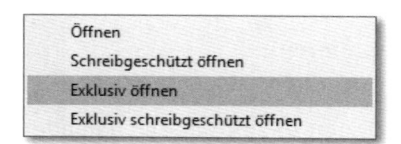

Abbildung 10.1 Datenbank exklusiv öffnen

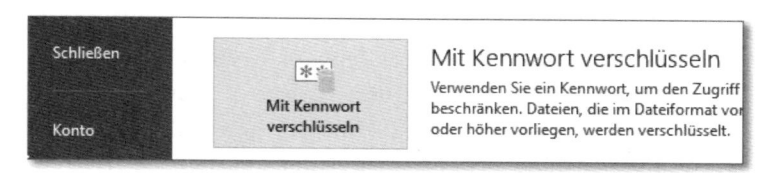

Abbildung 10.2 Datenbank mit Kennwort verschlüsseln

Datensatz sperren Beim Zugriff auf eine Datenbank durch mehrere Benutzer kann es vorkommen, dass zwei Benutzer gleichzeitig versuchen, denselben Datensatz mit unterschiedlichen Inhalten zu verändern. Dies kann zu widersprüchlichen Daten führen. Daher gibt es die Möglichkeit, einen Datensatz während eines schreibenden Zugriffs gegen weitere schreibende Zugriffe sperren. Dies ist allerdings nicht Thema dieses Einsteigerbuchs.

Zukünftig muss das Kennwort bei jedem Öffnen der Datenbank eingegeben werden.

Zur Entschlüsselung gehen Sie ebenso vor. Die entsprechende Schaltfläche hat dann die Beschriftung DATENBANK ENTSCHLÜSSELN, siehe Abbildung 10.3.

Entschlüsseln

Abbildung 10.3 Datenbank wieder entschlüsseln

10.1.3 Duplikate suchen

Bei häufig genutzten Tabellen mit vielen Datensätzen oder nach dem Import von Daten aus verschiedenen Quellen kann es vorkommen, dass bestimmte Datensätze mehr als einmal existieren. Zum Auffinden dieser Duplikate können Sie eine besondere Abfrage erstellen. Gehen Sie dazu wie folgt vor:

Doppelte Daten

- ▶ Betätigen Sie die Schaltfläche ERSTELLEN • ABFRAGEN • ABFRAGE-ASSISTENT.
- ▶ Markieren Sie den Eintrag ABFRAGE-ASSISTENT ZUR DUPLIKATSUCHE.
- ▶ Wählen Sie die Tabelle oder Abfrage aus, die durchsucht werden soll.
- ▶ Wählen Sie ein oder mehrere Felder aus. Im Ergebnis der Abfrage werden diejenigen Datensätze als Duplikate angezeigt, deren Inhalte in diesen Feldern übereinstimmen, siehe Abbildung 10.4.

Prüf-Felder

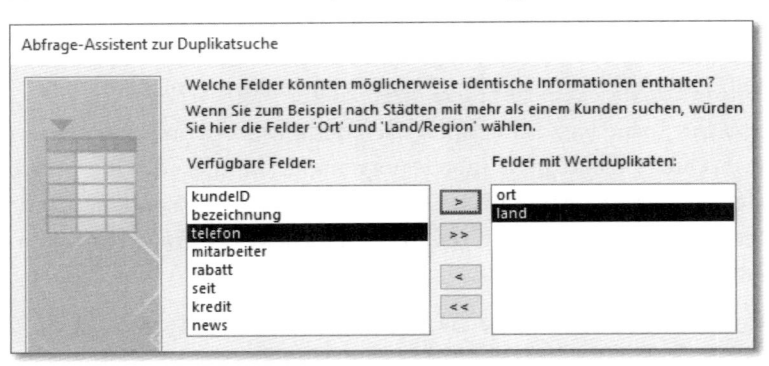

Abbildung 10.4 Duplikate suchen in den Feldern »ort« und »land«

10 Werkzeuge

Weitere Felder
- Wählen Sie im nächsten Dialogfeld aus den verbleibenden Feldern weitere Felder aus, deren Inhalte zur Kontrolle angezeigt werden sollen. Damit können Sie prüfen, ob es sich wirklich um Duplikate handelt, siehe Abbildung 10.5.
- Speichern Sie die Abfrage.

Prüfen und Löschen
- Im Ergebnis der Abfrage können Sie die ermittelten Datensätze in der Datenblattansicht kontrollieren (siehe Abbildung 10.6) und gegebenenfalls einzelne Datensätze löschen.

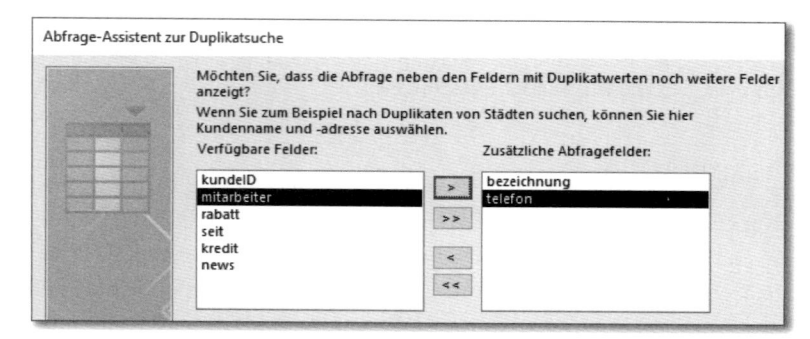

Abbildung 10.5 Zum Vergleich: Felder »bezeichnung« und »telefon«

Abbildung 10.6 Vergleich zeigt: Keine Duplikate

10.1.4 Inkonsistenzen suchen

Eine weitere Abfrage dient dazu, Datensätze in einer Tabelle zu finden, die keinem Datensatz einer anderen Tabelle zugeordnet werden können.

Nach Import
Eine solche Suche ist zum Beispiel nach dem Import von Daten aus einer anderen Quelle in eine neue Tabelle notwendig, falls diese als übergeordnete oder als untergeordnete Tabelle zu einer bereits vorhandenen Tabelle dienen soll. Gehen Sie zur Erstellung einer solchen Abfrage zur Inkonsistenzsuche wie folgt vor:

- Betätigen Sie die Schaltfläche ERSTELLEN • ABFRAGEN • ABFRAGE-ASSISTENT.
- Markieren Sie den Eintrag ABFRAGE-ASSISTENT ZUR INKONSISTENZSUCHE.

- Wählen Sie die untergeordnete Tabelle (oder Abfrage) aus, in der Datensätze gesucht werden sollen, die nicht zugeordnet werden können.   *Untergeordnete Daten*
- Wählen Sie als Nächstes die übergeordnete Tabelle (oder Abfrage) aus, die nach passenden Datensätzen durchsucht werden soll.   *Übergeordnete Daten*
- Wählen Sie als Nächstes das jeweilige zu prüfende Feld in beiden Tabellen aus und betätigen Sie die Schaltfläche <=>. Die Inhalte dieser beiden Felder werden miteinander verglichen.   *Prüf-Feld*
- Wählen Sie im nächsten Dialogfeld weitere Felder aus, deren Inhalte zur besseren Kontrolle ebenfalls angezeigt werden sollen.   *Weitere Felder*
- Speichern Sie die Abfrage.
- Im Ergebnis der Abfrage werden die ermittelten Datensätze angezeigt. Dank dieser Informationen können Sie die Inhalte der beteiligten Tabellen ändern, so dass es möglich wird, eine fehlerfreie Beziehung zu gestalten.   *Prüfen und Ändern*

10.2 Werkzeuge zur Analyse

Mithilfe der nachfolgenden Werkzeuge können Sie den Aufbau einer Datenbank analysieren. Das ist nützlich zur Wartung und Pflege einer Datenbank, mit der Sie längere Zeit nicht mehr gearbeitet haben oder die Sie von einem anderen Entwickler übernommen haben.

10.2.1 Objektabhängigkeiten prüfen

Falls Sie planen, den Aufbau einer Tabelle zu ändern, sollten Sie sich vorher anschauen, welche Objekte der Datenbank von dieser Tabelle abhängig sind. Es gibt unter anderem:

- Abfragen, die sich auf die betreffende Tabelle beziehen,
- Formulare, mit deren Hilfe Daten der Tabelle geändert werden,
- Berichte, in denen Daten der Tabelle ausgegeben werden.

Zum Erhalt einer Übersicht der Abhängigkeiten eines Objekts: *Von mir hängen ab*

- Markieren Sie das Objekt in der NAVIGATIONSANSICHT.
- Betätigen Sie die Schaltfläche DATENBANKTOOLS • BEZIEHUNGEN • OBJEKTABHÄNGIGKEITEN.
- Auf der rechten Seite erscheint der Bereich OBJEKTABHÄNGIGKEITEN.

- Wählen Sie die Option OBJEKTE, DIE VON MIR ABHÄNGEN.
- Alle abhängigen Objekte werden angezeigt, nach Typ gruppiert.

Aktualisieren Falls Sie die Abhängigkeiten eines anderen Objekts sehen möchten, dann markieren Sie das Objekt und betätigen Sie im Bereich OBJEKTABHÄNGIGKEITEN den Hyperlink AKTUALISIEREN.

Ich hänge ab von Umgekehrt können Sie auch eine Übersicht darüber erhalten, von welchem Objekt zum Beispiel ein Formular oder ein Bericht abhängt. Wählen Sie dazu die Option OBJEKTE, VON DENEN ICH ABHÄNGE. In Abbildung 10.7 sehen Sie die Objekte, von denen das Formular kundeF in der Datenbank *firma.accdb* abhängt:

- von der Tabelle kunde, weil sie die Datensatzquelle darstellt, und
- vom Formular startF, weil eine Schaltfläche von dort nach hier führt.

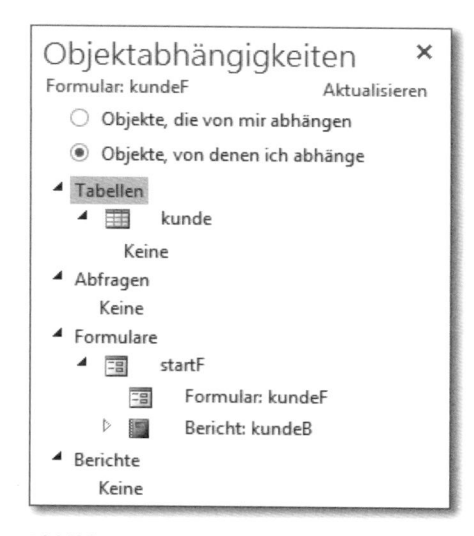

Abbildung 10.7 Abhängigkeiten des Formulars »kundeF«

10.2.2 Datenbank dokumentieren

Sie können den Aufbau Ihrer Datenbank für Ihre Unterlagen oder zur Erläuterung für andere Entwickler mithilfe des DATENBANKDOKUMENTIERERS darstellen. Er erstellt eine umfangreiche Übersicht über die Eigenschaften ausgewählter Objekte Ihrer Datenbank. Betätigen Sie dazu die Schaltfläche DATENBANKTOOLS • ANALYSIEREN • DATENBANKDOKUMENTIERER.

Wählen Sie eine oder mehrere der folgenden Registerkarten: *Registerkarten*

- TABELLEN, ABFRAGEN, FORMULARE, BERICHTE, MAKROS oder MODULE: zur Anzeige einer Liste der Objekte des jeweiligen Typs
- AKTUELLE DATENBANK: zur Anzeige der Eigenschaften der Datenbank und der Beziehungen
- ALLE OBJEKTTYPEN: zur Anzeige einer Gesamtliste

Markieren Sie auf den ausgewählten Registerkarten die Kontrollkästchen *Kontrollkästchen*
für die gewünschten Objekte. Markieren Sie den Listeneintrag für ein einzelnes Objekt und legen Sie mithilfe der Schaltfläche OPTIONEN fest, welche Teile der Information jeweils ausgegeben werden sollen. Es wird ein Bericht erstellt, den Sie speichern, drucken oder auch in eine RTF-Datei für MS Word exportieren können.

10.2.3 Leistung analysieren

Sie können die Qualität Ihrer Datenbank mithilfe einer Leistungsanalyse prüfen. Betätigen Sie dazu die Schaltfläche DATENBANKTOOLS • ANALYSIEREN • LEISTUNG ANALYSIEREN.

Wählen Sie eine oder mehrere der folgenden Registerkarten: *Registerkarten*

- TABELLEN, ABFRAGEN, FORMULARE, BERICHTE, MAKROS oder MODULE: zur Anzeige einer Liste der Objekte des jeweiligen Typs
- AKTUELLE DATENBANK: zur Anzeige der Beziehungen und des VBA-Projekts
- ALLE OBJEKTTYPEN: zur Anzeige einer Gesamtliste

Markieren Sie auf den ausgewählten Registerkarten die Kontrollkästchen *Kontrollkästchen*
für die gewünschten Objekte. Als Ergebnis der Analyse erscheint eine Liste von Empfehlungen, Vorschlägen und Ideen, was Sie an dem jeweiligen Objekt verbessern könnten, um die Leistung der Datenbank zu verbessern.

10.2.4 Tabelle analysieren

Eine Tabellenanalyse kann zur Verbesserung des Aufbaus Ihrer Tabellen beitragen. Betätigen Sie dazu die Schaltfläche DATENBANKTOOLS • ANALYSE • TABELLE ANALYSIEREN. Damit wird der Assistent zur Tabellenanalyse gestartet:

- Innerhalb der ersten beiden Schritte werden allgemein Probleme beim Aufbau von Tabellen beschrieben und anhand eines Beispiels erläutert. Es wird eine Aufteilung auf mehrere Tabellen vorgeschlagen, die über Beziehungen miteinander verbunden sind. Sie können diese beiden ersten Schritte generell ausblenden.

Tabelle auswählen
- Sie wählen eine Ihrer Tabellen aus.
- Sie entscheiden, wer die Felder auswählt, die bei der Aufteilung zur einen oder anderen Tabelle kommen: der Assistent oder Sie selbst.

Neue Aufteilung
- In den weiteren Schritten wird eine Kopie Ihrer Tabelle inklusive einer neuen Aufteilung angelegt. Sie können entscheiden, ob Sie den Vorschlägen folgen und diese neue Aufteilung übernehmen möchten.

Kapitel 11
Module und VBA

Module beinhalten Programme in der Programmiersprache VBA (*Visual Basic for Applications*). Sie können mithilfe von VBA-Programmen auf alle Objekte Ihrer Datenbank zugreifen und sie verändern. Auf diese Weise haben Sie die Möglichkeit, Ihre Anwendungen an ausgewählten Punkten zu optimieren.

Programmierung

Die Sprache VBA wird einheitlich innerhalb der MS Office-Programme eingesetzt. Sie verbindet Elemente der Programmiersprache *Visual Basic* mit der Möglichkeit, auf die Objekte des jeweiligen Programms zuzugreifen und sie zu verändern. Das können Word-Dokumente und -Absätze sein, Excel-Arbeitsmappen und -Zellen, Access-Tabellen und -Steuerelemente und vieles mehr. Auf diese Weise können bestimmte Abläufe, die in der alltäglichen Praxis häufig durchgeführt werden, automatisiert werden.

Visual Basic für MS Office

Zunächst geht es darum, die Programmiersprache VBA zu erlernen. In den ersten Abschnitten werden die allgemeinen Grundlagen behandelt, wie sie zur Programmierung innerhalb aller MS Office-Programme benötigt werden. Es gibt noch keinen Bezug zu MS Access-Datenbanken.

Grundlagen

Anschließend greifen Sie mithilfe von VBA auf die Daten innerhalb der Tabellen einer MS Access-Datenbank zu. Zur Durchführung von Abfragen wird der VBA-Code mit Anweisungen der Abfragesprache SQL verknüpft, die Sie ebenfalls erlernen.

VBA und SQL

Die Strukturen der Tabellen und der Aufbau der Objekte werden mithilfe von VBA ermittelt. Zu guter Letzt sehen Sie unter anderem, wie Sie die Erzeugung von Formularen mithilfe von VBA automatisieren können.

Strukturen

11.1 Vertrauenswürdige Dokumente und Speicherorte

Innerhalb aller MS Office-Programme können Makros und Module erzeugt werden, die VBA-Code enthalten, der potenziell schädlich sein kann. Dies

Sicherheit

gilt besonders dann, wenn es sich um Elemente aus fremden Quellen handelt. Daher wurde Ihnen bereits an verschiedenen Stellen ein Sicherheitshinweis angezeigt.

Sie können diese Hinweise auf verschiedene Art und Weise deaktivieren. Seien Sie sich aber immer der potenziellen Gefahr bewusst.

11.1.1 Inhalt aktivieren

Vertrauenswürdige Dokumente

Nach dem Öffnen einer Datenbank kann folgende Sicherheitswarnung erscheinen: Einige aktive Inhalte wurden deaktiviert. Klicken Sie hier um weitere Details anzuzeigen. Daneben sehen Sie die Schaltfläche Inhalt aktivieren. Betätigen Sie diese Schaltfläche. Dadurch wird Ihre Datenbank in die *Liste der vertrauenswürdigen Dokumente* aufgenommen. Als Folge davon wird die Sicherheitswarnung ab dem nächsten Öffnen dieser Datenbank nicht mehr erscheinen.

Ausführung erlaubt

Alle Makros und Module können erst ausgeführt werden, wenn Sie das Dokument als vertrauenswürdig erklärt haben. Sie sollten besonders bei Dateien aus fremden Quellen darauf achten, dass Sie nicht einfach unbekannten VBA-Code aktivieren.

11.1.2 Liste der vertrauenswürdigen Dokumente

Liste bereinigen

Sie können die *Liste der vertrauenswürdigen Dokumente* bereinigen, so dass sie anschließend nicht mehr vertrauenswürdig sind. Damit sind Sie im Zweifelsfall bezüglich einzelner Dokumente auf der sicheren Seite. Beim nächsten Öffnen eines der Dokumente wird von Ihnen die erneute Entscheidung erwartet, ob Sie dem Dokument vertrauen oder nicht.

Trust Center

Zum Bereinigen wählen Sie die Schaltfläche Datei • Optionen. Im Dialogfeld Access-Optionen wählen Sie auf der linken Seite den Eintrag Trust Center aus. Betätigen Sie auf der rechten Seite die Schaltfläche Einstellungen für das Trust-Center.

Im Dialogfeld Trust Center wählen Sie auf der linken Seite den Eintrag Vertrauenswürdige Dokumente aus. Betätigen Sie auf der rechten Seite die Schaltfläche Bereinigen.

11.1.3 Vertrauenswürdige Speicherorte

Sie können auch alle Dokumente innerhalb eines Verzeichnisses als vertrauenswürdig betrachten. Dazu müssen sie das betreffende Verzeichnis in die *Liste der vertrauenswürdigen Speicherorte* aufnehmen. Damit ersparen Sie es sich, die Dokumente in diesem Verzeichnis jeweils einzeln zu vertrauenswürdigen Dokumenten erklären zu müssen.

Dokumente eines Verzeichnisses

Wählen Sie dazu im Dialogfeld TRUST CENTER (siehe vorheriger Abschnitt) auf der linken Seite den Eintrag VERTRAUENSWÜRDIGE SPEICHERORTE aus. Auf der rechten Seite erscheint eine Liste der bereits vorhandenen vertrauenswürdigen Speicherorte. Nach Markieren eines Eintrags können Sie zum Beispiel einen der Speicherorte aus der Liste löschen (Schaltfläche ENTFERNEN) oder seine Eigenschaften verändern (Schaltfläche ÄNDERN).

Liste der Speicherorte

Zum Hinzufügen eines neuen Eintrags betätigen Sie die Schaltfläche NEUEN SPEICHERORT HINZUFÜGEN. Im Dialogfeld VERTRAUENSWÜRDIGER MICROSOFT OFFICE-SPEICHERORT können Sie nach Betätigung der Schaltfläche DURCHSUCHEN ein Verzeichnis auswählen. Markieren Sie gegebenenfalls das Kontrollkästchen UNTERORDNER DIESES SPEICHERORTS SIND EBENFALLS VERTRAUENSWÜRDIG. Nach Betätigung der Schaltfläche OK erscheint der neue Eintrag in der Liste.

Neuer Speicherort

11.2 Einführung

In diesem Abschnitt wechseln Sie innerhalb von MS Access zur VBA-Entwicklungsumgebung und erzeugen ein erstes Modul mit einigen Programmen. Es werden Eingaben vorgenommen, Daten gespeichert, Berechnungen durchgeführt und Ergebnisse ausgegeben.

11.2.1 Die Entwicklungsumgebung

Die nachfolgenden VBA-Programme werden innerhalb der MS Access-Datenbank *firma.accdb* erzeugt. Nach Betätigung der Schaltfläche DATENBANKTOOLS • MAKRO • VISUAL BASIC öffnet sich eine Entwicklungsumgebung für Ihre VBA-Programme.

Rufen Sie darin den Menüpunkt EINFÜGEN • MODUL auf. Es wird ein erstes Modul mit dem Namen MODUL1 erzeugt, das bereits ein wenig VBA-Code enthält, siehe Abbildung 11.1.

Modul erzeugen

11 Module und VBA

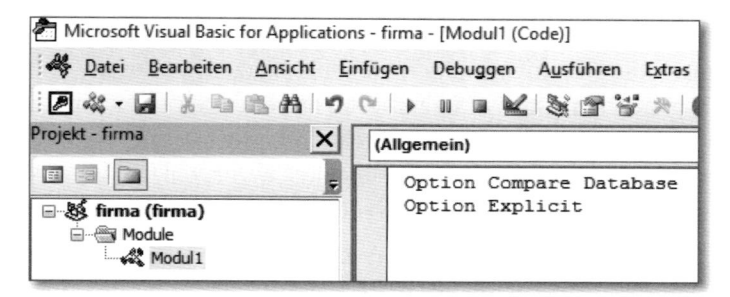

Abbildung 11.1 Das erste Modul

In Abbildung 11.1 sehen Sie die wichtigen Teile der Entwicklungsumgebung. Sie ist im Stil der MS Office-Programme vor der Version 2007 gestaltet:

Menüleiste
- Oben befindet sich die MENÜLEISTE mit einer Reihe von Menüs, darunter die SYMBOLLEISTE zur Ausführung ausgewählter Menüpunkte

Projekt-Explorer
- Links wird der PROJEKT-EXPLORER angezeigt, in dem die geöffnete Datenbank mit den bisher erzeugten Modulen erscheint.

Code-Fenster
- Rechts sehen Sie das CODE-FENSTER mit dem VBA-Code desjenigen Moduls, das im PROJEKT-EXPLORER markiert ist.

Elemente einblenden
Sollten die beiden letztgenannten Elemente einmal nicht sichtbar sein, dann können Sie sie mithilfe der Menüpunkte ANSICHT • CODE beziehungsweise ANSICHT • PROJEKT-EXPLORER einblenden.

Variablendeklaration erforderlich
Die beiden Anweisungen im Code-Fenster des Moduls MODUL1 sollten in keinem Modul für MS Access fehlen. Sollten Sie bei Ihnen nicht automatisch erscheinen, dann geben Sie sie nachträglich ein. Rufen Sie den Menüpunkt EXTRAS • OPTIONEN auf. Auf der Registerkarte EDITOR im Dialogfeld OPTIONEN können Sie bei VARIABLENDEKLARATION ERFORDERLICH ein Häkchen setzen, falls dies noch nicht geschehen ist, siehe Abbildung 11.2.

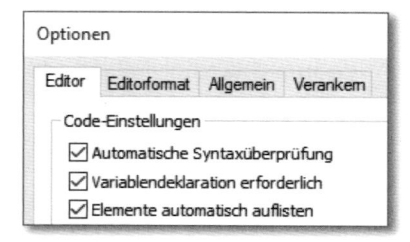

Abbildung 11.2 Variablen müssen deklariert werden

Auf diese Weise wird dafür gesorgt, dass die Anweisung Option Explicit in Zukunft automatisch erscheint.

Es werden viele Werte und Ergebnisse innerhalb Ihrer Programme gespeichert. Dies machen Sie in Variablen. Jede Variable hat einen bestimmten Datentyp, zum Beispiel für Zahlen, Texte oder Zeitangaben. Die Anweisung Option Explicit zwingt Sie zur vorherigen Deklaration Ihrer Variablen. Das heißt, Sie müssen die Variable und ihren Datentyp bekannt machen. Falls Sie dies nicht machen, dann erscheint eine Fehlermeldung. Diese Kontrolle durch die Entwicklungsumgebung führt zur Erstellung von exakteren und besser wartbaren Programmen.

Option Explicit

Die Anweisung Option Compare Database führt dazu, dass Zeichenketten, die zum Beispiel aus einem Textfeld eines Formulars oder aus einem Tabellenfeld stammen können, auf dieselbe Art und Weise verglichen werden wie innerhalb einer Abfrage. Es wird also nicht darauf geachtet, ob es sich um Groß- oder Kleinbuchstaben handelt.

Option Compare Database

Sie verlassen die Entwicklungsumgebung mithilfe des Menüpunkts DATEI • SCHLIESSEN UND ZURÜCK ZU MICROSOFT ACCESS. Eine schnellere Alternative zum Starten der Entwicklungsumgebung und zum Wechseln zwischen ihr und der MS Access-Oberfläche bietet die Tastenkombination [Alt] + [F11].

Wechseln mit Alt-F11

Nach Erzeugung des ersten Moduls erscheinen die Module im Navigationsfenster der MS Access-Oberfläche. Nach einem Doppelklick auf eines der Modulobjekte wird ebenfalls zur Entwicklungsumgebung gewechselt.

Doppelklick auf Modul

11.2.2 Erste Ausgabe

Das erste Programm erzeugt zwei verschiedene Ausgaben. Geben Sie im CODE-FENSTER zunächst den nachfolgenden Code unterhalb der ersten beiden Zeilen, die bereits erläutert wurden, ein:

```
Sub ErsteAusgabe()
    ' Eine Ausgabe
    MsgBox "Hallo VBA"
    Debug.Print "Hallo VBA"
End Sub
```

Listing 11.1 Prozedur ErsteAusgabe()

Prozedur	Das Programm steht innerhalb der Prozedur ErsteAusgabe(). Nach dem Namen der Prozedur werden runde Klammern notiert. Eine *Prozedur* bildet ein abgeschlossenes Stück VBA-Code. Sie beginnt bei Sub und endet bei End Sub. Dazwischen stehen einzelne Anweisungen, die der Reihe nach ablaufen sollen. Sie können den Namen einer Prozedur selbst frei wählen. Innerhalb eines Moduls darf es allerdings keine zwei Prozeduren mit demselben Namen geben.
Ausführen mit F5	Sie können den Ablauf einer Prozedur starten, nachdem Sie den Cursor an eine beliebige Stelle innerhalb der betreffenden Prozedur platziert haben. Rufen Sie den Menüpunkt AUSFÜHREN • SUB/USERFORM AUSFÜHREN auf oder betätigen Sie die Funktionstaste F5. Es erscheint eine Ausgabe wie in Abbildung 11.3.

Abbildung 11.3 Ausgabefenster

Elemente der Sprache	Sie werden eine ganze Reihe von Elementen der Sprache VBA kennenlernen. Sie besteht unter anderem aus:

- *Schlüsselwörtern* der Sprache Visual Basic (Sub, End Sub),
- vordefinierten *Prozeduren* und *Funktionen* (MsgBox()) und
- vordefinierten *Objekten* (Debug), zu denen es vordefinierte *Eigenschaften*, *Prozeduren* und *Funktionen* gibt (Print).

Einige dieser Begriffe erscheinen zunächst etwas theoretisch. Sie werden aber noch mehr über sie erfahren.

MsgBox()	Dank der Funktion MsgBox() erscheint in der MS Access-Oberfläche ein Dialogfeld mit einer Nachricht für den Benutzer, hier mit dem Text "Hallo VBA". Der auszugebende Text muss in Anführungszeichen gesetzt werden. Das Programm läuft erst weiter, wenn der Benutzer durch Betätigen der Schaltfläche OK bestätigt, dass er die Nachricht gelesen hat.
Debug.Print()	Die Funktion Print() des Objekts Debug erzeugt denselben Text im DIREKTBEREICH. Diesen Bereich können Sie mithilfe des Menüpunkts ANSICHT •

DIREKTFENSTER einblenden. Falls Sie die Ausgaben Ihrer Programme an anderer Stelle benötigen, können Sie sie aus dem DIREKTBEREICH kopieren.

Im VBA-Code können Sie nach einem halben Anführungszeichen Erläuterungen zu Ihren Programmen bis zum Ende der jeweiligen Zeile notieren. Diese *Kommentare* werden in grüner Schrift dargestellt. Es handelt sich nicht um ausführbare Anweisungen, sondern um eine Information für Sie oder andere Entwickler, die mit dem VBA-Code arbeiten.

Kommentare

Der Editor unterstützt Sie bereits während der Eingabe des VBA-Codes im Code-Fenster:

Editor

- Nach dem Zeilenumbruch am Ende der ersten Zeile erscheint automatisch das Ende der Prozedur (End Sub).
- Sie können die vorgegebenen Begriffe aus VBA zum Beispiel auch komplett in Kleinbuchstaben eingeben. Sie werden erkannt und automatisch passend umgewandelt. Aus msgbox wird zum Beispiel MsgBox. So sehen Sie schnell, ob einer der Begriffe versehentlich falsch geschrieben wurde.

Umwandlung

- Nach der Eingabe des Punkts hinter einem Objektnamen erscheint eine Liste der Eigenschaften und Methoden des betreffenden Objekts, wie Sie es zum Beispiel beim Objekt Debug gesehen haben. Sie können einen der Listeneinträge auswählen. Nach Betätigung der ⇆-Taste wird der Eintrag in Ihren Code übernommen.

Liste zu Objekt

- Vor jeder weiteren Prozedur wird zur besseren Übersicht ein horizontaler Trennstrich eingeblendet.

Trennstrich

Falls Sie eine weitere Hilfestellung zu einem der vorgegebenen Begriffe aus VBA benötigen, dann markieren Sie den Begriff im Editor und betätigen Sie die Funktionstaste F1 . Anschließend öffnet sich Ihr Standardbrowser mit der Online-Hilfe von Microsoft zu diesem Begriff.

Hilfe mit F1

11.2.3 Erste Eingabe

Die nachfolgende Prozedur sorgt dafür, dass der Benutzer etwas eingibt. Die Eingabe wird gespeichert und anschließend wieder ausgegeben.

Geben Sie den Code der nachfolgenden Prozeduren weiterhin im ersten Modul ein, unterhalb der Prozedur ErsteAusgabe().

```
Sub ErsteEingabe()
    Dim st As String
    st = InputBox("Ihre Eingabe:", "Eingabe", "Hallo VBA")
    MsgBox st
End Sub
```

Listing 11.2 Prozedur ErsteEingabe()

Dim … As
Mithilfe der Schlüsselwörter Dim … As wird eine Variable mit dem Namen st vom Datentyp String deklariert. In Variablen dieses Datentyps können Texte gespeichert werden, wie in Tabellenfeldern des Datentyps Kurzer Text oder Langer Text.

InputBox()
Dank der Funktion InputBox() erscheint in der MS Access-Oberfläche ein Eingabefenster, siehe Abbildung 11.4. Der Benutzer gibt etwas ein und betätigt die Schaltfläche OK. Erst dann läuft das Programm weiter. Die Eingabe des Benutzers wird in der Variablen st gespeichert. Der Wert der Variablen wird anschließend auf dem Bildschirm ausgegeben.

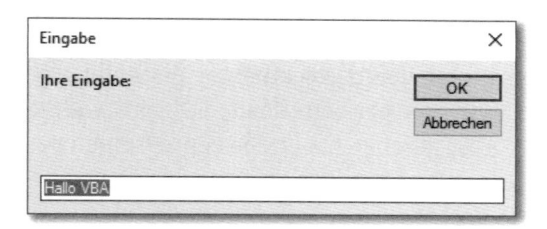

Abbildung 11.4 Eingabefenster

Parameter
Die Funktion InputBox() wird mit mindestens einem Parameter aufgerufen. *Parameter* sind Werte, die bei Aufruf der Funktion übergeben werden, damit sie ordnungsgemäß arbeiten kann.

Sobald Sie während der Eingabe des VBA-Codes die öffnende Klammer nach dem Namen einer Funktion notieren, erscheint eine Hilfestellung im Editor. Die optionalen Parameter stehen jeweils in eckigen Klammern. In Abbildung 11.5 sehen Sie die Parameter der Funktion InputBox():

Prompt
▶ Der erste Parameter (PROMPT) ist verpflichtend, er *muss* angegeben werden. Mithilfe dieses Textes weiß der Benutzer, was er machen soll.

Title
▶ Der nächste Parameter (TITLE) ist *optional*, er *kann* angegeben werden. Er beinhaltet den Text für die Titelzeile.

▶ Der dritte Parameter (DEFAULT) ist ebenfalls optional. Er beinhaltet einen Vorgabetext für die Eingabe. Falls der Benutzer keine eigene Eingabe vornimmt, dann wird die Vorgabe übernommen.

Default

```
Sub ErsteEingabe()
    Dim st As String
    st = InputBox("Ihre Eingabe:", "Eingabe", "Hallo VBA")
    MsgBo InputBox(Prompt, [Title], [Default], [XPos], [YPos], [HelpFile], [Context]) As String
End Sub
```

Abbildung 11.5 Funktion InputBox(), Parameter

Die Funktion `InputBox()` gibt einen Wert zurück, nämlich die Eingabe des Benutzers als eine Zeichenkette. Der Wert muss gespeichert werden, damit er im weiteren Verlauf des Programms genutzt werden kann.

Rückgabewert speichern

Falls Sie den Rückgabewert einer Funktion speichern, müssen die Parameter in Klammern stehen. Beim Aufruf der Funktion `MsgBox()` ist das hier nicht notwendig, weil Sie den Rückgabewert nicht speichern.

Parameter in Klammern

Eine Anweisung, in der eine Variable einen Wert erhält, nennt man eine *Zuweisung*. Es heißt dann zum Beispiel: Der Variablen `st` wird der Rückgabewert der Funktion `InputBox()` zugewiesen.

Zuweisung

11.2.4 Variablen und Datentypen

Variablen dienen zum Speichern von Werten, die im weiteren Verlauf eines Programms noch benötigt werden. Abhängig von der Art des Werts sind Variablen unterschiedlicher *Datentypen* geeignet, wie Sie es bereits bei den Datentypen von Tabellenfeldern kennengelernt haben.

Werte speichern

In der nachfolgenden Prozedur `Variablen()` werden einige Variablen von häufig genutzten Datentypen deklariert. Sie erhalten jeweils per Zuweisung einen Wert und werden anschließend ausgegeben. In Abbildung 11.6 sehen Sie den Inhalt des Ausgabefensters.

Häufige Datentypen

```
Byte:200 Integer:20000 Long: 200000
Single:0,1408451 Double:0,140845070422535 Currency:60,4817
Boolean:Falsch Date:15.11.2015 16:39:45 String:Hallo VBA
```

Abbildung 11.6 Datentypen und Werte von Variablen

11 Module und VBA

Es folgt das Programm:

```
Sub Variablen()
    Dim by As Byte, it As Integer, lg As Long
    Dim sg As Single, db As Double, cu As Currency
    Dim bo As Boolean, dt As Date, st As String

    by = 200
    it = 20000
    lg = 200000
    sg = 1 / 7.1
    db = 1 / 7.1
    cu = 7.777 * 7.777
    bo = False
    dt = "15.11.15 16:39:45"
    st = "Hallo VBA"

    MsgBox "Byte:" & by & " Integer:" & it & _
        " Long: " & lg & vbCrLf & "Single:" & sg & _
        " Double:" & db & " Currency:" & cu & vbCrLf & _
        "Boolean:" & bo & " Date:" & dt & " String:" & st
End Sub
```

Listing 11.3 Prozedur Variablen()

Zunächst einige Hinweise zur Schreibweise innerhalb des Editors:

Mehrere Variablen	▶ Sie können mehrere Variablen innerhalb einer Zeile deklarieren, jeweils durch Komma getrennt. Dabei muss das Schlüsselwort Dim nur einmal, der Name der Variablen, das Schlüsselwort As und der Datentyp der Variablen aber jedes Mal angegeben werden.
Unterstrich _	▶ Die Anweisung mit dem Aufruf der Funktion MsgBox() ist länger als eine Zeile. Mithilfe des Unterstrichs am Ende einer Zeile können Sie kennzeichnen, dass eine Anweisung in der nächsten Zeile fortgesetzt wird.
vbCrLf	▶ Die VBA-Konstante vbCrLf sorgt für einen Zeilenumbruch. Daher erfolgt die Ausgabe im Dialogfeld in mehreren Zeilen. Mehr zu Konstanten im nächsten Abschnitt.
Verkettung mit »&«	▶ Falls sich eine Zeichenkette aus mehreren Teilen zusammensetzt, werden diese mithilfe des Verkettungsoperators & zu einem zusammenhängenden Text verbunden. Im vorliegenden Fall werden Texte (in Anführungszeichen), Werte von Variablen und Zeilenumbrüche verbunden.

Es folgen einige Erläuterungen zu den verschiedenen Datentypen:

- Datentyp `Byte`: Es können Zahlen von 0 bis 255 gespeichert werden, wie bei Tabellenfeldern des Datentyps `Zahl`, Feldgröße `Byte`. — Byte
- Datentyp `Integer`: Ganze Zahlen von –32.768 bis +32.767, entspricht in Tabellen dem Datentyp `Zahl`, Feldgröße `Integer`. — Integer
- Datentyp `Long`: Ganze Zahlen von –2.147.483.648 bis 2.147.483.647, entspricht in Tabellen dem Datentyp `Zahl`, Feldgröße `Long Integer`. — Long
- Datentyp `Single`: Zahlen mit Nachkommastellen mit einfacher Genauigkeit, von ca. $-3{,}4*10^{38}$ bis ca. $3{,}4*10^{38}$, entspricht in Tabellen dem Datentyp `Zahl`, Feldgröße `Single`. — Single
- Datentyp `Double`: Zahlen mit Nachkommastellen mit doppelter Genauigkeit, von ca. $-1{,}8*10^{308}$ bis ca. $1{,}8*10^{308}$, entspricht in Tabellen dem Datentyp `Zahl`, Feldgröße `Double`. — Double
- Datentyp `Currency`: Zahlen mit begrenzter Genauigkeit für Währungsangaben, entspricht in Tabellen dem Datentyp `Währung`. — Currency
- Datentyp `Boolean`: Es wird entweder `True` oder `False` gespeichert. Ausgegeben wird `Wahr` oder `Falsch`, wie bei Tabellenfeldern des Datentyps `Ja/Nein`. — Boolean
- Datentyp `Date`: Zeitangaben in Anführungszeichen, entspricht in Tabellen dem Datentyp `Datum/Uhrzeit`. — Date

Der Datentyp `String` zur Speicherung von Texten wurde bereits erläutert. Die unterschiedliche Genauigkeit der drei Datentypen `Single`, `Double` und `Currency` lässt sich anhand der Ergebnisse der Division beziehungsweise der Multiplikation im Ausgabefenster erkennen. Bei Zahlen mit Nachkommastellen müssen Sie den Punkt als Dezimaltrennzeichen verwenden. — Genauigkeit

Nach der Deklaration hat eine Variable eines Datentyps für Zahlen oder Zeitangaben den Wert 0 und eine Boolean-Variable den Wert `Falsch`. Eine String-Variable beinhaltet eine leere Zeichenkette. Im Sinne einer nachvollziehbaren Programmierung sollten Sie sich nicht auf diesen Startwert verlassen und bei Bedarf einen eigenen Startwert zuweisen. — Eigene Startwerte

11.2.5 Konstanten

Innerhalb von VBA gibt es vordefinierte und eigene Konstanten. Sie repräsentieren bestimmte festgelegte Werte innerhalb Ihrer Programme. Ein Beispiel: Sie möchten dem Rahmen eines Textfelds in einem Formular die — Stehen für Zahlenwerte

Farbe Schwarz zuweisen. Dafür eignet sich die Konstante `vbBlack` besser als der repräsentierte Zahlenwert 16.777.215.

Typen Vordefinierte Konstanten,

- deren Name mit `vb` beginnen, gehören zu VBA allgemein
- deren Namen mit `ac` beginnen, gehören zu MS Access
- deren Namen mit `db` beginnen, stammen aus der DAO-Bibliothek (DAO = *Data Access Objects*), die Sie für die Zugriffe auf die Objekte von MS Access benötigen

Es folgt ein Beispielprogramm:

```
Sub Konstanten()
    Const MaxWert As Integer = 55
    ' MaxWert = 60
    MsgBox "Schwarz: " & vbBlack & " Weiß: " & vbWhite & _
        vbCrLf & "MaxWert: " & MaxWert & _
        " Datentyp Single: " & dbSingle
End Sub
```

Listing 11.4 Konstanten

Const Mithilfe des Schlüsselworts `Const` wird die eigene Konstante `MaxWert` definiert. Sie hat den Datentyp `Integer` und erhält unmittelbar ihren konstanten Wert. Die spätere Zuweisung eines Werts ist nicht möglich, daher ist die nächste Zeile auskommentiert.

Beispiele Es werden der Wert der eigenen Konstanten `MaxWert` und die Werte von drei vordefinierten Konstanten ausgegeben. Neben `vbBlack` gibt es auch `vbWhite` und Konstanten für andere Farben. Die Konstante `dbSingle` dient zur Feststellung des Datentyps und der Feldgröße eines Tabellenfelds in MS Access.

Die Ausgabe des Programms sehen Sie in Abbildung 11.7.

```
Schwarz: 0 Weiß: 16777215
MaxWert: 55 Datentyp Single: 6
```

Abbildung 11.7 Werte von Konstanten

11.2.6 Rechenoperatoren

Sie können Berechnungen mithilfe der Rechenoperatoren + (Addition), - (Subtraktion), * (Multiplikation), / (Division), Mod (Berechnung des Rests einer Division) und ^ (Exponentialrechnung) durchführen. Dabei müssen Sie besonders beachten:

+ - * / Mod ^

- den Unterschied zwischen ganzen Zahlen und Zahlen mit Nachkommastellen und
- die Reihenfolge der Bearbeitung bei längeren Rechenausdrücken mit mehreren Operatoren.

Zunächst ein Programmbeispiel:

```
Sub Rechenoperatoren()
    Dim x As Double
    Dim z As Integer
    Dim ausgabe As String
    x = 19 / 4        ' Division
    ausgabe = "A:" & x
    z = 19 / 4        ' Runden
    ausgabe = ausgabe & " B:" & z
    z = 19 Mod 4      ' Rest einer Division
    ausgabe = ausgabe & " C:" & z & vbCrLf
    z = 3 + 2 * 2     ' Punkt- vor Strichrechnung
    ausgabe = ausgabe & "D:" & z
    z = (3 + 2) * 2   ' Klammern haben immer Vorrang
    ausgabe = ausgabe & " E:" & z
    z = 2 * 2 ^ 3     ' Exponentialrechnung vor Punktrechnung
    ausgabe = ausgabe & " F:" & z
    z = (2 * 2) ^ 3   ' Klammern haben immer Vorrang
    ausgabe = ausgabe & " G:" & z
    MsgBox ausgabe
End Sub
```

Listing 11.5 Rechenoperatoren

Das Ergebnis des Programms sehen Sie in Abbildung 11.8.

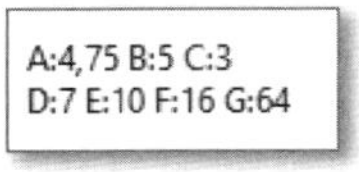

```
A:4,75 B:5 C:3
D:7 E:10 F:16 G:64
```

Abbildung 11.8 Ergebnisse von Berechnungen

Zur Erläuterung:

Division
- Ausgabe A: Die Division von 19 durch 4 ergibt den Wert 4,75. Falls Sie dieses Ergebnis einer Variablen eines Datentyps für Zahlen mit Nachkommastellen zuweisen (hier: Double), dann bleibt der Wert 4,75 erhalten.

Runden
- Ausgabe B: Bei der Zuweisung des Werts 4,75 zu einer Variablen eines Datentyps für ganze Zahlen (hier: Integer) wird gerundet, hier auf den Wert 5.

Mod
- Ausgabe C: Der Operator Mod berechnet den Rest einer Division, falls Sie sie ganzzahlig betrachten. 19 durch 4 ergibt 4 Rest 3.

Vorrang
- Ausgabe D: Punktrechnung geht vor Strichrechnung. Die Operatoren * und / haben also Vorrang vor den Operatoren + und -, falls sie gemeinsam innerhalb einer Berechnung erscheinen. Zunächst wird 2 mal 2 gerechnet, anschließend 3 addiert. Das ergibt den Wert 7.

Klammern
- Ausgabe E: Klammern haben Vorrang vor allen Operatoren. Zunächst wird 3 + 2 gerechnet, anschließend mit 2 multipliziert.

Operator ^
- Ausgabe F: Der Exponential-Operator ^ hat Vorrang vor der Punktrechnung. Zunächst wird 2 hoch 3 gerechnet, anschließend mit 2 multipliziert. Das ergibt den Wert 16.

- Ausgabe G: Auch hier haben die Klammern den Vorrang. Zunächst wird 2 * 2 gerechnet, anschließend das Ergebnis hoch 3 gerechnet. Das ergibt den Wert 64.

11.3 Fehlerbehandlung

Unvermeidbar
Bei Ihrer VBA-Programmierung werden immer wieder Fehler auftreten, das ist normal und unvermeidbar. Sie sollten allerdings diese Fehler erkennen können und mögliche Ursachen für Fehler frühzeitig ausschließen. Außerdem sollten Sie dafür sorgen, dass ein Fehler nicht Ihre gesamte Anwendung zum Absturz bringt. VBA bietet Ihnen in diesem Zusammenhang einige Hilfestellungen.

Zunächst gilt es, drei Typen von Fehlern zu unterscheiden:

Syntaxfehler
- *Syntaxfehler*: Damit sind fehlerhaft notierte Anweisungen gemeint: zum Beispiel x = 19 4 statt x = 19 / 4. Die Entwicklungsumgebung macht Sie nach einem Zeilenwechsel auf den Fehler aufmerksam.

Laufzeitfehler
- *Laufzeitfehler*: Dabei handelt es sich um Fehler, die erst nach dem Aufruf des Programms auftreten. Häufig ergeben sie sich aus Eingaben des Be-

nutzers. Der Entwickler sollte diese Stellen absichern, so dass die Anwendung nicht abstürzen kann.

- *Logische Fehler*: Dieser Fall tritt auf, wenn die Syntax stimmt, zur Laufzeit kein Fehler auftritt, aber das Ergebnis nicht stimmt. Diese Fehler sind am schwierigsten zu finden. Sie sollten in einem solchen Fall das Programm Schritt für Schritt ablaufen lassen, sich die Zwischenergebnisse anschauen und sie genau prüfen, siehe Abschnitt 11.3.2.

Logische Fehler

11.3.1 Laufzeitfehler

Das nachfolgende Programm zur Division zweier Zahlen bietet die Möglichkeit, zwei häufig auftretende Laufzeitfehler zu zeigen.

```
Sub Laufzeitfehler()
    Dim z1 As Double, z2 As Double, ergebnis As Double
    z1 = InputBox("Erste Zahl", "Zahl 1", 12)
    z2 = InputBox("Zweite Zahl", "Zahl 2", 3)
    ergebnis = z1 / z2
    MsgBox "Ergebnis: " & ergebnis
End Sub
```

Listing 11.6 Division zweier Zahlen

Der Benutzer gibt nacheinander zwei Zahlen ein, die in den Variablen z1 und z2 gespeichert werden. Die beiden Zahlen werden dividiert und das Ergebnis wird ausgegeben. Falls der Benutzer nur die Vorgaben bestätigt, dann ergibt sich 12 / 3 = 4.

Gibt er zum Beispiel bei der zweiten Eingabe den Wert 0 ein, dann bricht das Programm ab. Es erscheint ein Dialogfeld, in dem der aufgetretene Laufzeitfehler genannt wird: DIVISION DURCH NULL, siehe Abbildung 11.9.

Division durch Null

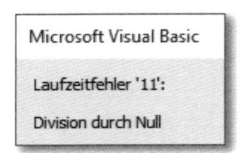

Abbildung 11.9 Nach Eingabe von 0

Gibt er bei der zweiten Eingabe einen Text statt einer Zahl ein oder gibt er gar nichts ein, also einen leeren Text, dann steht im Dialogfeld: TYPEN UNVERTRÄGLICH, siehe Abbildung 11.10.

Typen unverträglich

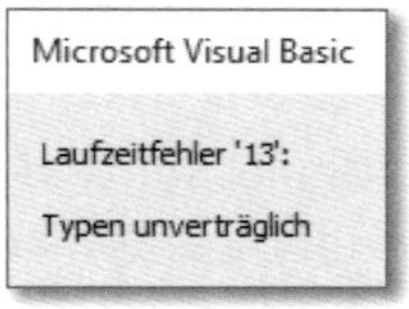

> Microsoft Visual Basic
>
> Laufzeitfehler '13':
>
> Typen unverträglich

Abbildung 11.10 Nach Eingabe eines (leeren) Texts

Nach dem Erscheinen des Dialogfelds mit dem Laufzeitfehler hat der Benutzer zwei Möglichkeiten:

Beenden
- Er kann das Programm einfach durch Betätigung der Schaltfläche BEENDEN beenden.

Debuggen
- Er kann sich durch Betätigung der Schaltfläche DEBUGGEN einen Hinweis auf die Ursache des Fehlers geben lassen. Die Zeile, in der der Fehler aufgetreten ist, wird gelb markiert. Anschließend muss er noch den Menüpunkt AUSFÜHREN • ZURÜCKSETZEN aufrufen oder auf das entsprechende blaue, quadratische Symbol klicken, um das Programm zu beenden.

11.3.2 Einzelschritte

Einzelschritte mit F8
Sie können ein Programm in Einzelschritten ablaufen lassen. Platzieren Sie dazu den Cursor in die betreffende Prozedur. Rufen Sie den Menüpunkt DEBUGGEN • EINZELSCHRITT auf, oder betätigen Sie die Funktionstaste F8. Die erste Zeile der Prozedur wird gelb markiert. Bei jedem erneuten Aufruf desselben Menüpunkts geht es im Programm einen Schritt weiter.

Werte kontrollieren
Bei jedem Schritt können Sie die Werte kontrollieren, wenn Sie die Maus über eine der Stellen setzen, an denen der Name der Variablen steht. Unmittelbar daneben erscheint ein kleines Fenster (ein *Tooltip*) mit demjenigen Wert der Variablen, den sie *vor* dem aktuell gelb markierten Schritt hat, siehe Abbildung 11.11.

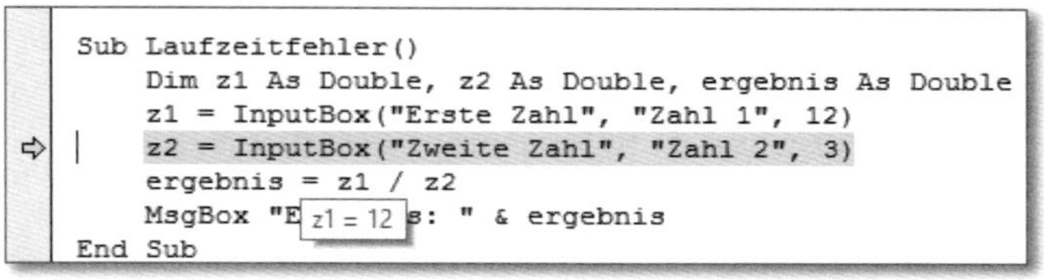

```
Sub Laufzeitfehler()
    Dim z1 As Double, z2 As Double, ergebnis As Double
    z1 = InputBox("Erste Zahl", "Zahl 1", 12)
⇨ | z2 = InputBox("Zweite Zahl", "Zahl 2", 3)
    ergebnis = z1 / z2
    MsgBox "E z1 = 12 s: " & ergebnis
End Sub
```

Abbildung 11.11 Einzelschritt mit Variablen-Kontrolle

11.3.3 Haltepunkte

Bei einem längeren Programm kann der Ablauf mithilfe von Einzelschritten zu viel Zeit in Anspruch nehmen. Dann sollten Sie besser einen Haltepunkt setzen. Platzieren Sie dazu den Cursor in der betreffenden Zeile und rufen Sie den Menüpunkt DEBUGGEN • HALTEPUNKT EIN/AUS auf oder betätigen Sie die Funktionstaste F9. In Abbildung 11.12 sehen Sie einen Haltepunkt in der Zeile, in der das Ergebnis berechnet wird.

Haltepunkt mit F9

Sie können das Programm normal über die Funktionstaste F5 starten. Es läuft dann in einem Zug bis zu der Zeile mit dem Haltepunkt. Nun können Sie die Werte kontrollieren und anschließend zum Beispiel in Einzelschritten fortfahren oder das Programm ganz beenden. Das geht wiederum über den Menüpunkt AUSFÜHREN • ZURÜCKSETZEN oder über das entsprechende blaue, quadratische Symbol.

Zum Haltepunkt mit F5

Sie entfernen einen Haltepunkt genauso, wie Sie ihn setzen: den Cursor in der Zeile platzieren und die Funktionstaste F9 betätigen.

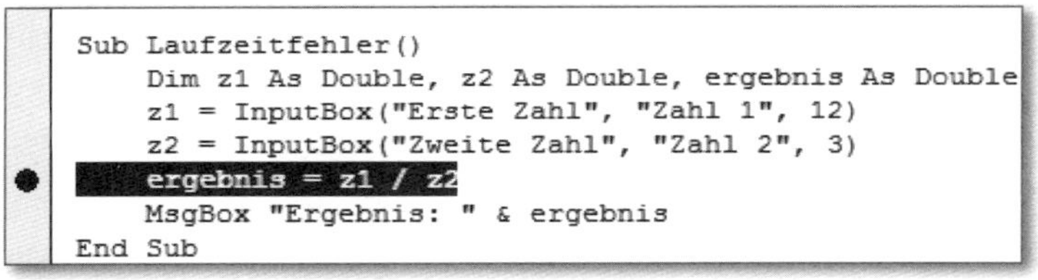

```
Sub Laufzeitfehler()
    Dim z1 As Double, z2 As Double, ergebnis As Double
    z1 = InputBox("Erste Zahl", "Zahl 1", 12)
    z2 = InputBox("Zweite Zahl", "Zahl 2", 3)
    ergebnis = z1 / z2
    MsgBox "Ergebnis: " & ergebnis
End Sub
```

Abbildung 11.12 Zeile mit Haltepunkt

11.3.4 On Error

Zur Vermeidung eines Absturzes aufgrund eines Laufzeitfehlers können Sie mit der Anweisung On Error arbeiten. Ein Beispiel:

```
Sub OnErrorAnweisung()
    Dim z1 As Double, z2 As Double, ergebnis As Double
    On Error GoTo Fehler
    z1 = InputBox("Erste Zahl", "Zahl 1", 12)
    z2 = InputBox("Zweite Zahl", "Zahl 2", 3)
    ergebnis = z1 / z2
    MsgBox "Ergebnis: " & ergebnis
    Exit Sub
```

```
Fehler:
    MsgBox Err.Description
    ' Resume Next
End Sub
```

Listing 11.7 Anweisung On Error

Sprung zur Marke	Die Anweisung `On Error` wird vor der ersten Stelle notiert, an der ein Laufzeitfehler auftreten könnte, hier also vor der ersten Eingabe des Benutzers. Falls ein Laufzeitfehler auftritt, *springt* das Programm zu der Stelle, die mit der Marke `Fehler` gekennzeichnet ist, und läuft dort weiter. Den Namen der Marke können Sie frei wählen. Nach dem Namen der Marke muss ein Doppelpunkt notiert werden.
On Error GoTo	Die Anweisung `GoTo` führt zu einem Sprung innerhalb des Programms. Solche unstrukturierten Sprünge sollten Sie vermeiden. Die Anweisung `GoTo` wird ausschließlich und nur ausnahmsweise nach der Anweisung `On Error` eingesetzt.
Fehlerobjekt	Bei Auftreten eines Laufzeitfehlers wird das Fehlerobjekt `Err` mit Informationen versorgt. Die Eigenschaft `Description` beinhaltet eine Beschreibung des Fehlers. Die Prozedur endet anschließend mit der Anweisung `End Sub` ohne Absturz.
Resume Next	Falls Sie die Anweisung `Resume Next` hinzunehmen, wird das Programm mit der nächsten Anweisung fortgesetzt. Falls die nächste Eingabe oder eine weitere Anweisung wieder zu einem Laufzeitfehler führt, springt das Programm wieder zur Marke `Fehler` und so weiter. Je nach Ablauf des Programms ist es sinnvoll, mit oder ohne die Anweisung `Resume Next` zu arbeiten.
Exit Sub	Die Anweisung `Exit Sub` führt dazu, dass eine Prozedur unmittelbar verlassen wird. Hier dient sie dazu, nach der regulären Ausgabe des Ergebnisses den Bereich nach der Fehlermarke zu überspringen.

11.3.5 Programmteile auskommentieren

Programmteile deaktivieren

Sie können Zeilen Ihrer Programme auskommentieren, damit sie zu Testzwecken deaktiviert werden. Falls Sie das für viele Zeilen auf einmal machen möchten, dann geht das mithilfe des Symbols BLOCK AUSKOMMENTIEREN aus der Symbolleiste BEARBEITEN.

Zur Aufhebung der Kommentierung benutzen Sie das Symbol rechts davon. Sie können Symbolleisten über den Menüpunkt ANSICHT • SYMBOLLEISTEN ein- und ausblenden.

11.4 Verzweigungen und Schleifen

Sie können den Ablauf Ihrer Programme mithilfe von verschiedenen Kontrollstrukturen gestalten:

- Bedingungen steuern Ihr Programm durch unterschiedliche Zweige. Verzweigungen haben Sie bereits in Abschnitt 6.5.5 bei den Abfragen mithilfe der Funktion Wenn() kennengelernt. In VBA gibt es Verzweigungen mit If ... Else und Select Case. *If, Select*
- Teile Ihres Programms können wiederholt in Schleifen ausgeführt werden. In VBA gibt es Schleifen mit For ... To, Do ... Loop und For Each. Die For Each-Schleife wird vor allem bei Objekt-Auflistungen eingesetzt, ab dem Abschnitt 11.6. *For, Do*

11.4.1 Verzweigung mit einzeiligem If

Falls die unterschiedlichen Zweige in Ihrem Programm jeweils nur eine Anweisung beinhalten, können Sie das einzeilige If verwenden, mit oder ohne Else.

Ein Beispiel:

```
Sub EinzeiligesIf()
    Dim z1 As Double, z2 As Double
    z1 = InputBox("Erste Zahl", "Zahl 1", 42)
    z2 = InputBox("Zweite Zahl", "Zahl 2", 37)

    If z1 > z2 Then MsgBox "Erste Zahl ist größer"

    If z1 > z2 Then MsgBox "Erste Zahl ist größer" _
        Else MsgBox "Erste Zahl ist nicht größer"
End Sub
```

Listing 11.8 Einzeiliges If

If ... Then	Nach dem Schlüsselwort If folgt eine Bedingung, die mithilfe eines Vergleichsoperators (hier: >) gebildet wird. Nach der Bedingung folgt das Schlüsselwort Then, anschließend folgt in derselben Zeile der Rest der Anweisung. Falls die Bedingung zutrifft, wird etwas ausgegeben. Ansonsten wird nichts ausgegeben.
If ... Then ... Else	Es folgt ein weiteres einzeiliges If, das sich hier nur aus Platzgründen über zwei Zeilen erstreckt. Falls die Bedingung zutrifft, wird ausgegeben: Erste Zahl ist größer. Dank des Schlüsselworts Else wird ansonsten das Gegenteil ausgegeben: Erste Zahl ist nicht größer.

11.4.2 Verzweigung mit Block-If

Falls die unterschiedlichen Zweige in Ihrem Programm jeweils mehr als eine Anweisung beinhalten, dann sollten Sie einen Block mit If verwenden, mit oder ohne Else. Ein Beispiel:

```
Sub BlockIf()
    Dim z1 As Double, z2 As Double
    z1 = InputBox("Erste Zahl", "Zahl 1", 42)
    z2 = InputBox("Zweite Zahl", "Zahl 2", 37)

    If z1 > z2 Then
        MsgBox "Erste Zahl ist größer"
        MsgBox "Zweite Zahl ist kleiner oder gleich"
    Else
        MsgBox "Zweite Zahl ist größer"
        MsgBox "Erste Zahl ist kleiner oder gleich"
    End If
End Sub
```

Listing 11.9 Block-If

If ... Else ... End If	Auch diese Verzweigung beginnt mit dem Schlüsselwort If. Nach dem Schlüsselwort Then wird ein Zeilenumbruch eingefügt. Anschließend folgen eine oder mehrere Anweisungen. Es kann das Schlüsselwort Else in einer eigenen Zeile folgen. Anschließend folgen wiederum eine oder mehrere Anweisungen. Als Letztes muss ein End If in einer eigenen Zeile folgen, damit das Ende der Verzweigung erkennbar ist.

11.4.3 Mehrfache Verzweigung

Mithilfe einer Verzweigung können auch mehr als zwei Zweige durchlaufen werden. Es folgt ein Beispiel mit drei Zweigen:

```
Sub MehrAlsZwei()
    Dim z1 As Double, z2 As Double
    z1 = InputBox("Erste Zahl", "Zahl 1", 42)
    z2 = InputBox("Zweite Zahl", "Zahl 2", 37)

    If z1 > z2 Then
        MsgBox "Erste Zahl ist größer"
    ElseIf z1 < z2 Then
        MsgBox "Zweite Zahl ist größer"
    Else
        MsgBox "Die Zahlen sind gleich"
    End If
End Sub
```

Listing 11.10 Mehr als zwei Fälle

Es beginnt wieder mit dem Schlüsselwort If. Falls die erste Bedingung nicht zutrifft, wird die Bedingung nach dem Schlüsselwort ElseIf geprüft. Erst wenn diese Bedingung ebenfalls nicht zutrifft, wird der Else-Zweig durchlaufen. Mithilfe von ElseIf können Sie noch weitere Bedingungen notieren.

If ... ElseIf ... Else ... End If

11.4.4 Vergleichsoperatoren

Zur Erstellung von Bedingungen können Sie die folgenden Operatoren verwenden: > (größer als), < (kleiner als), >= (größer als oder gleich), <= (kleiner als oder gleich), = (gleich) und <> (ungleich).

Operatoren

Es sind dieselben Operatoren, die Sie bereits bei den Kriterien innerhalb von Abfragen in Abschnitt 4.6.11 kennengelernt haben. Bei Zahlen haben sie auch dieselbe Wirkung. Falls Sie die empfehlenswerte Anweisung Option Compare Database zu Beginn des Moduls notiert haben, dann haben sie auch dieselbe Wirkung bei Zeichenketten.

Bei der Benutzung von Platzhaltern (* und ?) im Rahmen des Vergleichs von Zeichenketten können Sie zudem den Operator Like verwenden. Bei

*Platzhalter * und ?*

gesetztem Option Compare Database entspricht er in seiner Wirkung dem Operator Wie, den Sie bei den Abfragen in Kapitel 6 kennengelernt haben.

Ein Beispiel:

```
Sub Vergleichsoperatoren()
    If 5 > 3 Then MsgBox "A"
    If 3 = 3.2 Then MsgBox "B"
    If 2 + 3 * 2 >= 12 Then MsgBox "C"

    If "Maier" Like "m*r" Then MsgBox "D"
    If "Maier" Like "m?r" Then MsgBox "E"
    If "Maier" Like "m??er" Then MsgBox "F"
End Sub
```

Listing 11.11 Vergleichsoperatoren

Zahlenwerte vergleichen

Eine Ausgabe erscheint nur bei den zutreffenden Bedingungen A, D und F. Die Rechenoperatoren haben Vorrang vor den Vergleichsoperatoren. Daher wird innerhalb der dritten Anweisung zunächst der Ausdruck 2+3*2 berechnet, dann wird erst verglichen.

Texte vergleichen

Der Ausdruck m*r trifft für alle Zeichenketten beliebiger Länge zu, die mit kleinem oder großem M beginnen und mit kleinem oder großem R enden. Wie bei Abfragen stehen der Platzhalter * für eine beliebige Menge von beliebigen Zeichen und der Platzhalter ? für ein einzelnes beliebiges Zeichen.

11.4.5 Verknüpfungsoperatoren

And, Or, Not

Zur Erstellung einer Bedingung, die sich aus mehreren Bedingungen zusammensetzt, können Sie die Operatoren And (Und) und Or (Oder) verwenden. Der Operator Not (Nicht) dient zur Umdrehung einer Bedingung. Sie haben bei den Abfragen in Kapitel 6 die Operatoren Und, Oder und Nicht mit denselben Auswirkungen kennengelernt.

Ein Beispiel:

```
Sub Verknuepfungsoperatoren()
    Dim z As Integer
    z = 12
    If z >= 10 And z <= 20 Then MsgBox "A"
    If z < 10 Or z > 20 Then MsgBox "B"
```

```
    z = 27
    If z < 10 Or z > 20 Then MsgBox "C"
    If Not (z >= 10 And z <= 20) Then MsgBox "E"
    z = -5
    If z >= 10 And z <= 20 Or _
        z <= -10 And z >= -20 Then MsgBox "F"
End Sub
```

Listing 11.12 Verknüpfungsoperatoren

Eine Ausgabe erscheint nur bei den zutreffenden Bedingungen A, C und E. Der Operator And hat Vorrang gegenüber dem Operator Or. Daher werden in der letzten Anweisung zunächst die beiden *Und-Verknüpfungen* ausgewertet, dann erst die Or-Verknüpfung. Der Operator Not hat Vorrang gegenüber dem Operator And. Die *Und-Verknüpfung* für die Ausgabe E wird daher in Klammern gesetzt, damit sie zuerst ausgewertet wird.

»Not« vor »And«
»And« vor »Or«

11.4.6 Verzweigung mit Select Case

Eine weitere Möglichkeit zur Erstellung von Verzweigungen haben Sie mithilfe eines Select Case-Blocks. In einigen Situationen ist er übersichtlicher zu programmieren als ein If-Block mit mehreren ElseIf.

Ein Beispiel:

```
Sub SelectCase()
    Dim z As Integer
    z = InputBox("Zahl eingeben", "Zahl", 42)

    Select Case z
       Case 20, 30, 40
           MsgBox "20, 30 oder 40"
       Case Is < 10, Is > 100
           MsgBox "Kleiner als 10 oder größer als 100"
       Case 12 To 17
           MsgBox "Zwischen 12 und 17, jeweils einschließlich"
       Case Else
           MsgBox "Eine andere Zahl"
    End Select
End Sub
```

Listing 11.13 Select Case

Select Case ... Case ... End Select

Ein Select Case-Block steht zwischen Select Case und End Select. Es wird der Wert einer Variablen (hier: z) oder eines Ausdrucks untersucht. Jeder Zweig wird durch Case eingeleitet und kann eine oder mehrere Anweisungen beinhalten.

Komma, Is, To, Case Else

Das Komma hat die Wirkung eines *Oder*. Bei der Nutzung von Vergleichsoperatoren müssen Sie das Schlüsselwort Is verwenden. Das Schlüsselwort To kennzeichnet einen Bereich einschließlich der Grenzen. Die Anweisungen nach Case Else werden ausgeführt, wenn keiner der anderen *Cases* vorher passte.

11.4.7 Schleife mit For To

Bekannt, regelmäßig

Innerhalb einer Schleife werden Anweisungen wiederholt ausgeführt. Die For ... To-Schleife eignet sich, wenn dem Entwickler bekannt ist:

- wie häufig etwas wiederholt werden soll oder
- für welche regelmäßigen Werte die Schleife laufen soll.

Ein Beispiel:

```
Sub ForToSchleife()
    Dim z As Integer
    Dim x As Double
    Dim ausgabe As String

    For z = 3 To 11
        ausgabe = ausgabe & z & " "
    Next z
    MsgBox ausgabe

    ausgabe = ""
    For x = 8.4 To 3.2 Step -1.5
        ausgabe = ausgabe & x & " "
    Next x
    MsgBox ausgabe
End Sub
```

Listing 11.14 Schleife mit For ... To

In Abbildung 11.13 und Abbildung 11.14 sehen Sie die Ausgaben der beiden Schleifen.

```
3 4 5 6 7 8 9 10 11
```

Abbildung 11.13 Erste Schleife

Im Kopf der ersten Schleife wird mithilfe von For und To die Steuerung für den Ablauf festgelegt. Die Variable z nimmt nacheinander die Werte von 3 bis 11 an, mit einer Schrittweite von 1. Es folgen eine oder mehrere Anweisungen, für die jeweils der aktuelle Wert von z gilt. Das Ende der Schleife wird mithilfe von Next angegeben. Es ist zu empfehlen, nach Next den Namen der Schleifenvariablen zu notieren. Das macht den Ablauf deutlicher.

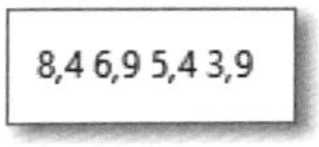

For ... To ... Next ...

```
8,4 6,9 5,4 3,9
```

Abbildung 11.14 Zweite Schleife

An der zweiten Schleife sehen Sie, dass die Variable zur Steuerung einer Schleife auch eine Zahl mit Nachkommastellen sein kann. Falls Sie eine andere Schrittweite als 1 haben möchten, müssen Sie diese nach dem Schlüsselwort Step notieren. Falls die Schleife von einem größeren Wert zu einem kleineren Wert laufen soll, müssen Sie eine negative Schrittweite angeben.

Step

Falls Sie mit Zahlen mit Nachkommastellen arbeiten, ist es nicht zu empfehlen, als Endwert genau den letzten erlaubten Wert zu nehmen. Zahlen mit Nachkommastellen sind nur bis zu einer begrenzten Anzahl von Stellen nach dem Komma genau. Es kann sein, dass der Wert 3,9 intern zum Beispiel als 3,900001 gespeichert wird. Dann würde als letzter Wert 5,4 und nicht mehr 3,9 erscheinen. Mit einem Wert, der zwischen dem letzten erlaubten Wert (hier: 3,9) und dem ersten nicht mehr erlaubten Wert (hier: 2,4) liegt, sind Sie auf der sicheren Seite.

Endwert beachten

11.4.8 Schleife mit Do Loop

Die Do ... Loop-Schleife eignet sich besonders dann, wenn dem Entwickler nicht bekannt ist, wie häufig sie durchlaufen werden soll. Dabei könnte es sich zum Beispiel um eine Schleife handeln, die alle Datensätze einer Tabelle oder einer Abfrage durchläuft. Deren Anzahl kann bei jedem Aufruf anders sein.

Unbekannte Anzahl

Ein Beispiel:

```
Sub DoLoopSchleife()
    Dim summe As Double
    Dim ausgabe As String
    Randomize

    ausgabe = ""
    summe = 0
    Do While summe < 4
        summe = summe + Rnd()
        ausgabe = ausgabe & summe & " "
    Loop
    MsgBox ausgabe
End Sub
```

Listing 11.15 Schleife mit Do ... Loop

Zufallsgenerator In diesem Programm wird ein Zufallsgenerator zur Erzeugung von zufälligen Zahlen verwendet. Diese Zahlen sollen addiert werden, solange ihre Summe eine bestimmte Grenze noch nicht erreicht hat. Die zufälligen Zahlen sind jedes Mal anders. Daher weiß niemand vorher, wie viele Durchläufe benötigt werden.

Ein mögliches Ergebnis des Programms, in der die langsam anwachsende Summe der zufälligen Zahlen zu sehen ist, zeigt Abbildung 11.15.

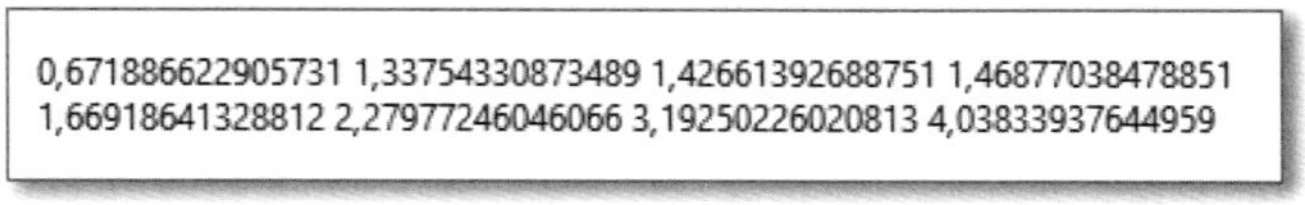

```
0,671886622905731 1,33754330873489 1,42661392688751 1,46877038478851
1,66918641328812 2,27977246046066 3,19250226020813 4,03833937644959
```

Abbildung 11.15 Schleife zur Addition von zufälligen Werten

Do While ... Loop Am Anfang der Schleife wird mithilfe von Do und While die Steuerung für den Ablauf festgelegt. Es wird jedes Mal geprüft, ob der Wert von summe kleiner als 4 ist. Ist das der Fall, werden die Anweisungen zwischen Do und Loop durchlaufen. Das Schlüsselwort Loop kennzeichnet das Ende der Schleife.

Rnd() Die Funktion Rnd() erzeugt eine zufällige Zahl zwischen 0 (einschließlich) und 1 (ausschließlich). Diese zufällige Zahl wird jedes Mal zu dem aktuellen Wert von summe hinzuaddiert.

Der Zufallsgenerator muss einmal in jedem Programm mithilfe der Anweisung Randomize initialisiert werden. Zufallsgeneratoren werden häufig in Spielen oder Simulationen eingesetzt.

Randomize

Die Do ... Loop-Schleife bietet Ihnen noch weitere Möglichkeiten. Statt While summe < 4 können Sie auch Until summe >= 4 notieren. Dann lautet die Bedingung: *Bis die Summe die Zahl 4 erreicht oder überschritten hat.* Das führt zum selben Ergebnis.

Do Until ... Loop

Sie können While summe < 4 oder Until summe >= 4 auch am Ende der Schleife notieren, nach dem Schlüsselwort Loop statt nach dem Schlüsselwort Do. Dann findet die Prüfung jeweils am Ende statt. Die Schleife wird mindestens einmal durchlaufen, selbst wenn die Summe bereits vor der Schleife größer oder gleich 4 ist.

Prüfung am Ende

Sie können While summe < 4 oder Until summe >= 4 auch ganz weglassen, sowohl nach dem Schlüsselwort Do als auch nach dem Schlüsselwort Loop. Ihre Schleife läuft dann endlos. Eine solche Schleife müssen Sie mithilfe einer Verzweigung und der Anweisung Exit Do verlassen. Geeignet ist in diesem Fall nach Ausgabe der Summe:

Endlos, Exit Do

```
If summe >= 4 Then Exit Do
```

In der Datei *firma.accdb* finden Sie unterhalb der Prozedur DoLoopSchleife() die vollständigen Programme zu den hier genannten Varianten.

11.5 Prozeduren und Funktionen

Sie können Ihre Programme mithilfe von weiteren eigenen Prozeduren und mithilfe von eigenen Funktionen in übersichtliche Teile zerlegen. Falls Sie bestimmte Teile Ihrer Programme mehrmals benötigen, können Sie sie auslagern. Diese Teile müssen Sie nur einmal definieren, können Sie aber mehrmals aufrufen und verwenden.

Einmal definieren, mehrmals verwenden

Eine Prozedur oder eine Funktion kann eine beliebige Anzahl von Parametern besitzen. Diese Parameter können verpflichtend oder optional sein und versorgen die Prozedur oder die Funktion mit Werten, mit denen sie arbeiten kann. Eine Funktion kann – im Gegensatz zu einer Prozedur – auch ein Ergebnis zurückliefern: den sogenannten Rückgabewert.

Parameter

Neben den eigenen Prozeduren und Funktionen, die Sie selbst definieren, bietet VBA noch eine ganze Reihe von vordefinierten Funktionen, wie zum

Vordefinierte Funktionen

Beispiel `MsgBox()`, `InputBox()` und `Rnd()`. Sie lassen sich in Kategorien aufteilen und ähneln in ihrer Benutzung und ihrer Wirkung häufig den integrierten Funktionen, die Sie in Abschnitt 6.5 kennengelernt haben.

Online-Hilfe

Markieren Sie in einem Ihrer Programme einmal die Funktion `MsgBox()` und betätigen Sie die Funktionstaste F1. Anschließend öffnet sich Ihr Standardbrowser mit der Online-Hilfe von Microsoft. Auf der linken Seite finden Sie eine verlinkte Liste der VBA-Funktionen.

11.5.1 Prozeduren

In diesem Abschnitt definieren Sie eine eigene Prozedur, der zwei Parameter übergeben werden. Innerhalb der Prozedur wird das Maximum der beiden Werte ermittelt und ausgegeben. Diese Prozedur wird anschließend zweimal aufgerufen.

Es folgt der VBA-Code:

```
Sub ZeigeMaxwert(x As Double, y As Double)
    If x > y Then
        MsgBox x
    Else
        MsgBox y
    End If
End Sub

Sub ZeigeMaxwertTest()
    Dim a As Double, b As Double
    a = 4.5
    b = 7.2
    ZeigeMaxwert a, b

    ZeigeMaxwert a * 2, 11 - 3
End Sub
```

Listing 11.16 Definition und Aufruf einer Prozedur

In der Prozedur `ZeigeMaxwertTest()` wird die Prozedur `ZeigeMaxwert()` zweimal aufgerufen, jeweils mit zwei `Double`-Werten als Parameter. Innerhalb der Prozedur wird (vereinfacht) der größere der beiden Werte ermittelt und ausgegeben.

In der Kopfzeile der Prozedur ZeigeMaxwert() werden innerhalb der Klammern zwei Double-Variablen als Parameter deklariert. Bei der Deklaration von Parametern wird das Schlüsselwort Dim weggelassen.

Deklaration der Parameter

Beim Aufruf in der Prozedur ZeigeMaxwertTest() werden zwei Double-Werte übergeben, jeweils durch Komma voneinander getrennt. Sie werden nicht in Klammern gesetzt. Es kann sich um Double-Werte, um die Werte von Double-Variablen oder auch um die Werte von Rechenausdrücken handeln:

Aufruf mit Parametern

- Beim ersten Aufruf der Prozedur wird der Wert der Variablen a an die Variable x übergeben sowie der Wert der Variablen b an die Variable y. Es wird 7.2 ausgegeben, also der Wert von b.
- Beim zweiten Aufruf der Prozedur werden den beiden Variablen x und y jeweils die Werte von Ausdrücken übergeben, die zuvor berechnet wurden. Es wird 9 ausgegeben, also der Wert von a*2.

Sie können die Prozedur ZeigeMaxwert() nicht direkt starten, da dann die Werte für die beiden Parameter fehlen würden. Sie müssen sie über eine andere Prozedur (oder Funktion) starten, zum Beispiel ZeigeMaxwertTest(), die die korrekten Aufrufe beinhaltet.

11.5.2 Funktionen

Eine Funktion kann im Gegensatz zu einer Prozedur mithilfe eines Rückgabewerts ein Ergebnis zurückliefern. In diesem Abschnitt definieren Sie eine Funktion, der zwei Parameter übergeben werden. Innerhalb der Funktion wird das Maximum der beiden Werte ermittelt. Dieses Maximum wird an die aufrufende Stelle zurückgeliefert. Diese Funktion wird anschließend zweimal aufgerufen.

Rückgabewert

Es folgt der VBA-Code:

```
Function Maxwert(x As Double, y As Double) As Double
    If x > y Then
        Maxwert = x
    Else
        Maxwert = y
    End If
End Function

Sub MaxwertTest()
    Dim a As Double, b As Double, c As Double
```

```
    a = 4.5
    b = 7.2
    c = Maxwert(a, b)
    MsgBox c

    MsgBox Maxwert(a * 2, 11 - 3)
End Sub
```

Listing 11.17 Definition und Aufruf einer Funktion

| Function ... As ... | Eine Funktion steht zwischen `Function` und `End Function`. Nach der Definition der Parameter innerhalb der Klammern muss mithilfe des Schlüsselworts `As` der Datentyp der Funktion angegeben werden. Dabei handelt es sich um den Datentyp des Werts, der als Ergebnis der Funktion zurückgeliefert werden soll. |

| Zuweisung des Funktionswerts | Innerhalb der Funktion `Maxwert()` wird das Maximum der beiden `Double`-Werte ermittelt. Durch die Zuweisung `Maxwert = x` (beziehungsweise `Maxwert = y`) erhält die Funktion den Wert dieses Maximums. Nach Ablauf der Funktion liefert sie diesen Wert zurück. |

| Parameter in Klammern | In der Prozedur `MaxwertTest()` werden beim Aufruf jeweils zwei `Double`-Werte übergeben. Sie müssen in Klammern gesetzt werden, da sie den Rückgabewert der Funktion `Maxwert()` nutzen. Die Rückgabe des Ergebnisses wird unterschiedlich gehandhabt: |

| Ergebnis zuweisen | ▶ Beim ersten Aufruf wird das Ergebnis der Variablen `c` zugewiesen, die anschließend ausgegeben wird. |

| Ergebnis ausgeben | ▶ Beim zweiten Aufruf wird das Ergebnis direkt ausgegeben, ohne Zwischenspeicherung in einer Variablen. |

Sie müssen immer dafür sorgen, dass das Ergebnis einer Funktion entweder einer Variablen zugewiesen wird oder in anderer Form direkt weiterverarbeitet wird.

Ähnlich wie im vorherigen Abschnitt können Sie die Funktion `Maxwert()` nicht direkt starten, da dann die Werte für die beiden Parameter fehlen würden. Sie müssen sie über eine andere Prozedur (oder Funktion) starten – zum Beispiel `MaxwertTest()` –, die die korrekten Aufrufe beinhaltet.

| Rückgabewert von InputBox() | Zum besseren Verständnis von Parametern und Rückgabewerten: Die Funktion `InputBox()` besitzt einen verpflichtenden und mehrere optionale Parameter. Sie liefert als Rückgabewert die Eingabe des Benutzers. Übli- |

cherweise nutzen Sie diesen Rückgabewert, daher müssen die Parameter der Funktion beim Aufruf in Klammern stehen.

11.5.3 Funktion MsgBox()

Möglicherweise wundern Sie sich darüber, dass es sich bei MsgBox() um eine Funktion und nicht um eine Prozedur handelt. Wir haben sie bisher nur zur einfachen Ausgabe von Nachrichten genutzt. Sie kann aber auch für kleinere Standarddialoge mit dem Benutzer genutzt werden, bei denen der Rückgabewert benötigt wird.

Standarddialog

Im nachfolgenden Beispiel wird der Benutzer gefragt, ob er einen Datensatz wirklich löschen möchte, siehe Abbildung 11.16. In Abhängigkeit seiner Antwort erscheint eine passende Meldung.

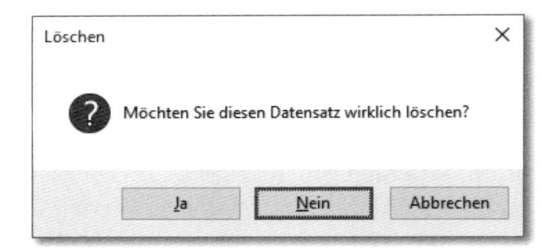

Abbildung 11.16 Möglichkeiten der Funktion MsgBox()

Es folgt der VBA-Code:

```
Sub FrageUndAntwort()
    Dim antwort As Integer
    antwort = MsgBox("Möchten Sie diesen Datensatz " & _
        "wirklich löschen?", vbQuestion + vbYesNoCancel + _
        vbDefaultButton2, "Löschen")
    If antwort = vbYes Then
        MsgBox "Sie möchten ihn löschen."
    ElseIf antwort = vbNo Then
        MsgBox "Sie möchten ihn nicht löschen."
    Else
        MsgBox "Sie überlegen noch."
    End If
End Sub
```

Listing 11.18 Funktion MsgBox als Dialogfeld

Der zweite, optionale Parameter der Funktion MsgBox() dient dazu:

Icon
- eines von mehreren Icons einzublenden, zum Beispiel das Fragezeichen, mithilfe der Konstanten vbQuestion,

Schaltflächen
- eine Kombination von Schaltflächen anzuzeigen, zum Beispiel JA, NEIN und ABBRECHEN, mithilfe der Konstanten vbYesNoCancel und

Standardschaltfläche
- eine Standardschaltfläche zu definieren, zum Beispiel die zweite Schaltfläche (NEIN), mithilfe der Konstanten vbDefaultButton2.

Die drei Konstanten werden addiert und sorgen für die gewünschte Anzeige und das gewünschte Verhalten. Falls der Benutzer nur die ⏎-Taste drückt, entspricht das dem Betätigen der Standardschaltfläche.

Rückgabewert von MsgBox()
Der Rückgabewert ist vom Datentyp Integer und wird in der Variablen antwort gespeichert. Mithilfe der Konstanten vbYes, vbNo und gegebenenfalls weiterer Konstanten können Sie feststellen, welche Schaltfläche betätigt wurde.

11.5.4 Funktion Format()

Ausgaben gestalten
Die Funktion Format() dient zur Formatierung von Ausgaben, zum Beispiel innerhalb eines Dialogfelds oder innerhalb eines ungebundenen Textfelds. Es folgt ein Beispiel mit Zahlen, Währungsangaben, Prozentzahlen und Zeitangaben:

```
Sub Formatieren()
    Dim ausgabe As String
    Dim x As Double, p As Double, d As Date
    x = 10000 / 7
    p = 0.19
    d = "9.5.16 9:7:12"

    ausgabe = x & vbCrLf & _
        Format(x, "#,##0.000000") & vbCrLf & _
        Format(x, "Currency") & vbCrLf & vbCrLf & _
        Format(p, "0.00 %") & vbCrLf & vbCrLf & _
        d & vbCrLf & _
        Format(d, "d.m.yy") & vbCrLf & _
        Format(d, "dd.mm.yy hh:mm:ss")
    MsgBox ausgabe
End Sub
```

Listing 11.19 Formatieren

Eine Erläuterung der Ausgabe, die Sie in Abbildung 11.17 sehen:

- Zunächst wird eine `Double`-Variable unformatiert ausgegeben.
- Als Nächstes wird ihr Wert für die Darstellung auf sechs Nachkommastellen dank der sechs Nullen bei der Formatierung gerundet. Das Zeichen # sorgt dafür, dass die entsprechende Ziffer nur angezeigt wird, falls sie existiert. Der Tausenderpunkt wird in diesem Zusammenhang nur angezeigt, falls die Zahl mehr als drei Ziffern vor dem Komma hat. — *Zahlenformat*
- Die Angabe `Currency` führt zu einer Standardwährungsausgabe. — *Währungsformat*
- Das Zeichen % bewirkt, dass der Wert einer Variablen für die Darstellung durch 100 geteilt wird und ein Prozentzeichen nachgestellt wird. — *Prozentformat*
- Es folgt die Standarddarstellung einer Zeitangabe.
- Mithilfe der Formatierungszeichen d, m, y, h und s werden die entsprechenden Teile der Zeitangabe jeweils mit zwei Ziffern ausgegeben, gegebenenfalls mit vorangestellten Nullen. — *Format für Zeitangaben*

```
1428,57142857143
1.428,571429
1.428,57 €

19,00 %

09.05.2016 09:07:12
9.5.16
09.05.16 09:07:12
```

Abbildung 11.17 Formatierung von Zahlen und Zeitangaben

11.5.5 Funktionen für Zeitangaben

Es gibt eine Reihe von vordefinierten Funktionen für Zeitangaben. In einem ersten Beispiel werden Zeitangaben auf unterschiedliche Art und Weise erzeugt und formatiert ausgegeben:

```
Sub ZeitErzeugen()
    Dim aus As String

    aus = Format(Date, "dd.mm.yyyy hh:mm:ss")
    aus = aus & vbCrLf & Format(Time, "dd.mm.yyyy hh:mm:ss")
    aus = aus & vbCrLf & Format(Now, "dd.mm.yyyy hh:mm:ss")

    aus = aus & vbCrLf & Format(DateSerial(2015, 11, 23), _
        "dd.mm.yyyy hh:mm:ss")
```

```
        aus = aus & vbCrLf & Format(TimeSerial(16, 39, 45), _
            "dd.mm.yyyy hh:mm:ss")

    MsgBox aus
End Sub
```

Listing 11.20 Zeitangaben erzeugen

Die Ausgabe des Programms sehen Sie in Abbildung 11.18.

Systemzeit Die Funktionen `Date()`, `Time()` und `Now()` erstellen jeweils eine Zeitangabe mithilfe der aktuellen Systemzeit. Sie können `Date()` verwenden, falls Sie nur das Datum benötigen. Sie können `Time()` verwenden, falls Sie nur die Uhrzeit nutzen. `Now()` liefert die vollständige Zeitangabe.

Zeitangabe erzeugen Die beiden Funktionen `DateSerial()` und `TimeSerial()` erzeugen eine beliebige Zeitangabe, jeweils mithilfe von drei einzelnen Parametern: entweder Jahr, Monat und Tag oder Stunde, Minute und Sekunde.

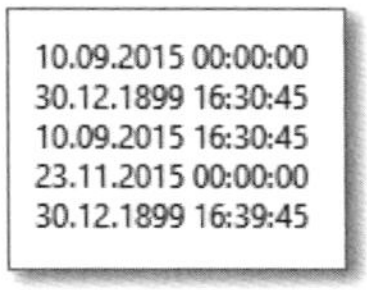

```
10.09.2015 00:00:00
30.12.1899 16:30:45
10.09.2015 16:30:45
23.11.2015 00:00:00
30.12.1899 16:39:45
```

Abbildung 11.18 Zeitangaben erzeugen

Teil einer Zeitangabe Die Funktion `DatePart()` liefert einen bestimmten Teil einer Zeitangabe, zum Beispiel nur die Minute oder nur das Jahr. Ein Beispiel:

```
Sub ZeitTeile()
    Dim dt As Date
    Dim tg As Integer, mo As Integer, ja As Integer
    Dim st As Integer, mi As Integer, sk As Integer
    Dim tj As Integer, wt As Integer
    Dim aus As String

    dt = "23.11.2015 16:39:45"

    tg = DatePart("d", dt)
    mo = DatePart("m", dt)
    ja = DatePart("yyyy", dt)
    aus = tg & "." & mo & "." & ja
```

```
    st = DatePart("h", dt)
    mi = DatePart("n", dt)
    sk = DatePart("s", dt)
    aus = aus & vbCrLf & st & ":" & mi & ":" & sk

    tj = DatePart("y", dt)
    aus = aus & vbCrLf & "Tag des Jahres: " & tj

    ' Sonntag=1 ... Samstag=7
    wt = DatePart("w", dt)
    aus = aus & vbCrLf & "Wochentag: " & wt

    MsgBox aus
End Sub
```

Listing 11.21 Teile von Zeitangaben

Die Ausgabe des Programms sehen Sie in Abbildung 11.19.

Der gewünschte Teil der Zeitangabe wird als Kürzel innerhalb einer Zeichenkette als erster Parameter angegeben. Dabei gibt es unter anderem folgende Kürzel: d für den Tag des Monats, m für den Monat, yyyy für das Jahr, h für die Stunde, n für die Minute, s für die Sekunde, y für den Tag des Jahres und w für die Nummer des Wochentags. Im letzten Fall ergeben sich Nummern von 1 (= Sonntag) bis 7 (= Samstag).

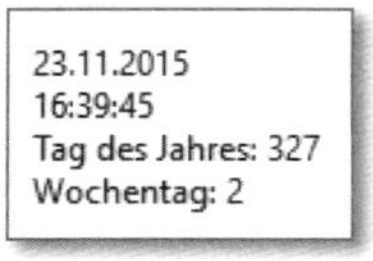

Kürzel für Teil der Zeitangabe

```
23.11.2015
16:39:45
Tag des Jahres: 327
Wochentag: 2
```

Abbildung 11.19 Teile von Zeitangaben

Die Funktion DateAdd() dient zur Addition einer Zeitspanne zu einer vorhandenen Zeitangabe in einer vorgegebenen Einheit, zum Beispiel von 85 Minuten oder –3 Jahren.

Zeitangabe addieren

Mithilfe der Funktion DateDiff() können Sie die Differenz zwischen zwei Zeitangaben in einer vorgegebenen Einheit berechnen, zum Beispiel in Sekunden oder in Minuten. In beiden Fällen kommen dieselben Kürzel zum Einsatz wie bei der Funktion DatePart(). Ein Beispiel:

Zeitdifferenz

```
Sub ZeitRechnen()
    Dim dt1 As Date, dt2 As Date
    Dim differenz As Long
    Dim aus As String

    dt1 = "23.11.2015 16:39:45"
    dt2 = DateAdd("s", 600, dt1)
    aus = Format(dt2, "dd.mm.yyyy hh:mm:ss")

    differenz = DateDiff("s", dt1, dt2)
    aus = aus & vbCrLf & "Differenz: " & differenz & " Sek."

    MsgBox aus
End Sub
```

Listing 11.22 Rechnen mit Zeitangaben

Die Ausgabe des Programms sehen Sie in Abbildung 11.20.

Zunächst werden 600 Sekunden (= 10 Minuten) zu einer vorhandenen Zeitangabe addiert. Anschließend wird die Differenz zwischen den beiden Zeitangaben in Sekunden berechnet.

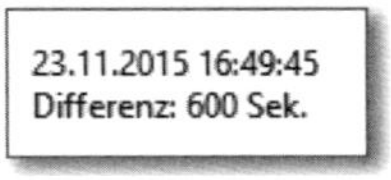

```
23.11.2015 16:49:45
Differenz: 600 Sek.
```

Abbildung 11.20 Rechnen mit Zeitangaben

11.5.6 Mathematische Funktionen

Eine Anzahl von vordefinierten mathematischen Funktionen wird Ihnen ebenfalls zur Verfügung gestellt. Ein Beispiel:

```
Sub MathFunktionen()
    Dim pi As Double, winkel As Double, bogenmass As Double
    Dim aus As String

    aus = 2.5 ^ 2
    aus = aus & vbCrLf & Sqr(6.25)

    aus = aus & vbCrLf & Log(100)
    aus = aus & vbCrLf & Exp(4.60517)
```

```
    pi = 4 * Atn(1)
    winkel = 45
    bogenmass = winkel / 180 * pi

    aus = aus & vbCrLf & Sin(bogenmass)
    aus = aus & vbCrLf & Cos(bogenmass)
    aus = aus & vbCrLf & Tan(bogenmass)

    MsgBox aus
End Sub
```

Listing 11.23 Mathematische Funktionen

Die Ausgabe des Programms sehen Sie in Abbildung 11.21.

Die Funktion Sqr() berechnet die Quadratwurzel einer Zahl. Die Funktion Log() liefert den natürlichen Logarithmus einer Zahl. Mithilfe der Funktion Exp() wird e mit x potenziert, also e^x berechnet.

Wurzel, Logarithmus, Potenz

Die Funktionen Sin(), Cos() und Tan() berechnen den Sinus, den Kosinus und den Tangens eines Winkels, der im Bogenmaß angegeben wird. Ein Winkel w, der in Grad angegeben wird, kann mithilfe der Formel w / 180 * pi in Bogenmaß umgerechnet werden. Die mathematische Konstante pi kann mithilfe der Formel 4 * Arkustangens(1) ermittelt werden. Die Funktion Atn() berechnet den Arkustangens.

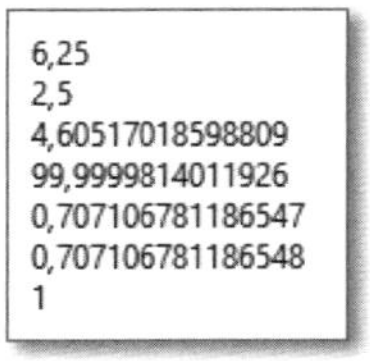

Winkelfunktionen

```
6,25
2,5
4,60517018598809
99,9999814011926
0,707106781186547
0,707106781186548
1
```

Abbildung 11.21 Mathematische Funktionen

11.5.7 Datentypen prüfen und umwandeln

Ohne den Aufruf von besonderen Funktionen werden die Umwandlungen zwischen Zahlen, Zeichenketten und Zeitangaben implizit durchgeführt. Zur besseren Kontrolle können Sie aber auch den Datentyp eines Werts prüfen. Außerdem können Sie Werte explizit in bestimmte Datentypen umwandeln.

Implizit, explizit

Ein Beispiel:

```
Sub TypPruefenUmwandeln()
    Dim x As Double, y As Double, z As Double
    Dim d As Date, e As Date
    Dim t As String

    t = "3,7"
    If IsNumeric(t) Then x = CDbl(t)
    t = "3.7"
    If IsNumeric(t) Then y = CDbl(t)
    t = "3,7h"
    If IsNumeric(t) Then z = CDbl(t)

    t = "9.5.16 9:7:12"
    If IsDate(t) Then d = CDate(t)
    t = "9.5."
    If IsDate(t) Then e = CDate(t)

    MsgBox "x: " & x & vbCrLf & _
        "y: " & y & vbCrLf & _
        "z: " & z & vbCrLf & _
        "d: " & Format(d, "dd.mm.yyyy hh:mm:ss") & vbCrLf & _
        "e: " & Format(e, "dd.mm.yyyy hh:mm:ss")
End Sub
```

Listing 11.24 Datentypen prüfen und umwandeln

Prüfen — Die Funktionen `IsNumeric()` und `IsDate()` prüfen, ob es sich bei dem Parameter um eine gültige Zahl beziehungsweise um eine gültige Zeitangabe handelt. Es gibt noch weitere Prüffunktionen, deren Name ebenfalls mit `Is` beginnt.

Explizite Umwandlung — Die Funktionen `CDbl()` und `CDate()` führen eine explizite Umwandlung des Parameters in einen `Double`-Wert beziehungsweise in einen `Date`-Wert durch. Es gibt noch weitere Funktionen, mit denen Sie Werte konvertieren (engl.: *to convert*) können. Ihr Name beginnt ebenfalls mit `C`.

Gültige Werte — Eine Zahl innerhalb einer Zeichenkette benötigt ein Komma als Dezimaltrennzeichen. Ein Punkt wird ignoriert; weitere Zeichen sind nicht erlaubt. Ein Datum innerhalb einer Zeichenkette sollte die Form T.M.J haben, eine vollständige Zeitangabe die Form T.M.J H:M:S. Falls kein gültiger Wert zugewiesen wird, dann ergibt sich der Wert 0. Dieser entspricht bei einer Zeitangabe dem 30.12.1899.

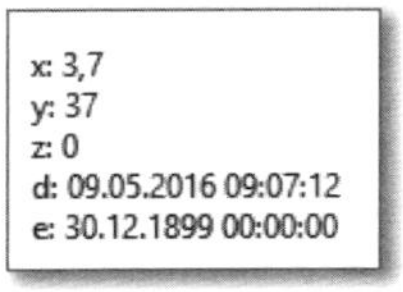

```
x: 3,7
y: 37
z: 0
d: 09.05.2016 09:07:12
e: 30.12.1899 00:00:00
```

Abbildung 11.22 Datentypen prüfen und umwandeln

11.5.8 Gültigkeitsbereiche

Variablen und Konstanten haben nur einen zeitlich und örtlich begrenzten Gültigkeitsbereich. Variablen, die innerhalb von Prozeduren oder Funktionen deklariert werden, haben einen *lokalen* Gültigkeitsbereich. Ihr Name und ihr Wert sind nur während des Ablaufs und nur innerhalb der betreffenden Prozedur oder Funktion bekannt. Dasselbe trifft für die Parameter einer Prozedur oder einer Funktion zu. Auf diese Art und Weise sind die Bestandteile Ihrer Programme unabhängig voneinander und lassen sich leichter pflegen.

Lokale Gültigkeit

In manchen Fällen kann es aber nützlich sein, Variablen und Konstanten zu definieren, die ihren Wert längere Zeit behalten und gegebenenfalls innerhalb von mehreren Prozeduren und Funktionen oder sogar innerhalb von mehreren Modulen bekannt sind. Bei Variablen dieses Typs richtet sich der aktuelle Wert nach der Reihenfolge der Bearbeitung innerhalb der Anwendung. Er kann nicht mehr unmittelbar innerhalb einer Prozedur oder Funktion erkannt werden.

Mehr als lokale Gültigkeit

Ein Beispiel:

```
Option Compare Database
Option Explicit
Dim Mz As Integer
Public Pz As Integer

...

Sub Gueltigkeit1()
    Dim Lz As Integer
    Mz = 10
    Pz = 20
    Lz = 30
```

```
        MsgBox Mz & " " & Pz & " " & Lz
    End Sub

    Sub Gueltigkeit2()
        MsgBox Mz & " " & Pz
    End Sub

    Sub Gueltigkeit3()
        Dim Mz As Integer
        Mz = 40
        MsgBox Mz
    End Sub
```

Listing 11.25 Gültigkeitsbereiche

Deklaration im Modulkopf

Eine Variable mit einem *modulweiten* oder einem *anwendungsweiten* Gültigkeitsbereich wird im Kopf des Moduls deklariert, direkt unterhalb der Optionen. Falls sie für die gesamte Anwendung gültig sein soll, wird dabei das Schlüsselwort Public statt des Schlüsselworts Dim verwendet.

Falls Sie als Erstes die Prozedur Gueltigkeit2() starten, haben die modulweite Variable Mz und die anwendungsweite Variable Pz den Wert 0. Falls Sie als Erstes die Prozedur Gueltigkeit1() starten, haben sie die Werte 10 beziehungsweise 20. Die Variable Lz ist nur lokal innerhalb von Gueltigkeit1() bekannt.

Ausblenden

Innerhalb der Prozedur Gueltigkeit3() blendet die lokale Variable Mz die modulweite Variable mit demselben Namen aus.

11.6 Datenbankzugriff mit DAO und SQL

Zugriff auf Objekte

Für den Zugriff auf die Objekte von MS Access steht Ihnen die DAO-Bibliothek (DAO = *Data Access Objects*) zur Verfügung. Mithilfe dieser Bibliothek können Sie auf die Objekte Ihrer Datenbanken zugreifen, das heißt auf die Struktur und die Daten der Tabellen, auf den Aufbau der Abfragen, Formulare und Berichte und vieles mehr.

Datenbanksprache

SQL steht für *Structured Query Language*, also *Strukturierte Abfragesprache*. SQL ist die meist verwendete Datenbanksprache der Welt. Anweisungen in der Sprache SQL werden in den VBA-Code eingebettet.

11.6.1 Objekte, Auflistungen und Verweise

Die *Objekte* innerhalb einer Datenbank besitzen bestimmte Eigenschaften und bestimmte Methoden. Die Werte der *Eigenschaften* können Sie ermitteln. Viele dieser Werte können Sie auch verändern. Bei den *Methoden* handelt es sich um Funktionen, die Sie für das betreffende Objekt ausführen können.

Eigenschaften und Methoden

Eine Eigenschaft kann wiederum ein Objekt mit eigenen Eigenschaften und Methoden sein. Auf diese Weise ergibt sich eine Objekthierarchie über mehrere Ebenen mit einem Hauptobjekt, mehreren Unterobjekten, Unter-Unterobjekten und so weiter.

Objekthierarchie

Gleichartige Objekte werden innerhalb von sogenannten *Auflistungen* zusammengefasst. Objekte für Auflistungen erkennen Sie am Buchstaben s am Ende ihres Namens, zum Beispiel Tables, Fields, Forms und so weiter. Die Elemente einer Auflistung lassen sich am besten mithilfe einer For Each-Schleife durchlaufen.

Auflistungsobjekte

Verweise sind Variablen, die auf Objekte zeigen. Mit ihrer Hilfe greifen Sie auf die verschiedenen Objekte und ihre Eigenschaften zu und rufen ihre Methoden auf.

Verweise

Ein Beispiel für einige der genannten Begriffe:

- Ihre Datenbank beinhaltet ein bestimmtes Formular. Von VBA aus wird es als Formularobjekt betrachtet. Es besitzt Eigenschaften mit Werten, zum Beispiel BREITE (Wert: 18,2cm), DATENSATZQUELLE (Wert: kunde), DATENSATZMARKIERER (Wert: Nein) und NAVIGATIONSSCHALTFLÄCHEN (Wert: Nein). Eine weitere Eigenschaft ist ein Auflistungsobjekt, das wiederum alle Steuerelementobjekte des Formulars beinhaltet.

- Eines der Objekte in dieser Auflistung wird genauer betrachtet, und zwar ein Steuerelement vom Typ *Bezeichnungsfeld*. Es besitzt wiederum Eigenschaften mit Werten, zum Beispiel: BESCHRIFTUNG (Wert: Kunde), BREITE (Wert: 6,5cm), HÖHE (Wert: 0,6cm), OBEN (Wert: 0,5cm) und LINKS (Wert: 0,5cm).

11.6.2 Daten aus Tabellen anzeigen

Die nachfolgende Prozedur dient zum Anzeigen der Inhalte aus zwei bestimmten Feldern für alle Datensätze der Tabelle kunde der Datenbank *firma.accdb*. Das Ergebnis sehen Sie in Abbildung 11.23. Die Prozedur steht wie die nachfolgenden Prozeduren in `Modul2` dieser Datenbank.

```
1 Maier KG
2 Garner GmbH
3 Wolf GmbH & Co KG
4 Veronne SARL
5 Lejeune SA
6 Dujardin GG
```

Abbildung 11.23 Tabelle »kunde«, Inhalte aus zwei Feldern

Der VBA-Code:

```vba
Sub Anzeigen()
    Dim db As DAO.Database
    Dim rs As DAO.Recordset
    Dim ausgabe As String

    Set db = Application.CurrentDb
    Set rs = db.OpenRecordset("kunde")

    ausgabe = ""
    Do While Not rs.EOF
        ausgabe = ausgabe & rs!kundeID & " " & _
            rs!bezeichnung & vbCrLf
        rs.MoveNext
    Loop
    MsgBox ausgabe
End Sub
```

Listing 11.26 Daten aus Tabelle anzeigen

Die nachfolgende Erläuterung beinhaltet eine ganze Reihe von neuen Begriffen und ist daher recht umfangreich. Sie werden aber feststellen, dass viele dieser Begriffe in allen weiteren Abschnitten dieses Kapitels auftauchen werden und Ihnen dann bereits bekannt sind.

Database, Recordset Ein Objekt vom Datentyp `DAO.Database` repräsentiert eine MS Access-Datenbank. Die Variable `db` ist ein Verweis auf ein solches `Database`-Objekt. Ein Objekt vom Datentyp `DAO.Recordset` repräsentiert einen Recordset, also eine Menge von Datensätzen. Die Variable `rs` ist ein Verweis auf ein `Recordset`-Objekt.

11.6 Datenbankzugriff mit DAO und SQL

Das Objekt `Application` bildet das oberste Objekt in der Objekthierarchie. Es repräsentiert das Programm MS Access selbst und besitzt die Eigenschaft `CurrentDb`. Diese repräsentiert immer die aktuelle Datenbank, in der sich der VBA-Code befindet, hier also *firma.accdb*.

Application

Das Schlüsselwort `Set` ordnet einen Verweis einem bestimmten Objekt zu. Die Anweisung `Set db = Application.CurrentDb` sorgt also dafür, dass der Verweis `db` auf die aktuelle Datenbank verweist.

Set

Die Methode `OpenRecordset()` erzeugt ein neues `Recordset`-Objekt. Als Parameter kann der Name einer Tabelle übergeben werden. Der Inhalt dieser Tabelle wird zum Inhalt des `Recordset`-Objekts. Die `Set`-Anweisung sorgt dafür, dass der Verweis `rs` auf das `Recordset`-Objekt verweist. Ein `Recordset`-Objekt verfügt über einen Datensatzzeiger. Er zeigt entweder auf einen einzelnen Datensatz oder auf eine Stelle hinter dem letzten Datensatz. Direkt nach der Erzeugung eines `Recordset`-Objekts zeigt er auf den ersten Datensatz.

OpenRecordset()

Der Wert der Eigenschaft `EOF` (kurz für: *End of File*) vom Datentyp `Boolean` gibt an, ob der Datensatzzeiger auf die Stelle hinter dem letzten Datensatz des `Recordset`-Objekts zeigt. Diese Eigenschaft wird zur Steuerung einer Do Loop-Schleife genutzt, die alle Datensätze durchläuft.

EOF, Do Loop

Die Ausdrücke `rs!kundeID` und `rs!bezeichnung` beinhalten die Werte der beiden Felder `kundeID` beziehungsweise `bezeichnung` für den aktuellen Datensatz.

Feldwerte

Eigentlich handelt es sich bei der Schreibweise mit dem Ausrufezeichen um eine Schreibabkürzung. Der vollständige Ausdruck lautet im ersten Fall `rs.Fields("kundeID").Value`. Das Auflistungsobjekt `Fields` beinhaltet alle Felder des `Recordset`-Objekts. Auf ein einzelnes Element des Auflistungsobjekts, also auf ein bestimmtes Feld, wird über seinen Namen zugegriffen, in Anführungszeichen und Klammern. Die Eigenschaft `Value` liefert den Wert des Felds, also den Inhalt für den aktuellen Datensatz.

Die Methode `MoveNext()` bewegt den Datensatzzeiger um einen Datensatz weiter. Anschließend muss wiederum geprüft werden, ob er auf eine Stelle hinter dem letzten Datensatz zeigt.

MoveNext()

11.6.3 Daten in Tabellen aktualisieren

In diesem Abschnitt werden Daten in der Tabelle `kunde` aktualisiert. Dazu wird eine SQL-Anweisung benötigt, die in den VBA-Code eingebettet wird.

Die SQL-Anweisung entspricht der SQL-Ansicht einer Aktionsabfrage, wie Sie sie in Abschnitt 6.10.1 vorgenommen haben.

Mithilfe des nachfolgenden Programms soll der Kreditbetrag bei allen Datensätzen der Tabelle kunde um 10 % erhöht werden. Der VBA-Code lautet wie folgt:

```
Sub Aktualisieren()
    Dim db As DAO.Database
    Set db = Application.CurrentDb
    Dim sql As String
    sql = "UPDATE kunde SET kredit = kredit * 1.1"
    db.Execute (sql)
    MsgBox "Anzahl geänderte Datensätze: " & db.RecordsAffected
End Sub
```

Listing 11.27 Aktualisieren von Daten

Execute() — Die Methode Execute() eines Database-Objekts dient zur Durchführung von Aktionsabfragen. Sie benötigt eine Zeichenkette mit einer SQL-Anweisung als Parameter. Die SQL-Anweisung sollte in einer eigenen Variablen gespeichert werden. Damit haben Sie die Möglichkeit, sich die Anweisung zur Kontrolle anzeigen zu lassen.

UPDATE ... SET — Die SQL-Anweisung UPDATE ... SET dient zur Aktualisierung von Datensätzen. Nach dem Schlüsselwort UPDATE folgt der Name der Tabelle. Nach dem Schlüsselwort SET wird ein Ausdruck angegeben, der eine oder mehrere Zuweisungen beinhaltet. Hier besagt der Ausdruck: Der neue Inhalt des Felds kredit ist der alte Inhalt des Felds kredit, multipliziert mit 1,1. Innerhalb von SQL-Anweisungen dient der Punkt als Dezimaltrennzeichen. Es ist kein Filter gesetzt, also trifft dieser Ausdruck für alle Datensätze zu.

RecordsAffected() — Die Methode RecordsAffected() eines Database-Objekts liefert die Anzahl der Datensätze, die beim letzten Aufruf der Methode Execute() desselben Database-Objekts geändert wurden. Da die Tabelle sechs Datensätze beinhaltet und kein Filter gesetzt wurde, ergibt sich die Ausgabe in Abbildung 11.24.

Anzahl geänderte Datensätze: 6

Abbildung 11.24 Ausgabe des Werts von RecordsAffected()

Bei jedem Aufruf der Prozedur wird der Inhalt der Tabelle kunde erneut aktualisiert. Schauen Sie sich ihn zur Kontrolle an. Anschließend sollten Sie die SQL-Anweisung innerhalb der Prozedur kurzfristig zu kredit = kredit / 1.1 ändern. Führen Sie die Prozedur erneut durch, dann besitzen die Datensätze wieder die Originalwerte.

Prüfen

Sie können die SQL-Anweisungen in Großbuchstaben oder auch in Kleinbuchstaben schreiben. Gemäß einer häufig genutzten Konvention werden aber innerhalb dieses Buchs die Schlüsselwörter und Funktionen der Sprache SQL zur Verdeutlichung in Großbuchstaben notiert und die Namen der Tabellen und Felder in Kleinbuchstaben.

Schreibweise

11.6.4 Daten zu Tabellen hinzufügen

Es wird ein Datensatz zur Tabelle kunde hinzugefügt. Der VBA-Code lautet wie folgt:

```
Sub Hinzufuegen()
    Dim db As DAO.Database
    Set db = Application.CurrentDb
    Dim sql As String
    sql = "INSERT INTO kunde(bezeichnung, ort) " & _
        "VALUES ('bezNeu', 'ortNeu')"
    db.Execute (sql)
    MsgBox "Anzahl neue Datensätze: " & db.RecordsAffected
End Sub
```

Listing 11.28 Datensätze hinzufügen

Die SQL-Anweisung INSERT INTO ... VALUES dient zum Hinzufügen von Datensätzen. Nach den Schlüsselwörtern INSERT INTO folgt der Name der Tabelle, anschließend in Klammern die Namen einiger oder aller Felder, durch Komma getrennt. Nach dem Schlüsselwort VALUES folgen in Klammern die Werte für die angegebenen Felder in derselben Reihenfolge.

INSERT INTO

Beachten Sie, dass Zeichenkettenwerte für die Felder des Datentyps Kurzer Text oder Langer Text innerhalb von einfachen Hochkommata notiert werden müssen. Zahlenwerte werden ohne Hochkommata notiert.

Einfache Hochkommata

Es müssen Werte für alle Pflichtfelder der Tabelle angegeben werden. Für einige Felder wurden beim Entwurf der Tabelle Standardwerte definiert.

Pflichtfelder

Für diese Felder müssen Sie keine Werte notieren. Sie dürfen keinen Wert für das Feld `kundeID` vom Datentyp `AutoWert` angeben.

Bei jedem Aufruf der Prozedur wird ein neuer Datensatz hinzugefügt.

11.6.5 Daten aus Tabellen löschen

Die Löschabfrage aus diesem Abschnitt dient zum Löschen der Beispieldatensätze aus dem vorherigen Abschnitt. Anschließend besitzt die Tabelle wieder den Originalinhalt. Der VBA-Code:

```
Sub Loeschen()
    Dim db As DAO.Database
    Set db = Application.CurrentDb
    Dim sql As String
    sql = "DELETE FROM kunde WHERE bezeichnung = 'bezNeu'"
    db.Execute (sql)
    MsgBox "Anzahl gelöschte Datensätze: " & db.RecordsAffected
End Sub
```

Listing 11.29 Datensätze löschen

DELETE, WHERE Die SQL-Anweisung `DELETE FROM` dient zum Löschen von Datensätzen. Nach den Schlüsselwörtern `DELETE FROM` folgt der Name der Tabelle. Nach dem Schlüsselwort `WHERE` wird eine Bedingung notiert. Falls Sie innerhalb einer Abfrage für die Spalte `bezeichnung` das Kriterium `bezNeu` notieren, entspricht das genau der obigen Bedingung. Wenn Sie kein `WHERE` und keine Bedingung angeben, werden alle Datensätze der Tabelle gelöscht!

Bei jedem Aufruf der Prozedur werden alle Datensätze gelöscht, die der Bedingung genügen. Falls Sie die Prozedur mehrmals nacheinander aufrufen, werden ab dem zweiten Aufruf keine Datensätze mehr gelöscht, da es keine mehr gibt, die der Bedingung genügen. Die Tabelle besitzt wieder den Originalinhalt.

11.7 Auswahlabfragen mit SQL

OpenRecordset() Sie können der Methode `OpenRecordset()` des `Database`-Objekts auch den Text einer SQL-Auswahlabfrage statt des Namens einer Tabelle übergeben. Dies ermöglicht Ihnen, alle Abfragen, die Sie unter anderem in Kapitel 6 kennengelernt haben, innerhalb von VBA-Code einzubetten.

11.7.1 Daten mithilfe von Abfragen auswählen

Mithilfe der nachfolgenden Prozedur wird das Ergebnis einer Auswahlabfrage angezeigt, die alle Felder der Tabelle kunde beinhaltet. Zur Verdeutlichung werden zusätzlich die Namen der Felder angezeigt. Außerdem werden die Inhalte der Datensätze jeweils in eckige Klammern gesetzt. In Abbildung 11.25 sehen Sie einen Ausschnitt aus der umfangreichen Ausgabe.

```
kundeID bezeichnung ort land telefon email mitarbeiter rabatt seit kredit news bemerkung
[1] [Maier KG] [Dortmund] [Deutschland] [0231-123456]
[info@wmaier.de#mailto:info@wmaier.de#] [12] [0,037] [15.02.2013] [2200]
[Wahr] []
[2] [Garner GmbH] [Hagen] [Deutschland] [02331-34567] [] [0] [0] [] [600] [Falsch]
[]
```

Abbildung 11.25 Felder und Inhalte der Tabelle »kunde« (Ausschnitt)

Einige der eckigen Klammern sind leer, da der Datensatz für dieses Feld keinen Inhalt besitzt. Es folgen einige Anmerkungen zu der Anzeige der Werte bestimmter Datentypen:

- Zahlen, also Werte der Datentypen Währung, Zahl oder AutoWert werden als Zahlen ohne Formatierung angezeigt, also ohne Eurozeichen, Prozentzeichen und so weiter.
  Zahlen
- Zeitangaben, also Werte des Datentyps Datum/Uhrzeit, werden im Standardformat dd.mm.yyyy angezeigt.
  Zeitangaben
- Werte des Datentyps Ja/Nein werden als Wahr oder Falsch angezeigt.
  Ja/Nein-Werte
- Werte des Datentyps Link werden mit ihrem vollständigen Inhalt angezeigt, inklusive der normalerweise nicht sichtbaren Teile.
  Links

Es folgt der VBA-Code:

```
Sub AuswaehlenAbfrage()
    Dim db As DAO.Database
    Dim rs As DAO.Recordset
    Dim fd As DAO.Field
    Dim ausgabe As String
    Dim sql As String
    Set db = Application.CurrentDb

    sql = "SELECT * FROM kunde"
    Set rs = db.OpenRecordset(sql)
```

```
            For Each fd In rs.Fields
                ausgabe = ausgabe & fd.Name & " "
            Next fd
            ausgabe = ausgabe & vbCrLf

            Do While Not rs.EOF
                For Each fd In rs.Fields
                    ausgabe = ausgabe & "[" & fd.Value & "] "
                Next fd
                ausgabe = ausgabe & vbCrLf
                rs.MoveNext
            Loop
            MsgBox ausgabe
        End Sub
```

Listing 11.30 Auswahlabfrage

Field	Ein Objekt vom Datentyp `DAO.Field` repräsentiert ein Feld aus einer MS Access-Tabelle oder aus einem `Recordset`-Objekt. Die Variable `fd` ist ein Verweis auf ein solches `Field`-Objekt. Auch bei Auswahlabfragen sollte die SQL-Anweisung in einer eigenen Variablen gespeichert werden.
SELECT ... FROM	Die SQL-Anweisung `SELECT ... FROM` dient zur Auswahl von Datensätzen. Nach dem Schlüsselwort `SELECT` folgt entweder das Zeichen * (zur Auswahl aller Felder) oder eine Liste der gewünschten Felder, jeweils durch Komma getrennt. Nach dem Schlüsselwort `FROM` folgt der Name der Tabelle.
For Each	Die `For Each`-Schleife ist besonders zum Durchlauf aller Elemente einer Auflistung geeignet. Das Auflistungsobjekt `Fields` beinhaltet alle Felder des `Recordset`-Objekts. Ein einzelnes Element der Auflistung ist vom Datentyp `DAO.Field`. Die Anweisung `For Each fd In rs.Fields` bedeutet: *Durchlaufe die Schleife für jedes Feld in der Auflistung der Felder und nenne dabei jedes einzelne Feld fd*. Die Variable `fd` wird in diesem Zusammenhang auch als Schleifenvariable betrachtet.
Next	Innerhalb der Schleife wird der Wert der Eigenschaft `Name` ausgegeben, also der Name des Felds. Das Ende der Schleife wird durch `Next` gekennzeichnet. Wie bei der `For To`-Schleife sollten Sie zur Verdeutlichung den Namen der Schleifenvariablen nach `Next` angeben.
Value	Beim Durchlauf des `Recordset`-Objekts mithilfe der `Do Loop`-Schleife werden die Inhalte der einzelnen Felder für jeden Datensatz wiederum mithilfe

einer For Each-Schleife ausgegeben. Diesmal kommt die Eigenschaft Value des Field-Objekts zum Einsatz. Die eckigen Klammern dienen nur zur Verdeutlichung, insbesondere für Felder ohne Inhalt. Im zweiten Datensatz werden einige der Standardwerte angezeigt.

11.7.2 Prozedur zur Auswahl und Formatierung

Mithilfe der nachfolgenden Prozedur kann eine ganze Reihe von Abfragen durchgeführt werden. Es handelt sich um die Abfragen, die Sie bereits in den vorherigen Kapiteln kennengelernt haben. Der SQL-Code dieser Abfragen wird in den nachfolgenden Abschnitten erläutert.

SQL-Code der Abfragen

Innerhalb der Prozedur gibt es viele Zeilen, in denen jeweils die Zeichenkette mit der SQL-Anweisung zugewiesen wird. Nur eine der SQL-Anweisungen ist jeweils aktiviert. Die anderen SQL-Anweisungen sind mithilfe von Kommentarzeichen deaktiviert. Manche der Anweisungen sind sehr lang und beanspruchen mehrere Zeilen.

Aktivieren

Falls Sie eine bestimmte SQL-Anweisung testen möchten, dann müssen Sie die Kommentarzeichen entsprechend platzieren.

Zunächst der Code:

```
Sub AuswaehlenSQL()
    Dim db As DAO.Database
    Dim rs As DAO.Recordset
    Dim fd As DAO.Field
    Dim ausgabe As String
    Dim sql As String
    Set db = Application.CurrentDb

    sql = "SELECT * FROM kunde"
```

[... weitere Zuweisungen mit SQL-Anweisungen ...]

```
    If sql <> "" Then
        Set rs = db.OpenRecordset(sql)
        ' MsgBox sql
    Else
        MsgBox "Keine SQL-Anweisung aktiviert"
        Exit Sub
    End If
```

```vba
        For Each fd In rs.Fields
            ausgabe = ausgabe & fd.Name & " "
        Next fd
        ausgabe = ausgabe & vbCrLf
        
        Do While Not rs.EOF
            For Each fd In rs.Fields
                ' Prozentformat
                If fd.Name Like "*rabatt*" Then
                    ausgabe = ausgabe & "[" & Format(fd, _
                        "0.00%") & "] "
                ' Datum/Uhrzeit
                ElseIf fd.Name Like "seit" Or fd.Name Like _
                        "*datum*" Then
                    ausgabe = ausgabe & "[" & Format(fd, _
                        "dd.mm.yy hh:mm") & "] "
                ' Währung
                ElseIf fd.Name Like "*kredit*" Or fd.Name Like _
                        "*preis*" Or fd.Name Like "*summe*" _
                        Or fd.Name Like "*lohn*" Or fd.Name _
                        Like "*kosten*" Then
                    ausgabe = ausgabe & "[" & Format(fd, _
                        "#,##0.00 €") & "] "
                ' Zahl mit drei Nachkommastellen
                ElseIf fd.Name Like "*tage*" Or fd.Name Like _
                        "*stunden*" Then
                    ausgabe = ausgabe & "[" & Format(fd, _
                        "#,##0.000") & "] "
                ' Anderer Wert
                Else
                    ausgabe = ausgabe & "[" & fd & "] "
                End If
            Next fd
            ausgabe = ausgabe & vbCrLf
            rs.MoveNext
        Loop
        MsgBox ausgabe
End Sub
```

Listing 11.31 Verschiedene SQL-Auswahlabfragen

Es wird geprüft, ob eine der SQL-Anweisungen aktiviert ist. Ist dies der Fall, dann kann sie zur Kontrolle ausgegeben werden. Ist sie nicht aktiviert, dann wird die Prozedur beendet. Die erste For Each-Schleife dient zur Ausgabe der Feldnamen des Ergebnisses der Abfrage.

Anweisung aktiviert?

Innerhalb der Do Loop-Schleife werden die Inhalte der Felder zur Verdeutlichung möglichst passend mithilfe der VBA-Funktion Format() formatiert, siehe Abschnitt 11.5.4. Zu diesem Zweck werden die Feldnamen der Tabellen untersucht. Leider können nicht einfach die Datentypen der Tabellenfelder benutzt werden, da die Abfrageergebnisse nicht nur Tabellenfelder umfassen, sondern auch Felder, deren Name innerhalb der Abfrage mithilfe eines Ausdrucks festgelegt wurde.

Formatierung

Ein Beispiel: Falls im Namen eines Felds eine der nachfolgenden Zeichenfolgen vorkommt, dann handelt es sich um einen Währungsbetrag: kredit, preis, summe, lohn oder kosten. Er wird in der passenden Formatierung ausgegeben. In Abbildung 11.26 sehen Sie einen Ausschnitt aus der umfangreichen Ausgabe.

Beispiel »Währungsbetrag«

```
kundeID bezeichnung ort land telefon email mitarbeiter rabatt seit kredit news bemerkung
[1] [Maier KG] [Dortmund] [Deutschland] [0231-123456]
[info@wmaier.de#mailto:info@wmaier.de#] [12] [3,70%] [15.02.13 00:00] [2.200,00 €] [Wahr] []
[2] [Garner GmbH] [Hagen] [Deutschland] [02331-34567] [] [0] [0,00%] [] [600,00 €] [Falsch] []
```

Abbildung 11.26 formatierte Ausgabe (Ausschnitt)

11.7.3 Sortierung und erste Filter

Ab diesem Punkt werden nur noch diejenigen Zuweisungen mit den SQL-Anweisungen abgebildet und erläutert, die Sie mithilfe der Prozedur aus Abschnitt 11.7.2 testen können.

Es folgt die Anweisung zu der Abfrage aus Abschnitt 4.6.3:

```
sql = "SELECT kundeID, bezeichnung, email, seit FROM kunde"
```

Es werden nur einzelne Felder statt aller Felder ausgewählt. Nach dem Schlüsselwort SELECT steht die Liste der gewünschten Felder. Die anderen Felder und ihre Inhalte sind im Ergebnis der Abfrage nicht bekannt. Auf diese Felder kann auch nicht zugegriffen werden

Einzelne Felder

Falls Sie sich einmal die SQL-Ansicht der Abfragen in der Datenbank *firma.accdb* anschauen, dann sehen Sie kleine Unterschiede zu der hier

Notwendiger SQL-Code

gezeigten Darstellung. Manche Ausdrücke werden dort in Klammern gesetzt. Die Namen der Felder werden dort normalerweise in der ausführlichen Form notiert, also `Tabellenname.Feldname`. Falls aber der Name eines Felds innerhalb der SQL-Anweisung eindeutig ist, dann kann der Tabellenname weggelassen werden. In diesem Kapitel sehen Sie nur den notwendigen Code der SQL-Anweisung.

Es folgen Abfragen mit Sortierungen, aus Abschnitt 4.6.6 bis 4.6.8:

```
sql = "SELECT kundeID, bezeichnung, ort, land " & _
    "FROM kunde ORDER BY land"
sql = "SELECT kundeID, bezeichnung, ort, mitarbeiter " & _
    "FROM kunde ORDER BY mitarbeiter DESC"
sql = "SELECT kundeID, bezeichnung, land, ort " & _
    "FROM kunde ORDER BY land, ort"
```

ORDER BY Nach den Schlüsselwörtern ORDER BY werden ein oder mehrere Felder angegeben, nach denen sortiert wird. Es wird zunächst nach dem ersten Feld der Liste sortiert. Bei gleichen Inhalten wird nach dem nächsten Feld der Liste sortiert und so weiter.

DESC Eine absteigende Sortierung wird mithilfe des Schlüsselworts DESC angegeben, unmittelbar nach dem Feldnamen. Der Standardwert ASC zur Angabe einer aufsteigenden Sortierung muss nicht notiert werden.

Leerzeichen Achten Sie bei der Zuweisung einer SQL-Anweisung, die sich über mehrere Zeilen erstreckt, auf die notwendigen Leerzeichen. Eine SQL-Anweisung, in der `"landFROM"` steht statt `"land FROM"`, führt zu einem Fehler. Geben Sie gegebenenfalls die SQL-Anweisung zur Kontrolle aus.

Es folgen Abfragen mit Filtern und Vergleichsoperatoren aus Abschnitt 4.6.10 bis Abschnitt 4.6.12:

```
sql = "SELECT kundeID, bezeichnung, rabatt " & _
    "FROM kunde WHERE rabatt=0.028"
sql = "SELECT kundeID, bezeichnung, rabatt " & _
    "FROM kunde WHERE rabatt>=0.025"
sql = "SELECT kundeID, bezeichnung, ort, land " & _
    "FROM kunde WHERE land='Deutschland'"
sql = "SELECT kundeID, bezeichnung, ort " & _
    "FROM kunde WHERE ort>'H'"
```

Bedingungen zur Filterung der Datensätze werden nach dem Schlüsselwort WHERE angegeben. Sie werden mithilfe der Vergleichsoperatoren =, <>, >, <, >= und <= gebildet, wie sie in Abschnitt 4.6.11 beschrieben werden. Achten Sie auf die einfachen Hochkommata für Felder der Text-Datentypen.

WHERE

11.7.4 Einfache Filter

Es folgen Abfragen mit Platzhaltern aus Abschnitt 6.1.3 bis Abschnitt 6.1.7:

```
sql = "SELECT kundeID, bezeichnung, ort, email " & _
    "FROM kunde WHERE email LIKE 'info*'"
sql = "SELECT kundeID, bezeichnung, ort " & _
    "FROM kunde WHERE bezeichnung LIKE '*KG'"
sql = "SELECT kundeID, bezeichnung, ort " & _
    "FROM kunde WHERE bezeichnung LIKE '*GmbH*'"
sql = "SELECT kundeID, bezeichnung, ort " & _
    "FROM kunde WHERE bezeichnung LIKE '* ?G'"
sql = "SELECT kundeID, bezeichnung, ort " & _
    "FROM kunde WHERE bezeichnung LIKE '* [AK]G'"
```

Der Operator Wie aus den Abfragen entspricht in SQL dem Operator LIKE. Die Platzhalter * (beliebig viele unbekannte Zeichen) und ? (ein unbekanntes Zeichen) sind bereits bekannt, wie auch die eckigen Klammern zur Bildung einer Menge der möglichen Zeichen.

LIKE, *, ?

Es folgen Abfragen mit Datumsfiltern sowie dem Operator NOT, aus Abschnitt 6.1.8 bis Abschnitt 6.1.11:

```
sql = "SELECT kundeID, bezeichnung, ort, seit " & _
    "FROM kunde WHERE seit=#8/1/2012#"
sql = "SELECT kundeID, bezeichnung, ort, seit " & _
    "FROM kunde WHERE seit<=#8/31/2012#"
sql = "SELECT kundeID, bezeichnung, ort, seit " & _
    "FROM kunde WHERE NOT seit=#8/1/2012#"
sql = "SELECT kundeID, bezeichnung, ort, seit " & _
    "FROM kunde WHERE seit<>#8/1/2012#"
```

Zeitangaben werden innerhalb von Hash-Zeichen # gesetzt. Die Zeitangabe wird im amerikanischen Format notiert: Monat/Tag/Jahr.

Hashzeichen #

NOT Der Operator Nicht aus den Abfragen entspricht in SQL dem Operator NOT. Der Wahrheitswert einer Bedingung wird damit umgedreht. Die Aussage NOT seit=#8/1/2012# entspricht der Aussage seit<>#8/1/2012#.

Es folgt die Abfrage mit einem Filter für ein Feld des Datentyps Ja/Nein aus Abschnitt 6.1.10:

```
sql = "SELECT kundeID, bezeichnung, ort, news " & _
    "FROM kunde WHERE news=NO"
```

YES, NO Falls Sie nur die Datensätze sehen möchten, bei denen das Häkchen für das Feld news gesetzt ist, dann lautet die Bedingung news=YES.

Es folgen Abfragen auf vorhandene beziehungsweise nicht vorhandene Inhalte von Feldern, aus Abschnitt 6.1.12 und Abschnitt 6.1.13:

```
sql = "SELECT kundeID, bezeichnung, ort, seit " & _
    "FROM kunde WHERE seit IS NULL"
sql = "SELECT kundeID, bezeichnung, ort, seit " & _
    "FROM kunde WHERE seit IS NOT NULL"
```

IS NULL Die Bedingung IS NULL prüft, ob es *keinen* Inhalt gibt. Die Bedingung IS NOT NULL prüft, ob es *einen* Inhalt gibt.

11.7.5 Verknüpfte Kriterien

Es folgen Abfragen mit Verknüpfungsoperatoren aus dem Abschnitt 6.2:

```
sql = "SELECT kundeID, bezeichnung, rabatt, kredit " & _
    "FROM kunde WHERE rabatt>0.025 AND kredit>=1700"
sql = "SELECT kundeID, bezeichnung, rabatt, kredit " & _
    "FROM kunde WHERE rabatt>0.025 OR kredit>=1700"
sql = "SELECT kundeID, bezeichnung, ort, seit " & _
    "FROM kunde WHERE seit>=#8/1/2012# AND " & _
    "seit<=#8/31/2012#"
sql = "SELECT kundeID, bezeichnung, ort, seit " & _
    "FROM kunde WHERE seit BETWEEN #8/1/2012# " & _
    "AND #8/31/2012#"
sql = "SELECT kundeID, bezeichnung, ort, email " & _
    "FROM kunde WHERE email LIKE '*.de*' OR " & _
    "email IS NULL"
```

Die Verknüpfungsoperatoren Und, Oder und Zwischen aus den Abfragen entsprechen in SQL den Operatoren AND, OR und BETWEEN. Die Vergleichsoperatoren haben Vorrang, daher müssen keine Klammern gesetzt werden. Der Operator AND hat Vorrang vor dem Operator BETWEEN, daher müssen auch in der vierten Abfrage keine Klammern gesetzt werden.

AND vor BETWEEN

Es folgt eine Abfrage mit mehreren Verknüpfungen aus Abschnitt 6.2.6:

```
sql = "SELECT kundeID, bezeichnung, rabatt, kredit " & _
    "FROM kunde WHERE rabatt BETWEEN 0.02 AND 0.03 " & _
    "AND kredit<=1000 OR rabatt>0.03 AND kredit<=2000"
```

Die Operatoren AND und BETWEEN haben Vorrang vor dem Operator OR, daher müssen keine Klammern gesetzt werden.

BETWEEN vor OR

11.7.6 Besondere Abfragen

Es folgt die Abfrage, in deren Ergebnis kein Inhalt doppelt erscheint, aus Abschnitt 6.3.1:

```
sql = "SELECT DISTINCT ort FROM kunde"
```

Das Schlüsselwort DISTINCT nach SELECT sorgt für das gewünschte Ergebnis. Falls Sie zwei Felder angeben, wird keine Kombination aus diesen Feldern doppelt angezeigt. Ein Beispiel: DISTINCT land, ort.

DISTINCT

Es folgt die Abfrage, in deren Ergebnis nur eine bestimmte Anzahl von Datensätzen oder ein bestimmter Anteil der Datensätze erscheint, aus Abschnitt 6.3.2:

```
sql = "SELECT TOP 3 kundeID, bezeichnung, ort, " & _
    "kredit FROM kunde ORDER BY kredit DESC"
```

Nach dem Schlüsselwort TOP nach SELECT folgt eine Anzahl oder eine Prozentangabe. Ein Beispiel: TOP 50 PERCENT.

TOP, PERCENT

Es folgt die Abfrage mit Parametern aus Abschnitt 6.3.3. Der Benutzer muss einen oder mehrere Werte eingeben, die in die SQL-Anweisung eingebettet werden:

Parameter

```
Dim ds As Date, de As Date
ds = CDate(InputBox("Startdatum"))
de = CDate(InputBox("Enddatum"))
```

```
sql = "SELECT kundeID, bezeichnung, ort, seit " & _
      "FROM kunde WHERE seit BETWEEN #" & Month(ds) & _
      "/" & Day(ds) & "/" & Year(ds) & "# AND #" & _
      Month(de) & "/" & Day(de) & "/" & Year(de) & "#"
```

InputBox() Für die Eingaben des Benutzers wird die VBA-Funktion `InputBox()` aufgerufen. Die Datumsangaben werden im Format T.M.J eingegeben. Zur Einbettung in eine SQL-Anweisung müssen sie in die amerikanische Form M/T/J überführt werden. Dazu werden die VBA-Funktionen `Month()`, `Day()` und `Year()` genutzt. Die resultierende SQL-Anweisung sollten Sie sich zur Kontrolle ausgeben lassen.

11.7.7 Berechnungen

Es folgt die Abfrage, in der die Rechenoperatoren vorgestellt werden, aus Abschnitt 6.4.1:

```
sql = "SELECT 2.5+4*5 AS Ausdr1, (2.5+4)*5 AS Ausdr2, " & _
      "2*3^2 AS Ausdr3, 7/4 AS Ausdr4, 7 MOD 4 AS Ausdr5"
```

Vorrang, AS Die Klammern haben Vorrang vor allen Operatoren, der Exponentialoperator hat Vorrang vor der Punktrechnung, diese vor der Strichrechnung. Nach einem Ausdruck kann das Schlüsselwort AS stehen, gefolgt von einem neuen Namen für den Ausdruck.

Es folgen weitere Abfragen mit Berechnungen aus dem Abschnitt 6.4. Teilweise werden Ausdrucksnamen erzeugt und für weitere Berechnungen verwendet:

```
sql = "SELECT kundeID, bezeichnung, rabatt, " & _
      "rabatt*2 AS rabattDoppelt FROM kunde"
sql = "SELECT kundeID, bezeichnung, rabatt, " & _
      "rabatt*2 AS rabattDoppelt, " & _
      "200*(1-rabattDoppelt) AS beispielPreis FROM kunde"
sql = "SELECT kundeID, bezeichnung, seit, seit+1000 AS " & _
      "kunde1000, kunde1000-seit AS differenz FROM kunde"
```

Zeitangaben in Tagen Bei Berechnungen mit Zeitangaben steht der Wert 1 für einen Tag beziehungsweise 24 Stunden. Es folgt die Abfrage, bei der ein Filter mithilfe einer Berechnung gebildet wird:

```
sql = "SELECT kundeID, bezeichnung, rabatt " & _
    "FROM kunde WHERE 200*(1-rabatt*2)<=190"
```

11.7.8 Integrierte Funktionen

Es folgen Abfragen mit SQL-Funktionen für Zeichenketten aus Abschnitt 6.5.1 und Abschnitt 6.5.2:

```
sql = "SELECT kundeID, bezeichnung, land, ort, " & _
    "LEFT(land,2) & '-' & ort AS landOrt FROM kunde"
sql = "SELECT kundeID, bezeichnung, " & _
    "INSTR(bezeichnung,' ') AS posLeer, MID(bezeichnung," & _
    "INSTR(bezeichnung,' ')+1) AS bezeichnungTeil, " & _
    "email, INSTR(email,'@') AS posAt, " & _
    "LEFT(email,INSTR(email,'@')-1) AS emailTeil " & _
    "FROM kunde WHERE email IS NOT NULL"
```

Der Operator & dient zur Verkettung von Zeichenketten. Die Funktionen Links(), Rechts(), Teil() und InStr() aus den Abfragen entsprechen den SQL-Funktionen LEFT(), RIGHT(), MID() und INSTR(). Die Parameter werden wie bei VBA-Funktionen durch ein Komma und nicht wie innerhalb der Abfragen durch ein Semikolon voneinander getrennt.

Operator »&«
LEFT(), INSTR()

Der Rückgabewert einer Funktion kann auch direkt wieder als Parameter bei einem anderen Funktionsaufruf eingesetzt werden. Die Funktion INSTR() ermittelt im vorliegenden Fall eine Position, die anschließend beim Aufruf der Funktion MID() beziehungsweise LEFT() genutzt wird.

MID()

Es folgen Abfragen mit SQL-Funktionen für Zeitangaben aus Abschnitt 6.5.3 und Abschnitt 6.5.4:

```
sql = "SELECT kundeID, seit, YEAR(seit) AS jahr, " & _
    "MONTH(seit) AS monat, DAY(seit) AS tag, " & _
    "WEEKDAY(seit) AS wtag, " & _
    "WEEKDAYNAME(WEEKDAY(seit)) AS wtname, " & _
    "WEEKDAYNAME(WEEKDAY(seit),TRUE) AS wtkurz, " & _
    "MONTHNAME(MONTH(seit)) AS mname, " & _
    "MONTHNAME(MONTH(seit),TRUE) AS mkurz, " & _
    "DATESERIAL(jahr,monat,tag) AS datumNeu " & _
    "FROM kunde WHERE seit IS NOT NULL"
sql = "SELECT kundeID, bezeichnung, seit " & _
    "FROM kunde WHERE YEAR(seit)=2012"
```

YEAR(), WEEKDAY(), DATESERIAL()
Die Funktionen `Jahr()`, `Monat()`, `Tag()`, `Wochentag()`, `Wochentagsname()`, `Monatsname()` und `DatSeriell()` aus den Abfragen entsprechen den SQL-Funktionen `YEAR()`, `MONTH()`, `DAY()`, `WEEKDAY()`, `WEEKDAYNAME()` und `DATESERIAL()`. In der zweiten Abfrage wird eine Funktion zur Bildung eines Filters genutzt.

Es folgt die Abfrage mit der Bedingungsfunktion `Wenn()` aus Abschnitt 6.5.5:

```
sql = "SELECT kundeID, bezeichnung, kredit, " & _
    "IIF(kredit>1750,'Gut','Nicht gut') AS zweiFaelle, " & _
    "IIF(kredit>1750,'Gut',IIF(kredit>1000,'Mittel'," & _
    "'Nicht gut')) AS dreiFaelle FROM kunde"
```

IIF()
Die Funktion `Wenn()` aus den Abfragen entspricht der SQL-Funktion `IIF()`. Innerhalb des Ausdrucks `dreiFaelle` gibt es inneren Aufruf der Funktion `IIF()`. Der Rückgabewert wird als Parameter innerhalb des äußeren Aufrufs eingesetzt. In VBA würde das für einen Datensatz dem folgenden *Block-If* entsprechen:

```
If kredit>1750 Then
    MsgBox "Gut"
ElseIf kredit>1000 Then
    MsgBox "Mittel"
Else
    MsgBox "Nicht gut"
End If
```

Es folgt die Abfrage mit der Prüfung des Inhalts aus dem Abschnitt 6.5.6:

```
sql = "SELECT kundeID, bezeichnung, seit, " & _
    "NZ(seit,'kein Datum') AS funktionNz, " & _
    "IIF(ISNULL(seit),'kein Datum',seit) " & _
    "AS wertOderInfo FROM kunde"
```

NZ(), ISNULL()
Die Funktionen `Nz()` und `IstNull()` aus den Abfragen entsprechen den SQL-Funktionen `NZ()` und `ISNULL()`. Die Funktion `NZ()` liefert entweder den Inhalt eines Felds oder eine Zeichenkette, falls das Feld leer ist. Dasselbe wird anschließend mithilfe der beiden Funktionen `IIF()` und `ISNULL()` nachgestellt. Der erste Parameter der Funktion `IIF()` hätte auch lauten können: `seit IS NULL`.

Es folgt die Abfrage mit den Zahlenfunktionen aus dem Abschnitt 6.5.7:

```
sql = "SELECT kundeID, bezeichnung, rabatt, " & _
    "200*(1-rabatt) AS preis, preis AS alsZahl, " & _
    "INT(preis+0.0001) AS vor, " & _
    "ROUND((preis-vor)*100) AS nach FROM kunde"
```

Die Funktionen `Int()` zum Abschneiden der Nachkommastellen und `Runden()` zum kaufmännischen Runden einer Zahl aus den Abfragen entsprechen den SQL-Funktionen `INT()` und `ROUND()`.

INT(), ROUND()

11.7.9 Gruppierungen

Es folgt die Abfrage mit der Gruppierung und den Gruppierungsfunktionen aus dem Abschnitt 6.6:

```
sql = "SELECT land, COUNT(kundeID) AS kundeAnzahl, " & _
    "AVG(rabatt) AS rabattMittel, " & _
    "MAX(kredit) AS kreditMax, " & _
    "MIN(kredit) AS kreditMin, " & _
    "SUM(kredit) AS kreditSumme " & _
    "FROM kunde GROUP BY land"
```

Die Gruppierung wird mithilfe der Schlüsselwörter `GROUP BY` vorgenommen. Die Gruppierungsfunktionen `Anzahl()`, `Mittelwert()`, `Max()`, `Min()` und `Summe()` aus den Abfragen entsprechen den SQL-Gruppierungsfunktionen `COUNT()`, `AVG()`, `MAX()`, `MIN()` und `SUM()`. AVG steht als Abkürzung für *average* (dt.: Durchschnitt, Mittelwert).

GROUP BY

11.8 Auswahlabfragen mit SQL, über mehrere Tabellen

Die Prozedur aus Abschnitt 11.7.2 wird in diesem Abschnitt auch für Abfragen über mehrere Tabellen genutzt. Die Abfragen stammen aus den vorherigen Kapiteln und nutzen die Tabellen aus der Datenbank *handel.accdb*.

Abfragen über mehrere Tabellen basieren normalerweise auf den vorhandenen festen Beziehungen zwischen den Tabellen. Innerhalb einer Abfrage können Sie aber auch andere Beziehungen erstellen oder vorhandene Beziehungen temporär löschen.

11.8.1 Abfrage über zwei Tabellen

Es folgen eine Abfrage mit Daten aus der Tabelle kunde und eine zweite Abfrage mit zusammengehörigen Daten aus den beiden Tabellen kunde und bestellung aus Abschnitt 5.4.1 und Abschnitt 5.4.2:

```
sql = "SELECT kundeID, bezeichnung, adresse " & _
    "FROM kunde ORDER BY bezeichnung, adresse"
sql = "SELECT kunde.kundeID, bezeichnung, adresse, " & _
    "datum, bestellungID FROM kunde INNER JOIN " & _
    "bestellung ON kunde.kundeID = bestellung.kundeID " & _
    "ORDER BY bezeichnung, adresse, datum, bestellungID"
```

Die erste Abfrage dient nur als Einstieg in die Datenbank *handel.accdb* und bietet nichts Neues. Erst in der zweiten Abfrage werden die beiden Tabellen kunde und bestellung miteinander verbunden.

INNER JOIN   Es werden nur noch die Daten der Kunden angezeigt, die mindestens eine Bestellung vorgenommen haben. Das wird durch den Teilausdruck kunde INNER JOIN bestellung erreicht. Es werden also keine Daten von Kunden ohne Bestellungen angezeigt. Es werden auch keine Bestelldaten angezeigt, die keinem bestimmten Kunden zugeordnet werden können. Die geplante Struktur der Datenbank lässt das auch erst gar nicht zu.

ON   Nach dem JOIN-Ausdruck muss das Schlüsselwort ON mit der Angabe der beiden Felder, über die die Beziehung innerhalb dieser Abfrage erstellt wird, folgen: ON kunde.kundeID = bestellung.kundeID.

Eindeutiger Name   Das Feld kundeID kommt in beiden Tabellen vor. Zur eindeutigen Benennung muss daher innerhalb der SQL-Anweisung der Tabellenname vorangesetzt werden. Die anderen Namen können eindeutig den Feldern aus einer der beiden Tabellen zugeordnet werden.

11.8.2 Abfrage über drei Tabellen

Es folgt eine Abfrage mit zusammengehörigen Daten aus den drei Tabellen kunde, bestellung und bestellposten aus dem Abschnitt 5.4.4:

```
sql = "SELECT kunde.kundeID, bezeichnung, adresse, " & _
    "datum, bestellung.bestellungID, artikelID, menge " & _
    "FROM kunde INNER JOIN (bestellung INNER JOIN " & _
    "bestellposten ON bestellung.bestellungID = " & _
```

```
"bestellposten.bestellungID) ON kunde.kundeID = " & _
"bestellung.kundeID WHERE kunde.kundeID = 17 " & _
"ORDER BY bezeichnung, adresse, datum, " & _
"bestellung.bestellungID, artikelID"
```

In der Abfrage werden zunächst innerhalb der Klammern die beiden Tabellen bestellung und bestellposten miteinander verbunden. Das Ergebnis dieser *inneren* Verbindung wird anschließend durch die *äußere* Verbindung mit der Tabelle kunde verknüpft.

Zwei Verbindungen

Aufgrund der inneren Verbindung werden nur noch die Daten der Bestellungen angezeigt, die mindestens einen Bestellposten umfassen. Das wird durch den Teilausdruck bestellung INNER JOIN bestellposten erreicht. Nach dem JOIN-Ausdruck folgt das Schlüsselwort ON mit der Angabe der beiden Felder, über die die Beziehung innerhalb der inneren Abfrage erstellt wird: ON bestellung.bestellungID = bestellposten.bestellungID.

Innere Verbindung

Aufgrund der äußeren Verbindung werden nur noch die Daten der Kunden angezeigt, die mindestens eine Bestellung vorgenommen haben. Das wird durch den Teilausdruck kunde INNER JOIN (...) erreicht.

Äußere Verbindung

Das Feld bestellungID kommt in den beiden Tabellen bestellung und bestellposten vor. Zur eindeutigen Benennung muss daher innerhalb der SQL-Anweisung der Tabellenname vorangesetzt werden.

Eindeutiger Name

11.8.3 Abfrage über vier Tabellen

Es folgt eine Abfrage mit zusammengehörigen Daten aus den vier Tabellen kunde, bestellung, bestellposten und artikel aus dem Abschnitt 5.4.5:

```
sql = "SELECT kunde.kundeID, kunde.bezeichnung, adresse, " & _
    "datum, bestellung.bestellungID, " & _
    "bestellposten.artikelID, artikel.bezeichnung, " & _
    "menge, preis FROM kunde INNER JOIN (bestellung " & _
    "INNER JOIN (artikel INNER JOIN bestellposten ON " & _
    "artikel.artikelID = bestellposten.artikelID) " & _
    "ON bestellung.bestellungID = " & _
    "bestellposten.bestellungID) ON kunde.kundeID = " & _
    "bestellung.kundeID WHERE kunde.kundeID = 17 ORDER " & _
    "BY kunde.bezeichnung, adresse, datum, " & _
    "bestellung.bestellungID, artikel.bezeichnung"
```

Drei Verbindungen   In der Abfrage werden zunächst innerhalb der ganz inneren Klammern die beiden Tabellen bestellposten und artikel miteinander verbunden. Das Ergebnis dieser *ganz inneren* Verbindung wird anschließend mithilfe der inneren Verbindung mit der Tabelle bestellung verknüpft. Das Ergebnis dieser *inneren* Verbindung wird wiederum anschließend mithilfe der *äußeren* Verbindung mit der Tabelle kunde verknüpft.

Ganz innere Verbindung   Aufgrund der ganz inneren Verbindung werden nur die Daten der Artikel angezeigt, die innerhalb eines Bestellpostens vorkommen. Das wird durch den Teilausdruck artikel INNER JOIN bestellposten erreicht.

Zu den einzelnen Bestellposten werden nicht nur die Inhalte der beiden Felder artikelID und menge aus der Tabelle bestellposten, sondern auch die Inhalte der beiden Felder bezeichnung und preis aus der Tabelle artikel angezeigt.

Eindeutiger Name   Das Feld bezeichnung kommt in den beiden Tabellen kunde und artikel vor. Zur eindeutigen Benennung muss daher innerhalb der SQL-Anweisung der Tabellenname vorangesetzt werden.

11.8.4 Abfrage mit Ausdrucksnamen

Zur besseren oder auch eindeutigen Bezeichnung einer Spaltenüberschrift kann ein Ausdrucksname genutzt werden. Dies ist zum Beispiel dann notwendig, wenn ein Feldname innerhalb einer Abfrage über mehrere Tabellen mehrfach vorkommt. Das sehen Sie in nachfolgendem Beispiel aus dem Abschnitt 6.7.1:

```
sql = "SELECT kategorie.bezeichnung AS kategorie, " & _
    "artikel.bezeichnung AS artikel, preis, bestand " & _
    "FROM kategorie INNER JOIN artikel ON " & _
    "kategorie.kategorieID = artikel.kategorieID " & _
    "ORDER BY kategorie.bezeichnung, artikel.bezeichnung"
```

Es werden nur die Daten der Kategorien angezeigt, zu denen es mindestens einen Artikel gibt. Das wird durch den Teilausdruck kategorie INNER JOIN artikel erreicht.

AS   Das Feld bezeichnung kommt in beiden Tabellen vor. Mithilfe des Schlüsselworts AS wird ein Ausdrucksname erzeugt, der in diesem Falle nur zur Umbenennung dient.

11.8.5 Gruppierung und Gruppierungsfunktionen

Bei Abfragen über mehrere Tabellen kann nach einem oder mehreren eindeutigen Feldern einer der übergeordneten Tabellen gruppiert werden. Auf diese Weise ist es möglich, Einträge aus untergeordneten Tabellen mithilfe von Gruppierungsfunktionen zusammenzufassen.

Im nachfolgenden Beispiel aus Abschnitt 6.7.2 werden die zusammengehörigen Daten der Tabellen kategorie und artikel angezeigt. Die Daten der Artikel aus derselben Kategorie werden auf verschiedene Arten zusammengefasst:

```
sql = "SELECT kategorie.bezeichnung AS kategorie, " & _
    "COUNT(artikelID) AS artikelAnzahl, " & _
    "AVG(preis) AS preisMittel, " & _
    "MAX(preis) AS preisMax " & _
    "FROM kategorie INNER JOIN artikel ON " & _
    "kategorie.kategorieID = artikel.kategorieID " & _
    "GROUP BY kategorie.bezeichnung " & _
    "ORDER BY kategorie.bezeichnung"
```

Mithilfe des Ausdrucks GROUP BY kategorie.bezeichnung wird nach dem eindeutigen Feld bezeichnung gruppiert.

GROUP BY

11.8.6 Verschiedene Joins

In den beiden nachfolgenden Beispielen aus Abschnitt 6.7.3 und Abschnitt 6.7.4 wird die Anzahl der Bestellungen eines Kunden ermittelt, auf zwei unterschiedliche Arten:

- Mithilfe von INNER JOIN wird sie nur für diejenigen Kunden ermittelt, die mindestens eine Bestellung ausgeführt haben. **INNER JOIN**
- Mithilfe von LEFT JOIN wird sie für alle Kunden ermittelt – auch für die Kunden, die noch keine Bestellung ausgeführt haben. **LEFT JOIN**

```
sql = "SELECT bezeichnung, adresse, COUNT(bestellungID) " & _
    "AS bestellungenAnzahl FROM kunde INNER JOIN " & _
    "bestellung ON kunde.kundeID = bestellung.kundeID " & _
    "GROUP BY bezeichnung, adresse, kunde.kundeID " & _
    "ORDER BY bezeichnung, adresse"
sql = "SELECT bezeichnung, adresse, COUNT(bestellungID) " & _
    "AS bestellungenAnzahl FROM kunde LEFT JOIN " & _
```

```
"bestellung ON kunde.kundeID = bestellung.kundeID " & _
"GROUP BY bezeichnung, adresse, kunde.kundeID " & _
"ORDER BY bezeichnung, adresse"
```

Die beiden Anfragen unterscheiden sich nur bei der Art des Joins. Die Einträge in den Feldern bezeichnung und adresse sind nicht eindeutig, daher wird zur Gruppierung noch das eindeutige Feld kundeID hinzugefügt.

11.8.7 Berechnungen und Gruppierungsfunktionen

In den nachfolgenden Beispielen wird auf Basis der Abfrage über vier Tabellen zunächst die Postensumme berechnet. Das ist das Produkt aus der Menge der bestellten Artikel und dem Preis eines Artikels. Diese Berechnung dient als Vorstufe zur Berechnung der Gesamtsumme einer Bestellung. Diese dient wiederum als Vorstufe zur Berechnung der Gesamtbestellsumme für einen Kunden.

Postensumme

Zunächst die Berechnung der Postensumme (siehe auch Abschnitt 6.7.5) mithilfe des Ausdrucks menge*preis AS postenSumme, noch ohne jegliche Gruppierung:

```
sql = "SELECT kunde.bezeichnung AS kunde, adresse, datum, " & _
    "bestellung.bestellungID, artikel.bezeichnung AS " & _
    "artikel, menge, preis, menge*preis AS postenSumme " & _
    "FROM kunde INNER JOIN (bestellung INNER JOIN (artikel " & _
    "INNER JOIN bestellposten ON artikel.artikelID = " & _
    "bestellposten.artikelID) ON bestellung.bestellungID " & _
    "= bestellposten.bestellungID) ON kunde.kundeID = " & _
    "bestellung.kundeID WHERE kunde.kundeID = 17 ORDER BY " & _
    "kunde.bezeichnung, adresse, datum, " & _
    "bestellung.bestellungID, artikel.bezeichnung"
```

Summe einer Bestellung

Die Gesamtsumme einer Bestellung (siehe auch Abschnitt 6.7.6) wird mithilfe der Gruppierungsfunktion SUM() im Ausdruck SUM(menge*preis) AS bestellungSumme berechnet.

Gruppierung über Bestellungen

Die Gruppierung wird nach Feldern aus den Tabellen bestellung und kunde vorgenommen. Zur Gruppierung können keine Felder aus den Tabellen bestellposten und artikel eingesetzt werden, da die Summe ansonsten nicht über die gesamte Bestellung berechnet werden kann:

```
sql = "SELECT kunde.bezeichnung, adresse, datum, " & _
    "bestellung.bestellungID, SUM(menge*preis) AS " & _
    "bestellungSumme FROM kunde INNER JOIN (bestellung " & _
    "INNER JOIN (artikel INNER JOIN bestellposten ON " & _
    "artikel.artikelID = bestellposten.artikelID) ON " & _
    "bestellung.bestellungID = bestellposten.bestellungID) " & _
    "ON kunde.kundeID = bestellung.kundeID WHERE " & _
    "kunde.kundeID = 17 GROUP BY kunde.bezeichnung, " & _
    "adresse, datum, bestellung.bestellungID, " & _
    "kunde.kundeID ORDER BY kunde.bezeichnung, " & _
    "adresse, datum, bestellung.bestellungID"
```

Summe aller Bestellungen

Die Gesamtsumme aller Bestellungen eines Kunden (siehe auch Abschnitt 6.7.7) wird mit einem vergleichbaren Ausdruck vorgenommen:

SUM(menge*preis) AS gesamtBestellsumme

Zur Gruppierung dinen nur noch Felder aus der Tabelle kunde, da alle Bestellungen eines Kunden zusammengeführt werden:

Gruppierung über Kunden

```
sql = "SELECT kunde.bezeichnung, adresse, SUM(menge*preis) " & _
    "AS gesamtBestellsumme FROM kunde INNER JOIN " & _
    "(bestellung INNER JOIN (artikel INNER JOIN " & _
    "bestellposten ON artikel.artikelID = " & _
    "bestellposten.artikelID) ON bestellung.bestellungID = " & _
    "bestellposten.bestellungID) ON kunde.kundeID = " & _
    "bestellung.kundeID GROUP BY kunde.bezeichnung, " & _
    "adresse, kunde.kundeID ORDER BY kunde.bezeichnung, adresse"
```

11.8.8 Zeiten und Kosten

Die Abfragen in diesem und dem folgenden Abschnitt nutzen ebenso Gruppierungsfunktionen, Berechnungen und integrierte Funktionen. Das Besondere an den Abfragen ist die Berechnung von Zeitspannen zur Ermittlung von zeitlich bedingten Kosten, siehe auch Abschnitt 6.8.

Zunächst werden Berechnungen mit Arbeitszeiten innerhalb eines Handwerksauftrags in der Datenbank *handwerk.accdb* vorgenommen. Außerdem werden daraus die Arbeitskosten als Bestandteil der Gesamtkosten eines Auftrags ermittelt. Zu guter Letzt werden die Zeiten und Kosten einer Fahrzeugvermietung mit den Daten aus der Datenbank *fahrzeugvermietung.accdb* berechnet.

Beginn einer Tätigkeit

HOUR(), MINUTE()   Mithilfe von logischen Verknüpfungen und den integrierten Funktionen `HOUR()` und `MINUTE()` wird ermittelt, welche Tätigkeit eines Mitarbeiters spätestens um 08:30 Uhr an einem beliebigen Tag begonnen hat:

```
sql = "SELECT zeitStart FROM mitarbeiterposten WHERE " & _
    "HOUR(zeitStart)<8 OR HOUR(zeitStart)<9 AND " & _
    "MINUTE(zeitStart)<=30"
```

AND, OR   Der Operator AND hat Vorrang vor dem Operator OR.

Dauer und Kosten einer Tätigkeit

Operator »&«   Nachfolgend wird der vollständige Name eines Mitarbeiters mithilfe des Verkettungsoperators & zusammengestellt.

Zeitangaben in Tagen   Anschließend werden die Dauer und die Kosten für die einzelnen Tätigkeiten der Mitarbeiter berechnet. Dazu wird zunächst die Zeitdifferenz zwischen Beginn und Ende der Tätigkeit ermittelt, die in der Einheit »Tage« zur Verfügung steht. Aus diesem Wert kann die Zeitdifferenz in Stunden berechnet werden. Mithilfe des Stundenlohns können daraus die Kosten der Tätigkeit ermittelt werden:

```
sql = "SELECT lohngruppe.bezeichnung, lohn, " & _
    "nachname & ', ' & vorname AS nameGanz, " & _
    "zeitStart, zeitEnde, zeitEnde-zeitStart AS tage, " & _
    "(zeitEnde-zeitStart)*24 AS stunden, " & _
    "(zeitEnde-zeitStart)*24*lohn AS kosten " & _
    "FROM (lohngruppe INNER JOIN mitarbeiter ON " & _
    "lohngruppe.lohngruppeID = mitarbeiter.lohngruppeID) " & _
    "INNER JOIN mitarbeiterposten ON " & _
    "mitarbeiter.mitarbeiterID = " & _
    "mitarbeiterposten.mitarbeiterID"
```

Summe für einen Mitarbeiter

Gruppierung über Mitarbeiter   Es werden die Gesamtdauer und die Gesamtkosten für alle Tätigkeiten der einzelnen Mitarbeiter berechnet. Dazu wird nach Mitarbeitern gruppiert und es werden die Zeitdifferenzen und Kosten mithilfe der Gruppierungsfunktion SUM() zusammengeführt:

```
sql = "SELECT lohngruppe.bezeichnung, lohn, " & _
    "nachname & ', ' & vorname AS nameGanz, " & _
    "SUM(zeitEnde-zeitStart) AS tage, " & _
    "SUM((zeitEnde-zeitStart)*24) AS stunden, " & _
    "SUM((zeitEnde-zeitStart)*24*lohn) AS kosten " & _
    "FROM (lohngruppe INNER JOIN mitarbeiter ON " & _
    "lohngruppe.lohngruppeID = mitarbeiter.lohngruppeID) " & _
    "INNER JOIN mitarbeiterposten ON " & _
    "mitarbeiter.mitarbeiterID = " & _
    "mitarbeiterposten.mitarbeiterID GROUP BY " & _
    "lohngruppe.bezeichnung, lohn, " & _
    "mitarbeiter.mitarbeiterID, nachname & ', ' & vorname"
```

Summe für einen Auftrag

Es werden die Gesamtdauer und die Gesamtkosten für alle Tätigkeiten der Mitarbeiter an den einzelnen Aufträgen berechnet. Dazu werden wiederum die Zeitdifferenzen und Kosten mithilfe der Gruppierungsfunktion SUM() addiert, es wird aber nach Aufträgen gruppiert:

Gruppierung über Aufträge

```
sql = "SELECT auftrag.auftragID, auftrag.bezeichnung, " & _
    "SUM(zeitEnde-zeitStart) AS tage, " & _
    "SUM((zeitEnde-zeitStart)*24) AS stunden, " & _
    "SUM((zeitEnde-zeitStart)*24*lohn) AS kosten " & _
    "FROM (lohngruppe INNER JOIN mitarbeiter ON " & _
    "lohngruppe.lohngruppeID = mitarbeiter.lohngruppeID) " & _
    "INNER JOIN (auftrag INNER JOIN mitarbeiterposten ON " & _
    "auftrag.auftragID = mitarbeiterposten.auftragID) ON " & _
    "mitarbeiter.mitarbeiterID = " & _
    "mitarbeiterposten.mitarbeiterID " & _
    "GROUP BY auftrag.auftragID, auftrag.bezeichnung"
```

Einzelne Materialkosten

Es folgt noch die Berechnung der Materialkosten. Zunächst wird mithilfe des Ausdrucks verkaufspreis*menge AS gesamtpreis der Preis eines Materialpostens ermittelt:

Postensumme

```
sql = "SELECT auftrag.auftragID, material.bezeichnung, " & _
    "verkaufspreis, menge, verkaufspreis*menge " & _
    "AS gesamtpreis FROM auftrag INNER JOIN (material " & _
    "INNER JOIN materialposten ON material.materialID = " & _
    "materialposten.materialID) ON auftrag.auftragID = " & _
    "materialposten.auftragID"
```

Materialkosten eines Auftrags

Gruppierung über Aufträge

Anschließend wird der gesamte Materialpreis eines Auftrags mithilfe der Gruppierungsfunktion SUM() und der Gruppierung nach Aufträgen ermittelt:

```
sql = "SELECT auftrag.auftragID, auftrag.bezeichnung, " & _
    "SUM(verkaufspreis*menge) AS kosten " & _
    "FROM material INNER JOIN (auftrag INNER JOIN " & _
    "materialposten ON auftrag.auftragID = " & _
    "materialposten.auftragID) ON material.materialID = " & _
    "materialposten.materialID " & _
    "GROUP BY auftrag.auftragID, auftrag.bezeichnung"
```

Kosten einer Vermietung

Es werden die Gesamtkosten eines Fahrzeugvermietungsvorgangs innerhalb der Datenbank *fahrzeugvermietung.accdb* berechnet.

Die Berechnung findet auf zwei verschiedene Arten statt:

Übersichtlich
- Innerhalb der ersten Variante werden einzelne, übersichtliche Ausdrücke berechnet. Diese werden in die nachfolgenden Ausdrücke eingebettet und führen so Schritt für Schritt zum Ergebnis.

Kurz und verschachtelt
- In der zweiten Variante wird das Ergebnis in einem Zug in einem einzigen, verschachtelten Ausdruck ermittelt.

Zunächst Variante 1:

```
sql = "SELECT vermietung.vermietungID, " & _
    "zeitStart, zeitEndeReal, " & _
    "ROUND(zeitEndeReal-zeitStart+0.5) AS tage, " & _
    "preisProTag, tage*preisProTag AS preisTage, " & _
    "kmStart, kmEnde, kmEnde-kmStart AS km, " & _
    "maxKmProTag, tage*maxKmProTag AS maxKm, " & _
    "IIF(km>maxKm,km-maxKm,0) AS kmMehr, " & _
    "preisProMehrKm, kmMehr*preisProMehrKm AS preisKm, " & _
```

```
"preisTage+preisKm AS preisGesamt " & _
"FROM preisklasse INNER JOIN vermietung ON " & _
"preisklasse.preisklasseID = vermietung.preisklasseID " & _
"ORDER BY vermietung.vermietungID"
```

Es wird die Vermietungszeit ermittelt, aufgerundet auf ganze Tage. Daraus wird der zeitliche Anteil am Preis berechnet. Es werden die gefahrenen Kilometer ermittelt. Mithilfe der Verzweigungsfunktion IIF() wird festgestellt, ob Mehr-Kilometer berechnet werden müssen. Bei Bedarf werden diese ermittelt. Daraus wird der Mehr-Kilometer-Anteil am Preis berechnet. Diese beiden Anteile werden schließlich addiert.

Vermietungszeit und Mehr-km

Es folgt Variante 2:

```
sql = "SELECT vermietung.vermietungID, " & _
    "ROUND(zeitEndeReal-zeitStart+0.5)*preisProTag+ " & _
    "IIF(kmEnde-kmStart>ROUND(zeitEndeReal-zeitStart+0.5)*" & _
    "maxKmProTag,kmEnde-kmStart- " & _
    "ROUND(zeitEndeReal-zeitStart+0.5)*maxKmProTag,0)*" & _
    "preisProMehrKm AS preisGesamt " & _
    "FROM preisklasse INNER JOIN vermietung ON " & _
    "preisklasse.preisklasseID = vermietung.preisklasseID"
```

Aufgrund der Länge und der Verschachtelung des Ausdrucks ist diese Variante nicht zu empfehlen.

11.9 Aufbau einer Datenbank

Mithilfe der DAO-Bibliothek greifen Sie auf die Struktur Ihrer Datenbanken zu. Der Aufbau der Tabellen, der Beziehungen und der Abfragen kann auf diese Weise ermittelt werden.

Alle Prozeduren dieses Abschnitts beziehen sich auf die Datenbank *handel.accdb* und sind auch dort zu finden.

11.9.1 Tabellen einer Datenbank

Es werden die Namen aller Tabellen der Datenbank *handel.accdb* aufgelistet, jeweils mit den Namen aller Felder:

11 Module und VBA

```
Sub AlleTabellen()
    Dim db As DAO.Database
    Dim tb As DAO.TableDef
    Dim fd As DAO.Field
    Dim aus As String

    Set db = Application.CurrentDb
    aus = "Datenbank " & db.Name & _
        ", Tabellen und Felder: " & vbCrLf

    ' Tabellen und Felder
    For Each tb In db.TableDefs
        If Not (tb.Name Like "MSys*" Or tb.Name Like "~*") Then
            aus = aus & tb.Name & ": "
            For Each fd In tb.Fields
                aus = aus & fd.Name & " "
            Next fd
            aus = aus & vbCrLf
        End If
    Next tb
    MsgBox aus
End Sub
```

Listing 11.32 Prozedur AlleTabellen()

Der Typ DAO.Database, das Objekt Application und die Eigenschaft CurrentDb sind bereits aus Abschnitt 11.6.2 bekannt.

Es werden zwei weitere Verweise auf Objekte eingerichtet:

TableDef
- Ein Objekt des Typs DAO.TableDef repräsentiert die Definition, also die Struktur einer Tabelle.

Field
- Ein Objekt des Typs DAO.Field repräsentiert ein Feld einer Tabelle.

TableDefs
Die Eigenschaft Name liefert den Namen einer Datenbank. Es wird eine For Each-Schleife zum Durchlauf des Auflistungsobjekts TableDefs genutzt. Das Auflistungsobjekt beinhaltet Verweise auf die Definitionen aller Tabellen einer Datenbank.

Nur eigene Tabellen
Die Namen von MS Access-Systemtabellen beginnen mit MSys. Die Namen von temporären Tabellen beginnen mit dem Zeichen ~. Diese beiden Grup-

pen von Tabellen sollen hier nicht betrachtet werden, sondern nur die selbst erzeugen Tabellen.

Die Eigenschaft Name liefert den Namen einer Tabelle. Es wird eine For Each-Schleife zum Durchlauf des Auflistungsobjekts Fields genutzt. Das Auflistungsobjekt beinhaltet Verweise auf alle Felder einer Tabelle. Die Eigenschaft Name liefert den Namen eines Felds.

Fields

11.9.2 Indizes einer Tabelle

Es werden die Namen der Felder ausgegeben, die an den Indizes der Tabelle bestellposten der Datenbank *handel.accdb* beteiligt sind:

```
Sub EineTabelleIndizes()
    Dim db As DAO.Database
    Dim tb As DAO.TableDef
    Dim ix As DAO.index
    Dim fd As DAO.Field
    Dim aus As String

    Set db = Application.CurrentDb
    Set tb = db.TableDefs("bestellposten")
    aus = "Tabelle " & tb.Name & ", Indizes:" & vbCrLf

    ' Primärschlüssel, hier nur ein Feld
    For Each ix In tb.Indexes
        If ix.Primary Then
            aus = aus & "PK: " & ix.Fields(0).Name & vbCrLf
        End If
    Next ix

    ' Fremdschlüssel, hier nur ein Feld
    For Each ix In tb.Indexes
        If ix.Foreign Then
            aus = aus & "FK: " & ix.Fields(0).Name & vbCrLf
        End If
    Next ix

    ' Weitere Indizes
    For Each ix In tb.Indexes
        If Not ix.Primary And Not ix.Foreign Then
```

```
            aus = aus & ix.Name & ": "
            For Each fd In ix.Fields
                aus = aus & fd.Name & " "
            Next fd
            If ix.Unique Then
                aus = aus & ", Ohne Duplikate"
            End If
            aus = aus & vbCrLf
        End If
    Next ix
    MsgBox aus
End Sub
```

Listing 11.33 Prozedur EineTabelleIndizes()

Index	Ein Objekt des Typs `DAO.Index` repräsentiert einen Index einer Tabelle. Dabei kann es sich sowohl um einen Primärschlüssel als auch um einen Fremdschlüssel oder um einen zusätzlichen Index handeln.
Indexes	Mehrmals wird eine `For Each`-Schleife zum Durchlauf des Auflistungsobjekts `Indexes` genutzt. Das Auflistungsobjekt beinhaltet Verweise auf alle Indizes einer Tabelle.
Primary, Foreign	Die Eigenschaften `Primary` und `Foreign` vom Datentyp `Boolean` liefern die Information, ob es sich bei einem Index um einen Primärschlüssel oder um einen Fremdschlüssel handelt. Das Auflistungsobjekt `Fields` beinhaltet Verweise auf alle Felder, die den betreffenden Index bilden. In meinen Beispieltabellen werden alle Primärschlüssel und Fremdschlüssel jeweils nur mithilfe eines einzigen Felds gebildet. Daher wird nur der Name dieses (ersten) Felds innerhalb der Auflistung `Fields` ermittelt.
Unique	Bezüglich der zusätzlichen Indizes werden die Namen aller Felder ermittelt. Die Eigenschaft `Unique` vom Datentyp `Boolean` beinhaltet die Information, ob es sich um einen eindeutigen Index handelt, also um einen Index ohne Duplikate.

11.9.3 Felder und Datentypen einer Tabelle

Es werden die Namen und Datentypen der Felder der Tabelle *artikel* der Datenbank *handel.accdb* ausgegeben:

11.9 Aufbau einer Datenbank

```
Sub EineTabelleFelderDatentypen()
    Dim db As DAO.Database
    Dim tb As DAO.TableDef
    Dim fd As DAO.Field
    Dim aus As String

    Set db = Application.CurrentDb
    Set tb = db.TableDefs("artikel")
    aus = "Tabelle " & tb.Name & _
        ", Felder und Datentypen:" & vbCrLf
    For Each fd In tb.Fields
        aus = aus & fd.Name & ": "

        Select Case fd.Type
            Case dbBoolean:  aus = aus & "Ja/Nein"
            Case dbByte:     aus = aus & "Zahl/Byte"
            Case dbInteger:  aus = aus & "Zahl/Integer"
            Case dbLong:
                If fd.Attributes = dbFixedField Then
                    aus = aus & "Zahl/Long Integer"
                ElseIf fd.Attributes = dbFixedField _
                        + dbAutoIncrField Then
                    aus = aus & "AutoWert"
                End If
            Case dbCurrency: aus = aus & "Währung"
            Case dbSingle:   aus = aus & "Zahl/Single"
            Case dbDouble:   aus = aus & "Zahl/Double"
            Case dbDate:     aus = aus & "Datum/Uhrzeit"
            Case dbText:     aus = aus & "Kurzer Text"
            Case dbMemo:
                If fd.Attributes = dbVariableField Then
                    aus = aus & "Langer Text"
                ElseIf fd.Attributes = dbVariableField _
                        + dbHyperlinkField Then
                    aus = aus & "Link"
                End If
        End Select

        aus = aus & vbCrLf
```

```
        Next fd
        MsgBox aus
    End Sub
```

Listing 11.34 Prozedur EineTabelleFelderDatentypen()

Es wird eine For Each-Schleife zum Durchlauf aller Felder genutzt.

Type   Die Eigenschaft Type eines Felds gibt Informationen zum Datentyp des Felds in Form eines Zahlenwerts an. Bei Zahlendatentypen werden auch Informationen zur Feldgröße geliefert. Die Zahlenwerte werden durch Konstanten repräsentiert: dbBoolean, dbByte, dbInteger, dbLong, dbCurrency, dbSingle, dbDouble, dbDate, dbText und dbMemo. Für jedes Feld werden die Zahlenwerte mithilfe einer Select Case-Verzweigung mit den Konstanten verglichen.

Attributes   Die Eigenschaft Attributes beinhaltet weitere Attribute des Felds in Form einer ganzen Zahl. Diese enthält die Addition der Werte für mehrere Attribute, die für ein Feld zutreffen. Die einzelnen Attribute werden wiederum durch Konstanten repräsentiert: dbFixedField, dbAutoIncrField, dbVariableField und dbHyperlinkField. Bezüglich zweier Werte für die Eigenschaft Type wird zusätzlich der Wert der Eigenschaft Attributes benötigt, um den genauen Datentyp festzustellen.

11.9.4 Eigenschaften der Felder einer Tabelle

Es werden die Werte weiterer wichtiger Eigenschaften der Felder der Tabelle artikel der Datenbank *handel.accdb* ausgegeben:

```
Sub EineTabelleFelderEigenschaften()
    Dim db As DAO.Database
    Dim tb As DAO.TableDef
    Dim fd As DAO.Field
    Dim aus As String

    Set db = Application.CurrentDb
    Set tb = db.TableDefs("artikel")
    aus = "Tabelle " & tb.Name & _
        ", Felder und einige Eigenschaften:" & vbCrLf
    For Each fd In tb.Fields
        aus = aus & fd.Name & ": " & vbCrLf
        If fd.DefaultValue <> "" Then
```

```
            aus = aus & "    Standard: " & _
                fd.DefaultValue & vbCrLf
        End If
        If fd.ValidationRule <> "" Then
            aus = aus & "    Gültigkeit: " & _
                fd.ValidationRule & "; " & _
                fd.ValidationText & vbCrLf
        End If
        If fd.Required Then
            aus = aus & "    Eingabe erforderlich" & vbCrLf
        End If
        If fd.Type = dbText And Not fd.AllowZeroLength Then
            aus = aus & "    Keine leere Zeichenkette" & vbCrLf
        End If
    Next fd
    MsgBox aus
End Sub
```

Listing 11.35 Prozedur EineTabelleFelderEigenschaften()

Es wird eine For Each-Schleife zum Durchlauf aller Felder genutzt.

Die Eigenschaft DefaultValue beinhaltet den Standardwert für ein Feld. In den Eigenschaften ValidationRule und ValidationText stehen die Gültigkeitsregel für das Feld und die Gültigkeitsmeldung, die bei Verletzung der Gültigkeitsregel erscheint.

DefaultValue, ValidationRule

Die Eigenschaften Required und AllowZeroLength vom Datentyp Boolean liefern die Information, ob eine Eingabe im Feld erforderlich ist beziehungsweise ob eine leere Zeichenfolge als Wert erlaubt ist, falls es sich um ein Textfeld handelt.

Required

11.9.5 Beziehungen einer Datenbank

Es werden die Tabellen und Felder für alle Beziehungen innerhalb der Datenbank ausgegeben:

```
Sub AlleBeziehungen()
    Dim db As DAO.Database
    Dim bz As DAO.Relation
    Dim aus As String
    Set db = Application.CurrentDb
```

```
        aus = "Datenbank " & db.Name & ", Beziehungen: " & vbCrLf

        For Each bz In db.Relations
            If Not (bz.Table Like "MSys*") Then
                aus = aus & "von: " & bz.Table & "/" & _
                    bz.Fields(0).Name & " zu: " & bz.ForeignTable & _
                    "/" & bz.Fields(0).ForeignName & vbCrLf
            End If
        Next bz
        MsgBox aus
    End Sub
```

Listing 11.36 Prozedur AlleBeziehungen()

Relation, Relations	Ein Objekt des Typs DAO.Relation repräsentiert eine Beziehung einer Tabelle. Es wird eine For Each-Schleife zum Durchlauf des Auflistungsobjekts Relations genutzt. Das Auflistungsobjekt beinhaltet Verweise auf alle Beziehungen einer Datenbank.
Table, ForeignTable	Die Eigenschaften Table und ForeignTable liefern die Namen der Master-Tabelle und der Detail-Tabelle, zwischen denen die Beziehung besteht.
Name, ForeignName	Das Auflistungsobjekt Fields beinhaltet Verweise auf alle Felder, über die die Beziehung gebildet wird. In meinen Beispieltabellen werden alle Beziehungen jeweils nur mithilfe eines einzigen Felds gebildet. Daher wird über die Eigenschaften Name beziehungsweise ForeignName jeweils nur der Name dieses (ersten) Felds auf beiden Seiten der Beziehung ermittelt.

11.9.6 Abfragen und SQL-Code einer Datenbank

Es werden die Namen aller Abfragen einer Datenbank und der SQL-Code einer bestimmten Abfrage ausgegeben:

```
Sub AlleAbfragen()
    Dim db As DAO.Database
    Dim ab As DAO.QueryDef
    Dim aus As String
    Set db = Application.CurrentDb
    aus = "Datenbank " & db.Name & ", Abfragen: " & vbCrLf
```

```
    ' Ohne interne Abfragen für Formulare und Berichte
    For Each ab In db.QueryDefs
        If Not (ab.Name Like "~*") Then
            aus = aus & ab.Name & vbCrLf
        End If
    Next ab
    MsgBox aus

    ' SQL-Code zu ausgewählter Abfrage
    Set ab = db.QueryDefs("Kategorien, mit Artikeln")
    MsgBox "Abfrage '" & ab.Name & "', SQL-Code: " & vbCrLf & ab.sql
End Sub
```

Listing 11.37 Prozedur AlleAbfragen()

Ein Objekt des Typs `DAO.QueryDef` repräsentiert die Definition einer Abfrage. Es wird eine `For Each`-Schleife zum Durchlauf des Auflistungsobjekts `QueryDefs` genutzt. Das Auflistungsobjekt beinhaltet Verweise auf alle Abfragen einer Datenbank.

QueryDef, QueryDefs

Es sollen nur Informationen über die eigenständigen Abfrageobjekte geliefert werden. Die Abfragen, die innerhalb von Formularen oder Berichten entworfen werden, sollen übergangen werden. Ihr Name beginnt mit dem Zeichen ~.

Die Eigenschaft `Name` liefert den Namen einer Abfrage. Die Eigenschaft `SQL` beinhaltet den Code einer Abfrage.

SQL

11.10 Aufbau der Formulare

Sie identifizieren alle Formulare und Berichte einer Datenbank. Anschließend ermitteln Sie den Aufbau eines Formulars, erzeugen ein neues Formular und verändern den Aufbau. Die Prozeduren dieser Abschnitte beziehen sich auf die Datenbank *handel.accdb* und sind auch dort zu finden.

Formulare

Zu guter Letzt stelle ich Ihnen eine Anwendung zur automatisierten Erzeugung einer vollständigen Benutzeroberfläche vor. Die betreffenden Prozeduren werden kurz vorgestellt. Sie finden sie in der Datenbank *handwerk.accdb*.

Benutzeroberfläche

11.10.1 Formulare und Berichte einer Datenbank

In der folgenden Prozedur werden die Namen aller Formulare innerhalb einer Datenbank ermittelt. Dies gilt unabhängig davon, ob sie aktuell geöffnet sind.

```
Sub AlleFormulare()
    Dim fmObj As AccessObject
    Dim aus As String
    aus = "Projekt " & Application.CurrentProject.Name & _
        ", Formulare: " & vbCrLf
    For Each fmObj In Application.CurrentProject.AllForms
        aus = aus & fmObj.Name & vbCrLf
    Next fmObj
    MsgBox aus
End Sub
```

Listing 11.38 Prozedur AlleFormulare()

Die Namen aller Berichte einer Datenbank werden mithilfe der nachfolgenden Prozedur ermittelt. Sie ist sehr ähnlich aufgebaut:

```
Sub AlleBerichte()
    Dim btObj As AccessObject
    Dim aus As String
    aus = "Projekt " & Application.CurrentProject.Name & _
        ", Berichte: " & vbCrLf
    For Each btObj In Application.CurrentProject.AllReports
        aus = aus & btObj.Name & vbCrLf
    Next btObj
    MsgBox aus
End Sub
```

Listing 11.39 Prozedur AlleBerichte()

CurrentProject	Die Eigenschaft CurrentProject des Application-Objekts verweist auf das aktuelle Datenbankprojekt inklusive aller Formularobjekte, Berichtsobjekte, Makroobjekte und Modulobjekte.
AllForms, AllReports	Die Auflistungsobjekte AllForms und AllReports liefern Verweise auf alle Formularobjekte beziehungsweise alle Berichtsobjekte der Datenbank. Ein einzelnes Objekt innerhalb dieser Auflistung ist vom Typ AccessObject. Die Eigenschaft Name liefert den Namen.

11.10.2 Entwurf eines Formulars ermitteln

Für den Zugriff auf die Elemente eines Formulars muss es zunächst geöffnet werden. Anschließend können zum Beispiel die Werte der Eigenschaften des Formulars, die Steuerelemente und die Werte ihrer Eigenschaften ausgegeben werden. Nachfolgend ein Beispiel, mit dem Formular bestellungF in der Datenbank *handel.accdb*:

```
Sub EinFormularEigenschaften()
    Dim fm As Form
    Dim ct As Control
    Dim aus As String
    Dim fmName As String

    fmName = "bestellungF"
    DoCmd.OpenForm fmName

    Set fm = Application.Forms(fmName)
    MsgBox "Formular" & vbCrLf & "Beschriftung: " & _
        fm.caption & vbCrLf & "Breite: " & fm.Width & _
        vbCrLf & "Datensatzmarkierer: " & fm.RecordSelectors & _
        vbCrLf & "Navigationsschaltflächen: " & _
        fm.NavigationButtons & vbCrLf & "Datensatzquelle: " & _
        fm.RecordSource & vbCrLf & "Detailbereich, Höhe: " & _
        fm.Section(acDetail).Height & vbCrLf & _
        "Anzahl Steuerelemente: " & fm.Controls.Count & _
        vbCrLf & vbCrLf

    For Each ct In fm.Controls
        aus = "Name: " & ct.Name & vbCrLf & "Breite: " & _
            ct.Width & ", Höhe: " & ct.Height & ", Oben: " & _
            ct.Top & ", Links: " & ct.Left & vbCrLf & "Typ: "
        Select Case ct.ControlType
            Case acCheckBox
                chkAusgabe ct, aus
            Case acComboBox
                cboAusgabe ct, aus
            Case acCommandButton
                cmdAusgabe ct, aus
            Case acLabel
                lblAusgabe ct, aus
```

```
            Case acListBox
                lstAusgabe ct, aus
            Case acSubform
                subAusgabe ct, aus
            Case acTextBox
                txtAusgabe ct, aus
        End Select
    Next ct

    DoCmd.Close acForm, fmName, acSaveNo
End Sub
```

Listing 11.40 Prozedur EinFormularEigenschaften()

DoCmd() — Das `DoCmd`-Objekt simuliert Aktionen eines Benutzers mithilfe von VBA:

OpenForm() — ▶ Die Methode `OpenForm()` dient zum Öffnen eines Formulars mit dem angegebenen Namen.

Close() — ▶ Die Methode `Close()` dient zum Schließen eines Objekts. Als erster Parameter wird der Objekttyp mithilfe der Konstanten `acForm` angegeben, als zweiter Parameter der Name des Objekts.

Forms — Das Auflistungsobjekt `Forms` des `Application`-Objekts beinhaltet Verweise auf alle Formulare, die aktuell geöffnet sind. Der Zugriff auf ein einzelnes Formular erfolgt mithilfe eines Index. Das kann zum Beispiel der Name des Formulars sein.

Formulareigenschaften — Es werden die Werte der folgenden wichtigen Eigenschaften des Formulars aufgelistet:

- ▶ `Caption`: Beschriftung
- ▶ `Width`: Breite
- ▶ `RecordSelectors`: DATENSATZMARKIERER Ja/Nein
- ▶ `NavigationButtons`: NAVIGATIONSSCHALTFLÄCHEN Ja/Nein
- ▶ `RecordSource`: die Datensatzquelle, also der Name der Tabelle oder der Code der SQL-Abfrage
- ▶ `Section`: Bereiche, zum Beispiel Detailbereich (Konstante `acDetail`) oder Formularkopf (Konstante `acHeader`)
- ▶ `Height`: Höhe eines Bereichs
- ▶ `Controls`: Auflistungsobjekt, beinhaltet Verweise auf alle Steuerelemente

Ein Objekt des Typs Form repräsentiert ein aktuell geöffnetes Formular, also ein Element der Auflistung Forms. Ein Objekt des Typs Control repräsentiert ein Steuerelement beliebigen Typs. Es wird eine For Each-Schleife zum Durchlauf der Auflistung Controls genutzt.

Alle Steuerelemente

Zunächst werden neben dem Namen die Werte einiger allgemeiner Eigenschaften gesammelt:

Allgemeine Eigenschaften

- Width, Height: Breite und Höhe
- Top, Left: Abstand zum oberen und zum linken Rand

Die Eigenschaft ControlType gibt den Typ des Steuerelements an. Dieser Wert wird innerhalb einer Select Case-Verzweigung mit einer Reihe von Konstanten verglichen.

Typ des Steuerelements

Es wird dann eine der nachfolgenden Ausgabeprozeduren aufgerufen, um die Werte der allgemeinen Eigenschaften zusammen mit den Werten der spezifischen Eigenschaften des jeweiligen Typs auszugeben.

Spezifische Eigenschaften

Kontrollkästchen

Die Konstante acCheckBox führt zu folgender Prozedur:

```
Sub chkAusgabe(ct As Control, ausgabe As String)
    Dim chk As CheckBox
    Set chk = ct
    ausgabe = ausgabe & "Kontrollkästchen" & vbCrLf & _
        "Steuerelementinhalt: " & chk.ControlSource & _
        vbCrLf & "Gesperrt: " & chk.Locked
    MsgBox ausgabe
End Sub
```

Listing 11.41 Prozedur chkAusgabe()

Es werden die Werte der folgenden Eigenschaften ermittelt:

- ControlSource: Steuerelementinhalt, also zum Beispiel das zugehörige Tabellenfeld
- Locked: Steuerelement gesperrt (Ja/Nein)

Kombinationsfeld

Die Konstante acComboBox führt zu folgender Prozedur:

```
Sub cboAusgabe(ct As Control, ausgabe As String)
    Dim cbo As ComboBox
    Set cbo = ct
    ausgabe = ausgabe & "Kombinationsfeld" & vbCrLf & _
        "Spaltenanzahl: " & cbo.ColumnCount & vbCrLf & _
        "Spaltenbreiten: " & cbo.ColumnWidths & vbCrLf & _
        "Listenbreite: " & cbo.ListWidth & vbCrLf & _
        "Steuerelementinhalt: " & cbo.ControlSource & _
        vbCrLf & "Datensatzherkunft: " & cbo.RowSource & _
        vbCrLf & "Gebundene Spalte: " & cbo.BoundColumn
    MsgBox ausgabe
End Sub
```

Listing 11.42 Prozedur cboAusgabe()

Es werden die Werte der folgenden Eigenschaften ermittelt:

- ColumnCount: **Spaltenanzahl**
- ColumnWidths: **Spaltenbreiten**
- ListWidth: **Listenbreite**
- ControlSource: **Steuerelementinhalt**
- RowSource: **Datensatzherkunft, also der Code der SQL-Abfrage**
- BoundColumn: **Nummer der gebundenen Spalte zur Auswahl des Datensatzes, der repräsentiert wird**

Schaltfläche

Die Konstante acCommandButton führt zu folgender Prozedur:

```
Sub cmdAusgabe(ct As Control, ausgabe As String)
    Dim cmd As CommandButton
    Set cmd = ct
    ausgabe = ausgabe & "Schaltfläche" & vbCrLf & _
        "Beschriftung: " & cmd.Caption & vbCrLf & _
        "Beim Klicken: " & cmd.OnClick
    MsgBox ausgabe
End Sub
```

Listing 11.43 Prozedur cmdAusgabe()

Es werden die Werte der folgenden Eigenschaften ermittelt:

- Caption: **Beschriftung**
- OnClick: Makro oder VBA-Code, der beim Klicken ausgeführt wird

Bezeichnungsfeld

Die Konstante `acLabel` führt zu folgender Prozedur:

```
Sub lblAusgabe(ct As Control, ausgabe As String)
    Dim lbl As Label
    Set lbl = ct
    ausgabe = ausgabe & "Bezeichnungsfeld" & vbCrLf & _
        "Beschriftung: " & lbl.Caption
    MsgBox ausgabe
End Sub
```

Listing 11.44 Prozedur lblAusgabe()

Es wird der Wert der folgenden Eigenschaft ermittelt:

- Caption: **Beschriftung**

Listenfeld

Die Konstante `acListBox` führt zu folgender Prozedur:

```
Sub lstAusgabe(ct As Control, ausgabe As String)
    Dim lst As ListBox
    Set lst = ct
    ausgabe = ausgabe & "Listenfeld" & vbCrLf & _
        "Spaltenanzahl: " & lst.ColumnCount & vbCrLf & _
        "Spaltenbreiten: " & lst.ColumnWidths & vbCrLf & _
        "Datensatzherkunft: " & lst.RowSource & vbCrLf & _
        "Gebundene Spalte: " & lst.BoundColumn & vbCrLf & _
        "nach Aktualisierung: " & lst.AfterUpdate
    MsgBox ausgabe
End Sub
```

Listing 11.45 Prozedur lstAusgabe()

Es werden die Werte der folgenden Eigenschaften ermittelt:

- ColumnCount: **Spaltenanzahl**
- ColumnWidths: **Spaltenbreiten**

- RowSource: **Datensatzherkunft**
- BoundColumn: **Nummer der gebundenen Spalte, zur Auswahl des Datensatzes, der repräsentiert wird**
- AfterUpdate: **Makro oder VBA-Code, der nach einer Aktualisierung ausgeführt wird**

Unterformular

Die Konstante acSubform führt zu folgender Prozedur:

```
Sub subAusgabe(ct As Control, ausgabe As String)
    Dim sbf As SubForm
    Set sbf = ct
    ausgabe = ausgabe & "Unterformular" & vbCrLf & _
        "Herkunftsobjekt: " & sbf.SourceObject & vbCrLf & _
        "Verknüpfen nach: " & sbf.LinkMasterFields & _
        vbCrLf & "Verknüpfen von: " & sbf.LinkChildFields
    MsgBox ausgabe
End Sub
```

Listing 11.46 Prozedur subAusgabe()

Es werden die Werte der folgenden Eigenschaften ermittelt:

- SourceObject: **Herkunftsobjekt**
- LinkMasterFields, LinkChildFields: **Name der Felder, über die das Formular und das Unterformular verknüpft werden**

Textfeld

Die Konstante acTextBox führt zu folgender Prozedur:

```
Sub txtAusgabe(ct As Control, ausgabe As String)
    Dim txt As TextBox
    Set txt = ct
    ausgabe = ausgabe & "Textfeld" & vbCrLf & _
        "Steuerelementinhalt: " & txt.ControlSource & _
        vbCrLf & "Gesperrt: " & txt.Locked
    MsgBox ausgabe
End Sub
```

Listing 11.47 Prozedur txtAusgabe()

Es werden die Werte der folgenden Eigenschaften ermittelt:

- ControlSource: Steuerelementinhalt
- Locked: Steuerelement gesperrt (Ja/Nein)

11.10.3 Ein neues Formular erzeugen

Formulare und andere Objekte können mithilfe von VBA-Code erzeugt werden. Als Beispiel wird das Formular testF in der Datenbank *handel.accdb* automatisiert erschaffen. Es beinhaltet nur ein Bezeichnungsfeld. Nachfolgend der VBA-Code:

```
Sub FormularErzeugen()
    Dim fmObj As AccessObject
    For Each fmObj In Application.CurrentProject.AllForms
        If fmObj.Name = "testF" Then
            DoCmd.DeleteObject acForm, fmObj.Name
        End If
    Next fmObj

    Dim frm As Form
    Dim frmNameTemp As String          ' z. B. Formular1
    Set frm = Application.CreateForm

    Dim lbl As Label
    Set lbl = CreateControl(frm.Name, acLabel, _
        acDetail, , , 1000, 500, 2000, 284)
    lbl.Name = "lblTest"
    lbl.Caption = "Bezeichnungsfeld"

    frmNameTemp = frm.Name
    DoCmd.Close acForm, frmNameTemp, acSaveYes
    DoCmd.Rename "testF", acForm, frmNameTemp
End Sub
```

Listing 11.48 Prozedur FormularErzeugen()

Die Erzeugung umfasst folgende Schritte:

- Das Formular wird gelöscht, falls es bereits vorhanden sein sollte. Dazu wird die Auflistung AllForms durchlaufen und es wird nach dem betref-

DeleteObject()

fenden Objekt gesucht. Falls das Objekt existiert, wird es mithilfe der Methode DeleteObject() des DoCmd-Objekts gelöscht.

CreateForm() ▶ Es wird ein neues Formular mit einem temporären Namen erzeugt, mithilfe der Methode CreateForm() des Application-Objekts.

CreateControl() ▶ Es wird ein Steuerelement vom Typ Label innerhalb des Formulars erzeugt, mithilfe der Methode CreateControl(). Dabei werden der Name des Formulars, der Typ des Steuerelements (Konstante acLabel), der Bereich im Formular (Konstante acDetail), die Lage (Left, Top) und die Größe (Width, Height) des Steuerelements angegeben. Anschließend werden die Werte weiterer Eigenschaften (Name = Name, Beschriftung = Caption) zugewiesen.

Close() ▶ Das Formularobjekt wird geschlossen, mithilfe der Methode Close() des DoCmd-Objekts. Dabei wird angegeben (Konstante acSaveYes), dass es gespeichert werden soll.

Rename() ▶ Der Name des Formularobjekts wird von dem temporären Namen auf den gewünschten Namen geändert, mithilfe der Methode Rename() des DoCmd-Objekts. Dabei werden der neue Name, der Typ und der alte Name des Objekts angegeben.

11.10.4 Entwurf eines Formulars ändern

Vorhandene Formulare und andere Objekte können mithilfe von VBA-Code verändert werden. Nachfolgend ein Beispiel: Der Wert einer Eigenschaft des Bezeichnungsfelds im Formular testF, das im vorherigen Abschnitt in der Datenbank *handel.accdb* erzeugt wurde, wird verändert.

```
Sub FormularAendern()
    Dim fmName As String
    fmName = "testF"

    DoCmd.OpenForm fmName, acDesign

    Dim fm As Form
    Set fm = Application.Forms("testF")

    Dim lbl As Label
    Set lbl = fm.Controls("lblTest")
    lbl.Caption = "Neuer Name"
```

```
    DoCmd.Close acForm, fmName, acSaveYes
End Sub
```

Listing 11.49 Prozedur FormularAendern()

Die Änderung umfasst folgende Schritte:

- Das Formular wird geöffnet, mithilfe der Methode OpenForm() des DoCmd-Objekts, und zwar im Entwurfsmodus (Konstante acDesign). — **OpenForm()**
- Es wird ein Verweis vom Typ Form auf das Element der Auflistung Forms des Application-Objekts gesetzt. Über diesen Verweis wird auf das geöffnete Formular zugegriffen. — **Form**
- Es wird ein Verweis vom Typ Label auf das Element der Auflistung Controls gesetzt. Über diesen Verweis wird auf das gewünschte Steuerelement zugegriffen. — **Label**
- Die Beschriftung wird geändert, also der Wert der Eigenschaft Caption. — **Caption**
- Das Formular wird geschlossen, mithilfe der Methode Close() des DoCmd-Objekts, inklusive Speicherung. — **Close()**

11.10.5 Eine vollständige Benutzeroberfläche erzeugen

Zu guter Letzt stelle ich Ihnen eine Anwendung zur Erzeugung einer einheitlichen, vollständigen Benutzeroberfläche mithilfe von VBA vor. Sie finden sie in der Datenbank *handwerk.accdb*. Diese Anwendung kann Ihnen viel Routinearbeit abnehmen. Mit den Kenntnissen aus diesem Buch sind Sie in der Lage, weitere spezifische Änderungen an der automatisiert erstellten Oberfläche vornehmen.

Der gesamte VBA-Code ist zu umfangreich, um ihn in diesem Buch abzubilden. Nachfolgend nur eine kurze Vorstellung der Prozeduren und Funktionen. Es werden mehr Kenntnisse in VBA vorausgesetzt, als in diesem Buch beschrieben werden. Dennoch habe ich mich entschieden, Ihnen diese Möglichkeit zur Verfügung zu stellen. Betrachten Sie diese nützliche Anwendung auch als einen Anreiz, sich weiter in VBA zu vertiefen. — **VBA-Kenntnisse**

Startpunkt

Die Prozedur erzeugeGUI() dient als Startpunkt. Hier werden die Parameter der spezifischen Datenbank eingestellt. Alle vorhandenen Formulare werden gelöscht! Für jedes Formular der Benutzeroberfläche wird eine Prozedur zur Erzeugung eines einzelnen Formulars aufgerufen.

Alle restlichen Prozeduren und Funktionen der Anwendung sind allgemein gültig und können daher auch in anderen Datenbanken eingesetzt werden, die den Regeln und Empfehlungen zum Aufbau von Anwendungen in diesem Buch folgen.

Prozeduren und Funktionen

Die Prozedur Sub erzeugeGesamteForm() mit der Unterprozedur erzeugeForm() dient zur Erstellung eines einzelnen Formulars. Mithilfe der Prozedur erzeugeStartform() wird das Startformular startF der Anwendung erstellt. Es muss noch eingestellt werden, dass die Anwendung in der Datenbank mit diesem Formular startet.

Die Prozeduren erzeugeFormularLabel(), erzeugeFeldLabel(), erzeugeListboxLabel() und erzeugeSubformLabel() dienen zur Erstellung von Bezeichnungsfeldern, die zu verschiedenen Steuerelementen gehören.

Mithilfe der Prozeduren erzeugeButton(), erzeugeStartformButton() und erzeugeZumStartButton() werden Schaltflächen erstellt. Die Prozeduren erzeugeListbox(), erzeugeCombobox(), erzeugeCheckbox() und erzeugeTextbox() dienen zur Erstellung der betreffenden Steuerelemente.

Die Prozedur erzeugeGesamteSubform() mit den Unterprozeduren erzeugeSubform() und erzeugeSubformFunktion() dient zur Erstellung eines einzelnen Unterformulars.

Die Funktionen cmdNeu_OnClick(), cmdSpeichern_OnClick() und cmdLoeschen_OnClick() werden nach der Betätigung der Schaltflächen Neu, Speichern und Löschen aufgerufen. Mithilfe der Funktion lstAuswahl_AfterUpdate() wird ein Formular nach der Auswahl eines Eintrags im Listenfeld aktualisiert. Die Funktion cmdForm_OnClick() dient zum Aufruf eines Formulars vom Startformular aus.

Anhang A
Lösungen der Übungsaufgaben

Es folgen nun die Lösungen zu den Übungsaufgaben, jeweils in einzelnen Schritten erläutert.

A.1 Fahrzeugvermietung, Modell

Es folgt die Lösung zur Übung aus Abschnitt 3.4.1. Zunächst werden die realen Anforderungen erläutert, zu denen ein Datenbankmodell erstellt werden soll. Anschließend folgt das Datenbankmodell selbst.

A.1.1 Die realen Anforderungen

Zu jedem Vermietungsvorgang soll eine ganze Reihe von Informationen gespeichert werden, zum Teil schon beim ersten Gespräch mit dem Kunden:

- Wann hat sich der Kunde gemeldet, um ein Fahrzeug zu mieten?
- Welcher Kunde hat angerufen?
- Welche Preisklasse wünscht der Kunde?   **Preisklasse**
- An welchem Standort möchte der Kunde das Fahrzeug übernehmen?   **Standort**
  Zur Vereinfachung: Es gibt keine Einwegmieten. Der Kunde muss das Fahrzeug am selben Standort zurückgeben.
- Von wann bis wann soll das Fahrzeug zur Verfügung stehen, jeweils mit   **Zeitraum**
  Datum und Uhrzeit?
- Wann wurde das Fahrzeug tatsächlich zurückgegeben?
- Wie ist der Kilometerstand des Fahrzeugs, zu Beginn und zu Ende der Vermietung?
- Wann hat der Kunde die Vermietung bezahlt?

Es stellen sich außerdem die folgenden Anforderungen:

Kunden	▶ Es sollen die Kommunikationsdaten der Kunden verwaltet werden, damit man mit ihnen telefonieren, mit ihnen E-Mails austauschen und Rechnungen per Post an sie versenden kann.
Fahrzeug	▶ Für die einzelnen Fahrzeuge sollen wichtige Daten gespeichert werden. Diese dienen unter anderem zur eindeutigen Identifizierung (Kfz-Kennzeichen, Fahrgestellnummer). Außerdem ist es wichtig, zu wissen, wann das Fahrzeug zugelassen wurde und wann es zur nächsten Hauptuntersuchung muss.
Standort	▶ Jedes Fahrzeug steht an einem Standort. Die Adresse des Standorts ist wichtig zur Übernahme und zur Rückgabe des Fahrzeugs durch den Kunden.
Preisklasse	▶ Die Fahrzeuge sind in verschiedene Preisklassen aufgeteilt. Zu jeder Preisklasse gibt es einen Mietpreis pro Tag. Die Kunden können mit den Fahrzeugen eine maximale Menge von Kilometern pro Tag zurücklegen. Falls sie die daraus resultierende zugelassene Gesamt-Kilometerzahl für den Zeitraum des Mietvertrags überschreiten, so müssen sie Kosten für jeden zusätzlichen Kilometer zahlen.
Fahrzeugtyp	▶ Es kann mehrere Fahrzeuge desselben Fahrzeugtyps geben. Diese sind alle in derselben Preisklasse.
Wartung	▶ Die Fahrzeuge müssen regelmäßig gewartet werden. Es soll gespeichert werden:
	– Von wann bis wann ist das Fahrzeug in der Wartung?
	– Welche Arbeiten wurden durchgeführt?
	– Was hat die Wartung gekostet?
	– Wie ist der Kilometerstand vor Beginn und nach Ende der Wartung?

Das Modell, das auf diesen Anforderungen basiert, wird in den nachfolgenden Abschnitten erstellt. Sie finden es innerhalb der Datenbank *fahrzeugvermietung.accdb*.

A.1.2 Fahrzeuge und Kunden ergeben Vermietungen

Zwischentabelle »vermietung«

Ein Kunde kann mehrere Fahrzeuge mieten. Ein Fahrzeug kann von mehreren Kunden gemietet werden. Es ergeben sich daher eine Tabelle fahrzeug, eine Tabelle kunde und eine Zwischentabelle vermietung zur Erstellung einer *m:n-Beziehung* zwischen fahrzeug und kunde. Das stellt das Zentrum des Modells dieser Datenbank dar, siehe auch Abbildung A.1.

Wie in allen Datenbanken dieses Buchs: Die Namen der Primärschlüsselfelder der Tabellen enden auf ID. Die Primärschlüsselfelder selbst sind vom Typ AutoWert. Die zugehörigen Fremdschlüsselfelder sind vom Typ Zahl / Long Integer. In den meisten Tabellen in den Datenbanken dieses Buchs kommt das Feld bemerkung vom Typ Langer Text hinzu.

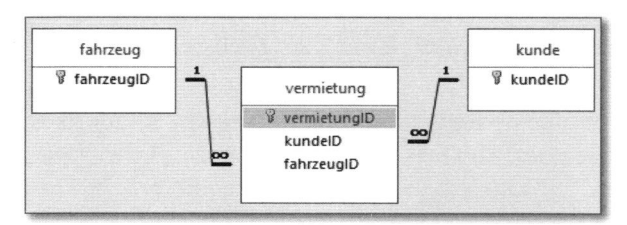

Abbildung A.1 Vermietungen in der Zwischentabelle

A.1.3 Fahrzeuge und Standorte

Ein Fahrzeug steht an einem bestimmten Standort. Bei einer Vermietung muss innerhalb des Formulars darauf geachtet werden, dass nur ein Fahrzeug desjenigen Standorts ausgewählt werden kann, den der Kunde wünscht. Im Feld standortWunschID vom Typ Zahl / Long Integer wird dieser Wunsch gespeichert. Es ergibt sich der Ausschnitt des Modells in Abbildung A.2, in der die Tabelle standort hinzugekommen ist.

Standort nach Wunsch

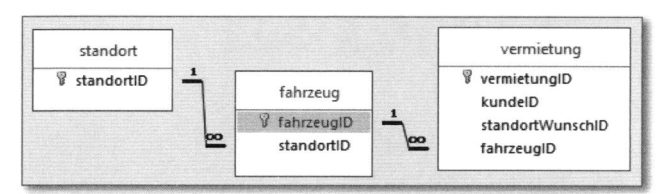

Abbildung A.2 Standort eines Fahrzeugs, Wunsch des Kunden

A.1.4 Fahrzeugtypen und Preisklassen

Ein Fahrzeug gehört zu einem bestimmten Fahrzeugtyp. Jedem Fahrzeugtyp wiederum ist eine bestimmte Preisklasse zugeordnet. Bei einer Vermietung muss innerhalb des Formulars darauf geachtet werden, dass nur ein Fahrzeug derjenigen Preisklasse ausgewählt wird, die der Kunde wünscht. Im Feld preisklasseWunschID vom Typ Zahl / Long Integer wird dieser Wunsch gespeichert. Es ergibt sich der Ausschnitt des Modells in Abbil-

Preisklasse nach Wunsch

dung A.3, in der die Tabellen fahrzeugtyp und preisklasse hinzugekommen sind.

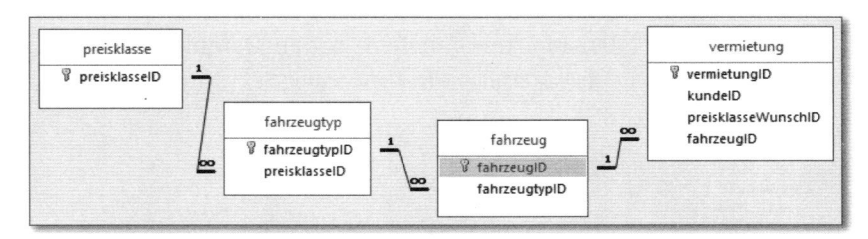

Abbildung A.3 Preisklasse eines Fahrzeugs, Wunsch des Kunden

A.1.5 Wartungsvorgänge

Wartungen und Wartungsposten

An einem Fahrzeug werden Wartungsvorgänge vorgenommen, auch als Wartungsposten bezeichnet. Jeder Wartungsvorgang hat eine festgelegte Bezeichnung. Es ergibt sich der Ausschnitt des Modells in Abbildung A.4, in der die Tabellen wartungsposten und wartung hinzugekommen sind.

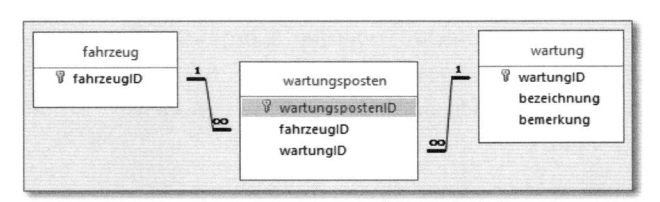

Abbildung A.4 Wartungsvorgänge

A.1.6 Mehr Informationen zu Vermietungen

Aus den realen Anforderungen ergeben sich weitere Felder für die Tabelle vermietung, siehe auch Abbildung A.5.

Genaue Zeitangaben

Insgesamt fünf Felder sind vom Typ Datum/Uhrzeit: datumReservierung, datumZahlung, zeitStart, zeitEnde und zeitEndeReal. Bei den ersten beiden Feldern genügt die Eingabe des Datums, die anderen drei Felder benötigen auch die Uhrzeit. Der gewünschte Zeitraum für die Vermietung wird in zeitStart und zeitEnde festgehalten. Die tatsächliche Rückgabe kann später erfolgen, dafür ist zeitEndeReal vorgesehen.

Genaue Kilometer-Angaben

Die beiden Felder kmStart und kmEnde vom Typ Zahl / Long Integer dienen unter anderem zur Berechnung der eventuell angefallenen Mehr-Kilometer.

```
vermietung
─────────────
🔑 vermietungID
   kundeID
   datumReservierung
   preisklasseWunschID
   standortWunschID
   fahrzeugID
   zeitStart
   zeitEnde
   zeitEndeReal
   kmStart
   kmEnde
   datumZahlung
   bemerkung
```

Abbildung A.5 Tabelle »vermietung«

A.1.7 Mehr Informationen zu Fahrzeugen und Kunden

In der Tabelle fahrzeug kommen die beiden Textfelder fahrgestellnummer und kfzKennzeichen hinzu. Beide Angaben können Zahlen, Zeichen und Sonderzeichen enthalten. Die beiden Felder erstzulassung und naechsteHU sind vom Typ Datum/Uhrzeit. Bei der Eingabe der nächsten Hauptuntersuchung genügen Monat und Jahr.

In der Tabelle kunde kommen die üblichen Textfelder hinzu: nachname, vorname, strasse, plz, ort und telefon. Außerdem noch das Feld email vom Typ Link, siehe Abbildung A.6.

```
fahrzeug                        kunde
─────────────                   ─────────────
🔑 fahrzeugID                   🔑 kundeID
   standortID                      nachname
   fahrzeugtypID                   vorname
   fahrgestellnummer               strasse
   kfzKennzeichen                  plz
   erstzulassung                   ort
   naechsteHU                      telefon
   bemerkung                       email
                                   bemerkung
```

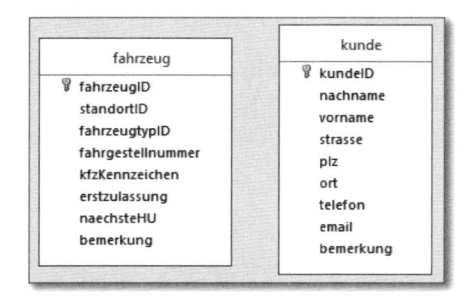

Abbildung A.6 Tabellen »fahrzeug« und »kunde«

A.1.8 Mehr Informationen zu Standorten und Preisklassen

In der Tabelle standort kommen einige Textfelder hinzu: strasse, plz und ort. Die Tabelle fahrzeugtyp wird durch das Feld bezeichnung ergänzt, für die Angaben zu Marke und Typ siehe Abbildung A.7.

A Lösungen der Übungsaufgaben

Auch in der Tabelle preisklasse kommt ein Textfeld für die Bezeichnung hinzu. Zusätzlich gibt es die beiden Felder preisProTag und preisProMehrKm vom Typ Währung zur Berechnung des gesamten Vermietungspreises. Das Feld maxKmProTag vom Typ Zahl / Long Integer wird benötigt, um zu ermitteln, ob Mehr-Kilometer abgerechnet werden müssen, siehe Abbildung A.7.

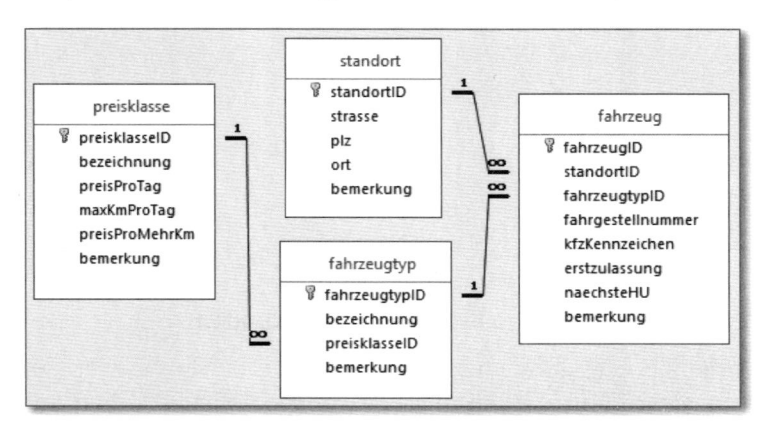

Abbildung A.7 Tabellen »standort«," »fahrzeugtyp« und »preisklasse«

A.1.9 Mehr Informationen zu Wartungsvorgängen

Genaue Zeit- und Kilometerangaben

In der Tabelle wartungsposten kommen die beiden Felder zeitStart und zeitEnde vom Typ Datum/Uhrzeit hinzu, damit für ein Fahrzeug neben der Vermietungszeit auch die Wartungszeit gespeichert werden kann. Mithilfe der beiden Felder kmStart und kmEnde vom Typ Zahl / Long Integer ist es ebenso möglich, neben den Vermietungs-Kilometern auch die Wartungs-Kilometer festzuhalten. Im Feld preis vom Typ Währung werden die Kosten der Wartung gespeichert, siehe Abbildung A.8.

Abbildung A.8 Tabelle »wartungsposten«

A.1.10 Das gesamte Modell

In Abbildung A.9 sehen Sie das gesamte Modell für die Datenbank *fahrzeugvermietung.accdb*. Die Abbildung dient nur als Übersicht, die Einzelheiten sind in den bereits gezeigten Ausschnitten und in der Beziehungsansicht innerhalb von MS Access besser zu erkennen.

Übersicht

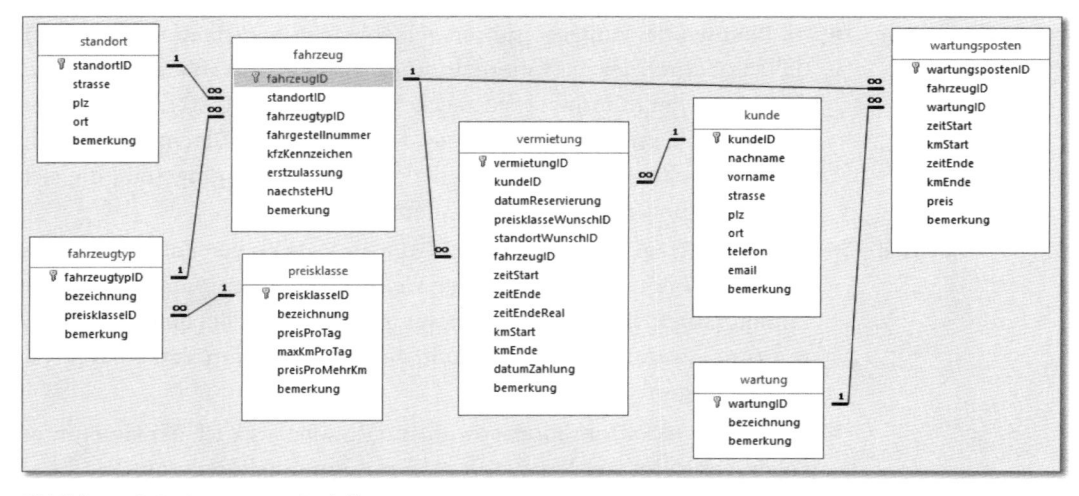

Abbildung A.9 Gesamtes Modell

A.2 Handwerksbetrieb, Modell

Es folgt die Lösung zur Übung aus Abschnitt 3.4.2. Zunächst werden die realen Anforderungen erläutert, zu denen ein Datenbankmodell erstellt werden soll. Anschließend folgt das Datenbankmodell selbst.

A.2.1 Die realen Anforderungen

Zu jedem Auftrag des Handwerksbetriebs soll eine ganze Reihe von Informationen gespeichert werden:

Auftrag

▶ Wann hat sich der Kunde mit einer Anfrage gemeldet?
▶ Welcher Kunde hat angerufen?
▶ Wie ist die Bezeichnung für den durchzuführenden Auftrag?

- Von wann bis wann und an welcher Adresse soll der Auftrag durchgeführt werden?
- Wann wurde die Rechnung an den Kunden gesandt und wann wurde die Rechnung vom Kunden bezahlt?

Es stellen sich außerdem die folgenden Anforderungen:

Mitarbeiter
- Im Rahmen der Aufträge führen verschiedene Mitarbeiter einzelne Tätigkeiten durch, jeweils innerhalb eines Zeitraums. Es sollen Namen und Vornamen der Mitarbeiter gespeichert werden. Die Kosten der Tätigkeiten werden dem Kunden nach geleisteten Stunden in Rechnung gestellt. Die Mitarbeiter sind in verschiedene Lohngruppen eingeteilt, die sich nach Lohn pro Stunde unterscheiden.

Material
- Für die Aufträge werden unterschiedliche Mengen verschiedener Materialien benötigt. Diese Materialien werden mit einem Namen und einer Einheit (Stück, Meter, Quadratmeter ...) bezeichnet, bei einem Lieferanten zum Einkaufspreis gekauft und dem Kunden zum Verkaufspreis in Rechnung gestellt.
- Die Kommunikationsdaten sowohl der Kunden als auch der Lieferanten sollen verwaltet werden, damit man mit ihnen telefonieren, mit ihnen E-Mails austauschen und Rechnungen per Post an sie versenden kann.

Das Modell, das auf diesen Anforderungen basiert, wird nachfolgend erstellt. Sie finden es innerhalb der Datenbank *handwerk.accdb*.

A.2.2 Aufträge und Mitarbeiter

Zwischentabelle »mitarbeiterposten«
An einem Auftrag arbeiten verschiedene Mitarbeiter. Ein Mitarbeiter kann bei mehreren Aufträgen eingesetzt werden. Es ergeben sich daher eine Tabelle auftrag, eine Tabelle mitarbeiter und eine Zwischentabelle mitarbeiterposten zur Erstellung einer *m:n-Beziehung* zwischen auftrag und mitarbeiter.

Arbeitszeit für Tätigkeit
Bei jedem Mitarbeiterposten wird gespeichert, welche Tätigkeit von welchem Mitarbeiter von wann bis wann an welchem Auftrag durchgeführt wurde. Diese *m:n-Beziehung* stellt einen wichtigen Teil des Modells dieser Datenbank dar, siehe auch Abbildung A.10.

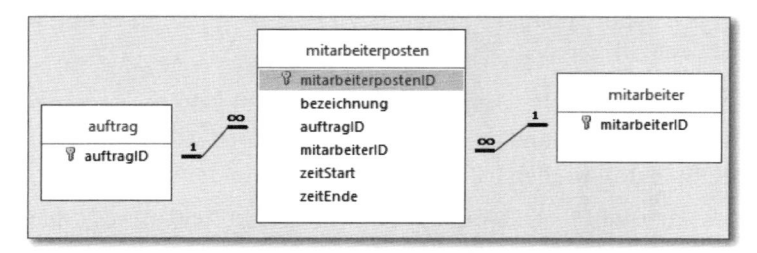

Abbildung A.10 Mitarbeiterposten in der Zwischentabelle

Das Feld bezeichnung ist vom Typ Kurzer Text. Die Felder zeitStart und zeitEnde sind vom Typ Datum/Uhrzeit. Die Einträge in diesen Feldern werden inklusive der Uhrzeit vorgenommen, damit die Dauer der Tätigkeit abgerechnet werden kann.

Wie in allen Datenbanken dieses Buchs: Die Namen der Primärschlüsselfelder aller Tabellen enden auf ID. Die Felder selbst sind vom Typ AutoWert. Die zugehörigen Fremdschlüsselfelder sind vom Typ Zahl / Long Integer. In den meisten Tabellen in den Datenbanken dieses Buchs kommt das Feld bemerkung vom Typ Langer Text hinzu.

A.2.3 Aufträge und Material

Bei einem Auftrag wird verschiedenes Material benötigt. Bestimmtes Material kann bei mehreren Aufträgen eingesetzt werden. Es ergeben sich daher zur bereits vorhandenen Tabelle auftrag eine Tabelle material und eine Zwischentabelle materialposten, zur Erstellung einer *m:n-Beziehung* zwischen auftrag und material.

Zwischentabelle »materialposten«

Bei jedem Materialposten wird gespeichert, welche Menge welchen Materials für welchen Auftrag benötigt wurde. Diese *m:n-Beziehung* stellt einen weiteren wichtigen Teil des Modells dieser Datenbank dar, siehe auch Abbildung A.11.

Mengen der Materialien

Abbildung A.11 Materialposten in der Zwischentabelle

Bezeichnungen, Mengen und Einheiten

Das Feld menge ist vom Typ Zahl / Single. Dazu zwei Beispiele für Materialposten:

- 3 Stück Schraube M6 × 14: Dabei wird die Zahl 3 im Feld menge gespeichert. Die Einheit Stück und die Bezeichnung Schraube M6 × 14 sind materialspezifisch und werden daher in der Tabelle material gespeichert.
- 2,75 Meter Flachstahl 3 × 12: Dabei wird die Zahl 2,75 im Feld menge gespeichert. Die Einheit Meter und die Bezeichnung Flachstahl 3 × 12 sind materialspezifisch und werden daher in der Tabelle material gespeichert.

A.2.4 Kunden und Aufträge

Ein Kunde kann verschiedene Aufträge erteilen. Daher ergibt sich eine weitere Tabelle kunde, die zur Tabelle auftrag in einer *1:n-Beziehung* steht, siehe Abbildung A.12.

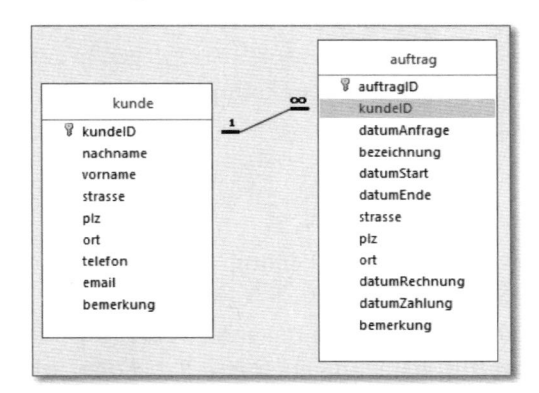

Abbildung A.12 Kunden und Aufträge

In der Tabelle kunde sind die Felder nachname, vorname, strasse, plz, ort und telefon vom Typ Kurzer Text. Das Feld email ist vom Typ Link.

In der Tabelle auftrag sind die Felder datumAnfrage, datumStart, datumEnde, datumRechnung und datumZahlung vom Typ Datum/Uhrzeit. Die Felder bezeichnung, strasse, plz und ort sind vom Typ Kurzer Text.

A.2.5 Lohngruppen und Mitarbeiter

Es gibt Mitarbeiter, die denselben Lohn pro Stunde erhalten. Daher ergibt sich eine Tabelle lohngruppe, die zur Tabelle mitarbeiter in einer *1:n-Beziehung* steht, siehe Abbildung A.13.

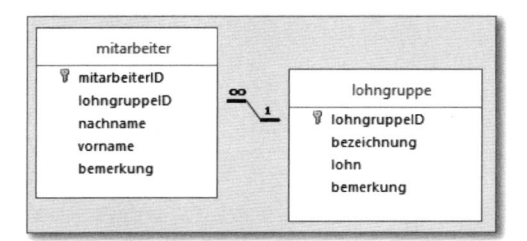

Abbildung A.13 Lohngruppen und Mitarbeiter

In der Tabelle lohngruppe ist das Feld bezeichnung vom Typ Kurzer Text. Das Feld lohn ist vom Typ Währung. In der Tabelle mitarbeiter sind die Felder nachname und vorname vom Typ Kurzer Text.

A.2.6 Lieferanten und Material

Ein Lieferant kann unterschiedliche Materialien liefern. Daher ergibt sich eine Tabelle lieferant, die zur Tabelle material in einer *1:n-Beziehung* steht, siehe Abbildung A.14.

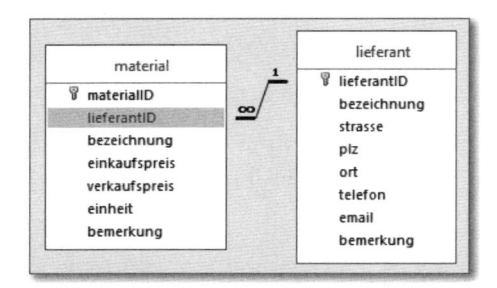

Abbildung A.14 Lieferanten und Material

In der Tabelle lieferant sind die Felder bezeichnung, strasse, plz, ort und telefon vom Typ Kurzer Text. Das Feld email ist vom Typ Link.

In der Tabelle material sind die Felder bezeichnung und einheit vom Typ Kurzer Text. Die Felder einkaufspreis und verkaufspreis sind vom Typ Währung.

A.2.7 Das gesamte Modell

In Abbildung A.15 sehen Sie das gesamte Modell für die Datenbank *handwerk.accdb*. Die Abbildung dient nur als Übersicht, die Einzelheiten sind in

Übersicht

A Lösungen der Übungsaufgaben

den bereits gezeigten Ausschnitten und in der Beziehungsansicht innerhalb von MS Access besser zu erkennen.

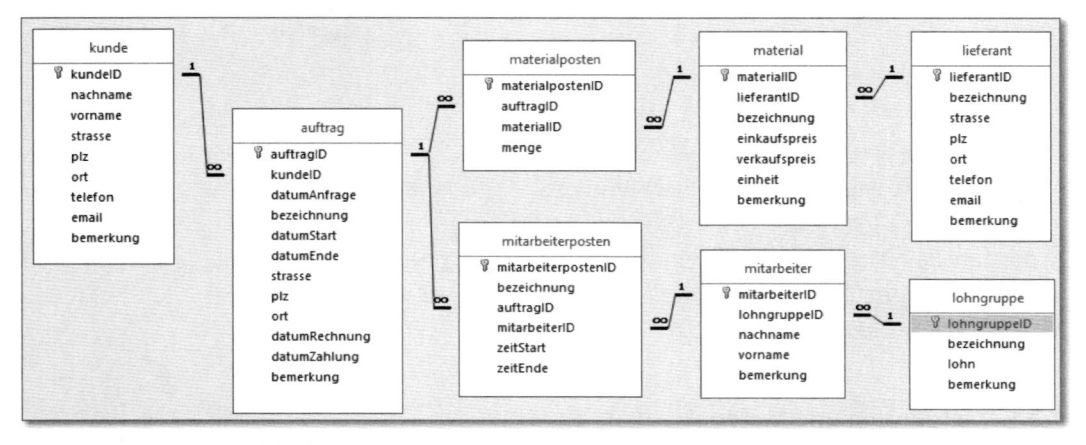

Abbildung A.15 Gesamtes Modell

A.3 Fahrzeugvermietung, erste Tabellen

Es folgt die Lösung zur Übung aus Abschnitt 4.4.9. Es wird der Aufbau der ersten vier Tabellen der Datenbank *fahrzeugvermietung.accdb* erläutert.

In Tabelle A.1 bis Tabelle A.4 sehen Sie die Felder der Tabellen standort, preisklasse, kunde und wartung mit den Werten für ihre wichtigen Eigenschaften:

Name	Datentyp	Feldeigenschaften
standortID	AutoWert	Primärschlüsselfeld
strasse	Kurzer Text	
plz	Kurzer Text	
ort	Kurzer Text	Eingabe erforderlich: Ja Leere Zeichenkette: Nein Indiziert: Ja (Duplikate möglich)
bemerkung	Langer Text	

Tabelle A.1 Tabelle »standort«

A.3 Fahrzeugvermietung, erste Tabellen

Name	Datentyp	Feldeigenschaften
preisklasseID	AutoWert	Primärschlüsselfeld
bezeichnung	Kurzer Text	Eingabe erforderlich: Ja Leere Zeichenkette: Nein
preisProTag	Währung	Format: Euro, Standardwert: 0 Gültigkeitsregel: >=0, -meldung: Kein negativer Wert erlaubt Eingabe erforderlich: Ja
maxKmProTag	Zahl	Feldgröße: Long Integer Standardwert: 0 Gültigkeitsregel: >=0, -meldung: Kein negativer Wert erlaubt Eingabe erforderlich: Ja
preisProMehrKm	Währung	Format: Euro, Standardwert: 0 Gültigkeitsregel: >=0, -meldung: Kein negativer Wert erlaubt Eingabe erforderlich: Ja
bemerkung	Langer Text	

Tabelle A.2 Tabelle »preisklasse«

Name	Datentyp	Feldeigenschaften
kundeID	AutoWert	Primärschlüsselfeld
nachname	Kurzer Text	Eingabe erforderlich: Ja Leere Zeichenkette: Nein
vorname	Kurzer Text	Eingabe erforderlich: Ja Leere Zeichenkette: Nein
strasse	Kurzer Text	
plz	Kurzer Text	
ort	Kurzer Text	

Tabelle A.3 Tabelle »kunde«

Name	Datentyp	Feldeigenschaften
telefon	Kurzer Text	
email	Link	
bemerkung	Langer Text	

Tabelle A.3 Tabelle »kunde« (Forts.)

Name	Datentyp	Feldeigenschaften
wartungID	AutoWert	Primärschlüsselfeld
bezeichnung	Kurzer Text	Eingabe erforderlich: Ja Leere Zeichenkette: Nein
bemerkung	Langer Text	

Tabelle A.4 Tabelle »wartung«

A.4 Einzelne Tabelle, erste Abfragen

Es folgen die Lösungen zu den beiden Übungen aus Abschnitt 4.6.13. Es werden einzelne Abfragen zur Tabelle kunde der Datenbank *firma.accdb* erstellt.

A.4.1 Sortierung

Zur Erstellung der ersten Abfrage Sortierung, Übung werden die vier gewünschten Felder in der angezeigten Reihenfolge nacheinander in den unteren Teil des Abfrageentwurfs gezogen. In den beiden letzten Feldern wird innerhalb der Zeile SORTIERUNG der Eintrag ABSTEIGEND ausgewählt, siehe Abbildung A.16.

Feld:	kundeID	bezeichnung	rabatt	kredit
Tabelle:	kunde	kunde	kunde	kunde
Sortierung:			Absteigend	Absteigend
Anzeigen:	☑	☑	☑	☑
Kriterien:				

Abbildung A.16 Entwurf der Abfrage »Sortierung, Übung«

A.4.2 Filter mit Zahl

Zur Erstellung der zweiten Abfrage Filter mit Zahl, Übung werden die drei gewünschten Felder in der angezeigten Reihenfolge nacheinander in den unteren Teil des Abfrageentwurfs gezogen. Im letzten Feld wird innerhalb der Zeile SORTIERUNG der Eintrag ABSTEIGEND ausgewählt. Außerdem wird der Ausdruck >10 in der Zeile KRITERIEN eingetragen, siehe Abbildung A.17.

Feld:	kundeID	bezeichnung	mitarbeiter
Tabelle:	kunde	kunde	kunde
Sortierung:			Absteigend
Anzeigen:	☑	☑	☑
Kriterien:			>10
oder:			

Abbildung A.17 Entwurf der Abfrage »Filter mit Zahl, Übung«

A.5 Fahrzeugvermietung, erste Formulare

Es folgt die Erläuterung zur Lösung der Übung aus Abschnitt 4.7.13. Es sollen die vier ersten Formulare zur Vermietung von Fahrzeugen gemäß der unten angegebenen Checkliste erstellt werden. Es geht um die Formulare preisklasseF, standortF, kundeF und wartungF in der Datenbank *fahrzeugvermietung.accdb*, und zwar zunächst nur um das jeweilige Hauptformular und noch nicht um ein eventuell vorhandenes Unterformular.

Eine Checkliste der wichtigen Schritte zur Erstellung eines Formulars: *Checkliste*

- Erzeugen Sie ein neues leeres Formular in der Entwurfsansicht.
- Stellen Sie in den FORMULAREIGENSCHAFTEN im Feld DATENSATZQUELLE den Bezug zur jeweiligen Tabelle her (preisklasse, standort, kunde beziehungsweise wartung).   *Datensatzquelle*
- Ziehen Sie alle Felder aus der FELDLISTE in das Formular, außer das jeweilige ID-Feld (preisklasseID, standortID, kundeID beziehungsweise wartungID).   *Felder auswählen*
- Verschieben Sie die einzelnen Felder und ändern Sie die Größe der zugehörigen Steuerelemente. Markieren Sie ein oder mehrere Felder, um passende Werte für die Eigenschaften LINKS, OBEN, BREITE und HÖHE einzustellen.   *Steuerelemente einstellen*

Formular beschriften	▶ Fügen Sie ein Bezeichnungsfeld zur Beschriftung des Formulars oben links ein (»Preisklasse:«, »Standort:«, »Kunde:« beziehungsweise »Wartung:«) und formatieren Sie es.
Schaltflächen	▶ Fügen Sie die drei Schaltflächen NEU, ÖFFNEN und SPEICHERN mit den jeweiligen vorgefertigten Makros ein und formatieren Sie sie.
Sortiertes Listenfeld	▶ Fügen Sie ein Listenfeld zur Auswahl eines Datensatzes ein, dessen Inhalte anschließend in den Textfeldern erscheinen. Es sollen jeweils die Inhalte der Felder erscheinen, die in der Aufgabenstellung der Übung genannt werden. Das jeweilige ID-Feld dient zur Auswahl des angezeigten Datensatzes und soll selbst nicht erscheinen. Formatieren Sie das Listenfeld. Stellen Sie die gewünschte Sortierung mithilfe des ABFRAGE-GENERATORS ein.
Makros ergänzen	▶ Ergänzen Sie die vorgefertigten Makros der Schaltflächen SPEICHERN und LÖSCHEN, damit das Listenfeld automatisch aktualisiert wird.
	▶ Entfernen Sie den DATENSATZMARKIERER und die NAVIGATIONSSCHALTFLÄCHEN.
Startformular	▶ Erstellen Sie das Startformular startF mit vier Schaltflächen und verbinden Sie diese mit den vier neuen Formularen. Legen Sie fest, dass das Startformular beim Öffnen der Datenbank angezeigt wird. Fügen Sie in den vier neuen Formularen die Schaltfläche ZUM START als Möglichkeit zur Rückkehr zum Startformular ein.

A.6 Fahrzeugvermietung, weitere Tabellen

Es folgt die Lösung zur Übung aus Abschnitt 5.2.7. Es wird der Aufbau der restlichen vier Tabellen der Datenbank *fahrzeugvermietung.accdb* erläutert. In Tabelle A.5 bis Tabelle A.8 sehen Sie die Felder der Tabellen fahrzeugtyp, fahrzeug, vermietung und wartungsposten mit den Werten für ihre wichtigen Eigenschaften:

Name	Datentyp	Feldeigenschaften
fahrzeugtypID	AutoWert	Primärschlüsselfeld
bezeichnung	Kurzer Text	Eingabe erforderlich: Ja Leere Zeichenkette: Nein

Tabelle A.5 Tabelle »fahrzeugtyp«

Name	Datentyp	Feldeigenschaften
preisklasseID	Zahl	Feldgröße: Long Integer Standardwert: 0 Eingabe erforderlich: Ja
Bemerkung	Langer Text	

Tabelle A.5 Tabelle »fahrzeugtyp« (Forts.)

Name	Datentyp	Feldeigenschaften
fahrzeugID	AutoWert	Primärschlüsselfeld
standortID	Zahl	Feldgröße: Long Integer Standardwert: 0 Eingabe erforderlich: Ja
fahrzeugtypID	Zahl	Feldgröße: Long Integer Standardwert: 0 Eingabe erforderlich: Ja
fahrgestellnummer	Kurzer Text	Indiziert: Ja (Ohne Duplikate)
kfzKennzeichen	Kurzer Text	Eingabe erforderlich: Ja Leere Zeichenkette: Nein
erstzulassung	Datum/Uhrzeit	Format: tt.mm.jj
naechsteHU	Datum/Uhrzeit	Format: mm.jj
Bemerkung	Langer Text	

Tabelle A.6 Tabelle »fahrzeug«

Name	Datentyp	Feldeigenschaften
vermietungID	AutoWert	Primärschlüsselfeld
kundeID	Zahl	Feldgröße: Long Integer Standardwert: 0 Eingabe erforderlich: Ja

Tabelle A.7 Tabelle »vermietung«

Name	Datentyp	Feldeigenschaften
datumReservierung	Datum/Uhrzeit	Format: tt.mm.jj
preisklasseWunschID	Zahl	Feldgröße: Long Integer Standardwert: 0 Eingabe erforderlich: Ja
standortWunschID	Zahl	Feldgröße: Long Integer Standardwert: 0 Eingabe erforderlich: Ja
fahrzeugID	Zahl	Feldgröße: Long Integer Standardwert: 0 Eingabe erforderlich: Ja
zeitStart	Datum/Uhrzeit	Format: tt.mm.jj hh:nn Eingabe erforderlich: Ja
zeitEnde	Datum/Uhrzeit	Format: tt.mm.jj hh:nn Eingabe erforderlich: Ja
zeitEndeReal	Datum/Uhrzeit	Format: tt.mm.jj hh:nn
kmStart	Zahl	Feldgröße: Long Integer Standardwert: 0 Gültigkeitsregel: >=0, -meldung: Kein negativer Wert erlaubt
kmEnde	Zahl	Feldgröße: Long Integer Standardwert: 0 Gültigkeitsregel: >=0, -meldung: Kein negativer Wert erlaubt
datumZahlung	Datum/Uhrzeit	Format: tt.mm.jj
Bemerkung	Langer Text	

Tabelle A.7 Tabelle »vermietung« (Forts.)

Name	Datentyp	Feldeigenschaften
wartungspostenID	AutoWert	Primärschlüsselfeld
fahrzeugID	Zahl	Feldgröße: Long Integer Standardwert: 0 Eingabe erforderlich: Ja
wartungID	Zahl	Feldgröße: Long Integer Standardwert: 0 Eingabe erforderlich: Ja
zeitStart	Datum/Uhrzeit	Format: tt.mm.jj hh:nn
kmStart	Zahl	Feldgröße: Long Integer Standardwert: 0 Gültigkeitsregel: >=0, -meldung: Kein negativer Wert erlaubt
zeitEnde	Datum/Uhrzeit	Format: tt.mm.jj hh:nn
kmEnde	Zahl	Feldgröße: Long Integer Standardwert: 0 Gültigkeitsregel: >=0, -meldung: Kein negativer Wert erlaubt
Preis	Währung	Format: Euro Standardwert: 0 Gültigkeitsregel: >=0, -meldung: Kein negativer Wert erlaubt
Bemerkung	Langer Text	

Tabelle A.8 Tabelle »wartungsposten«

A.7 Fahrzeugvermietung, Beziehungen

Es folgt die Lösung zur Übung aus Abschnitt 5.3.4. Es werden die Beziehungen zwischen den Tabellen der Datenbank *fahrzeugvermietung.accdb* erläutert.

Referentielle Integrität

Es werden die folgenden Beziehungen erstellt, jeweils mit referentieller Integrität sowie ohne Aktualisierungs- und Löschweitergabe:

- von der Tabelle preisklasse zur Tabelle fahrzeugtyp über die beiden Felder mit dem Namen preisklasseID
- von der Tabelle fahrzeugtyp zur Tabelle fahrzeug über die beiden Felder mit dem Namen fahrzeugtypID
- von der Tabelle standort zur Tabelle fahrzeug über die beiden Felder mit dem Namen standortID
- von der Tabelle fahrzeug zur Tabelle vermietung über die beiden Felder mit dem Namen fahrzeugID
- von der Tabelle vermietung zur Tabelle kunde über die beiden Felder mit dem Namen kundeID
- von der Tabelle fahrzeug zur Tabelle wartungsposten über die beiden Felder mit dem Namen fahrzeugID
- von der Tabelle wartung zur Tabelle wartungsposten über die beiden Felder mit dem Namen wartungID

Sollte sich eine der Beziehungen nicht erstellen lassen, so überprüfen Sie als Erstes, ob Sie die Datentypen der beteiligten Felder richtig eingestellt haben.

A.8 Fahrzeugvermietung, weitere Formulare

Es folgt die Lösung zur Übung aus Abschnitt 5.5.22. Die vorhandenen Formulare werden ergänzt und die restlichen Formulare erstellt, die zur Eingabe und Pflege der Daten der Tabellen der Datenbank *fahrzeugvermietung.accdb* dienen.

Da sich die hier zu erstellenden Formulare häufig auf mehrere Tabellen beziehen, sollten sie in einer bestimmten Reihenfolge erstellt werden. Dank der Reihenfolge können in einem bereits erstellten Formular Beispieldaten eingetragen werden, die wiederum die Erstellung weiterer Formulare erleichtern und verdeutlichen.

A.8 Fahrzeugvermietung, weitere Formulare

Zunächst geht es um die Preisklassen und Fahrzeugtypen:

Preisklassen, Fahrzeugtypen

- Das einfache Formular zur Eingabe der Daten der Preisklassen ist bereits vorhanden, ebenso die Daten der Preisklassen.
- Erstellen Sie das Formular für die Fahrzeugtypen inklusive des Kombinationsfelds zur Auswahl der Preisklasse.
- Tragen Sie die Daten der verschiedenen Fahrzeugtypen ein, siehe Aufgabenstellung.

Es folgen die Standorte und Fahrzeuge:

Standorte, Fahrzeuge

- Das einfache Formular zur Eingabe der Daten der Standorte ist bereits vorhanden, ebenso die Daten der Standorte.
- Erstellen Sie das Formular für die Fahrzeuge inklusive der beiden Kombinationsfelder zur Auswahl des Standorts und des Fahrzeugtyps.
- Tragen Sie die Daten der verschiedenen Fahrzeuge ein, siehe Aufgabenstellung. Die Daten für die Felder `fahrgestellnummer`, `erstzulassung` und `naechsteHU` sind hier noch nicht wichtig.

Es folgen die Wartungsposten und Wartungen:

Wartungsposten, Wartungen

- Das einfache Formular zur Eingabe der Daten der Wartungen ist bereits vorhanden, ebenso die Daten der Wartungen.
- Erstellen Sie das Formular für die Wartungsposten inklusive der beiden Kombinationsfelder zur Auswahl des Fahrzeugs und der Wartung.
- Tragen Sie die Daten der verschiedenen Wartungsposten ein, siehe Aufgabenstellung. Die Daten für die Felder `kmStart`, `kmEnde` und `preis` sind hier noch nicht wichtig.

Als Nächstes folgen die Kunden und Vermietungen:

Kunden, Vermietungen

- Das einfache Formular zur Eingabe der Daten der Kunden ist bereits vorhanden, ebenso die Daten der Kunden.
- Erstellen Sie das Formular für die Vermietungen inklusive der vier Kombinationsfelder zur Auswahl des Kunden, der Preisklasse, des Standorts und des Fahrzeugs.
- Tragen Sie die Daten der verschiedenen Vermietungen ein, siehe Aufgabenstellung.

Startformular Erstellen Sie die Unterformulare aus der Aufgabenstellung. Erzeugen Sie das Startformular und die zweiseitige Verbindung zwischen dem Startformular und den acht Hauptformularen.

A.9 Fahrzeugvermietung, weitere Abfragen

In diesem Abschnitt werden mehrere Gruppen von Abfragen innerhalb der Datenbank *fahrzeugvermietung.accdb* erstellt.

A.9.1 Einfache Filter

Es folgen die Lösungen zu den Übungen aus Abschnitt 6.1.14.

Fahrzeuge, Kennzeichen enthält

Zur Erstellung der Abfrage Fahrzeuge, Kennzeichen enthält werden die gewünschten Felder der Tabelle fahrzeug ausgewählt. Als Kriterium wird *f* eingetragen. Das wird automatisch geändert in Wie "*f*", siehe Abbildung A.18.

Feld:	fahrzeugID	standortID	kfzKennzeichen
Tabelle:	fahrzeug	fahrzeug	fahrzeug
Sortierung:			
Anzeigen:	☑	☑	☑
Kriterien:			Wie "*f*"
oder:			

Abbildung A.18 Entwurf zu »Fahrzeuge, Kennzeichen enthält«

Vermietungen, Beginn ab

Zur Erstellung der Abfrage Vermietungen, Beginn ab werden die gewünschten Felder der Tabelle vermietung ausgewählt. Als Kriterium wird >=3.11.15 18:00 eingetragen. Das wird automatisch in >=#03.11.2015 18:00:00# geändert, siehe Abbildung A.19.

Feld:	vermietungID	zeitStart	zeitEnde
Tabelle:	vermietung	vermietung	vermietung
Sortierung:			
Anzeigen:	☑	☑	☑
Kriterien:		>=#03.11.2015 18:00:00#	
oder:			

Abbildung A.19 Entwurf der Abfrage »Vermietungen, Beginn ab«

A.9.2 Verknüpfte Kriterien

Es folgen die Lösungen zu den Übungen aus Abschnitt 6.2.7.

Vermietungen, Beginn zwischen

Zur Erstellung der Abfrage Vermietungen, Beginn zwischen werden die gewünschten Felder der Tabelle vermietung ausgewählt. Als Kriterium wird >=3.11.15 8:00 und <=3.11.15 18:00 eingetragen. Das wird automatisch geändert in >=#03.11.2015 08:00:00# Und <=#03.11.2015 18:00:00#, siehe Abbildung A.20.

Feld:	vermietungID	zeitStart	zeitEnde
Tabelle:	vermietung	vermietung	vermietung
Sortierung:			
Anzeigen:	☑	☑	☑
Kriterien:		>=#03.11.2015 08:00:00# Und <=#03.11.2015 18:00:00#	
oder:			

Abbildung A.20 Entwurf zu »Vermietungen, Beginn zwischen«

Vermietungen, Beginn vor oder nach

Zur Erstellung der Abfrage Vermietungen, Beginn vor oder nach werden die gewünschten Felder der Tabelle vermietung ausgewählt. Als Kriterium wird <3.11.15 12:00 oder >4.11.15 18:00 eingetragen. Das wird automatisch geändert in <#03.11.2015 12:00:00# Oder >#04.11.2015 18:00:00#, siehe Abbildung A.21.

Feld:	vermietungID	zeitStart	zeitEnde
Tabelle:	vermietung	vermietung	vermietung
Sortierung:			
Anzeigen:	☑	☑	☑
Kriterien:		<#03.11.2015 12:00:00# Oder >#04.11.2015 18:00:00#	
oder:			

Abbildung A.21 Entwurf zu »Vermietungen, Beginn vor oder nach«

A.9.3 Berechnungen

Es folgen die Lösungen zu den Übungen aus Abschnitt 6.4.6.

Vermietungen, reale Tage

Zur Erstellung der Abfrage Vermietungen, reale Tage werden die Felder vermietungID, zeitStart und zeitEndeReal der Tabelle vermietung ausgewählt.

Es wird der nachfolgende Ausdruck berechnet und im Kopf der nächsten Spalte eingetragen (siehe Abbildung A.22):

Tage: [zeitEndeReal]-[zeitStart]

Abbildung A.22 Entwurf der Abfrage »Vermietungen, reale Tage«

Wartungsposten, Stunden

Zur Erstellung der Abfrage Wartungsposten, Stunden werden die Felder wartungspostenID, zeitStart und zeitEnde der Tabelle wartungsposten ausgewählt. Es wird der nachfolgende Ausdruck berechnet und im Kopf der nächsten Spalte eingetragen (siehe Abbildung A.23):

Stunden: ([zeitEnde]-[zeitStart])*24

Abbildung A.23 Entwurf der Abfrage »Wartungsposten, Stunden«

Preisklassen, Beispielrechnung

Zur Erstellung der Abfrage Preisklassen, Beispielrechnung werden die Felder preisklasseID, preisProTag und preisProMehrKm der Tabelle preisklasse ausgewählt. Es werden die nachfolgenden Ausdrücke berechnet und im Kopf der nächsten Spalten eingetragen (siehe Abbildung A.24):

Teil1: 3*[preisProTag]
Teil2: 200*[preisProMehrKm]
Ergebnis: [Teil1]+[Teil2]

Abbildung A.24 Entwurf zu »Preisklassen, Beispielrechnung«

A.9.4 Integrierte Funktionen

Es folgen die Lösungen zu den Übungen aus Abschnitt 6.5.8.

Vermietungen, reale ganze Tage

Zur Erstellung der Abfrage Vermietungen, reale ganze Tage werden die Felder vermietungID, zeitStart und zeitEndeReal der Tabelle vermietung ausgewählt. Es wird der nachfolgende Ausdruck berechnet und im Kopf der nächsten Spalte eingetragen (siehe Abbildung A.25):

```
Tage: Int([zeitEndeReal]-[zeitStart]-0,0001) + 1
```

Falls bei der Speicherung einer Zeitangabe eine kleine Ungenauigkeit auftritt, könnte fälschlich ein weiterer Tag hinzugerechnet werden. Daher werden zunächst 0,0001 Tage zugunsten des Fahrzeugmieters abgezogen. Die Funktion Int() berechnet dann den ganzzahligen Anteil der Zeitdifferenz. Aus 4,1 Tagen oder 4,9 Tagen werden somit jeweils 4 Tage. Anschließend wird ein Tag hinzugerechnet, da jeder angebrochene Tag vollständig berechnet wird.

Feld:	vermietungID	zeitStart	zeitEndeReal	Tage: Int([zeitEndeReal]-[zeitStart]-0,0001)+1
Tabelle:	vermietung	vermietung	vermietung	
Sortierung:				
Anzeigen:	☑	☑	☑	☑
Kriterien:				

Abbildung A.25 Entwurf zu »Vermietungen, reale ganze Tage«

Vermietungen, Km pro Tag

Zur Erstellung der Abfrage Vermietungen, Km pro Tag werden die Felder vermietungID und datumZahlung der Tabelle vermietung ausgewählt. Es werden die nachfolgenden Ausdrücke berechnet und im Kopf der nächsten Spalten eingetragen.

```
zeitDifferenz: [zeitEndeReal]-[zeitStart]
kmDifferenz: [kmEnde]-[kmStart]
kmProTag: Runden([kmDifferenz]/[zeitDifferenz])
```

Vermietungen, Rückgabe zu spät

Zur Erstellung der Abfrage Vermietungen, Rückgabe zu spät werden die Felder vermietungID, zeitStart, zeitEnde und zeitEndeReal der Tabelle vermie-

A Lösungen der Übungsaufgaben

tung ausgewählt. Es wird der nachfolgende Ausdruck ermittelt und im Kopf der nächsten Spalte eingetragen (siehe Abbildung A.26):

zuSpät: Wenn([zeitEndeReal]>[zeitEnde]; "Ja"; "Nein")

Feld:	vermietungID	zeitStart	zeitEnde	zeitEndeReal	zuSpät: Wenn([zeitEndeReal]>[zeitEnde];"Ja";"Nein")
Tabelle:	vermietung	vermietung	vermietung	vermietung	
Sortierung:					
Anzeigen:	☑	☑	☑	☑	☑
Kriterien:					

Abbildung A.26 Entwurf zu »Vermietungen, Rückgabe zu spät«

A.9.5 Gruppierungen

Es folgen die Lösungen zu den Übungen aus Abschnitt 6.6.2.

Fahrzeuge, Anzahl nach Standorten

Zur Erstellung der Abfrage Fahrzeuge, Anzahl nach Standorten wird zweimal das Feld standortID der Tabelle fahrzeug angezeigt. In der zweiten Spalte wird in der Zeile FUNKTION die Gruppierungsfunktion ANZAHL ausgewählt. Außerdem wird der Name fahrzeugAnzahl für den Ausdruck gesetzt, siehe Abbildung A.27.

Feld:	standortID	fahrzeugAnzahl: standortID
Tabelle:	fahrzeug	fahrzeug
Funktion:	Gruppierung	Anzahl
Sortierung:		
Anzeigen:	☑	☑
Kriterien:		

Abbildung A.27 Entwurf zu »Fahrzeuge, Anzahl nach Standorten«

Fahrzeugtypen, Anzahl nach Preisklassen

Zur Erstellung der Abfrage Fahrzeugtypen, Anzahl nach Preisklassen wird zweimal das Feld preisklasseID der Tabelle fahrzeugtyp angezeigt. In der zweiten Spalte wird in der Zeile FUNKTION die Gruppierungsfunktion ANZAHL ausgewählt. Außerdem wird der Name fahrzeugtypAnzahl für den Ausdruck gesetzt, siehe Abbildung A.28.

Feld:	preisklasseID	fahrzeugtypAnzahl: preisklasseID
Tabelle:	fahrzeugtyp	fahrzeugtyp
Funktion:	Gruppierung	Anzahl
Sortierung:		
Anzeigen:	☑	☑
Kriterien:		

Abbildung A.28 Entwurf: »Fahrzeugtypen, Anzahl nach Preisklassen«

A.9.6 Inhalte von mehreren Tabellen

Es folgen die Lösungen zu den Übungen aus Abschnitt 6.7.9.

Preisklassen, mit Fahrzeugen

Zur Erstellung der Abfrage Preisklassen, mit Fahrzeugen werden zunächst die Tabellen preisklasse, fahrzeugtyp und fahrzeug in den oberen Teil des Abfrageentwurfs gezogen. Diese drei Tabellen sind durch feste Beziehungen miteinander verbunden.

Als Nächstes werden die Felder bezeichnung und preisProTag aus der Tabelle preisklasse, das Feld bezeichnung aus der Tabelle fahrzeugtyp und das Feld kfzKennzeichen aus der Tabelle fahrzeug in den unteren Teil des Abfrageentwurfs gezogen. Die erste und die dritte Spalte werden umbenannt, siehe Abbildung A.29. Außerdem werden die gewünschten Sortierungen eingestellt.

Feld:	preisklasse: bezeichnung	preisProTag	fahrzeugtyp: bezeichnung	kfzKennzeichen
Tabelle:	preisklasse	preisklasse	fahrzeugtyp	fahrzeug
Sortierung:		Aufsteigend	Aufsteigend	Aufsteigend
Anzeigen:	☑	☑	☑	☑
Kriterien:				

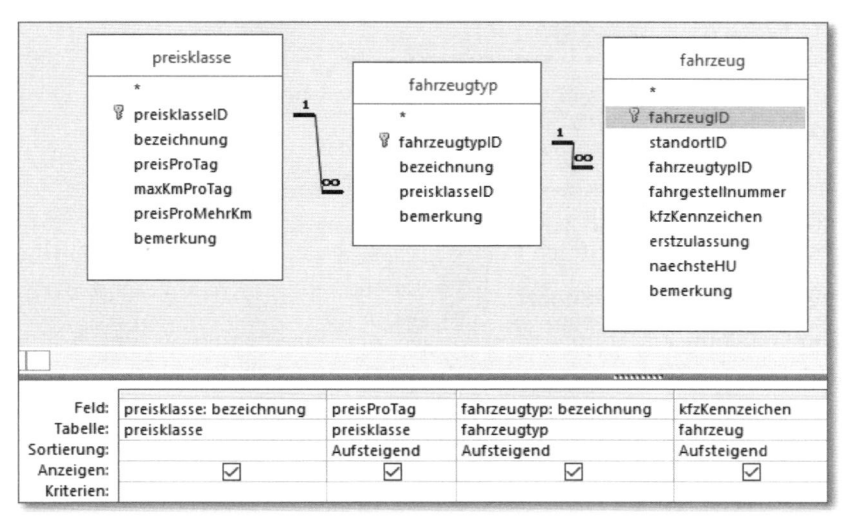

Abbildung A.29 Entwurf der Abfrage »Preisklassen, mit Fahrzeugen«

Vermietungen, mit Preisklasse

Zur Erstellung der Abfrage Vermietungen, mit Preisklasse werden zunächst die Tabellen vermietung und preisklasse in den oberen Teil des Abfrageentwurfs gezogen. Diese beiden Tabellen sind nicht direkt durch eine feste Beziehung miteinander verbunden. Stattdessen wird eine temporäre Beziehung über das Feld preisklasseWunschID erstellt, wie in der Aufgabenstellung beschrieben.

Als Nächstes werden die Felder vermietungID, zeitStart und zeitEnde aus der Tabelle vermietung und die beiden Felder bezeichnung und preisProTag aus der Tabelle preisklasse in den unteren Teil des Abfrageentwurfs gezogen, siehe Abbildung A.30.

Aufgrund der temporären Beziehung werden zu den Vermietungsvorgängen immer die Informationen bezüglich der gewünschten Preisklasse angezeigt.

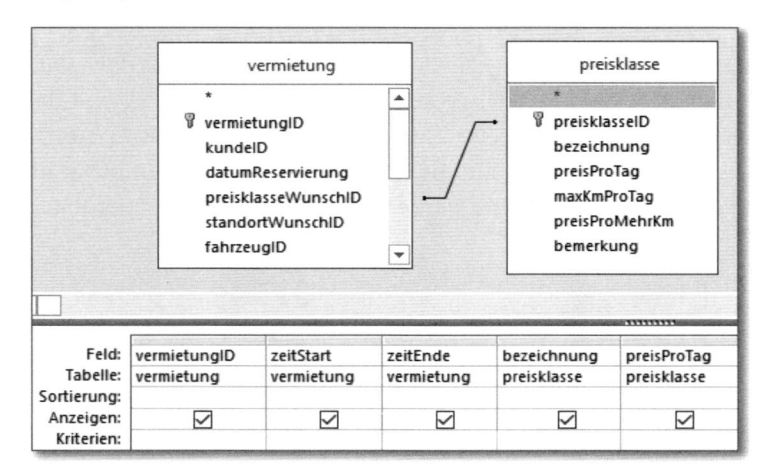

Abbildung A.30 Entwurf der Abfrage »Vermietungen, mit Preisklasse«

Vermietungen, mit Standort

Zur Erstellung der Abfrage Vermietungen, mit Standort werden zunächst die Tabellen vermietung und standort in den oberen Teil des Abfrageentwurfs gezogen. Ähnlich wie in der vorherigen Abfrage gibt es keine feste Beziehung, und es wird wieder eine temporäre Beziehung über das Feld standortWunschID erstellt.

A.9 Fahrzeugvermietung, weitere Abfragen

Als Nächstes werden die Felder vermietungID, zeitStart und zeitEnde aus der Tabelle vermietung und das Feld ort aus der Tabelle standort in den unteren Teil des Abfrageentwurfs gezogen, siehe Abbildung A.31.

Aufgrund der temporären Beziehung werden zu den Vermietungsvorgängen immer die Informationen bezüglich des gewünschten Standorts angezeigt.

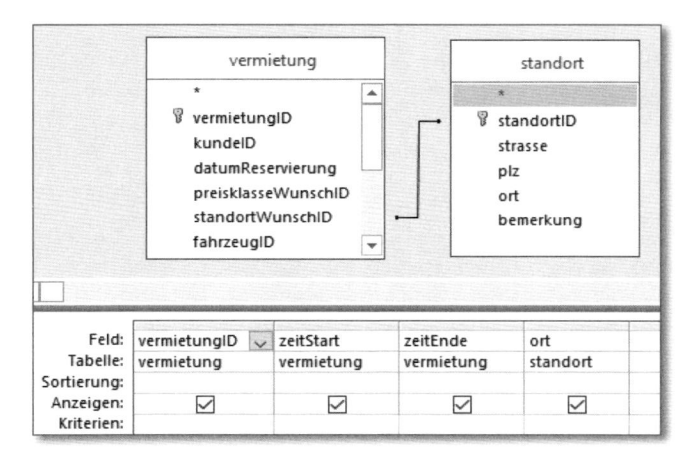

Abbildung A.31 Entwurf der Abfrage »Vermietungen, mit Standort«

Index

^, Operator 221
   VBA 331
!, Operator
   VBA 361
?, Platzhalter 204
   VBA 339
[], Zeichenauswahl 205
*, Platzhalter 201
   VBA 339
&, Operator 230
   VBA 328
1:n-Beziehung 26
32Bit 30
64Bit 30

A

Abfrage 48, 96
   2 Tabellen 151
   2 Tabellen (SQL) 378
   3 Tabellen 154
   3 Tabellen (SQL) 378
   4 Tabellen 155
   4 Tabellen (SQL) 379
   Aktionsabfrage 268
   ändern 100
   Ansicht 276
   Assistent 297
   ausführen 100
   Datensatz aktualisieren 269
   Datensatz anfügen 270, 273
   Datensatz löschen 272
   direkt ausführen 99
   Eigenschaftenblatt 218
   Ergebnis formatieren 224
   Ergebnisanzeige ändern 104
   erstellen 97
   erstellen (VBA) 364
   Feld auswählen 98, 99
   kopieren 104
   mehrere Tabellen 149
   mit Beziehung 152
   Motivation 97

Abfrage (Forts.)
   Objekt (VBA) 395
   sortieren 102
   speichern 100
   Tabelle hinzufügen 98, 153
   Tabelle löschen 154
Abfrage-Generator
   Formular 166
   Kombinationsfeld 162
   Listenfeld 122
Abgestuft
   Berichtslayout 308
accdb 29
accdr 30
accdt 294
AccessObject 396
AccessRuntime 30
acCheckBox 399
acComboBox 399
acCommandButton 400
acDetail 398
acForm 398
acHeader 398
acLabel 401
acListBox 401
acSaveYes 404
acSubform 402
acTextBox 402
Aktionsabfrage 268
   ausführen (VBA) 362
Aktualisierungsabfrage 269
   VBA 361
Aktualisierungsweitergabe 147
AllForms 396
AllowZeroLength 393
AllReports 396
AND
   SQL 373
And 340
Anfügeabfrage 270, 273
   VBA 363
Ansicht
   Bericht 130
   Formular 115

437

Index

Ansicht (Forts.)
    wechseln 92, 99
Anwendung 19
Anwendungsentwicklung 27
Anzahl
    Gruppierungsfunktion 241
Application 361
Arbeitsbereich 80
    Größe ändern 80
AS
    SQL 374, 380
As 348
Assistent 293
    Auswahlabfrage 297
    Bericht 307
    Duplikatsuche 313
    Etiketten 309
    Formular 302
    Inkonsistenzsuche 314
    Kreuztabelle 298
Atn()
    VBA 355
Attributes 392
Auflistung
    VBA 359, 366
Ausdruck
    in Abfrage 106
    umbenennen 223
    umbenennen (SQL) 374, 380
Ausdrucks-Generator 224, 231
Ausgabe
    durchführen (VBA) 323
    formatieren (VBA) 350
Auswahlabfrage 96
    erstellen (VBA) 364
Automatisierung 49, 50
AutoWert
    Datentyp 56, 93
AVG()
    SQL 377

B

Bearbeitungsmodus 34, 92
Befehlsschaltfläche
    Assistent 118

Bemerkung
    speichern 57
Benutzer 20
Benutzerfreundlichkeit 58
Benutzeroberfläche
    der Anwendung 19, 32, 113, 157
    erzeugen (VBA) 405
    von MS Access 80
Berechneter Wert 42, 46
    Ergebnis 38
Berechnung
    als Filter 226
    in Abfrage 221
    in Formular 265
    mit Feldinhalt 223
    mit Funktion 229
    mit Operator 221
    mit Operator (SQL) 374
    mit Textfunktion 230
    mit Textfunktion (SQL) 375
    mit Verzweigung 236
    mit Verzweigung (SQL) 376
    mit Zahlenfunktion 238
    mit Zahlenfunktion (SQL) 376
    mit Zeitangabe 227, 258
    mit Zeitangabe (SQL) 383
    mit Zeitfunktion 234
    mit Zeitfunktion (SQL) 375
Bereich
    Hintergrundfarbe 131
Bericht
    Ansicht 278
    Assistent 307
    Datensatzquelle 129
    Detailbereich 129
    Eigenschaften 129
    erstellen 127
    gruppieren 132
    Layout 307, 308
    mehrere Tabellen 188
    Motivation 40
    Name 128
    Objekt (VBA) 396
    sortieren 132
    Standardvorlage 306
    Vorlage 306
Berichtsansicht
    Bericht 278

Beschriftung
  Eigenschaft 114
  VBA 398
Betriebssystemversion 30
BETWEEN
  SQL 373
Bezeichnungsfeld 34
  Eigenschaft (VBA) 401
  einfügen 111
Beziehung 24
  bearbeiten 145
  erstellen 145
  in Abfrage 152
  löschen 148
  markieren 148
  Objekt (VBA) 394
  temporär 257, 264
Beziehungsansicht 43
  anzeigen 144
  drucken 148
  Tabelle hinzufügen 144
  Tabelle löschen 144
Block
  Berichtslayout 308
Block-If 338
Blocksatz
  Berichtslayout 308
  Formularlayout 303
Blocksatzformular 300
Boolean
  VBA 329
BoundColumn 400
Breite
  VBA 398
Byte
  VBA 329

C

Caption 398
Case 342
Case Else 342
CDate()
  VBA 356
CDbl()
  VBA 356
Close() 398

Code-Fenster 322
  Hilfe 325
ColumnCount 400
ColumnWidths 400
Const 330
Control 33, 399
Controls 398
ControlSource 399
ControlType 399
Cos()
  VBA 355
COUNT()
  SQL 377
CreateControl() 404
CreateForm() 404
CSV-Datei
  Export 287
  Import 284
Currency
  VBA 329
CurrentDb 361
CurrentProject 396

D

DAO 358
  Database 360
  Field 366, 388
  Index 390
  QueryDef 395
  Recordset 360
  Relation 394
  TableDef 388
Data Access Objects 358
Database 360
Date
  VBA 329
Date()
  VBA 352
DateAdd()
  VBA 353
DateDiff()
  VBA 353
Datei
  Menü 41
Daten
  auswählen 96

439

Index

Daten (Forts.)
   eingeben 91
Datenbank
   aktuelle in VBA 361
   alle Abfragen (VBA) 394
   alle Berichte (VBA) 396
   alle Beziehungen (VBA) 393
   alle Formulare (VBA) 396
   alle Tabellen (VBA) 387
   analysieren 315
   Dateiname 79
   dokumentieren 316
   exklusiv öffnen 312
   Kennwort 311
   komprimieren 311
   Leistung analysieren 317
   modellieren 27, 44, 53, 144
   neu erzeugen 79
   Objekt (VBA) 360
   optimieren 311
   reparieren 311
   sichern 84, 91
   Tools 311
   Verzeichnis 79
   Vorlage 294
   Zugriff mit VBA 358
Datenbankanwendung 19
Datenbankmodell 22
Datenblatt
   Formularlayout 303
   Formularvorlage 302
Datenblattansicht
   Abfrage 276
   filtern und sortieren 96
   Formular 115, 278
   Tabelle 91, 275
Datenblattformular 300
Datensatz 24
   aktualisieren 123
   Anzahl geändert (VBA) 362
   einfügen 94
   kopieren 94
   Letzter (VBA) 361
   löschen 35, 94
   markieren 94
   Navigation 115
   neu erstellen 34
   speichern 34

Datensatz (Forts.)
   suchen 34
   überschreiben 94
Datensatzherkunft
   Kombinationsfeld 162
   Listenfeld 122
   VBA 400
Datensatzmarkierer 92, 115
   entfernen 124
   VBA 398
Datensatzquelle
   Bericht 129
   Formular 110
   VBA 398
Datensatzreihe
   VBA 360
Datensatzzeiger 361
   bewegen 361
Datentyp 24
   MS Access 55
   umwandeln (VBA) 355
   von VBA 327
Datenübernahme 27
DatePart()
   VBA 352
DATESERIAL()
   SQL 376
DateSerial()
   VBA 352
DatSeriell() 235
Datum
   Format (VBA) 351
Datum() 88, 235
Datum/Uhrzeit
   Datentyp 56
Datumsfunktion
   VBA 351
DAY()
   SQL 376
dbAutoIncrField 392
dbBoolean 392
dbByte 392
dbCurrency 392
dbDate 392
dbDouble 392
dbFixedField 392
dbHyperlinkField 392
dbInteger 392

440

Index

dbLong ... 392
dbMemo ... 392
dbSingle ... 392
dbText ... 392
dbVariableField ... 392
Debug.Print() ... 324
Debuggen ... 334
Decimal
   Feldgröße ... 87
DefaultValue ... 393
DELETE FROM ... 364
DeleteObject() ... 404
DESC ... 370
Detailbereich
   Bericht ... 129
   Formular ... 110
   VBA ... 398
Detail-Seite ... 27
Dialogfeld
   Drucken ... 41
   VBA ... 324
Dim ... As ... 326
Direktfenster ... 325
DISTINCT ... 373
Division
   durch Null ... 333
   ganzzahlig ... 222
   ganzzahlig (VBA) ... 331
Do ... Loop ... 343
DoCmd ... 398
Double
   Feldgröße ... 87
   VBA ... 329
Drucken
   Dialogfeld ... 41
Druckoptionen ... 128
Duplikate ... 58
Duplikatsuche ... 313

E

Eigenschaft
   VBA ... 359
Eigenschaftenblatt ... 110, 113
   Abfrage ... 218, 224
Eindeutiger Index ... 58

Eingabe
   erforderlich ... 35, 57, 86
   erforderlich (VBA) ... 393
   VBA ... 325
Einheit ... 67
Einspaltig
   Berichtslayout ... 307
   Formularlayout ... 303
Einzeiliges If ... 337
Einzelnes Formular ... 300
Einzelschritte ... 334
Else ... 338
ElseIf ... 339
E-Mail
   Adresse speichern ... 56
   Export ... 289
End Function ... 348
End If ... 338
End Select ... 342
End Sub ... 324
Endlosformular ... 165, 300
Endung
   accdb ... 29, 80
   accdr ... 30
   accdt ... 294
Entwickler ... 20
Entwicklungsumgebung ... 321
Entwurfsansicht
   Abfrage ... 98, 276
   Bericht ... 128, 278
   Formular ... 110, 277
   Tabelle ... 82, 276
EOF ... 361
Ereignis
   Aktualisierung (VBA) ... 402
   Klick (VBA) ... 401
Etikettendruck ... 309
Euro ... 87
Execute() ... 362
Exit Do ... 345
Exit Sub ... 336
Exp()
   VBA ... 355
Exponentialrechnung ... 221
   VBA ... 331
Export ... 286
   gespeichert ... 291

Index

F

False
   VBA 329
Fehler
   behandeln (VBA) 332
Fehlermeldung 37
Feld 24
   auswählen (SQL) 369
   Datentyp (VBA) 392
   Eigenschaften (VBA) 392
   Kommentare 90
   löschen 85
   markieren 85
   Objekt (VBA) 361, 388
   sperren 165
   verschieben 85
   vollständige Bezeichnung 64
Felddatentyp 82
Feldeigenschaft 57
   einstellen 86
Feldgröße 86
   VBA 392
Feldinhalt
   in VBA 361
Feldliste 111
   mehrere markieren 111
Feldmarkierer 82, 85
Feldname 82
Field 366
Fields 361, 366
Filterkriterium 105
Filtern
   Datensatz nicht leer (VBA) 237
filtern
   Aussage umdrehen 208
   Aussage umdrehen (SQL) 372
   in Abfrage 105
   in Datenblattansicht 96
   Inhalt 209, 210
   Inhalt (SQL) 372, 376
   mit Datum 205
   mit Datum (SQL) 371
   mit Ja/Nein 207
   mit Ja/Nein (SQL) 372
   mit Oder 212, 215
   mit Parameter 220
   mit Parameter (SQL) 373

filtern (Forts.)
   mit Platzhalter 201, 204
   mit Platzhalter (SQL) 371
   mit Teiltext 201
   mit Text 107
   mit Und 212, 213
   mit Und und Oder 216
   mit Vergleichsoperator 106, 199, 206
   mit Vergleichsoperator (SQL) 370
   mit Verknüpfung 211
   mit Verknüpfung (SQL) 372
   mit Zahl 105
   mit Zeichenauswahl 205
   mit Zwischen 214
   nur begrenzte Menge 219
   nur begrenzte Menge (SQL) 373
   nur Unterschiedliche 218
   nur Unterschiedliche (SQL) 373
   ohne Filteranzeige 201
   SQL 370
   über mehrere Tabellen 244
For ... To 342
For Each 366
Foreign 390
ForeignName 394
ForeignTable 394
Form 399
Format
   Feldeigenschaft 86
   ganze Zahl 86
   Nachkommastellen 87
   Prozentzahl 87
   Zeitangabe 88
Format() 369
   VBA 350
Forms 398
Formular
   Abfrage-Generator 166
   Ansicht 277
   Assistent 302
   Aufgabe 32
   Bezug zu Tabelle 110
   Darstellungsform 300
   Datensatzquelle 110
   Detailbereich 110
   Eigenschaften 110
   Eigenschaften (VBA) 397
   Endlosformular 165

Formular (Forts.)
    Entwurf ändern (VBA) 404
    erstellen 109
    erstellen (VBA) 404
    Layout 303
    löschen (VBA) 404
    mehrere Tabellen 157
    mit Berechnung 265
    Name 32
    Navigation 304
    Objekt (VBA) 396
    öffnen 35
    öffnen (VBA) 398, 405
    Reihenfolge 158
    schließen 35
    schließen (VBA) 398
    speichern (VBA) 404
    sperren 165
    Standardvorlage 301
    Steuerelemente (VBA) 397
    umbenennen (VBA) 404
    Vorlage 300
Formularansicht 115
    Formular 277
Formularkopf
    VBA 398
Fremdschlüssel 27
    VBA 390
Fremdschlüsselfeld
    Datentyp 58, 140
    Eingabe erforderlich 140
Function 348
Funktion
    als Filter 235
    Datentyp 348
    eigene (VBA) 347
    für Text 230
    für Zahlen 238
    für Zahlen (VBA) 354
    für Zeitangaben 234
    für Zeitangaben (VBA) 351
    integriert 229
    Rückgabewert 348
    VBA 326
    zum Prüfen 237
    zur Verzweigung 236

G

Gebundene Spalte
    Kombinationsfeld 162
    Listenfeld 121
    VBA 400
Geschäftsprozess 27
    verbessern 28
Gesperrtes Feld 165
Geteiltes Formular 301
    Vorlage 302
Gliederung
    Berichtslayout 308
GROUP BY 377
Gruppenfuß 191
Gruppenkopf 133
Gruppieren
    Bericht 132
    Ergebnis 41
    mit Funktion 241
    mit Funktion (SQL) 377, 381
Gültigkeitsmeldung
    Feldeigenschaft 87
    VBA 393
Gültigkeitsregel 36, 57
    Feldeigenschaft 87
    VBA 393

H

Haltepunkt 335
Height 398
Herkunftsobjekt
    VBA 402
Hintergrundfarbe
    Bereich 131
    Steuerelement 165
Höhe
    VBA 398
Hyperlink 56

I

ID-Feld
    speichern 56
If ... Else
    Block 338

Index

If ... Else (Forts.)
  einzeilig 337
IIF()
  SQL 376
Import 281
  gespeichert 291
Index 58, 390
  anzeigen 142
  mehrere Felder 59, 66, 142
  Objekt (VBA) 390
Indiziert
  Feldeigenschaft 88
Indizierung 58
Inhalt aktivieren 84, 320
Inkonsistenz 24, 38
Inkonsistenzsuche 314
INNER JOIN
  SQL 378, 381
Inner Join 249
InputBox() 326, 374
INSERT INTO 363
INSTR()
  SQL 375
InStr() 232
INT()
  SQL 377
Int() 238
Integer
  Feldgröße 86
  VBA 329
Integrierte Funktion 229
Is 342
IS NOT NULL
  SQL 372
IS NULL
  SQL 372
IsDate()
  VBA 356
ISNULL()
  SQL 376
IsNumeric()
  VBA 356
Ist Nicht Null 210
Ist Null 209
IstNull() 238

J

Ja/Nein
  Datentyp 56
  eingeben 94
  filtern 207
Jahr() 234
Jetzt() 235

K

Kennwortschutz 311
Kombinationsfeld
  Abfrage-Generator 162
  Assistent 161
  Aufgabe 36
  Datensatzherkunft 162
  Eigenschaft (VBA) 399
  einfügen 160
  gebundene Spalte 162
  in Unterformular 173
  Schlüsselspalte 161
Kommentar
  VBA 325, 336
Konstante
  VBA 329
Kontrollkästchen 94
  Eigenschaft (VBA) 399
Kontrollstruktur
  VBA 337
Kreuztabelle 298
Kriterium 105
  prüfen 106
Kurzer Text
  Datentyp 55

L

Langer Text
  Datentyp 55
Laufzeitfehler 332, 333
  vermeiden 335
Laufzeitversion 29
Layoutansicht
  Bericht 132, 279
  Formular 115, 277
Leere Desktopdatenbank 79

Index

Leere Zeichenfolge 86
   VBA 393
Leerer Bericht
   Vorlage 307
Leeres Formular
   Vorlage 302
LEFT JOIN
   SQL 381
Left Join 249
LEFT()
   SQL 375
LIKE
   SQL 371
Like 339
Link
   Datentyp 56, 203
LinkChildFields 402
LinkMasterFields 402
Links() 230
Listenbreite 400
Listenfeld 33
   Abfrage-Generator 122
   Assistent 120
   Aufgabe 34
   Datensatzherkunft 122
   Eigenschaft (VBA) 401
   einfügen 120
   gebundene Spalte 121
   Schlüsselspalte 121
   Sortierung 122
ListWidth 400
Log()
   VBA 355
Logische Fehler 333
Long
   VBA 329
Long Integer
   Feldgröße 86
Löschabfrage 272
   VBA 364
Löschweitergabe 147

M

m:n-Beziehung 45
Makro 49, 118
   ändern 123

Makroentwurf 123
Master-Seite 26
Mathematische Funktion
   VBA 354
Max
   Gruppierungsfunktion 242
MAX()
   SQL 377
Medienverwaltung 68
Mehrere Elemente
   Formularvorlage 302
Menü
   Datei 41
   Seitenansicht 41
Menüband 80
   Größe ändern 80
Menüleiste 322
Methode
   VBA 359
MID()
   SQL 375
Min
   Gruppierungsfunktion 242
MIN()
   SQL 377
Minute() 235
Mittelwert
   Gruppierungsfunktion 241
Mod, Operator 222
   VBA 331
Modales Dialogfeld 304
Modellierung 27, 44, 53, 144
Modul 49, 319
   einfügen 321
Monat() 234
Monatsname() 235
MONTH()
   SQL 376
MoveNext() 361
MS Access
   Export 287
   Import 283
   Objekt (VBA) 361
   Verknüpfung 283
MS Excel
   Export 286
   Import 281
MS Office 319

Index

MS Word
   Serienbrief 290
MsgBox() 324
   Rückgabewert 349

N

Name
   Eigenschaft (VBA) 366
   Empfehlungen 50
   Regeln 50
NavigationButtons 398
Navigationsbereich 80
   Größe ändern 80
   Objektauswahl 81
   sortieren 136
Navigationsformular 304
Navigationsleiste 115
Navigationsschaltflächen 115
   entfernen 124
   VBA 398
Next 343, 366
Nicht-Operator 208
   VBA 340
Normalisierung 24
NOT
   SQL 372
Not 340
Now()
   VBA 352
Null, Konstante 209
NZ()
   SQL 376
Nz() 237

O

Objekt 47
   Abhängigkeit prüfen 315
   kopieren 104, 135
   löschen 136
   löschen (VBA) 404
   öffnen 135
   schließen 81, 135
   schließen (VBA) 398
   speichern (VBA) 404

Objekt (Forts.)
   umbenennen 136
   umbenennen (VBA) 404
   VBA 359
Objekttyp 47
Objektverweis
   VBA 359
Oder-Operator 211
   VBA 340
ON
   SQL 378
On Error GoTo 335
OnClick 401
OpenForm() 398, 405
OpenRecordset() 361, 364
Operator
   & 230
   & (SQL) 375
   & (VBA) 328
   Nicht 208
   Oder 211
   Und 211
   Zwischen 214
Option Compare Database 323, 339
Option Explicit 323
OR
   SQL 373
Or 340
ORDER BY 370

P

Parameter
   VBA 326, 347
PERCENT 373
Pflege, Anwendung 28
Pflichtfeld 35, 57
Platzhalter
   ? 204
   * 201
Primärschlüssel 26
   löschen 83
   setzen 83
   speichern 56
   VBA 390
   zuordnen 57
Primary 390

Index

PrimaryKey 142
Projekt-Explorer 322
Prozedur 324
    ausführen 324
    eigene 346
Prozentzahl 87

Q

QueryDefs 395

R

Randomize 345
Rechenoperator 221
    SQL 374
    VBA 331
Rechts() 231
RecordsAffected() 362
RecordSelectors 398
Recordset 360
    erzeugen (VBA) 361
RecordSource 398
Redundanz 24, 38
Referentielle Integrität 147
Registerkarte
    Daten 110
    Format 113
Relationale Datenbank 22
Relations 394
Rename() 404
Required 393
Resume Next 336
RIGHT()
    SQL 375
Rnd() 344
ROUND()
    SQL 377
RowSource 400
RTF-Datei
    Export 290
Runden() 238
Runtime-Version 29

S

Schädliche Programme 31
Schaltfläche 33
    Assistent 118
    Eigenschaft (VBA) 400
    einfügen 117
    in Unterformular 173
    Löschen 35
    Neu 34
    Speichern 34
    Zum Start 35, 126
Schleife
    VBA 342, 366
Schlüsselspalte
    Kombinationsfeld 161
    Listenfeld 121
Schnelldruck 41
Schreibweise
    groß, klein 108
    Namen 50
Section 398
Seite einrichten 128
Seitenansicht
    Bericht 131, 278
    Menü 41
Seitenfuß 129
Seitenkopf 129
Seitenränder 128
Sekunde() 235
SELECT ... FROM 366
Select Case 341
Set 361
Sicherheitshinweis 31, 84, 320
Sicherungskopie 84, 91
Sin()
    VBA 355
Single
    Feldgröße 87
    VBA 329
Softwareanwendung 19
Sortieren
    absteigend 102
    absteigend (SQL) 370
    Bericht 132
    in Abfrage 102
    in Datenblattansicht 96
    nach mehreren Feldern 103

Index

Sortieren (Forts.)
  SQL 370
SourceObject 402
Spalte
  Breite ändern 94
  einfügen 101
  löschen 101
  markieren 100
  verschieben 101
Spaltenanzahl 400
Spaltenbreiten 400
SQL 358
  Eigenschaft 395
SQL-Ansicht 101
  Abfrage 277
SQL-Code 367
Sqr()
  VBA 355
Standardbericht 306
Standardformular
  Vorlage 301
Standardwert 57
  Feldeigenschaft 87
  VBA 393
Startformular 32, 35
  einstellen 125
  erzeugen 124
Step 343
Steuerelement
  Assistent 117
  ausschneiden 129
  einfügen 116
  einzeln auswählen 112
  erstellen (VBA) 404
  formatieren 113
  Hintergrundfarbe 165
  löschen 112
  markieren 112
  Position 113
  sperren (VBA) 399
  Typ 33, 116
  Typ (VBA) 399
  über Feld einfügen 111
  ungebunden 116
  Unterformular 168
  VBA 399
Steuerelementinhalt
  VBA 399

String
  VBA 326
Structured Query Language 358
Stunde() 235
Sub 324
SUM()
  SQL 377
Summe
  Gruppierungsfunktion 241
Symbolleiste 322
Syntaxfehler 332
Systemdatum 88
Systemtyp 30
Systemzeit 235

T

Tabellarisch
  Berichtslayout 308
  Formularlayout 303, 304
Tabelle 23
  alle Felder (VBA) 361, 390
  alle Indizes (VBA) 389
  analysieren 317
  Ansicht 275
  Daten anzeigen (VBA) 359
  Entwurf ändern 85
  neu erzeugen 82
  Objekt (VBA) 388
  sichern 90
  speichern 83
  Vorlage 296
Tabellenfeld 24
Tabellenformular 300
Table 394
TableDefs 388
Tag() 234
Tan()
  VBA 355
Taste
  Entf 94, 101
  Esc 34, 93
  F5 324
  F8 334
  F9 335
Tastenkombination
  Alt-F11 323

448

Index

Tastenkombination (Forts.)
   Strg-C 94
   Strg-V 94
Tausenderpunkt 87
Teil() 232
Template 294
Test 27
Text
   speichern 55
   speichern (VBA) 326
Textdatei
   Export 287
   Import 284
Textfeld 33
   Eigenschaft (VBA) 402
   einfügen 111
   formatieren 178
   ungebunden 178
Then 338
Time()
   VBA 352
TimeSerial()
   VBA 352
To 342
TOP 373
True
   VBA 329
Trust Center 320
Type 392
Typen unverträglich 333

U

Und-Operator 211
   VBA 340
Unique 390
Unterformular 34, 48
   Assistent 167
   bedienen 38
   Eigenschaft (VBA) 402
   einbetten 166
   erstellen 164
   formatieren 168
   mit Kombinationsfeld 173
   mit Schaltfläche 173
   Motivation 35
   verknüpfen 167

Until 345
UPDATE ... SET 362
URL
   speichern 56

V

ValidationRule 393
ValidationText 393
Value 361
VALUES 363
Variable 327
   Deklaration erforderlich 322
   Gültigkeit (VBA) 357
VBA 49, 319
   Entwicklungsumgebung 321
VBA-Code 31
vbCrLf 328
vbDefaultButton 350
vbNo 350
vbQuestion 350
vbYes 350
vbYesNoCancel 350
Vergleichsoperator
   Datum 206
   Text 199
   VBA 339
   Zahl 106
Verknüpfung
   logisch (VBA) 340
   mit Datenbank 281
   Unterformular (VBA) 402
Vertrauenswürdig
   Dokument 320
   Speicherort 321
Verweis
   setzen 361
   VBA 359
Verzweigung
   VBA 337, 341
Visual Basic for Applications 49, 319
Vorlage 293
   Bericht 306
   Datenbank 294
   Formular 300
   Tabelle 296

449

Index

W

Währung
   Datentyp 56
   Format (VBA) 351
Wartung, Anwendung 28
WEEKDAY()
   SQL 376
WEEKDAYNAME()
   SQL 376
Wenn() 236
WHERE 371
While 344
Width 398
Wie 202
Wochentag() 234
Wochentagsname() 235

X

XML-Datei
   Export 288
   Import 285
XSD-Datei 285, 289

Y

YEAR()
   SQL 376

Z

Zahl
   Datentyp 55
   eingeben 93
   Format 86, 87
   Format (VBA) 351
   Genauigkeit (VBA) 329
   Größe 86
   Nachkommastelle 87
   Prozentzahl 87
   speichern (VBA) 329
Zeile
   Anzeigen 201
   Funktion 242
   Kriterien 105
   Tabelle 99
Zeilenumbruch 328
Zeit() 235
Zeitangabe
   eingeben 94
   Format 88
   Format (VBA) 351
   Funktion (VBA) 351
   speichern 56
   speichern (VBA) 329
Zufallsgenerator 344
Zwischen
   Operator 214
Zwischentabelle 45

- Für Entwickler, Anwender und Administratoren geeignet

- Abfragen zum Filtern, Sortieren und Auswerten von Daten nutzen

- Datenimport und -export; SQL, VBA und DAO programmieren, Desktopanwendungen und SharePoint-Apps entwickeln

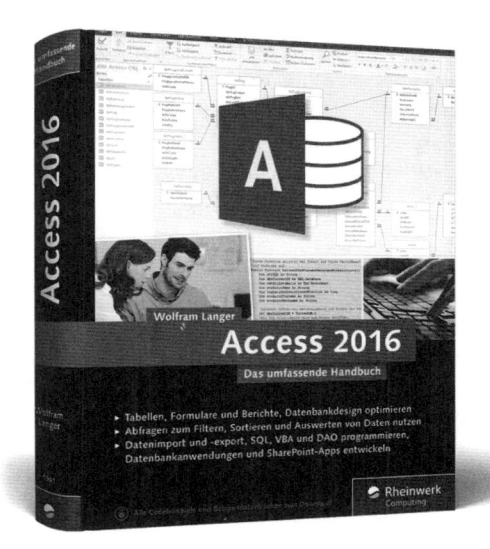

Dr. Wolfram Langer

Access 2016
Das umfassende Handbuch

So planen und entwickeln Sie Datenbanken richtig. Dieses Buch zeigt Ihnen Schritt für Schritt, wie Sie in Access 2016 Datenbanken konzipieren und aufbauen. Sie erfahren, was gutes Datenbankdesign auszeichnet und machen sich mit Tabellen, Abfragen, Formularen und Berichten vertraut. Dabei lernen Sie alle wichtigen Techniken – von Abfrageoptimierung über VBA- und DAO-Programmierung bis zur Entwicklung von eigenen Datenbankanwendungen. Dieses Buch lässt keine Fragen offen!

1.065 Seiten, gebunden, 39,90 Euro
ISBN 978-3-8362-1941-9
www.rheinwerk-verlag.de/3149

- Grundlagen und fortgeschrittene VBA-Programmierung

- Tabellen, Fragen und Formulare; mit SQL-Integration

- Sofort einsetzbare Makro-Lösungen und Praxisbeispiele

Bernd Held

VBA mit Access
Das umfassende Handbuch

»Ein gelungener Mix aus Nachschlagewerk und Praxisbeispielen.« — dotnetpro

Ihr zuverlässiges Kompendium für die Access-Programmierung. Ob Sie mit Access 2016 oder einer älteren Version arbeiten: Dieses Buch zeigt Ihnen, wie Sie Access-Datenbanken mit VBA gezielt optimieren. Profitieren Sie von einer grundlegenden Einführung in die VBA-Programmierung und lernen Sie die zentralen Access-Objekte sowie die Zugriffsmöglichkeiten auf Excel oder Word kennen. Ein Troubleshooting-Kapitel und über 600 geprüfte Makros zum Download machen das Buch zum unverzichtbaren Begleiter.

800 Seiten, gebunden, 49,90 Euro
ISBN 978-3-8362-4286-8
www.rheinwerk-verlag.de/4209

Nur im Rheinwerk-Shop: Buch, E-Book und Bundle

Das E-Book zum Buch

Sie haben das Buch gekauft und möchten es zusätzlich auch elektronisch lesen? Dann nutzen Sie Ihren Vorteil. Zum Preis von nur 5 € bekommen Sie zum Buch zusätzlich das E-Book hinzu.

Dieses Angebot ist unverbindlich und gilt nur für Käufer der Buchausgabe.

So erhalten Sie das E-Book

1. Gehen Sie im Rheinwerk-Webshop auf die Seite: www.rheinwerk-verlag.de/E-Book-zum-Buch
2. Geben Sie dort den untenstehenden Registrierungscode ein.
3. Legen Sie dann das E-Book in den Warenkorb, und gehen Sie zur Kasse.

Ihr Registrierungscode

N7EQ-H4FD-2364-KXYV-3C

Sie haben noch Fragen? Dann lesen Sie weiter unter:
www.rheinwerk-verlag.de/E-Book-zum-Buch